# 금강경 직지설법 2

# 금강경 직지설법 2

무심선원장 김태완 설법

침묵의 향기

| 머리말 |

햇볕 밝은 봄날 바람이 불어오니
따뜻하고 상쾌하고 시원하구나.

이 한마디에 모든 진실이 남김없이 드러나 있다.
그런데 또 무엇 하려고 금강을 말하고 반야를 말하고
바라밀을 말할까?

원래 드러나 있는 진실이지만
깨닫지 못하면 드러나지 않기 때문이다.
그러므로 수보리는 그 마음을 어떻게 항복시킬 것이며
그 마음을 어떻게 머물 것인지를 세존께 물었던 것이다.

헛된 생각에 잠긴 중생의 마음을 어떻게 항복시킬까?
항복시키지 못하면 지옥에 떨어질 것이다.
항복시켜도 지옥에 떨어질 것이다.

그 마음을 어떻게 머물 것인가?

마음이 어디에 머물면 중생을 벗어나지 못한다.

마음이 어디에도 머물지 않아도 중생을 벗어나지 못한다.

이해하고 아는 것은 전부 헛된 생각이어서 중생의 마음이다.

이해하지 못하고 알지 못하는 것은 전부 죽은 사람의 죽은 마음이다.

중생의 헛된 마음에서 벗어나 살아 있는 마음은 어디에 있을까?

봄바람에 연둣빛 나뭇잎은 수줍게 흔들리고

붉은 철쭉꽃은 새빨간 물감을 뿌려 놓은 듯하네.

2025년 봄에
김태완 씀

| 차례 |

머리말

13. 여법수지분 법에 알맞게 받아서 지닌다 _11
14. 이상적멸분 모양을 떠나 고요히 사라진다 _55
15. 지경공덕분 경을 지니면 공덕이 있다 _178
16. 능정업장분 업장을 잘 소멸시킨다 _236
17. 구경무아분 마침내 나는 없다 _277

## 직지설법 1권

머리말

### 금강경(金剛經)이란?

1. 법회인유분 법회를 이룬 연유

2. 선현기청분 수보리가 설법을 청하다

3. 대승정종분 대승의 바른 근본

4. 묘행무주분 묘한 행위는 머무는 데가 없다

5. 여리실견분 도리 그대로 진실하게 본다

6. 정신희유분 바른 믿음은 드물다

7. 무득무설분 얻을 것도 없고 말할 것도 없다

8. 의법출생분 법에 의지해서 나타난다

9. 일상무상분 하나의 모습뿐 다른 모습은 없다

10. 장엄정토분 깨끗한 땅을 잘 꾸민다

11. 무위복승분 무위의 복덕은 뛰어나다

12. 존중정교분 바른 가르침을 존중해야 한다 르침을 존중해야 한다

## 직지설법 3권

머리말

18. 일체동관분 모든 것을 같게 본다

19. 법계통화분 온 우주를 다 교화한다

20. 이색이상분 육체의 모습에서 벗어난다

21. 비설소설분 말할 만한 것을 말하는 것이 아니다

22. 무법가득분 얻을 수 있는 법은 없다

23. 정심행선분 마음을 깨끗이 하여 착한 행동을 한다

24. 복지무비분 복덕과 지혜가 헤아릴 수 없다

25. 화무소화분 교화했으나 교화된 것은 없다

26. 법신비상분 법의 몸은 모양이 아니다

27. 무단무멸분 끊어짐도 없고 소멸함도 없다

28. 불수불탐분 받지도 않고 탐하지도 않는다

29. 위의적정분 움직이면서도 곧 고요하다

30. 일합이상분 하나로 합해진 도의 모습

31. 지견불생분 지견(知見)이 생기지 않는다

32. 응화비진분 응화신(應化身)은 진실이 아니다

# 금강경

## 13. 여법수지분
# 법에 알맞게 받아서 지닌다

그때 수보리가 부처님께 아뢰었다.

"세존이시여, 이 경은 어떤 이름으로 불러야 하겠습니까? 저희는 이 경을 어떻게 지녀야 하겠습니까?"

부처님께서 수보리에게 말씀하셨다.

"이 경은 금강반야바라밀이라는 이름으로 불러라. 이 이름으로 너희들은 지녀라. 까닭이 무엇이냐? 수보리야, 부처님이 말하는 반야바라밀은 반야바라밀이 아니다. 수보리야, 어떻게 생각하느냐? 여래에게는 말할 만한 법이 있겠느냐?"

수보리가 부처님께 아뢰었다.

"세존이시여, 여래에게는 말씀하실 만한 법이 없습니다."

"수보리야, 어떻게 생각하느냐? 삼천대천세계에 있는 티끌이 많으냐?"

수보리가 말했다.

"매우 많습니다, 세존이시여."

"수보리야, 모든 티끌을 여래께서는 말씀하시길 티끌이 아니라 이름이 티끌이라고 하셨다. 여래께서 말씀하시길, 세계는 세계가 아니라 이름이 세계라고 하셨다. 수보리야, 어떻게 생각하느냐? 32상으로써 여래를 볼 수 있느냐?"

수보리가 말했다.

"볼 수 없습니다, 세존이시여. 32상으로는 여래를 볼 수 없습니다. 왜 그럴까요? 여래께서 말씀하시길 32상은 32상이 아니라 이름이 32상이라고 하셨기 때문입니다."

"수보리야, 만약 착한 남자와 착한 여인이 갠지스강의 모래알만큼 많은 목숨을 보시한다고 하고, 다시 만약 어떤 사람이 이 경 가운데 사구게 등을 기억하고서 남에게 말해 준다면, 그 복이 앞의 복보다 훨씬 더 많다."

爾時須菩提白佛言:"世尊, 當何名此經? 我等云何奉持?"

佛告須菩提:"是經名爲金剛般若波羅蜜. 以是名字汝當奉持. 所以者何? 須菩提, 佛說般若波羅蜜, 則非般若波羅蜜. 須菩提, 於意云何? 如來有所說法不?"

須菩提白佛言:"世尊, 如來無所說."

"須菩提, 於意云何? 三千大千世界所有微塵是爲多不?"

須菩提言:"甚多, 世尊."

"須菩提, 諸微塵, 如來說, 非微塵, 是名微塵. 如來說世界, 非世界, 是名世界. 須菩提, 於意云何? 可以三十二相見如來不?"

"不也, 世尊. 不可以三十二相得見如來. 何以故? 如來說, 三十二相, 卽是非相, 是名三十二相."

"須菩提, 若有善男子善女人, 以恒河沙等身命布施, 若復有人於此經中乃至受持四句偈等, 爲他人說, 其福甚多."

《금강경》 제13 여법수지분(如法受持分)입니다.

'여법(如法)'은 여법하다, 법과 같다는 말입니다. 법처럼, 법에 딱 맞게. '수지(受持)'는 받아서 지닌다는 말입니다. 보통 여법하다고 많이 하는데, 법에 딱 맞다는 것은 한 번 분별 생각을 벗어나 여기에 통해서 법의 실상을 보는 안목이 갖춰지면 여법하다고 합니다. 어떤 것이 여법한 거냐? 그것은 말로 설명할 수는 없고, 한 번 생각을 벗어나서 이것을 체험하고, 많은 시간이 지나서 생각에 따라가지 않고 휘둘리지 않게 되면 여법함이라는 게 납득됩니다. 이것이 실감되는 거죠. 보통 말로는 이렇게 얘기할 수 있어요.

거울이 세상을 있는 그대로 왜곡되지 않게 비추는 것과 같다고 보통 얘기하죠. 거울이 평평하고 깨끗하면 앞에 나타나는 모습들을 똑같이 왜곡되지 않게, 있는 그대로 비추잖아요. 그런 것을 여법하다고 할 수 있는데, 그런 것처럼 마음을 깨쳐서 생각을 벗어나야 합니다. 생각이 모든 걸 왜곡하거든요. 생각이 일어나고 분별하게 되면 왜곡하게 됩니다. 《장자》에 '대롱을 가지고 표범을 보는 것과 같다'라는 말이 나옵니다. 조그마한 대롱을 가지고 뭘 보면, 다 보이는 게 아니고 보이는 부분만 보이잖아요. 그것이 왜곡이죠.

불교에서는 왜곡을 '장님 코끼리 만지기'라고 보통 얘기합니다. 경전에 그런 말이 나오거든요. 그것이 왜곡입니다. 어떤 왕이 장님을 네댓

명 불러서, 앞에 코끼리를 한 마리 놓아두고 한 사람은 꼬리를 만지게 하고, 한 사람은 다리를 만지게 하고, 한 사람은 배를 만지게 하고, 한 사람은 코를 만지게 하고, 한 사람은 귀를 만지게 하는 겁니다. 계속 만지는 게 아니라 잠깐 만져 보고 그 코끼리가 어떻게 생겼는지 말해 보라고 합니다. 그러니까 꼬리를 만진 사람은 꼬리가 코끼리인 줄 알고, 다리를 만진 사람은 다리가 코끼리인 줄 압니다. 다 다르게 아는데, 그것이 왜곡이에요.

생각이라는 게 그와 같다는 겁니다. 분별을 하면 있는 그대로의 진실을 여법하게 보지 못하고 왜곡한다는 거예요. 그래서 망상이라고 하는 건데, 생각이 맞는 것 같아도 문제가 있는 겁니다. 세속을 살아가는 데는 생각이 필요해서 생각을 하면서 살지만, 법계의 실상을 보는 데는 맞지 않아요.

여기 한 번 툭 통하면, 마치 거울이 세상을 있는 그대로 비추듯이, 생각으로 왜곡되지 않고 실상이 그대로 딱 드러나 버립니다. 있는 그대로 실상이 딱 드러나는데, 그러려면 한 번 이 마음을 깨쳐야 합니다. 그러면 결국 생각에 사로잡히지 않게 됩니다. 그러면 아무것도 없구나, 텅 비었구나, 이런 말을 하게 됩니다. 마음속에 온갖 일이 다 있는 줄 알았는데, 마음이라는 게 텅 비고 원래 아무것도 없는 거구나… 이렇게 드러나거든요.

중생들은 마음속에 온갖 게 다 있어요. 마음속에서 어떤 생각만 있는 게 아니라, 감정도 있고, 분노도 있고, 즐거움도 있고, 슬픔도 있고, 좋아함도 있고, 싫어함도 있고, 온갖 게 다 나오죠. 그러니까 왜곡될 수밖에 없어요. 있는 그대로를 비출 수가 없는 거죠. 한 번 체험하는 것은 그런 마음에서 벗어나는 겁니다. 뭐라고 할 게 아무것도 없어요. '나라는 게 없고, 법이라는 게 없다'는 말도 하는데, 내가 있고 법이 있으면 이것은 대롱으로 세상을 보는 꼴이 됩니다. 내 눈으로 세상을 본다… 이렇게 되어 버리면 다 왜곡이에요. 세상이라는 게, 내가 있으면 내가 보고 싶은 대로 보거나 나한테 보이는 대로 봐 버리기 때문에 왜곡될 수밖에 없어요.

한 번 이 마음을 체험한다는 것은 (법상을 톡톡 두드리며) 그런 나라고 할 게 없고 사람이라고 할 게 없는 체험인 겁니다. 그래서 텅 비었다, 공이다, 이런 말도 하는 겁니다. (법상을 톡톡 두드리며) 이 일 하나. 거울이 밝죠. 캄캄한 데서는 거울이 안 보여요. 밝아야 보이거든요. 거울은 밝은 거예요. 밝음이 있어요. 마음이 이렇게 밝게 살아 있습니다. 밝게 살아 있되, 아무 뭐가 없어서 왜곡되지 않는 이것이 여법함입니다. 옛날 선사들은 어떻게 표현했느냐면, 사람이 오면 사람을 보고, 동물이 오면 동물을 보고, 노란색이 있으면 노란색을 보고, 빨간색이 있으면 빨간색을 본다… 이런 식으로 말하기도 했거든요. 있는 그대로 비춘다는 말이죠. 그것은 눈으로 보는 것에 비유한 거지만, 눈으로 보는 것만이 아니고 세상 모든 것이 다 마찬가지입니다.

여법함이라는 것은 유식(唯識)에서는 대원경지(大圓鏡智), 큰 거울과 같은 지혜라고 합니다. 있는 그대로 비출 뿐이고, 안도 없고 바깥도 없고, 주관도 없고 객관도 없고, 나도 없고 법도 없는 겁니다. 그런 차별은 없어요. (법상을 톡톡 두드리며) 여기 한 번 통해서 안팎이 없어지는 차별 없는 체험을 하고 자꾸 공부를 더 해서 거울 같은 지혜가 나오면, 법계의 실상을 그대로 보게 됩니다. 그럴 때 여법하다고 말하는 겁니다. 여법함이라는 것은 왜곡됨이 없이 법을 있는 그대로 다 본다는 말이니까 어찌 보면 깨달음의 완성이라고 할 수도 있습니다.

그때 수보리가 부처님께 아뢰었다.
세존이시여, 이 경은 어떤 이름으로 불러야 하겠습니까? 저희는 이 경을 어떻게 지녀야 하겠습니까?
부처님께서 수보리에게 말씀하셨다.
이 경은 금강반야바라밀이라는 이름으로 불러라. 이 이름으로 너희들은 지녀라. 까닭이 무엇이냐? 수보리야, 부처님이 말하는 반야바라밀은 반야바라밀이 아니다.

이것도 방편의 말입니다. 다이아몬드를 금강석이라고 해요. 금강이라는 것은 다이아몬드라는 말입니다. 가장 단단하다는 말이죠. 뭐가 단단한 거냐? 깨달음이 단단하다는 겁니다. 분별망상의 기운이 남아 있어서 여전히 분별망상에 휘둘리면 자기의 깨달음이 좀 단단하지 못합니다. 헐거워서 물렁물렁하죠. 비록 깨달았다 하더라도, 체험을 해서 이런 법이 있다는 것을 경험한다 하더라도 딱 그 자리가 잡혀 있지 못하고 흔들린다는 말이죠.
깨닫지 못한 사람들은 법이 있는지 없는지도 모르니까 헤매 다니는 거고, 이것을 깨달으면 경계를 따라서 헤매지 않게 됩니다. 마음의 본래 모습이라는 것은 텅 빈 허공과 같아서 왔다 갔다 하는 게 없습니다. 그럴 게 없어요. 항상 여여하고 늘 똑같아요.

그런데 여여하고 똑같은 것을 깨달았다 하더라도 지금까지 수십 년을 망상만 하면서 살아왔으니까 망상하는 습관, 그 기운이 남아 있어서 자기도 모르게 계속 망상이 일어나요. 그 기운이 남아 있으니까 계속 흔들흔들하는 거죠. 그러니까 여여한 이것을 조금이라도 맛보았으면 계속 공부해서 단단하게 해 가야 하는 겁니다. 그것이 체험한 이후의 공부예요. 심우도로 치면 소를 찾았으면 소의 고삐를 꽉 붙잡고 도망가지 못하게 붙잡고 있어야 하는 거죠. 소를 길들여야 하니까요. 지금까지 소는 맨날 바깥으로 다니는 습관이 들어 있는데, 소를 찾았으면 집 안에 붙잡고 못 나가게 해야죠. 그런 식으로 방편을 만들어 놨거든요.

텅 비고 여여해서 아무 일이 없고 이 자리가 딱 있으면 아무 흔들릴 게 없습니다. 이것을 더 확실하고 더 분명하게 해 가는 시간이 많이 필요해요. 그러다 보면 나중에는 흔들림이 계속 줄어들고, 안정된 기운은 더 세집니다. 흔들리고 왔다 갔다 하는, 헤매는 기운이 자꾸 줄어듭니다. 심우도에서는 나중에 소를 잘 키우다 보면 소가 없어진다고 했거든요. 소도 없어지고 사람도 없어진다… 소는 내가 깨달은 법이고, 사람은 나란 말이에요. 내가 깨달은 법이 있고 내가 있으면 아직 흔들리고 있는 겁니다. 왜냐하면 깨달음도 분별이고 나도 분별이거든요. 아직 그런 분별이 남아 있어서 흔들리고 있는 거예요.

충분한 시간이 지나면 소도 없어지고 사람도 없어집니다. 깨달음이라는 분별도 없어지고, '나'라는 분별도 없어지고, 일원상으로 돌아간다고 하는 거거든요. 하나가 된다고 말하는 건데 쉬운 건 아닙니다. 오랜 시간이 필요한 것이고, 저절로 그렇게 돼야 합니다. 억지로 할 수도 없어요. 시간이 필요하고, 시간이 지나면서 저절로 그렇게 되는 것이지, 억지로 할 수가 없어요. 소도 없어지고 사람도 없어져서 일원상으로 돌아가면, 다이아몬드처럼 단단해집니다. 그것을 경전에서는 법이 견고해진다고 합니다. 단단해진다는 표현을 써요. 경전에서도 깨달음이, 반야가 아주 단단해진다는 말을 합니다. 점점 흔들림이 없어지니까 안목이 더 밝아지는 것이고 더 여법해지는 거죠. 금강이라는 것은 바로 그런 단단한, 흔들림 없는 깨달음을 말합니다.

반야바라밀이라고 하는데, 반야는 지혜라는 뜻이고, 바라밀은 피안으로 건너간다는 뜻이거든요. 망상을 벗어난다는 뜻이에요. 피안으로 건너간다는 것은 망상, 번뇌를 벗어난다는 말이죠. 번뇌망상을 벗어나는 지혜가 바로 법입니다. 도(道), 법, 본래면목을 반야라고 하는 거예요. '반야'는 인도 말입니다. 우리말이 아니에요. '빤야(프라즈냐)'라는 인도 말을 한자로 반야라고 옮긴 거죠. 의미를 가지고 번역하면 '지혜'라는 뜻이에요. 《금강경》은 《대반야경》의 일부입니다. 《대반야경》이라는 경전이 총 600권인데, 《금강경》은 그중 한 권이에요. 《대반야경》은 팔만대장경 가운데 가장 분량이 큰 경전입니다. 이 《대반야경》을 주석한 책이 있어요. 《대지도론(大智度論)》이라는 책인데, 용수 보살이 주석을 했거든요. 우리나라에도 번역되어 있습니다. 대지도(大智度)는 마하반야바라밀의 뜻을 번역한 말입니다. 아주 유명한 책입니다. 대승 불교를 학문으로 공부하는 사람은 필수적으로 읽어야 할 책이에요. 대승 불교에 관해서 모든 설명을 다 해 놓고 있거든요.

반야바라밀이라는 건 '이것'을 가리키는 말이고, 이름을 그렇게 만든 거예요. 반야바라밀이 있는 게 아니고, 이름을 따라가면 안 되고, 방편으로 이름을 붙인 거고, 실제로는 뭐냐면 '이것'을 그렇게 이름 붙인 겁니다.

여기에 통해서 망상에 휘둘리지 않을 정도로 단단하고 견고해지면, 금강반야바라밀이 대원경지의 큰 거울과 같은 지혜라는 말입니다. 법계의 실상을 있는 그대로 비추어 보는 지혜를 그렇게 이름 붙인 거예요. 여기에 한 번 통달이 돼서 (법상을 톡톡 두드리며) 분별을 벗어나고, 습기가 남아서 계속 생각에 휘둘리더라도 꾸준히 공부하면 그 기운이 자꾸자꾸 줄어들거든요. 시간이 필요한 거예요. 금방 그렇게 되는 게 아니고, 체험을 했다고 해서 바로 마하반야바라밀, 금강반야바라밀을 성취하는 게 아니고, 공부를 꾸준히 해야 해요. 시간이 지나면서 정말 견고하고 단단하게, 밝게, 확실하게 지혜가 자리 잡는 겁니다.

**이 경은 금강반야바라밀이라는 이름으로 불러라.**

말하자면 이 경에서 말하는 게 바로 금강반야바라밀이다. 이 실상이다. 이 진실이다. 이 진리다. 금강반야바라밀이라고 이름 붙이는 이 진리를 바로 이 경에서 말하고 있다, 그런 거죠.

**이 이름으로 너희들은 지녀라. 까닭이 무엇이냐? 수보리야, 부처님이 말하는 반야바라밀은 반야바라밀이 아니다.**

부처가 말하는 반야바라밀은 반야바라밀이 아니다… 뭐예요? 반야바라밀이라는 이름이 있지만, 그 반야바라밀이라는 모습은 없다는 말입니다.

'시계다'라고 하면 시계라는 이름만 있는 게 아니고 시계라는 모습이 있잖아요. 시계라는 이름이 있으면 시계라는 모습이, 물건이 있거든요. 그러니까 시계는 시계죠. 그런데 법계의 실상을 깨달으면, 시계라고 이름 붙이는데 시계는 시계가 아닙니다. 시계는 그냥 이름일 뿐이고 시계라는 모습이 없다는 말입니다. 이 법계의 실상이 그렇다는 말이에요. 이것도 자기가 이런 안목이 갖춰져야 알 수 있는 말입니다. 비유로 쉽게 설명하자면, 거울 속에 지금 시계가 나타나 있어요. 거울 속에 시계 모습이 나타나 있는데, 시계라고 하지만 시계 맞아요? 시계 아니잖아요. 텅 빈 거울이잖아요. 비유하자면 그런 식으로 얘기할 수 있는데, 세상 온갖 일이 있는데 아무것도 없어요. 아무것도 없다는 말이에요. 그래서 반야바라밀은 반야바라밀이 아니라고 하는 겁니다.

비유로 얘기하면 '거울처럼 그렇구나' 생각은 하겠지만, 그렇게 생각만 해서는 안 되고 정말 그런 건지, 자기가 정말 그렇게 말할 수 있는 건지, 실제로 깨달아서 거울 같은 지혜를 갖춰 봐야 '이렇게 말할 수도 있구나. 나름 그럴듯한 말이구나' 그렇게 납득할 수가 있는 거죠.

반야바라밀은 반야바라밀이 아니니까 이름으로만 반야바라밀이라고 하는 것이다… 만약 반야바라밀이 이름이 아니라 실제 반야바라밀이라는 모습이 있다면, 이것은 망상이고 헤매는 겁니다. 반야바라밀이라는 게 이름만 반야바라밀이지, 반야바라밀이라는 어떤 물건이, 어떤 모습이 없으니까요. 아무것도 없으니 걸릴 게 없잖아요. 뭔가가 있으면 거기에 걸리거든요. 장애가 돼요. 그러면 흔들리는 거예요. 선(禪)에서도 맨날 하는 얘기 있잖아요. '마음이 텅 비어야 그것이 깨달은 것이다. 마음이 텅 비는 것이 바로 깨달음이다.' 그런 얘기를 맨날 합니다. 겉으로 세상이 텅 빌 수는 없죠. 세상을 비울 수는 없어요. 마음은 비워집니다. 내가 내 마음대로 비울 수는 없어요. 왜냐하면 내가 '내 마음을 비워야지' 하면 내가 있고 내 마음이 있기 때문에, 그게 차 있기 때문에 깨끗하게 비워지지 않아요. 저절로 텅 비게 됩니다. 저절로 비워져요. 저절로 거울처럼 비워져 버려요.

세상을 비울 수는 없습니다. 세상을 어떻게 비웁니까? 앞에서 나왔죠. '위없는 깨달음을 얻으려면 그 마음을 어떻게 항복시켜야 합니까?' 하니까 '육도사생의 헤아릴 수 없이 많은 모든 중생을 남김없이 전부 멸도시켜라.' 이런 말을 했거든요. 싹 다 없애라고 했잖아요. 그런데 밖에 있는 70억 인구를 싹 다 없애야 하느냐? 그런 말이 아니거든요. 그러면 큰일 나죠. 그런데 분명히 그 뒤에 나와 있잖아요. 헤아릴 수 없이 많은 육도사생의 모든 중생을 싹 다 없앴는데 없어진 중생이 없다고…. 세상은 그대로 있다는 겁니다. 그럼 뭐가 비워진 거예요? 마음이 비워진 거라는 말입니다. 마음속에 중생이 다 비워져 버렸다는 거죠. 그래서 그렇게 얘기한 거거든요. 똑같은 얘기예요. 마음속에 중생이 싹 비워졌다… 마음속에 있는 중생이 뭐예요? 상(相)이에요. 아상, 인상, 중생상, 수자상. 그래서 그 밑에 그 말이 나오죠.

'왜 그러냐? 수보리야, 보살에게 아상, 인상, 중생상, 수자상이 있으면 보살이 못 되기 때문이다.' 마음속에 상이 있으면 마음을 비우지 못한 거니까 그것은 보살이 아니라는 겁니다. 상이라는 것은 마음속에 우리가 가지고 있는 모습들인데, 온갖 모습이 다 있죠. 불교식으로 얘기하면 색수상행식이 마음속에 다 모습으로 있습니다. 물질적인 모습, 느낌의 모습, 생각의 모습, 욕망의 모습, 의식의 모습… 전부 마음속에 들어 있는 모습들이에요. 그것이 비워지지 않으면, 공이 되지 않으면, 번뇌에서 못 벗어나고 망상에서 못 벗어난다… 그래서 《반야심경》에서 오온이 다 비어 있음을 비추어 본다고 얘기한 거거든요. 그것이 다 공이다, 다 비어졌다는 말입니다. 그런데 오온이 전부 다 텅 비어 있지만, 나타나지 않는 건 아니죠. 거울이 텅 비어 있지만 나타나지 않는 건 아니잖아요. 항상 나타나 있죠. 나타나 있지만 텅 비었습니다. 그래서 '색즉시공 공즉시색' 하는 거고, 법계의 실상을 나타내는 말들인데, 자기가 실감을 해 봐야 해요.

말만 듣고 이해해서는 안 되는 거예요. 아무 소용이 없어요. (법상을 톡 두드리며) 실감을 해 봐야 해요. 실감해 보면 모든 경전이 똑같은 얘기를 다 하고 있는 겁니다. 다른 얘기 하는 경전이 없어요. 왜? 법계의 실상이 이런 것이기 때문에 말은 이런 식으로, 저런 식으로 얘기해요. 말은 다르게 하지만, 전부 똑같은 얘기를 하고 있는 겁니다. 알고 보면, 지혜를 갖추고 보면, 불법이라는 건 굉장히 간단하고 쉬운 거예요. 전혀 어려울 게 없어요. 단순한 거죠. 그런데 습기, 분별, 생각에 휘둘려 자꾸 생각을 하게 돼요. 그러니까 어려워지는 거예요. 이건가 저건가, 이렇게 되나 저렇게 되나, 하고 계속 생각 속을 헤매니까 분명한 게 하나도 없어요. 이것도 맞는 것 같고 저것도 맞는 것 같고. 그러니까 맨날 헤매는 거예요. 어둠 속을 헤매는 거라고요. 생각 때문입니다. 그러니까 생각을 벗어나는 체험을 한 번 하고 지혜가 이렇게 나와야 생각에 휘둘리지 않게 됩니다. 그 뒤에 경전을 보면 아무것도 아니에요. 당연한 얘기를 여러 가지 방식으로 얘기하고 있는 겁니다.

'이 경은 금강반야바라밀이라는 이름으로 불러라. 왜 그러냐? 부처가 말하는 금강반야바라밀이라는 것은 금강반야바라밀이 아니기 때문에 그렇다.' 금강반야바라밀이 아니어야 흔들림 없는 지혜가 거기 있는 것이다, 중생이 중생이 아니어야 하고 부처가 부처가 아니어야 한다, 이 말이에요. 그래야 흔들림 없는 지혜가 있다… 세속에서는 중생은 중생이고 부처는 부처라고 하잖아요. 세속에서는 '하늘은 하늘이고 땅은 땅이지, 산은 산이고 물은 물이지' 하는데, 불교를 공부하면 '산은 산이 아니고 물은 물이 아니요' 이런 말을 듣게 됩니다. 그래야 비로소 실상을 볼 수 있기 때문에 그렇습니다.

그러니까 생각은 절대 안 됩니다. 생각이 왜곡시키는 겁니다. (법상을 톡톡 두드리며) 법계의 실상을 깨달아야 하는 거예요. 한 번 생각을 벗어나 봐야 하는 겁니다. 생각을 벗어나 봐야 있는 그대로가 탁 드러나게 됩니다. 그것도 습기를 이겨 내려면 시간이 많이 필요해요. (법상을 톡톡 두드리며) 이 일 하나.

부처가 말하는 반야바라밀은 반야바라밀이 아니기 때문에 그게 바로 금강반야바라밀이 되는 것이다… 흔들림 없는 지혜가 된다 이 말이죠. 이것도 머리로 생각해서는 안 되고, 자기가 이런 안목이 되어야 이 말도 정확하게 알 수가 있어요. 그러지 않으면 무슨 말인지를 알 수가 없습니다. 《금강경》뿐만 아니고 경전들이 다 좋지만, 어떤 주장 말만 하는 게 아니라 정확하게 이유를 탁탁 얘기하거든요. 《금강경》에서는 숨기고 있는 법이 없어요. 다 있는 그대로 얘기하는 거죠.

수보리야, 어떻게 생각하느냐? 여래에게는 말할 만한 법이 있겠느냐?
수보리가 부처님께 아뢰었다.
세존이시여, 여래에게는 말씀하실 만한 것이 없습니다.

똑같은 얘기를 또 반복하고 있습니다. 말할 게 있어서 말하면 뭐가 됩니까? 분별이 되죠. 시계가 있으니까 시계라 하고, 컵이 있으니까 컵이라 하죠. 이것은 분별이고, 부정할 수 없이 당연히 그런 게 있다고 분별을 딱 가지게 되죠.

그런데 법이라는 건 이런 사물이 아니고, '법' '마음'이라고 말은 하지만 '이것이 마음이다'라고 시계나 컵처럼 눈으로 보거나 손으로 잡거나 머리로 생각하거나 할 수 있는 그런 건 없다는 말입니다. 그렇다고 해서 마음이 없느냐? 없는 건 아니죠. 이렇게 살아 있죠. 살아 있는데 '이게 마음이다'라고 할 수 있는 그런 모양은 없다는 말이에요. 분명히 살아 있어요. 우리가 살아 있잖아요. 뭐가? 마음이 살아 있는 겁니다. 몸은 살아 있고 마음이 없으면 그런 사람을 뭐라 합니까? 식물인간이라고 하잖아요. 사람이 아닌 겁니다. 제대로 된 사람은 몸만 아니라 마음이 살아 있습니다. 몸만 살아 있는 게 아니라 마음까지 살아 있고, 심지어 팔다리가 없는 사람도 있잖아요. 그래도 마음이 살아 있으면 그건 제대로 된 사람이에요. 마음이 이렇게 살아 있는데 없다고 할 수도 없고, 그렇지만 어떻게 생긴 거냐? 어디 있느냐? 하면 말할 수가 없어요.

그냥 '이것이다.' 이렇게밖에 말할 수 없어요. '이것이다.' 이렇게 있잖아요. '이것이다.' 이렇게밖에는 말할 수가 없어요. 왜냐하면 볼 수도 없고, 들을 수도 없고, 손으로 만질 수도 없고, 머리로 생각할 수도 없고,

어떤 모습이 없으니까요. 마음이니 법이니 말만 하지 그 말에 해당하는 어떤 모습을 가지고 있는 건 없다는 말이에요. 이런 말을 뭐라 합니까? 방편이라고 하는 거예요. 말은 하는데, 그 말에 해당하는 어떤 분별되는 경계는 없습니다. 모습은 없어요. 모습을 또 경계라고도 합니다. 이런 건 세속적인 말과는 다르죠. 세속적인 말은 그 말에 해당하는 경계가 있고 모습이 있거든요. 그런데 방편의 말은 말만 있지 경계는 없어요.

그러면 모든 말은 뭘 가리키느냐? 모습 없는 이 법 하나를 가리키는 말이죠. 반야라 하든, 진여라 하든, 부처라 하든, 마음이라 하든, 도라 하든 어떤 이름으로 부르더라도 가리키는 것은 모양 없는, 분별할 수 없는 이 법, 마음이라 해도 좋고… 이것 하나를 가리키는 겁니다. 다른 건 없어요. 진실은 이것 하나뿐이거든요. 오온이 전부 공(空)이라고 했잖아요. 오온은 5가지가 있지만, 공은 하나뿐이에요. 그러니까 만법이 하나로 돌아간다고 하는 겁니다. 만법은 모습으로 온갖 것이 다 있지만, 마음은 그냥 하나뿐이에요. 모습이 없으니까 분별이 안 되는 거고, 사실 하나라는 것은 다른 게 없다는 말이잖아요. 다른 게 있으면 분별이 되겠죠. 이것은 마음이고, 이것은 마음이 아니고, 이런 식으로….

진실로 얘기하자면, 몸이라는 것도 하나의 모습입니다. 색수상행식 할 때 색이 몸이거든요. 마음에서 나타나는 하나의 모습이에요. 마음은 공인데, 아무 모양이 없는데, 색수상행식, 육체, 느낌, 생각, 감정, 욕망, 의식, 이런 모습들을 여기서 나타내요. 오온이 전부 공이다… 공 속에, 마음 안에 온갖 모습이 나타나 있어요. 나타나 있지만, 색수상행식을 다른 식으로 하면 뭡니까? 색성향미촉법(色聲香味觸法), 안이비설신의(眼耳鼻舌身意), 그렇게 되겠죠. 그다음 안식(眼識), 이식(耳識), 비식(鼻識),

설식(舌識)… 해서 오온을 나누면 18가지가 되거든요.

《반야심경》에 보면 그다음 어떻게 돼 있어요? 이 공 속에는 무(無)색성향미촉법, 무(無)안이비설신의… 해서 쫙 나오잖아요. 무(無)생로병사, 무(無)생로병사진, 무(無)증득… 이런 게 다 나와요. 겉으로는 분별되는 모습으로 나타나 있지만 공 속에는, 마음속에는 그런 게 없다는 말이에요. 그래서 무(無)안이비설신의… 하고 나오는 거예요. 마음속에는 눈도 없고, 색깔도 없고, 색깔을 아는 것도 없고, 태어나고 죽고 병들고 늙고 하는 것도 없고, 거기서 벗어나는 해탈하는 것도 없고, 깨달음조차도 없다는 거예요. 왜? 여기는 아무것도 없어요. 분명히 《반야심경》에 나와 있잖아요.

공(空)입니다. 아무것도 없는데 그런 것들이 다 나타나 있죠. 그래서 거울과 같다고 하는 거예요. 거울 속에 아무것도 없는데 온갖 게 다 나타나 있으니까요. 이것이 불교에서 말하는 법계의 실상인데, '진짜 이런 거냐?' 하는 건 본인이 여기서 한 번 (법상을 톡톡 두드리며) 분별이 딱 끊어지고 분별에서 벗어나서 거울 같은 지혜가, 반야의 지혜가 갖춰져야 '반야심경이나 금강경이나 똑같은 얘기를 하고 있구나' 하는 걸 알 수 있어요.

이 일 하나. 마음이 이것인데 텅 빈 거울과 같다고 하지만, 욕실에 있는 거울은 유리 조각이잖아요. 죽어 있는 겁니다. 살아 있는 게 아니에요. 마음이라는 거울은 살아 있는 거울이에요. 이렇게 살아 있어요. 이것이 우리의 본래면목, 우리 본질입니다. 나라고 하는 게 있는 게 아니라, 이것이 본질이고 이것이 본래면목이란 말이에요. 그러니까 이것을 계속 가리켜드리는 거예요. '이것뿐이다' 하고 계속 이것을 가리켜드리는 겁니다. 딴 거 없어요. 그냥 이것뿐이에요.

수보리야, 어떻게 생각하느냐? 여래에게는 말할 만한 법이 있느냐?

말할 만한 법이 있어서 법이라는 말을 하냐는 말이에요. 계속 여래가, 부처가 '법, 법' 하거든요. 그런데 진짜로 그렇게 말할 만한 법이 있어서, 그렇게 분별이 돼서 말을 하느냐 물으니까

수보리가 부처님께 아뢰었다.
세존이시여, 여래에게는 말씀하실 만한 법이 없습니다.

그런 건 없지만, 방편의 말로 그렇게 말을 한다…《금강경》은 앞에서 뭐라 했습니까? 뗏목과 같다고 했잖아요. 이런 말을 통해서 망상 속에 있는 중생을 깨달음으로 싣고 가는 뗏목과 같다… 방편이라는 말이에요. 말할 만한 게 있어서 그런 게 아니고. 그러니까 말로 사람들을 살살 꼬셔서 말을 벗어나고 생각을 벗어나는 깨달음으로 끌고 가는 이것이 법문이고 이것이 설법인 겁니다. 설법은 말로 하는 거지만, 사실은 말이 끊어지고 생각이 끊어진 곳으로 이끌고 가는 것이 설법이에요. 그러니까 법문이 되죠.

설법을 왜 법문이라 하는지 생각해 본 적이 없어요? 설법이란 법을 말한다는 뜻이거든요. 그것을 법문이라고 합니다. 법문(法門)은 법으로 통하는 문이라는 뜻이에요. 법으로 가는 문이라는 말이거든요. 설법이 왜 법으로 통하는 문이 되느냐? 설법은 비록 말이지만, 말을 듣고서 법

으로 통해서, 법을 깨달아서 법으로 들어갈 수 있기 때문에 설법을 법문이라고 하는 거예요. 옛날 스님들이 다 깨닫고 똑똑해서 이름을 제대로 붙여 놓았습니다.

설법을 듣고 뭘 이해하고 아는 게 아니고, (법상을 톡 두드리며) 법으로 통해서, 생각에서 벗어나서 텅 빈 거울처럼 여법해지는 거예요. 설법을 통해서 법으로 들어가기 때문에 이것이 법문이고, 설법을 듣고 공부하는 게 가장 정석입니다. 경전을 보면 법문을 듣고 깨달았다는 말 많이 나오잖아요. 원래 불교 공부의 정석은 법문을 듣고, 설법을 듣고서 깨닫는 겁니다.

그런데 잘못 왜곡이 돼서 법문은 법문이고, 앉아 있어야 하고, 그런 엉뚱한 소리를 하게 된 거예요. 왜곡이 돼서 그런 겁니다. 경전을 보면 법문 듣고 깨달았다는 말이 수도 없이 많이 나오거든요. 왜? 설법이 바로 법으로 통하는 문이거든요. 설법을 듣다가 생각이 한 번 끊어지면서 자기 살림살이가 체험되고 이것이 탁 나오면 법에 통한 거죠. 법으로 들어가는 거죠.

세존이시여, 여래에게는 말씀하실 만한 법이 없습니다.

법문은 말하는 게 아니에요. 겉으로는 말하는 것 같지만, 실제로는 말할 수 없고 생각할 수 없는 (법상을 톡톡 두드리며) 이것 하나를 가리키는 겁니다. 그래서 법문인 거예요. 왜 법문(法門)인지 생각해 본 적이 없어요? 왜 설법이 법으로 통하는 문이 될까? (법상을 톡톡 두드리며) 이것은 말을 하는 게 아니라, 법으로 통하는 문을 가리켜서 계속 문으로 들어오라고 이끌어 드리는 겁니다. 설법을 다른 말로 뭐라 합니까? '시중(示衆)'이라고 해요. 요즘 그런 말을 잘 안 쓰지만 절에서 시중이라고 하거든요. '시중'이라는 것은 대중한테 법을 보여 준다는 거예요. 설법은 대중한테 법을 보여 주는 것이지 말해 주는 게 아니에요.

옛날 어떤 선사는 그런 말 했잖아요. 중생은 설법을 귀로 듣는데, 보살은 설법을 눈으로 본다고…. 법을 보여 주는 것이지, 말을 해서 듣고 이해하라고 하는 게 아니라는 말이에요. 법을 보여 주면, 모양 없는 법입니다. 법은 무상(無相), 모양이 없는 법이에요. 모양이 없어서 분별할 수 없는 법을 이렇게 계속 보여 주고 있는 겁니다. (손가락을 들며) 바로 이것입니다. 이것이 법입니다. 이겁니다. 분명히 이렇게 살아 있고 밝게 드러나 있고 명백한 거지만, 모양이 없으니까 알 수는 없어요. 알 수는 없지만 우리에게 다 갖추어져 있는 거예요. 그러니까 마음이라고 하죠. (법상을 톡톡 두드리며) 이것이라고요. 이것 하나.

설법은 말을 하고 말을 듣고 기억하는 게 아닙니다. 법문을 듣고 나서 기억되는 게 하나도 없어야 제대로 들은 겁니다. 어떤 분들은 1시간 내내 요점을 적은 뒤 '제가 법문을 들었는데, 이게 법문의 요점이 맞습니까?' 하고 이메일을 보냅니다. 제가 답을 했죠. '저는 거기서 이런 말 한 마디도 한 적이 없습니다.' 그런 게 아니에요. 그냥 이 법을 가리키는 거예요. 이것이 마음이란 말이죠. 이것이 살아 있는 거예요. 이것은 문자가 아니에요. 말할 수도 없고 생각할 수도 없어요. 그냥 분명하게 드러나 있습니다. (손가락을 들며) 이것 하나를 가리키는 거고, (법상을 톡톡 두드리며) 명백하게 드러나 있는 이것 하나를 가리키는 거죠.

그래서 시중이라 하기도 하고, 법문이라 하기도 하고, 설법이라 하기도 해요. 다 같은 뜻이거든요. 시중, 설법, 법문, 같은 말이에요. 법을 보여 주는… (손가락을 들며) 이겁니다. (법상을 톡톡 두드리며) 이 법 하나 다른 법은 없어요. 법은 분명히, 마음은 이렇게 항상 드러나 있어요. 늘 이렇게 명백하게 드러나 있어요. 이것 하나. 생각할 수 없습니다. 느낄 수도 없고….

견문각지(見聞覺知)라는 말을 하거든요. 《유마경》에 보면 '보고 듣고 느끼고 아는 것은 법이 아니다'라는 말이 나와요. 그것은 경계다… 이것은 볼 수도 없고, 들을 수도 없고, 느낄 수도 없고, 알 수도 없어요. 그런데 이것이 분명해요. 눈에 안 보인다 하니, '느낌이 있나?' 하는데 느낌이 아닙니다. 생각할 수 있는 것도 아니고 느낌도 아닙니다. 무슨 느낌이 있는 게 아니에요. 그냥 이것이 분명해요. 이렇게 분명하고 명백하지만 어떤 느낌 같은 게 아니에요. 느낌은 《반야심경》에 나오는 '색수' 할 때 '수'가 느낌이에요. 색은 육체, 수는 느낌, 상은 생각… 그런 것들은 경계입니다. 마음은 공이에요. 그런 느낌이나 생각이나 의식이 아니에요. 의식이 아닙니다. 의식이라는 건 뭘 알 수 있는 게 의식이거든요. 어떤 기분이든지, 눈에 보이든지, 귀로 듣든지, 생각하든지 다 의식이거든요. 알 수 있는 게 의식이지만, 이것은 알 수 있는 게 아닙니다. 그런데 분명해요. 이것은 명백하게, 항상 여여하게 변함없이 있어요. 이것이 살아있는 사람한테는 다 있습니다.

그런데 의식할 수는 없어요. 의식이 아니에요. 의식은 아니지만 의식의 바탕이 돼서… 제8식이라고 하기도 하는데, 식이라는 이름이 붙으면 그건 안 맞습니다. 제9식까지 나오는데, 9식을 진여라고 해서 식이 아닌데 이름을 식이라고 붙였어요. 방편을 만들려니까 그렇게 하는 거죠.

(법상을 톡톡 두드리며) 이 일 하나. 이것 하나입니다. 그냥 이것일 뿐이에요. 이것일 뿐. 다른 게 없어요. 이것은 항상 있습니다. 항상 있기 때문에 언제든지 어디서든지 깨달음에 목이 말라 있고 배가 고파 있으면 언제 깨달을지 몰라요. 언제 체험이 올지 모르는 겁니다. 법문 듣다가 오는 경우가 대다수지만, 집안일 하다가, 길 가다가 우연히 어느 순간에 탁 체험이 되기도 합니다. 그럴 수밖에 없어요. 왜? 항상 밤낮으로 살아 있는 사람한테는 늘 이것이 있는 거니까요. 늘 이렇게 있는 일이니까요.

거울을 방 안에다 두고 불을 켜면 거울에 모든 게 보이지만, 불을 꺼 버리면 아무것도 안 보입니다. 그렇다고 해서 거울이 없습니까? 있잖아요. 잠도 그렇잖아요. 잠을 잔다고 해서 마음이 없어졌습니까? 잠을 자는 것은 마치 방 안에 불 꺼 놓은 것과 같은 거거든요. 여전히 거울은 있어요. 있지만 불이 없으니까 있는지 없는지 모를 뿐이죠. (법상을 톡톡 두드리며) 이것은 항상 있습니다. 아무리 불을 꺼 놓은 캄캄한 방이라도 불만 딱 켜면 바로 거울에 나타나잖아요. 그런 것처럼 아무리 깊은 잠이 들더라도 눈만 뜨면 똑같이 나타나 있거든요.

마음은 불생불멸이라 없어지고 생기고 하는 게 아닙니다. (법상을 톡톡 두드리며) 이것은 항상 이렇게 있는 거예요. 바로 지금 이겁니다. 바로 이거예요. 누구에게나 이게 있어요. (법상을 톡톡 두드리며) 이것만 한 번 와닿으면 돼요. 이것밖에는 뭐 다른 건 없어요. 법은 딱 이것 하나입니다. 공이라 하기도 하고 마음이라 법이라 하기도 하고. (손가락을 들며) 이것 하나뿐이에요.

모양이 없지만 항상 나타나 있고, 살아 있어요. 분별할 수는 없지만,

보고 듣고 느끼고 생각할 수는 없지만, 모양은 없지만, (법상을 톡톡 두드리며) 항상 드러나 있는 것, 법은 이것 하나뿐이에요. 이것만 깨달으면 돼요. 나머지는 우리가 다 알아요. 색수상행식 다 알고 있는 겁니다. 색은 물질, 육체 다 아는 거고, 느낌도 알고, 생각도 알고, 욕망이나 기분이나 감정이나 의식, 다 알아요. 그런데 모양이 없는 이것은 모르고 있는 거예요. 그러니까 깨쳐야 해요. 아는 게 아니라, 분별로 아는 게 아니라, (법상을 톡톡 두드리며) 한 번 체험해서 깨쳐야 합니다. 이것 외에 다른 것은 전부 분별해서 알 수 있는 겁니다. 이것 하나만 유일하게 분별할 수 없고 알 수가 없어요.

이것이 한 번 확 하고 실감되는 체험. 이것을 깨치는 거예요. 깨달음이죠. (법상을 톡톡 두드리며) 이것 하나가 있어요. 이것 하나. 다른 것은 없습니다. 이 마음만 깨달아 버리면 다 깨닫는 거예요. 더이상 남아 있는 비밀 같은 건 없어요. 경전에 나오는 말들은 전부 방편의 말입니다. 물론 그것을 볼 수 있는 안목도 생겨야 하는 겁니다. (법상을 톡톡 두드리며) 이 일 하나입니다. 이것 하나. 항상 이 법 하나가 있을 뿐입니다. 다른 건 없어요. 그래서 법문은 그냥 이것 하나를 보여 주고, 이것 하나를 가르쳐 드리는 겁니다. (법상을 톡톡 두드리며) 이것 하나입니다.

수보리야, 어떻게 생각하느냐? 삼천대천세계에 있는 티끌이 많으냐?
수보리가 말했다.
매우 많습니다, 세존이시여.
수보리야, 모든 티끌을 여래께서는 말씀하시길 티끌이 아니라 이름이 티끌이라고 하셨다.

이 이야기가 《금강경》에서 계속 반복돼요. 뭐는 뭐가 아니라 이름이 뭐다… 자꾸 그런 이야기를 합니다. 물론 방편으로 하는 말인데 이렇게 말하는 것은… 선(禪)에서는 보통 그런 얘기 하잖아요. '내가 불법을 몰랐을 때는 산을 산으로 알고 물을 물로 알았다. 그런데 불법을 알고 나서 보니까 산이 산이 아니고 물이 물이 아니더라.' 그런 말을 하죠. 그런 것처럼 이것을 모를 때는 분별되는 대로 이름을 붙여서 얘기합니다. 하늘은 하늘이고, 땅은 땅이고, 산은 산이고, 물은 물이고, 추우면 춥고, 더우면 덥고, 여름은 여름이고, 겨울은 겨울이고… 분별되는 대로 그게 다인 줄 알죠.

그런데 이 법에 통하면, 산은 산인데 산이 없어요. 강은 강인데 강이 없고, 하늘은 하늘인데 하늘이 없습니다. 이름으로는 눈으로 보고 귀로 듣고 그렇게 나타나는데, 또 아무것도 없어요. 눈으로 보고 귀로 듣고 몸으로 느끼고 머리로 생각하는 경계는 다 그대로 있어요. 《반야심경》에서 색이 공이라고 했는데, 색은 모습이 나타나 있죠. 색은 물질이니까요. 지수화풍 사대(四大)를 색이라고 하거든요. 그런데 공은 아무것도 없어요. 공은 텅 비어 있다는 말이니까요. 색이 공이라 해서 색이 없어지고 공이 된 건 아닙니다. 그래서 색이 공이고 공이 색이다… 색이 없어지고 공이 되었으면 '색이 공이다' 하는 걸로 끝나야 하는데, '공이 색이다'라고 했거든요. 공이지만 색이 있다, 이거예요. 색이 그대로 있어요.

이 경험을 해 보면 그렇게 말할 수 있어요. 무슨 이치가 있어서 그렇게 얘기하는 게 아니고 체험을 해 보면, 희한하게 세상은 그대로 있고 살아가는 것도 맨날 그대로 똑같이 사는데, 아무것도 없어요. 그것이 희한한 거죠. 불가사의죠. 그런데 그렇게 됩니다. 아무것도 없지만, 볼 거다 보고 들을 거 다 듣고 똑같이 살거든요. 세상이라는 게 있다고 할 수도 없고, 없다고 할 수도 없고, 뭐라고 할 수가 없어요.

그런데 분별하는 입장에서는 눈에 다 보이고 귀에 들리는데도 아무것도 없으니까 '있기는 있는데 없다' 이렇게 말할 수밖에 없거든요. '색이 공이고, 공이 색이다'라고 말을 하지만, 어쩔 수 없어서 그렇게 얘기한 거고, 실제 이 자리에 딱 계합을 한 입장에서는 뭐라고 할 수가 없어요. 이것은 말을 할 수가 없어요. '색이 공이고, 공이 색이다'는 방편으로 하는 얘기고, '이것이 어떤 것이다'라고 말을 할 수가 없어요. 체험을 해 보면 이것은 그냥 저절로 이렇게 경험이 되고 사실로 드러나 있기 때문에 당연히 분별 세계에 휘둘리지 않게 됩니다. 색이 공이라고 하는 말을 하는 게 공에는 아무것도 걸릴 게 없거든요. 걸림이 없고 매이는 게 없습니다. 걸린다는 게 매인다는 겁니다. 끄달린다는 말이에요. 장애를 받는다는 말이죠. 아무 그런 게 없다는 말입니다. 세상을 살아가는데 아무것도 없이 사는 겁니다.

무소유라는 말을 불교의 스님들이 하는데, 원래 소유라는 말은 뭐가 있다는 거거든요. 무소유는 아무것도 없다는 뜻이에요. 보통 일상언어에서는 소유한다고 하면 누군가 무엇을 가지고 있다는 말이죠. 그렇게 누군가가 있고 무엇이 있으면, 모두가 집착이고 망상입니다. 무소유라는 것은 내가 아무것도 안 가지고 있다는 것이 아니라, 나도 없는 거예요. 내가 아무것도 안 가지고 있는 게 아니라, 내가 없는 겁니다. 내가 없으니까 세상도 없는 겁니다. 말하자면 그렇게 얘기할 수 있는데, 무소유의 본래 뜻이 그런 거예요. 내가 뭘 가지고 있으면 유소유고, 내가 아무것도 가지고 있지 않으면 무소유냐? 그게 아니라 나라고 할 게 없어요. 나라고 할 게 있으면 그것도 뭐가 있는 거죠. 아상을 가지고 있는 거니까 그건 무소유가 아닙니다. 나라고 할 것도 없어요. 아무 뭐라고 할 게 없어요.

그런 말들을 실감하려면 (손가락을 들며) "이것입니다" 여기에 한 번 딱 체험이 돼야 해요. 여기 한 번 딱 들어맞아야 한다고요. 여기에 통달이 돼야 합니다. 다른 건 없어요. 색이 있고 공이 있는 게 아닙니다. 방편의 말입니다. '이런 게 색이고 이게 공이구나' 이렇게 분별이 되면 그것은 분별이지 깨달음이 아니죠. 깨달음은 분별이 아니고 불가사의입니다. 불가사의 미묘 법문이라 분별할 수 없어요. 방편으로는 '모든 게 있는데 아무것도 없다' 이런 식으로 말하죠. 그것은 분별한 말이죠. 방편의 말이고, 실제로 체험이 되면 그런 생각 자체를 안 합니다. 누가 물어봐서 말을 억지로 하려면 '아무것도 없는 것 같아' 그렇게 말하는 거죠. 그것은 물어보니까 하는 말이고, 실제 자신에게는 '있니 없니' 그런 생각 자체가 없어요. 이 법계의 실상은 항상 드러나 있습니다. 밝게 드러나 있어요.

아무것도 없다고 해서 캄캄하고 텅 빈 우주의 허공과 같으냐? 그런 게 아니에요. 밝게 항상 드러나 있어요. (손가락을 들며) 이것입니다. 알려고 하지 말고 한 번 여기에 통해서 체험이 되면 저절로 이런 지혜가 나옵니다. 말로써 설명하고 알 수는 없어요. 《금강경》에서 티끌은 티끌이 아니라 이름만 티끌이다… 겉으로는 티끌이라는 어떤 모양이 있고, 티끌이라는 이름도 있고, 이름에는 모양이 있지만, 그것은 바깥으로 분별할 때 얘기고, 법을 깨닫고 보면 뭐라고 할 게 아무것도 없습니다. 분별할 게 없단 말이죠. 분별되는 게 없어요. 《반야심경》에서 이걸 뭐라고 했냐면, '심무가애' 마음에 장애가 없다고 하죠. 마음에 아무것도 걸리는 것, 장애되는 것이 없다… 이 말은 뭐가 없다는 거예요. 그렇게 얘기하듯이 그냥 아무것도 없어요.

그런데 눈으로 보이니까 이름도 붙입니다. '이름뿐이다' 하는 건, 이름과 그 이름에 해당하는 분별되는 모습이 다 헛것이라는 말이에요. 실제 여기에 통달되어 보면, 분별할 수 없고 알 수 없는 이것이 진짜입니다. 분별되고 이름 붙이는 것은 지나가는 거예요. 헛것이라고 해서 없다고 할 수는 없고 있긴 있죠. '나타나 있는데 진실한 건 아니다.' 그렇게 말할 수 있어요. 왜 그러냐면 이것을 체험해 보면, 이것이 진짜라는 걸 경험해 보면 알 수 있어요. 경험했을 때 비로소 '헛된 걸 벗어나 진실을 찾았구나' 하는 확신이나 안도감이랄까 죽었던 사람이 다시 살아난 것 같은 느낌이 있거든요. 이것을 모르고 살았을 때는 산 게 아니에요. 죽은 사람과 같다는 말은 꿈속에서 산 것과 같다는 말입니다.

이것이 확인되고 분명해야 꿈을 깬 사람처럼 되니까 이것이 진실입니다. 이 자리에 있으면 부족함이랄까 '이게 아닌데' 하는 게 없어요. 이 자리에 있지 못하던 과거에는 항상 '이게 아닌데… 진짜가 뭘까? 진실이 뭘까?' 그런 의문을 가지고 있었거든요. 그런데 이 자리에 있으면 그런 게 아무것도 없고, 그런 의문 자체가 없어요. 늘 있는 일이니까 항상 있죠. '또 뭐가 있을까?' 하는 생각 자체가 일어나지를 않아요. 의문이 싹 다 사라져 버립니다. 이것이 진실한 거죠. 이것이 진짜죠. 더이상 뭘 찾고자 하는 그런 욕구가 안 생기니까요. 하여튼 이것입니다. 이것을 한 번 체험해 봐야 해요. 이 소식이 한 번 와야 한다고요.

다른 건 없습니다. 이것을 도라 하든, 법이라고 하든, 마음이라 하든,

이름은 상관이 없습니다. 이 진실이 항상 있고, 여기에는 과거, 현재, 미래가 없습니다. 시작도 없고 끝도 없고, 정해진 시간과 장소, 이런 게 없어요. 모양만 없는 게 아니라 어떤 장소, 시간도 없고, 시작도 없고 끝도 없고, 이것은 과거, 현재, 미래, 그런 게 없습니다. 여기는 아무 분별할 게 없거든요. 항상 이 일뿐이에요. 이 일 하나.

이것이 저한테 이렇게 분명하니까 '이것입니다' 하고 자꾸 가리켜드리는 거예요. 이것을 찾으면 이것을 몰랐을 때의 그 갑갑함, 답답함, 뭔가 이게 아닌데 하는 의문, 불안감, 뭘 찾아 헤매는 문제들이 여기서는 싹 사라져 버립니다.

이 일 하나. 다른 건 없어요. (손가락을 흔들며) 이것 하나가 있을 뿐이에요. 이것에만 통하면 돼요. 그러면 이런 얘기는 아무것도 아닙니다. 《반야심경》에서는 '색이 공이고 공이 색이다' 하는데, 여기서는 '티끌이 티끌이 아니고 이름일 뿐이다' 이런 식으로 말을 하는구나… 전부가 다 같은 얘기예요.

수보리야, 어떻게 생각하느냐?

생각이 문제가 아니라, 생각은 많다 적다 하겠지만 여래의 말씀은 다르단 말이에요.

수보리야, 어떻게 생각하느냐? 사천대천세계에 있는 티끌이 많으냐? 수보리가 말했다.
매우 많습니다, 세존이시여.

이 티끌이라는 게 꼭 먼지를 얘기하는 게 아니라, 온갖 삼라만상 사물들이 다 티끌처럼 많다는 거죠.

수보리야, 모든 티끌을 여래께서는 말씀하시길 티끌이 아니라 이름이 티끌이라고 하셨다.

이름을 티끌이라고 붙이고 분별할 뿐이다… 여기서 그런 분별을 하는 거예요. 여기서 그렇게 보고 듣고 느끼고 생각하고, 여름, 겨울, 춥다, 덥다, 산이다, 물이다… 여기서 분별하거든요 그렇지만 이것은 항상 똑같아요. 산이라 해서 이것이 산이 되는 게 아니고, 물이라 해서 이것이 물이 되는 게 아니거든요. 이것은 항상 똑같아요. 춥다고 해서 이것이 추운 게 아니고, 덥다고 해서 이것이 더운 게 아니에요. 이것은 항상 똑같습니다.

그래서 이 한 물건… 물건은 아니에요, 어쩔 수 없이 그렇게 얘기하는데, 이 하나를 깨치는 게 깨달음이고, 깨달음에는 여러 가지가 없어요. 이것 하나뿐입니다. 이것이 본래 우리 마음이거든요. 이것이 불성이라고 하는 것이고, 이것 외에 여러 가지는 분별되는 것입니다. 삼라만상은 헤아릴 수가 없이 많죠. 그러나 분별되지 않는 법은 이것 하나뿐입니다. 분별되는 것은 끝도 없이 많지만, 분별되지 않는 진실은 이것 하나밖에 없어요. 깨달을 것은 이것 하나뿐이에요. 그러니까 불교의 깨달음은 쉽죠. 복잡할 게 없어요. (손가락을 들며) 이것 하나만 깨달으면 됩니다. 이것을 법이다, 불법이다, 도다, 마음이다, 반야다… 이름을 여러 가지 붙이는 건데, 이것 하나만 깨달으면 되는 겁니다. 전혀 복잡할 게 없고, 여러 가지가 있는 게 아닙니다.

　육조 스님은 뭐라고 했습니까? 돈오돈수 다음에 역무점차(亦無漸次)라는 말이 있거든요. 즉각 깨닫고 즉각 수행해서 다 끝나 버리고, '또 다시' 점차적인 단계는 없다는 말입니다. 단계가 없다… 이것뿐이라는 말이에요. 돈오돈수라는 말이 거기서 나왔는데, 깨달음이 있고 수행이 있고 하는 것이 아니라, 한 순간 탁 체험되면 끝난다는 말이에요.

　보통 사람들은 점차적인 수행의 과정을 거쳐서 마침내 깨달음에 이른다고 잘못 알고 있습니다. 듣고 생각하고 수행한다고 하는 문사수(聞思修)라든지, 계율을 지키고 선정을 닦고 지혜를 배운다는 계정혜(戒定慧) 등의 말은 모두 방편의 말입니다. 전부 다 생각 속에 있는 중생을 이끌기 위한 방편의 말이죠. 그러나 실제로 깨달음을 얻는 길에는 여러 가지 할 일이 있는 게 아니고, 그냥 이것 하나뿐이에요. 여기는 헤아릴 게 아무것도 없어요.

　그런데 이것이 아니라면 다 분별이니까 좋은 게 있고 나쁜 게 있고, 낮은 게 있고 높은 게 있고, 더러운 게 있고 깨끗한 게 있어요. 지혜가 있고 선정이 있고 계율이 있다는 것은 생각으로 분별해서 하는 말이죠. 그것은 전부 분별 세계예요. 전부 분별로 하는 방편의 말입니다. 분별은 돌아볼 필요가 없어요. 분별 없는 이것 하나만 깨달으면 다 깨닫는 겁니다. 이미 분별은 우리가 잘하고 있으니까 그건 신경 쓸 필요가 없어요. 분별은 이미 다 도사거든요.

　그런데 분별이 없는 이것은 아직 모른단 말이죠. 이 도(道)는 모르는 거예요. 분별하는 도는 이미 다 터져 있으니까 분별 없는 도에만 통하면 더이상 통할 데가 없어요. 다 통하는 거죠. 분별 없는, 알 수 없는 이것이 한 번 체험되고 실감되는 거, 공부는 이것 하나밖에 없습니다. 그러니까 이것을 가리키는 겁니다. (손가락을 들며) 이것입니다. 이것뿐입니다. 마음을 거울에 비유하잖아요. 거울을 보면 온갖 모습이 다 분별되는데, 모습 보는 거는 잘해요. 누구든지 잘합니다. 그런데 사실 거울은 텅 비어서 아무것도 없어요. 그것은 모습이 보이는 게 아니고 깨달아야 해요.

어린애들 키우다 보면 두세 살 먹은 애들은 거울 안에 무엇이 있는 줄 알아요. 거울이 텅 빈 줄 모르거든요. 그런데 자기가 거울을 경험하다 보면 지혜가 생겨서, 거울에는 아무것도 없고 모양만 있다는 것을 알죠. 그것은 지혜죠. 텅 빈 거울은 눈에 보이는 게 아니라서 그런 것처럼 이 체험은 지혜입니다. 공은 눈에 보이는 게 아니고 분별할 수가 없어요.

그러니까 분별해서는 안 된다고 자꾸 얘기하는 거예요. 공은 깨달아야 합니다. 공은 당연히 분별할 수가 없어요. 그러나 체험을 하면 지혜가 탁 나온단 말이죠. 거울이야 물건이고 바깥에 있는 사물이니까 생각할 수도 있지만, 마음은 공이라서 거울에 비유할지라도 마음은 밖에 있는 게 아니라 우리 자신입니다. 체험이 되는 겁니다. 마음은 거울처럼 밖에 있는 객관적인 물건이 아니에요.

사람들이 착각을 하긴 해요. '내 마음'이라고 하거든요. 그 말이 굉장히 잘못된 말인데, '내가 있고 나한테 마음도 있고 몸도 있다' 이렇게 생각하거든요. 나라는 뭐가 있고 내가 마음도 가지고 있고 몸도 가지고 있다고 착각해요. 그게 굉장히 잘못된 착각입니다. 몸도 있고 마음도 있는 건 사실인데, 나라는 건 없어요. 나라는 것은 100% 망상입니다.

초기 불교에서 얘기하는 게 그거거든요. '몸도 있고 마음도 있다.' 법은 있다는 거예요. '다만 아(我)가 없다.' 무아(無我)예요. 그것이 초기 불교에서 주장하는 거거든요. 그래서 소승에서는 아공법유(我空法有), 나라는 것은 없고 법이 있다… 그렇게 얘기하죠. '오온이 있지 내가 어디 있나?' 하는 말이 바로 그 말이거든요. 소승 불교에서 맨날 하는 말이 '오온이 있다, 색수상행식이 있다, 거기에 내가 어디 있냐?'입니다. 그게 바로 색은 몸이고, 수상행식은 마음이라고 알고 있는 겁니다. 물론 잘못 알고 있는 겁니다. 그것이 마음인 줄 알죠. 몸과 마음이라고 할 때는 몸은 피가 흐르고 뼈가 있고 살이 있는 이것을 몸이라 하고, 마음은 생각, 감정, 기분, 느낌, 의식, 이런 걸 마음인 줄 알잖아요. 그래서 몸과 마음이 있다고 하는데, 그런 건 분명하게 나타나니까 있어요. 그런데 내가 어디 있냐? 나라는 건 없어요. 그것은 망상이에요. 망상 속에 있으니까 '내가 내 몸도 가지고 있고 내 마음도 가지고 있고' 이렇게 망상을 해 버리는 거죠.

대승에 와서는 '색수상행식, 몸이다 마음이다 하는 것도 다 이름일 뿐이고 공이다. 그런 게 있다고 집착하면 안 된다'고 얘기하는 거예요. 대승에서는 '아공(我空) 법공(法空)'이라고 얘기하거든요. 그런 말들이 다 방편의 말인데, 과연 그렇게 말할 수 있을까 하는 것은 본인이 한 번 이 체험을 해 보면 납득할 수가 있어요. 저렇게 말할 수도 있겠다 하고…. 그런데 그것은 방편일 뿐입니다. 집착하는 병을 치료하려는 방편이죠. 중생들은 나에도 집착하고 내 마음에도 집착하고 내 몸에도 집착하고, 전부 집착하고 있죠. '아공 법공' 하는 것은 그것을 치료하기 위한 방편이에요.

진실은 이거란 말이에요. 진실은 이거예요. 이것을 실제 체험해 봐야 해요. 그러면 지혜가 나오고, 그런 말들, 방편은, 달을 가리키는 손가락은, 달을 보면 잊어버려야 합니다. 볼 필요가 없어요. 약과 같다고 했잖아요. 소화가 안 돼서 소화제를 먹었더니 잘 소화되었다면 소화제는 더 먹지 말고 쓰레기통에 버려야죠. 그런 말들은 내버려두고, 실제 진실은 이렇게 있거든요. 불가사의하고 알 수는 없지만 체험할 수가 있고 깨달을 수가 있단 말이죠.

이것이 와닿아야 합니다. (손가락을 들며) 이것이 와야 해요. 이 진실이 있단 말이죠. 그래서 이겁니다. 이것을 가리켜드리는 거거든요. 분별하면 안 됩니다. 분별할 수 없는 거예요. 손가락을 세운다고 해서 손가락을 보여 주는 건 아니거든요. 법상을 친다고 해서 (법상을 톡 치며) 소리를 들으라고 하는 건 아니에요. 색깔도 아니고 소리도 아닌 (손가락을 들며) 이것이 있어요. 색깔도 아니고 소리도 아니고 냄새도 아니고 생각할 수도 없지만, 분명하게 이렇게 딱 있어요. 불생불멸이라는 게 뭐예요? 생겨나지 않는다… 왜? 이미 있으니까 안 생겨나죠. 불멸, 안 없어지거든요. 이것이 불생불멸이에요. 없는 거라면 생겨날 수도 있고 다시 없어질 수도 있겠지만, 이것은 본래부터 항상 있는 것이니까, 이미 있는데 다시 생겨날 수는 없죠. 이것은 안 없어져요. 항상 있어요. 그러니까 불생불멸이라고 하는 거죠. 바로 이겁니다. (손가락을 들며) 이겁니다. 여기서 한번 소식이 와요. 망상이 쉬어지고, 세상에 없는 것 같은 그런 소식이 옵니다.

여래께서 말씀하시길, 세계는 세계가 아니라 이름이 세계라고 하셨다.

이 말은 세상이 없다는 거예요. 세상이 있는데, 없어요. 이름으로는 그렇게 부르지만, 세상이 있는데 세상이 없다는 말입니다. 체험해 보면 그런 말을 알 수 있어요. 이름이 있다는 건 분별은 하고 있다는 말이죠. 생각으로는 그렇게 하지만, 실제 통해서 체험되면 원래 아무것도 없어요. 뭐라고 할 게 없어요. 뭐라고 할 게 없지만, 여전히 보이는 거 보이고, 들리는 거 들리고, 생각할 거 생각하고, 다 일어납니다. 그런데 아무것도 없거든요. 이런 말을 실감해 보시려면… 바로 지금 이겁니다. 이 일 하나가 있어요. 미묘 법문, 알 수는 없지만 분명한 거거든요. 분명하단 말이죠. 여기서 한 번 분별이 쉬어지는 체험이 있습니다.

여래께서 말씀하시길, 세계는 세계가 아니라 이름이 세계라고 하셨다… 이름만 있고, 세계라고 하는 어떤 것도 걸리는 게 없다…

**수보리야, 어떻게 생각하느냐? 32상으로써 여래를 볼 수 있느냐?**

부처나 전륜성왕의 몸에 나타나는 32가지 모습이라고 해서 32상이라고 해요. 어쨌든 몸의 모습이죠. 구체적인 내용은 알 필요 없어요. 부처나 전륜성왕의 몸에는 32가지 어떤 특징적인 모습이 있다고 인도 사람들이 하는 말입니다. 32상으로, 몸의 모습으로 여래를 볼 수 있느냐는 말이에요.

**수보리가 말했다.
볼 수 없습니다, 세존이시여. 32상으로는 여래를 볼 수 없습니다. 왜 그럴까요? 여래께서 말씀하시길 32상은 32상이 아니라 이름이 32상**

이라고 하셨기 때문입니다.

우리가 분별하는 것이지, 그런 게 있는 건 아니라는 말이에요. 몸의 모습을 가지고 남자니 여자니, 키가 크니 작니, 뚱뚱하니 홀쭉하니, 다리가 기니 짧니 분별할 수 있어요. 그것은 거울에 나타나는 모습과 같은 것일 뿐이고, 실제로는 아무것도 없어요. 말로는 이렇게밖에 표현할 수 없는데, 자기가 체험해 봐야 해요. 이것이 다 방편의 말입니다. 이 말을 듣고서 '온 세상은 모습만 있고 없는 거구나' 이렇게 생각하라는 건 아니에요. 그렇게 생각하면 완전히 망상입니다. 왜 없어요? 다 있죠. 생각으로 분별하면 모두 다 있습니다. 없는 게 아니죠. 생각으로 분별하는 사람에게 '밥은 밥이라는 이름일 뿐이고 밥은 없는 것이다'라고 하면, 그 사람은 그 말을 알아들을 수 있는 해탈의 체험이 없으니까 '그러면 밥 안 먹어도 되겠네요'라고 말하겠죠. 그러나 그런 식으로 이해하면 안 되는 겁니다. 그런 뜻이 아니라고요.

이것은 오직 자기가 체험해 봐야 해요. 체험해 보면 '밥은 밥이라는 이름일 뿐이고 밥이라는 건 없어요'라는 말을 왜 하는지 알 수 있어요. 분별망상에서 벗어나는 체험을 하면, 세상의 모든 일이 이전처럼 그대로 있는데도 아무것도 없는 것이 현실이 됩니다. 이런 사실을 스스로 알 수 있다니까요. 그렇다고 해서 밥을 안 먹느냐? 당연히 먹어야죠. 배고프면 밥 먹는 거고… 먹는 것은 있냐? 먹는다고 말하고 생각하고 분별하고 행동하지만, 먹는 일이 없어요. 이렇게 말할 수가 있어요. 분별심으로는 '먹으면 먹고 안 먹으면 안 먹지, 왜 먹었으면서 안 먹었다고 하지?'라고 하겠죠. 그렇게 분별해서는 절대로 법계의 진실을 알 수가 없습니다. 그렇게 하면 분별이고 전부 다 망상이에요. 그런데 여기 통달이 되면 먹어도 먹는 게 아닌 겁니다. 실상이 원래 그런 것이니까 먹어 놓고 안 먹었다 해도 돼요.

자기가 경험해 봐야 아는 거예요. 경험하기 전에 생각으로는 전혀 알 수가 없습니다. 말이 안 되는 소리처럼 들리는 거죠. '산이 어떻게 이름일 뿐이냐? 저 산이 있고 등산도 다니는데.' 그렇게 생각하겠죠. '산이 이름일 뿐이라면 그 위에 어떻게 올라가? 올라갈 수가 없지.' 생각으로는 절대 이해할 수 없는 말이에요. 생각으로는 말이 안 되는 말이잖아요. '산은 산이라는 이름일 뿐이고, 산은 산이 아니요. 그런 거 없어.' 그렇게 얘기하면 생각으로는 말이 안 되는 소리죠. 산에 올라가서 등산도 하는데 어째서 산이 없냐고 해요. 그런 뜻으로 하는 말이 아니에요. 있다, 없다고 분별로 하는 말이 아닙니다. 반드시 한 번 이 체험을 해서 통달해 봐야, 세상에 모든 일이 있지만 아무 일도 없다는 것을 알 수 있어요. 세상에 온갖 일이 항상 있는데 아무것도 없어요.

왜 열반적멸이라고 하겠어요? 아무것도 없다는 말이에요. 이것을 열반적멸이라고 하는 이유는 체험해 보면 알 수가 있습니다. (손가락을 들며) 이것입니다. 이 일 하나. 말을 따라가서는 절대로 깨달을 수가 없어요. 말은 다 방편이고, 진실은 모두에게 드러나 있습니다. 말할 수 없는 거예요. 이겁니다. 여기에 관해 여러 가지 말을 하지만, 그냥 방편이에요. 진짜가 아닌 거예요. 방편이라는 말은 진짜가 아니라는 뜻입니다. 방편의 반대말은 진실이에요. 방편은 가짜라는 말입니다. 가짜의 반대말이 '진짜'잖아요. 방편의 반대말이 진실이에요. 말은 다 방편이고 가짜예요. 진실이 아니에요. 진실은 이것인데, 본인이 말할 수 없고 생각할 수 없으니까 이렇게 직접 한번 체험해 봐야 해요.

그래서 이것입니다. 바로 지금 이거예요. (손가락을 흔들며) 생각할 수 없고 말할 수 없습니다. 바로 지금 이거예요. 이렇게 명백히 드러나 있고 살아 있습니다. 이것이 왜 진실이냐? 상상 속의 물건이 아니니까요. 이것이 항상 드러나 있고 살아 있는 겁니다. 우리가 어떻게 할 수 없어요. 손댈 수 없어요. 다른 것들은 우리가 다 손댈 수 있습니다. 손댈 수 있다면 뭐냐? 바꿀 수 있습니다. 생각, 바꿀 수 있어요. 감정이나 기분도 바꿀 수 있어요. 눈에 보이는 모습은 바꿀 수 있잖아요. 소리도 얼마든지 바꿀 수 있어요. 그런데 이것은 바꿀 수가 없습니다. 손댈 수가 없어요. 그러니까 이것이 진짜죠. 손대서 바꿀 수 있는 건 가짜죠. 오직 이것 하나만 손댈 수도 없고, 바꿀 수도 없고, 어떻게 할 수가 없습니다. 이것은 여여하단 말이에요. 손댈 수 없으니까 맨날 똑같은 거죠. 손대서 바꿀 수 있으면 자꾸 달라지니까 여여할 수가 없어요. 우리 몸은 바꾸죠. 운동도 하고, 먹는 것도 먹고, 몸을 바꿉니다. 색수상행식은 바꿀 수 있어요. 느낌, 생각, 감정, 욕망, 의식, 다 바꿀 수 있습니다. 그런데 공? 공은 못 바꿔요. 손을 못 대는데, 뭘 어떻게 할 수 있는 게 없는데, 어떻게 바꿉니까?

이것은 어떻게 할 수가 없어요. 그러니까 진실이라고 하는 거예요. 이것 하나가 있어요. 공이라고 해서 아무것도 없고 분별할 수는 없지만, 살아 있습니다. 이렇게 밝게 드러나 있고 살아 있어요. 마음이 공이라는 말은 마음이 없다는 말이 아니에요. 분별할 수 없다는 말입니다. 마음이 왜 없습니까? 있죠. 몸이 있고 마음이 있으니까 살아 있는 사람이죠. 그런데 마음은 몸처럼 분별할 수는 없어요. 분별할 수 없지만, 항상 살아 있고 드러나 있어요. 소식이 와서 체험이 있으면 다른 게 없어요. 전부 이것 하나거든요. 이것 하나만 깨달으면 됩니다. 다른 깨달음은 없어요. 이것을 견성이라고 하는 거예요. 마음을 보통 자성이라고도 하니까 진여자성이라고 해요. 눈에 안 보이는 이걸 진여자성이라고 합니다. 이 일 하나예요. 그러니까 육체의 모습으로 여래를 본다는 건 말이 안 되죠.

그러면 왜 (불상을 가리키며) 부처님의 모습, 보살의 모습을 이렇게 만들어 놓았느냐? 방편이죠. 석가모니는 몸뚱이가 없느냐? 당연히 있죠. 깨달은 사람은 몸이 없어요? 있어요. 그러나 몸의 모습이 마음의 모습은 아니죠. 그래서 몸의 모습으로 마음을 알 수는 없어요. 몸의 모습은 몸의 모습이지 마음의 모습은 아닙니다. 마음은 모습이 없습니다. 깨달아야 해요. 한 번 깨달아야 한다고요.

몸은 이만 한데 마음은 몸속에 있느냐? 마음에는 안팎이 없습니다. 마음은 크기가 없어요. 온 우주가 전부 마음 밖에 있지 않습니다. 그래서 마음은 끝이 없고 정해진 자리가 없어요. '내 마음'이라고 얘기하는 건 맞지 않습니다. '내 마음' 하면 내 마음도 있고 남의 마음도 있고, 이러면 마음이라는 게 뭔가 크기가 있게 되고, 그렇게 되면 나누어지잖아요. 내 마음이 이것이고, 네 마음은 이것이고… 그것은 망상입니다. 진짜 마음이 아니에요. 진짜 마음은 이 세상에 딱 하나뿐입니다. 안팎이 없어요. 내 마음, 네 마음, 나뉘지 않습니다. 끝이 없어요.

내 생각, 네 생각은 분별이 되니까 분명히 따로 있고, 내 기분, 네 기분도 분별이 되니까 따로 있죠. 그런 걸 얘기하는 건 아니에요. 그것은 마음이 아니라 색수상행식이라고 하는 경계이고, 마음은 공이라고 표현했듯이 어떤 경계가 아닙니다. 분별되지 않아요. '이것이 마음이다' 이렇게 분별되지 않습니다. 그러나 분명하게, 항상 여여하게 살아 있고 밝게 드러나 있습니다. 이것은 체험밖에 없어요. 체험이 되면 여기는 주관/객관이 없다고 하는 거예요. 내가 있고 마음이 있고… 이렇지 않다는 말입니다. 그런 차별이 없어요. 만법이 평등하고, 똑같고, 앞뒤가 없고, 안팎이 없고, 아래위가 없습니다. 전부 똑같아요. 이것 하나. '내 마음'이라고 생각하면 안 돼요.

'자타불이(自他不二)'라는 말은 내가 없고 남이 없다는 말입니다. 내가 있고 남이 있는데 둘이 아니다, 이런 뜻이 아닙니다. 내가 없고 남이 없다, 이런 뜻이에요. 원래 타심통(他心通)이 자타불이라는 뜻입니다. '내 마음이 있고 남의 마음이 있는데, 내 마음을 가지고 내가 남의 마음을 안다.' 이것은 외도의 타심통입니다. 부처님의 타심통은 내 마음과 남의 마음이 다 통해서 없습니다. 그게 부처님의 타심통입니다. 내가 네 마음을 안다는 게 아니고, 내 마음도 없고 남의 마음도 없는 거예요. 그것이 자타불이 아닙니까?

여기에 통해 버리면 허공처럼 걸림이 없습니다. 마음에 걸릴 게 아무것도 없습니다. 내 마음이 있고 남의 마음이 있으면 걸리잖아요. 내 마음과 남의 마음 사이에 울타리가 쳐지거든요. 경계선이 그어지잖아요. 이것을 깨달으면 그런 게 없다는 말입니다.

지금 이것입니다. 지금 이렇게 분명한데, 마음이라는 이름은 방편의 이름일 뿐이에요. 세속에서는 이름이 있으면 이름으로 분별되는 무엇이 있어야 하고 뜻이 있어야 합니다. 그런데 방편의 말에는 이름만 있고 그 이름에 해당하는 분별되는 대상은 없어요. 그래서 방편의 말이라고 하는 겁니다. 세속에서 쓰는 말과 다릅니다. 부처, 마음, 도, 깨달음, 보리, 반야, 진여자성… 다 방편의 말이에요. 이름만 있고, 이름이 손가락이 돼서 가리키고자 하는 달은 이 한 개 진실입니다. 이것이 달이거든요. 나머지 모든 이름은 달 한 개를 가리키는 여러 가지 손가락이에요.

달이 하늘에 하나 있는데 열 사람한테 '달이 어디 있습니까?' 하고 물어보면, 10명이 다 달을 가리키겠죠. 손가락은 10개지만, 달은 하나밖에 없어요. 그와 같이 보리라고 하든, 반야라고 하든, 마음이라고 하든, 도라고 하든, 부처라고 하든 제각각의 손가락일 뿐입니다. 진짜는 이것 하나뿐이에요. 달은 이것 하나뿐인 겁니다. 비유지만 하늘에 달이 하나뿐이듯이, 진실은 이것 하나뿐이에요. 이 마음 달은 항상 떠 있어서 떴다 졌다 하지 않습니다. 하늘의 달은 떴다 졌다 하잖아요. 마음 달은 떠오르지도 않고 가라앉지도 않아요. 항상 여여하고 똑같아요. 그래서 불생불멸이라고 한단 말이죠. 생기고 사라지면 불생불멸이 아니라 생멸이죠.

바로 지금 이겁니다. 바로 이거라고요. 어려울 것도 없고. 그러니까 본래 다 깨달아 있다고 하는 겁니다. 이미 마음 달이 항상 환하게 떠 있기 때문에 본래 다 깨달았다고 하는 거예요. 우리 마음 달이 항상 이렇게 훤히 떠 있어요. 살아 있는 사람한테는 다 똑같아요. 그런데 이것을 깨닫지 못하면 자꾸 생각을 가지고 '무엇이 어떻게 되는가?' 하고 망상을 하니까 그게 문제예요.

(법상을 톡톡 두드리며) 이 일 하나입니다. 항상 떠 있어요. 이 한 개 진실이 있을 뿐이에요. 늘 이 하나가 있을 뿐이에요. 생각할 수 없고 분별할

수 없어요. '어떤 것이다' 이렇게 하면 안 됩니다. 방편으로 진공(眞空)이다, 묘유(妙有)다, 본체다, 작용이다, 여러 가지 얘기를 해요. 방편의 말입니다. 요즘은 현존이니 지금 여기, 이런 소리도 하고. 방편의 말이죠. 절대 진실한 말이 아닙니다. 모든 말은 방편의 말입니다. 왜? 말은 전부 생각에서 나오고 생각할 수 있기 때문에 전부 망상이에요. 이것은 생각할 수 없고 생각에서 나오는 게 아닙니다. 아무리 그럴듯하게 말해도 깨달음이 아니에요. 그냥 말일 뿐이에요. 성성적적(惺惺寂寂)이니 불이중도(不二中道)니 다 그럴듯한 말을 하지만, 말은 말일뿐이에요. 그건 다 방편이고 진실은 그런 게 아닙니다. 말할 수 있는 게 아니에요. 말은 우리가 만들어 낸 거잖아요. 말은 우리가 만들어 냈기 때문에 한국말 다르고, 일본말 다르고, 중국말 다르고, 미국말 다릅니다. 그건 전부가 가짜죠.

진짜는 만들어 낼 수가 없어요. 이것은 한국 사람이나 일본 사람이나 중국 사람이나 미국 사람이나 똑같아요. 이것은 만들어 낼 수 있는 게 아니고 똑같다고요. (법상을 톡톡 두드리며) 이것이 진실이고 진짜예요. 만들 수 있는 게 아닙니다. 이것이 와닿아야 해요.

여기서 한 번 소식이 와야 합니다. (손가락을 들며) 소식이 와야 해요. 이거예요. 다른 건 없어요. 이거라고요. (손가락을 들며) 여기서 한 소식이 와야 합니다. 이것이거든요. 이것 하나. (손가락을 들며) 여기서 끝장이 나야 합니다. 어쨌든 여기서 끝장이 나야 해요. 다른 거 없습니다. 다른 데서 깨달을 수가 없어요. (손가락을 들며) 여기서 한 번 탁 소식이 온다고요. 이 법 하나가 있고 다른 법은 없습니다. 여기서 깨달으면 만법이 다 통하고, 여기서 막혀 있으면 다 막힙니다. (법상을 톡톡 두드리며) 이 일 하나.

수보리야, 만약 착한 남자와 착한 여인이 갠지스강의 모래알만큼 많은 목숨을 보시한다고 하고

자기 목숨을 보시, 베풀어 주는데, 그것도 한두 개가 아니라 갠지스강 모래알만큼 많은 목숨을 보시한다고 해요.

다시 만약 어떤 사람이 이 경 가운데 사구게 등을 기억하고서 남에게 말해 준다면, 그 복이 앞의 복보다 훨씬 더 많다.

이런 말도 여러 번 나오죠. '삼천대천세계를 칠보로 장식해서 보시하는 것보다 경전의 말 한마디 해 주는 게 훨씬 낫다.' 이 경전의 말 한마디나 사구게라고 하는 건 문자나 책을 가리키는 게 아닙니다. 이 법을 가리키는 거예요. 세속적으로 재물을 보시하고 목숨을 바치는 것보다도 이 법 하나가 비교할 수 없을 만큼 중요하다는 말입니다.

재물 보시하는 것도 쉽고, 목숨 버리는 것도 어렵지 않죠. 나라를 위해서 목숨 버린 사람도 많잖아요. 그런데 이 법을 깨닫기는 쉽지 않습니다. 보시하는 게 세속적으로는 좋은 일이긴 해요. 자기 혼자 가지고 있는 것보다 나누는 게 좋죠. 그것은 세속적인 의미에서 그런 것이고, 보시한다고 해서 번뇌망상을 벗어나느냐? 그건 아니에요. 세속적으로 좋은 일을 한 거죠. 복을 짓는다고 하는데, 번뇌망상을 벗어나는 건 아니에요. 번뇌망상을 벗어나는 건 오로지 이 법 하나 깨닫는 것밖에는 없습니다.

그러니까 불교 교리에서도 윤회를 얘기할 때 세속에서 복을 많이 지

으면 어떻게 된다고 했습니까? 천당에 간다고 했거든요. 천당은 중생 세계입니다. 부처 세계가 아니에요. 육도윤회 중 한 군데예요. 중생 세계라고요. 대신에 복을 많이 지으니까 너는 여기서 즐겁게 지내라 하고, 천당에 가면 늘 즐겁고 괴로움이 없어요. 그런데 일정 기간이 지나면 윤회를 해서 인간으로 다시 태어나요. 중생이니까, 깨닫지 못했으니까. 선행을 안 하고 악한 일을 많이 하면 벌을 받아 지옥에 가잖아요. 지옥도 영원히 사는 데가 아닙니다. 일정 기간이 지나서 벌을 받을 만큼 받으면 다시 인간으로 태어나요. 그래서 윤회라고 하는 거에요.

그런 식으로 이야기를 만들어 놓았잖아요. 그러면 인간이 할 수 있는 것은 뭐냐? 복을 짓는 것도 좋고 천당에 가서 즐겁게 지내는 것도 좋지만, 그것보다 훨씬 더 중요한 건 윤회를 안 하는 거죠. 윤회에서 벗어나고 해탈하는 게 중요해요. 이 법을 깨쳐야 한다고요. 그것이 윤회설이거든요. 법을 깨달아 버리면 복을 짓는 것도 아니고, 악행을 하는 것도 아니고, 그런 모든 분별망상 세계, 윤회에서 싹 벗어나 버립니다. 그러면 적멸, 아무 일이 없어요. 좋은 일을 많이 하는 것도 나쁜 건 아니지만, 훨씬 더 중요한 것은 법을 깨달아야 한다는 거예요. 그 말이잖아요. 아무리 복을 많이 짓고 목숨까지 바치더라도 그게 중요한 게 아니고, 법을 깨달아서 망상 세계에서 벗어나 실상을, 본질을 깨달아서 법계의 실상에 대한 지혜가 생겨야 한다, 이것이 훨씬 더 중요하다고 하는 겁니다.

그래서 자꾸 이런 얘기를 하는 겁니다. 삼천대천세계를 칠보로 장식해서 보시하는 것보다 《금강경》 한 구절을 얘기해 주는 게 훨씬 낫다고 하는데, 경전의 구절이라는 것은 이 법을 가리키는 거거든요. 실제로 체험해 보면 알 수가 있어요. 체험을 툭 해서 세상 모든 일에서 벗어나서 걸림이 없게 되고 아무 일이 없게 되면, 세속적으로 욕심이, 말하자면 딱히 하고 싶은 일도 없고 원하는 것도 없고 세속적인 일은 별로 눈에 안 들어와요. 이름을 내고 유명해지고 재산을 끌어모으고, 그런 욕구가 안 생겨요. 법 하나만 더 확실하고 분명해져서 깔끔하게 모든 얽매인 번뇌에서 완전히 벗어나고 싶은 욕구만 강하게 있죠.

　세속 일이라는 게 다 걸리잖아요. 이름이 나서 유명한 것도 걸려요. 얼굴이 알려지는 것도 걸리고, 돈이 많은 것도 걸려요. 신경이 쓰인다는 말입니다. 걸린다는 게 몸이 걸리는 게 아니라 마음이 신경 쓰인다는 거예요. 그게 걸려 있는 거죠. 그런 일을 할 이유가 없죠. 그런 데서 싹 풀려나는 게 제일 깔끔하고 좋은데, 저절로 이것이 통달이 돼서 일이 없어지고 아무 걸릴 게 없으면 '무원삼매'라는 얘기를 해요. 세속적으로 원하는 건 없고, 유일하게 있다면 법이 더 확실해져서 깨끗하고 깔끔해지고 텅 비어서 정말 걸림 없이 지혜가 밝아지기를… 그것밖에는 원하는 게 없죠.

　아무리 세속에 좋은 게 많다고 해도 이 법과는 비교가 안 된다는 걸, 체험해 보면 저절로 알 수가 있어요. 세속에서 아무리 좋은 일로 천년만년 산다 해도 법 없이 사는 건 아무 의미가 없습니다. 법이 있어야 하루를 살아도 뭔가 사는 것 같고, 법이 없으면 당장 번뇌가 생겨서 괴롭거든요. 그런데 사는 의미가 어디 있겠습니까?

　(법상을 톡톡 두드리며) 이 법이 있습니다. 이것 하나. (손가락을 들며) 이것 하나입니다. 여기서 이 이상은 없다, 여기서 최고다, 무상이다, 라는 말을 항상 불교에서 하거든요. 무상, 더이상 없다, 최고다, 하는 게 법입니

다. (법상을 톡톡 두드리며) 이것 하나. 이 일 하나. (손가락을 들며) 이것이거든요. 이 일 하나.

### 14. 이상적멸분

# 모양을 떠나 고요히 사라진다

그때 수보리는 이 경의 말씀을 듣고서 그 뜻을 깊이 이해하고는 감격에 겨워 울면서 부처님께 아뢰었다.

"드무십니다, 세존이시여. 부처님께서는 이렇게 깊고도 깊은 경전을 말씀하시는군요. 제가 예전부터 얻은 지혜의 눈으로도 이와 같은 경전을 아직 들은 적이 없습니다. 세존이시여, 만약 또 어떤 사람이 이 경을 듣고서 깨끗이 믿어 진실하다고 여긴다면 이 사람은 틀림없이 가장 드문 공덕을 얻을 것입니다. 세존이시여, 이 진실하다는 생각은 곧 생각이 아닙니다. 이 까닭에 여래께서는 진실하다는 생각이라고 일컬어 말씀하셨습니다. 세존이시여, 제가 지금 이러한 경전을 들으니 믿고 이해하고 기억하는 것이 어렵지는 않습니다만, 만약 미래 후 오백 세에 이 경을 듣고서 믿고 이해하고 기억하는 중생이 있다면, 그 사람은 가장 드문 사람일 것입니다. 왜 그럴까요? 이 사람에게는 나라는 생각, 사람이라는 생각, 중생이라는 생각, 목숨이라는 생각이 없습니다. 까닭이 무엇일까요? 나라는 생각은 곧 생각이 아니고, 사람이라는 생각, 중생이라는 생각, 목숨이라는 생각도 곧 생각이 아니기 때문입니다. 왜 그럴까요? 모든 생각을 전부 떠나는 것을 일러 모든 부처님이라고 일컫기 때문입니다."

부처님께서 수보리에게 말씀하셨다.

"그렇다, 그렇다. 만약 다시 어떤 사람이 이 경을 듣고서 놀라지도 않고 두려워하지도 않고 겁내지도 않는다면, 마땅히 알지니 이 사람은 매우 희귀하다. 무슨 까닭인가? 수보리야, 여래께서 말씀하시기를 제1바라밀은 제1바라밀이 아니고 이름이 제1바라밀이라고 하셨기 때문이다. 수보리야, 인욕바라밀을 여래께서는 인욕바라밀이 아니라고 말씀하셨다. 무슨 까닭인가? 수보리야, 내가 옛날 가리왕에게 신체를 절단당했는데, 나는 그때 나라는 생각도 없었고, 사람이라는 생각도 없었고, 중생이라는 생각도 없었고, 목숨이라는 생각도 없었다. 무슨 까닭인가? 옛날 내 신체가 마디마디로 잘릴 때 만약 나에게 나라는 생각, 사람이라는 생각, 중생이라는 생각, 목숨이라는 생각이 있었다면 분명히 분노하고 원망했을 것이다. 수보리야, 또 생각해 보니 과거 오백 세의 인욕 선인이었을 때도 나라는 생각이 없었고, 사람이라는 생각이 없었고, 중생이라는 생각이 없었고, 목숨이라는 생각이 없었다. 이 까닭에 수보리야, 보살은 마땅히 모든 생각을 떠나 위없이 바르고 평등한 깨달음의 마음을 내야 한다. 색깔에 머물러 마음을 내서도 안 되고, 소리, 냄새, 맛, 촉감, 법에 머물러 마음을 내서도 안 된다. 마땅히 머묾 없는 마음을 내야 한다. 만약 마음에 머묾이 있더라도 머무는 것이 아니다. 이 까닭에 부처님께서 말씀하시길 보살의 마음은 색깔에 머물지 않고 베푼다고 하셨다. 수보리야, 보살이 모든 중생을 이롭게 하는 것은 마땅히 이렇게 베푸는 것이다. 여래께서 말씀하시길 모든 생각은 곧 생각이 아니라 하셨고, 또 말씀하시길 모든 중생은 곧 중생이 아니라고 하셨다. 수보리야, 여래께선 참되게 말씀하시는 분이며, 진실을 말씀하시는 분이며, 있는 그대로 말씀하시는 분이며, 거짓되지 않게 말씀하시는 분이며, 다르지 않게 말씀하시는 분이시다. 수보리야, 여래께서 얻은 법, 이 법에는 진실함도 없고 허망함도 없다. 수보리야, 만약 보살의 마음이 법에 머물러 베풂을 행한다면, 마치 사람이 어둠 속에 들어가면 보이는 것이 없는 것과 같다. 만약 보살의 마음이 법에 머물지 않고 베풂을 행한다면, 마치 사람이 밝은 햇빛 속에서 여러 가지 색깔을 보는 것과 같다. 수보리야, 오는 세상에 착한 남자나 착한 여인들이 이 경을 받아 지니고 읽고 외우면, 여래는 부처의 지혜로써 이 사람을 다 알고 다 보니 모두가 한량없고 끝없는 공덕을 이루느니라."

爾時須菩提聞說是經深解義趣, 涕淚悲泣而白佛言: "希有, 世尊. 佛說如是甚深經典. 我從昔來所得慧眼, 未曾得聞如是之經. 世尊, 若復有人得聞是經, 信心淸淨則生實相, 當知是人成就第一希有功德. 世尊, 是實相者則是非相. 是故如來說名實相. 世尊, 我今得聞如是經典, 信解受持不足爲難, 若當來世後五百歲, 其有衆生得聞是經信解受持, 是人則爲第一希有. 何以故? 此人無我相人相衆生相壽者相. 所以者何? 我相卽是非相, 人相衆生相壽者相卽是非相. 何以故? 離一切諸相, 則名諸佛."

佛告須菩提: "如是, 如是. 若復有人得聞是經, 不驚不怖不畏, 當知是人甚爲希有. 何以故? 須菩提, 如來說, 第一波羅蜜, 非第一波羅蜜, 是名第一波羅蜜. 須菩提, 忍辱波羅蜜如來說非忍辱波羅蜜. 何以故? 須菩提, 如我昔爲歌利王割截身體, 我於爾時無我相無人相無衆生相無壽者相. 何以故? 我於往昔節節支解時, 若有我相人相衆生相壽者相, 應生瞋恨. 須菩提, 又念過去於五百世作忍辱仙人, 於爾所世無我相無人相無衆生相無壽者相. 是故, 須菩提, 菩薩應離一切相發阿耨多羅三藐三菩提心. 不應住色生心, 不應住聲香味觸法生心. 應生無所住心. 若心有住則爲非住. 是故佛說菩薩心不應住色布施. 須菩提, 菩薩爲利益一切衆生, 應如是布施. 如來說一切諸相卽是非相, 又說一切衆生則非衆生. 須菩提, 如來是眞語者, 實語者, 如語者, 不誑語者, 不異語者. 須菩提, 如來所得法, 此法無實無虛. 須菩提, 若菩薩心住於法而行布施, 如人入闇則無所見. 若菩薩心不住法而行布施, 如人有目日光明照見種種色. 須菩提, 當來之世, 若有善男子善女人, 能於此經受持讀誦, 則爲如來以佛智慧, 悉知是人, 悉見是人, 皆得成就無量無邊功德." 多羅三藐三菩提心. 不應住色生心, 不應住聲香味觸法生心. 應生無所住心. 若心有住則爲非住. 是故佛說菩薩心不應住色布施. 須菩提, 菩薩爲利益一切衆生, 應如是布施. 如來說一切諸相卽是非相, 又說一切衆生則非衆生. 須菩提, 如來是眞語者, 實語者, 如語者, 不誑語者, 不異語者. 須菩提, 如來所得法, 此法無實無虛. 須菩提, 若菩薩心住於法而行布施, 如人入闇則無所見. 若菩薩心不住法而行布施, 如人有目日光明照見種種色. 須菩提, 當來之世, 若有善男子善女人, 能於此經受持讀誦, 則爲如來以佛智慧, 悉知是人, 悉見是人, 皆得成就無量無邊功德."

《금강경》 제14 이상적멸분(離相寂滅分)입니다.

이상적멸(離相寂滅)은 상을 떠나서 모든 상이 사라진다는 말입니다. '이상(離相)'이라는 것은 상을 떠나다, 상을 벗어나다, 상을 벗어나서, '적멸'은 열반을 번역할 때 적멸이라고 합니다. 아무것도 없다… 상(相)이라는 것은 눈에 보이는 모습이 아닙니다. 마음속에서 분별되는 것을 상이라고 해요. 우리가 마음속에서 빨간색 파란색 색깔 분별하고, 소리 분별하고, 냄새 분별하고, 맛 분별하고, 이름을 붙이기도 하죠. 그것이 상입니다. 눈에 보이는 색깔만 상이 아니고 소리, 냄새, 맛, 느낌, 생각, 기분, 감정… 분별되는 것이니까 다 상이에요. '이상'이라는 것은 마음속의 분별을 떠난다, 벗어난다는 말이에요. 그것이 바로 적멸 열반이라는 말입니다. 《반야심경》에 보면 '원리전도몽상 구경열반'이라고 나와 있죠. 이것이 바로 그 말과 똑같은 말이에요. 꿈같은 생각에서 멀리 벗어나서 '구경열반' 마지막 깨달음인 '열반 적멸'이다. 《반야심경》에 나오는 그 구절과 똑같은 말이에요.

깨달음이다, 해탈이다, 열반이다, 하는 것은 마음속에 있는 그런 상으로부터의 해탈입니다. 마음속의 상에서 해탈한다고 해서 생각을 하지 못하는 건 아니에요. 그것이 참 묘한 부분인데, 똑같이 생각을 하지만 어떤 사람은 그 상에 매여 있고 계속 마음이 시끄럽죠. 상에 매여 있어요. 상이라는 게 생각을 자꾸 일으키니까 온갖 생각에 매여서 시끄럽죠. 그런데 상을 벗어난 사람은 생각을 하는데 생각이 매여 있지 않으니까 고요하단 말이죠. 아무 일이 없고 아무것도 없습니다.

꿈같은 생각을 멀리 벗어난다는 건 생각을 안 한다는 뜻은 아니에요. 똑같이 생각을 하더라도 생각에 매여서 계속 생각에 끄달리느냐, 아니면 생각에서 벗어나서 생각을 해도 마치 생각을 안 하는 것처럼, 생각이 없는 것처럼 아무 일이 없느냐? 그 차이입니다. 열반이냐 아니냐 하는 건 바로 거기에 있는 겁니다. 그런데 그것은 우리 마음대로 할 수가 없어요. 내가 내 마음대로 그걸 어떻게 조절할 수가 없어요. 이렇게 불가사의한 체험을 한 번 하면 저절로 벗어나서 마음속에 아무것도 없이 되고, 그런 체험이 없으면 계속 지금까지처럼 매어서 살 수밖에 없어요. 이것이 깨달음입니다. 이것이 깨달음의 본질이에요. 다른 깨달음은 없어요. 이것이 깨달음의 본질이에요. 뒤의 내용에 나와 있습니다.

'불교의 깨달음' 하니까 어떤 숨겨진 진리가 있어서 뉴턴이 만유인력의 법칙을 발견하듯이, 아인슈타인이 상대성 원리를 발견하듯이, 그런 진리를 내가 발견해서 아는 게 아닌가 오해하는데, 절대 그런 게 아닙니다. 깨달음은 그런 게 아니고, 여기 말 그대로 이상적멸이라, 원리전도 몽상 구경열반입니다. 마음속에서 얽매여 있다, 물들어 있다, 묶여 있다… 마음속에 있는 생각이나 기분이나 감정이나 이런 것에 묶여 사는 것이 바로 번뇌입니다. 묶여 있는 게 번뇌예요. 그것이 번뇌고 그런 게 마음속에서 싹 없어져 버리는 거예요. 그것이 열반입니다. 그것이 해탈이고 깨달음이에요.

그래서 이 체험을 딱 하면 이전과 달라지는 게 마음속에 아무것도 없어요. 마음이라고 이름 붙일 것도 없고 마음이라는 무엇이 없으니까 걸림 없는 자유를 굉장히 누릴 수 있게 되는데, 금방 그렇게는 안 되고 체험했다 해도 습관적인 부분이 있으니 시간이 오래 걸려요. 그러나 어쨌든 그런 경험을 하는 겁니다.

마음속에서 묶여 있는 첫 번째 상이 뭐냐면 아상(我相)이거든요. '나다' 하는 것부터 온갖 게 시작해서, '나다', 그다음에 '내 거다', 그다음에 세상이 있고 다 이렇게 나타나잖아요. 사람이 있고 뭐가 있다는 그런 상에, 그런 생각에 매여서 살죠. 이게 중생이에요 그런데 그런 것으로부터 이제 벗어나 버리는 겁니다. 나라고 할 게 없고, 사람이라고 할 것도 없고, 뭐라고 할 게 아무것도 없는… 그런데도 생활하는 데는 아무 지장이 없어요. 지금까지처럼 그대로 똑같이 생활합니다. 말도 똑같이 하고, 생각도 똑같이 하고, 그런데 마음속에는 아무것도 없어요. 옛날과 다른 사람이 되는 거죠. 옛날에는 계속 생각에 매이고 나다, 내 기분, 내 생각, 나 어쩌고 하는 데 매여 살았다면, 이제는 나라는 것부터 없어져서 그런 게 없어요.

그때 수보리는 이 경의 말씀을 듣고서 그 뜻을 깊이 이해하고는 감격에 겨워 울면서 부처님께 아뢰었다.

그때 수보리는 이 경을 듣고서 그 뜻을 깊이 이해했다… 깨달았으니까 이해한 거죠. 이때는 머리로 이해한 게 아니라 체험을 하고 깨달아서 아는 거죠.

그래서 감격에 겨워 울면서 부처님께 아뢰었다… 안다고 하는 것도 머리로 이해해서 아는 게 있고, 실제 체험해서 자기가 경험적으로 아는 게 있고 다르죠. 머리로 아는 건 말 그대로 전부 망상이고, 체험해서 아는 것은 머리로 안다고 할 수는 없고 지금 드러나 있고 이렇게 체험이 되니까 모른다고 할 수는 없죠. 그렇다고 머리로 생각하는 건 없어요. 법이 이렇게 체험되고 법이 언제나 드러나 있으니까 밝다고 얘기하고, 안다고 할 수도 있겠죠. 체험적으로 이렇게 딱 드러나 있으니까 모른다고 할 수는 없어요. 그런데 머리로 생각해서 아는 건 아닙니다. 그것을 오해하면 안 되는 거죠. 보통 머리로 생각해서 아는 것, 말을 듣고 이해해서 아는 것은 진짜 아는 건 아니죠. 머리로 상상한 거죠. 진짜로 알려면 자기가 체험해서, 체험적으로 이것이 드러나 버리면 사실 머리로 생각할 것도 없어요. 법이 이렇게 드러나 있으니까, 법이 드러나 있고, 마음이 드러나 있고, 진실이 드러나 있으니까, '그래 이것' 하고… 사실 안다 모른다 할 수도 없어요.

마음이라고 하는 법은 항상 이렇게 드러나 있습니다. 드러나 있는데, 분별할 수 있는 건 아니에요. 분별하려면 어떻게 되느냐면, 내가 있고 저기 마음이 있고 그래야 내가 마음이 뭔지 안다, 이렇게 되잖아요.

그런데 이 깨달음에는 나라고 할 게 없고, 마음이라고 할 게 분별되지 않아요. 나라고 할 게 없고 마음이라고 할 게 없어요. 그렇게 분별이 되질 않아요. 모든 게 똑같고, 안팎이 없이 그냥 이 일이 항상 있는 거죠. 온 천지에 어디서든지 안팎이 없습니다. 주관/객관이 없이, 안팎이 없이 항상 여기에 이렇게 드러나 있어요.

'그냥 이것이지.' 이렇게 얘기하는데 머리에서는 알 수가 없어요. 사실은 분별되는 게 아니기 때문에…. 몸도 그렇잖아요. 자기 몸을 사진 찍어 놓고 쳐다볼 수도 있고 거울 속에 있는 모습을 쳐다볼 수도 있죠. 그런데 사진 속에 있는 자기 몸이나 거울 속에 있는 자기 몸은 가짜잖아요. 그러면 진짜 몸은 뭐예요? 지금 이렇게 왔다 갔다 움직이고, 이렇게 숨도 쉬고 눈도 깜빡이고 밥도 먹는 이게 진짜잖아요. 사진 속, 거울 속에 있는 게 자기 몸이 아니고, 진짜 몸은 이것이 진짜 살아 있는 거죠. 몸도 그런 면이 있지만, 마음은 더 그런 거죠. 몸은 그래도 모양이 있으니까 거울 속에 놓고 쳐다볼 수도 있고 사진도 찍을 수 있지만, 마음은 모양이 없으니 거울에 비치지도 않고 사진을 찍어도 나오지도 않아요.

생각할 수도 없습니다. 그러나 이렇게 살아 있거든요. 살아 있고 명백하게 드러나 있단 말이죠. 이것이 확 드러나서 명백하고 분명해져야 합니다. 이것이 분명해질 때는 생각할 수 없으니까 생각은 쉬어져 있는 겁니다.

단순히 생각이 쉬어져서 아무 생각이 없다는 것만 가지고서는 깨달음이라 할 수 없고, 이 법이, 마음이 명백하게 드러나서 항상 이렇게 밝아야 해요. 그래야 지혜와 선정, '정혜'라는 말을 하거든요. '정'이라는 것은 고요히 쉬어졌다, 분별 생각이 쉬어졌다는 것이고, '혜'라는 것은 밝다는 겁니다. 법이, 마음이 항상 밝게 드러나 있다는 뜻이에요. 그래서 옛날 사람들이 '성성적적'이라고 했거든요. '성성(惺惺)'은 밝게 깨어 있다는 뜻이고 '적적(寂寂)'은 고요하게 아무것도 없다는 뜻입니다. 성성적적, 진공묘유 같은 말들이 깨달음을 나타내는 말들인데, 이것을 얘기하려고 그런 말을 만들었어요.

진공묘유도 그래요. 진공(眞空), 진짜 아무것도 없네 하는 게 진공이거든요. 생각이 다 쉬어졌다는 거예요. 그런데 묘유(妙有), 법이, 마음이 밝게 딱 드러나 있어요. 묘유란 알 수는 없지만 있긴 있다는 뜻이에요. 이것이 밝게 드러나 있으니까 진공묘유라는 말을 합니다. 성성적적도 같은 말이에요. '적적' 고요하다는 것은 생각이 고요히 쉬어서 아무 생각이 없다는 거고, '성성'은 이것이 밝게 드러나 있다는 말이거든요.

이것이 이렇게 밝게 드러나면 생각이 필요 없으니까 당연히 생각은 여기서 다 쉬어지고 아무 생각이 없죠. 법이 이렇게 드러나 있으니까 법이 밝게 드러나 있으면 모든 분별망상은 없는 거죠. 생각이 쉬어져서 아무 생각 없이 바보처럼 사는 게 깨달음이라 할 수는 없습니다. 그것은 그냥 생각이 쉬어진 것이고, 마음이 법이 항상 밝게 드러나 있어야 합니다. 그래야 헤매지 않아요. 마음이 쉬어진 것만 해도 번뇌가 사라지고 훨씬 좋죠. 망상이 쉬어졌으니까 번뇌가 사라져서 굉장히 좋은데, 밝음이 없으면 헤맬 수 있고 계속 분별심이 작동할 수 있어요. 분별심이 작동하면 망상이 생기죠. 이 법이 밝아져야 분별심이 작동하지 않게 됩니다. 분별심이 작동하지 않게 되고, 항상 이렇게 지혜가 밝게 드러나게 되는 겁니다. 쉽지는 않지만 꾸준히 하다 보면 이런 체험을 하게 됩니다. 꾸준히 하다 보면 공부가 그렇게 달라지는 겁니다.

드무십니다, 세존이시여. 부처님께서는 이렇게 깊고 깊은 경전을 말씀하시는군요.

깊다고 하는 것도 생각으로는 이해할 수 없다는 말입니다. 원래 '깊을 심(深)' 자는 물이 깊다는 뜻이거든요. 물이 깊으면 위에서 내려다보면 밑이 안 보여요. 깊다는 말은 알 수 없다는 뜻이에요. 이렇게 깊고 깊은 경전이라는 것은 머리로는 이해할 수 없고, 직접 체험하고 확인하고 실감해 봐야 알 수 있는 것이라는 말이죠.

이렇게 깊고 깊은 경전을 말씀하시는군요… 체험했어도 말을 하려면 또 시간이 오래 지나야 합니다. 금방은 잘 못해요. 왜냐하면 체험은 했지만 자기도 너무 생소한 것이고 너무 낯설어서 잘 모르거든요. 그러니까 체험한 뒤에 시간이 꽤 지나야 말도 할 수 있어요.

제가 예전부터 얻은 지혜의 눈으로도 이와 같은 경전을 아직 들은 적이 없습니다.

수보리는 보살이 아니고 아라한이거든요. 소승의 제자이기 때문에 대승법에 대해서는 잘 모른다는 겁니다. 그래서 '제가 예전부터 얻은 지혜의 눈'이라는 것은 소승 아라한의 지혜로는 대승의 법을 알 수가 없다는 말입니다. 옛날부터 중국이나 한국의 불교는 다 대승 불교입니다. 역사 지리적으로 보면 중국, 베트남, 한국, 일본, 티베트는 대승 불교이고, 스리랑카, 태국, 미얀마, 라오스 등 남쪽 지방에 있는 게 소승 불교인데, 소승 불교를 바탕으로 해서 소승 불교의 한계를 극복하고 더 발전한 게 대승 불교입니다. 그래서 대승 불교가 좀더 완성된 불교이고, 소승 불교가 불완전한 거예요. 역사적으로 봐도 소승 불교에서 대승 불교가 나왔거든요. 소승 불교의 한계와 문제점을 극복하고 나온 게 대승 불교이기 때문에 당연히 대승 불교가 더 완성된 겁니다. 그런 걸 모르고 소승 불교가 부처님의 진짜 가르침이라고 해서 그리 공부하러 가는 사람들은 뭘 좀 모르는 사람들이에요.

왜 그걸 알 수가 있느냐 하면, 대승 불교 초기에 대승 불교를 교리적으로 크게 완성한 사람들이 전부 다 원래 소승 불교 학자들이에요. 그 사람들이 소승에서 최고의 학자로 있다가 대승 불교를 접하고 나서 소승이 한계가 있구나 해서 대승으로 전향해요. 대승 불교의 초기 교리인 논서를 만드는 데 아주 결정적인 역할을 하는 분들이 몇 있거든요. 바수반두라는 사람, 그다음에 미륵이라는 사람, 그다음에 나가르주나, 이런 사람들이 처음에는 소승 불교 공부를 했거든요. 나중에 대승으로 전향해서 대승 불교를 크게 완성했고, 또 경전도 2,500년 전에 석가모니 때부터 해서 한 500년 동안은 소승 불교 경전밖에 없었어요. 대승 불교 경전은 석가모니가 죽고 나서 한 500년 뒤부터 나타나기 시작했거든요. 그러니까 더 완성된 것이고 발전한 거예요.

그런데 사람들이 어떻게 생각하느냐면, 석가모니가 최고로 완성된 불교를 말씀하셨을 거다, 이렇게 착각하는데 석가모니는 불교의 시조입니다. 최초로 만든 사람이에요. 최초로 만든 사람이 최고로 완성된 걸 가지고 있을 수는 없어요. 불교라는 걸 자기가 깨달아서 처음 얘기한 사람인데, 자꾸 발전할 거 아니에요. 뒤로 갈수록 더 발전된 불교가 나타나는 거죠.

그걸 모르고 석가모니가 말씀하신 게 가장 좋은 불교인 것처럼 사람들이 착각하는데, 그런 게 아닙니다. 상식적으로 봐도 세상에 있는 모든 것이 처음에 만든 것보다도 그다음에 만든 게 더 좋아지는 거죠. 자꾸 단점을 보완해서 더 좋게 만드는 거니까 그게 당연한 세상 이치 아닙니까? 그런데 왜 사람들이 그렇게 생각하는지 모르겠어요. 그게 잘못된 생각이죠.

불교의 발전 과정으로 치면 중국에서 맨 나중에 나온 게 선(禪)입니다. 그다음 티베트에서 맨 나중에 나온 게 티베트 밀교이고. 그러니까 티베트 밀교나 선 같은 것이 불교의 발전 과정으로 보면 제일 완성되어 있는 형태죠. 그전에 《반야경》이나 《화엄경》이나 이런 것도 굉장히 완성도가 높지만 나름대로 결점이 있으니까 그 결점을 극복하고 선, 밀교 이런 게 또 나오는 거죠. 선은 사실상 육조 혜능이 시조라 할 수 있습니다. 달마는 비밀스럽고 베일에 싸인 인물이라서 정확하게 알 수 없어요. 육조 혜능이 선의 시조라 할 수 있는데 그게 8세기죠. 티베트 밀교도 8세기에 성립했습니다. 뒤로 갈수록 이전 걸 바탕으로 해서 더 발전된 형태로 나타나는 거죠.

물론 그렇다고 해서 석가모니 말씀이 가치가 적다는 건 아니고, 깨달음은 같더라도 방편 쓰는 게 다르다는 거예요. 발전이라는 것은 방편이 발전하는 것이지 깨달음이 발전하는 건 아니고 깨달음은 다 똑같죠. 그런데 방편을 쓰는 게 세련되어 간다는 겁니다. 석가모니가 쓴 방편, 《아함경》이라는 게 석가모니의 말씀이라 해서 읽어 보면 아주 단조로워요. 짤막짤막하고 철학적인 내용도 많아요. 본질적으로 깨달음을 분명히 얘기하고 있긴 한데… 뒤에 대승 경전을 읽어 보면 굉장히 세련되어 있죠. 그것보다는 세련되어 있고 좀더 분명하게 얘기하고 있어요. 선으로 가면 언어 문자에 문제가 있는 걸 확 깨 버리고, 바로 깨달음으로 가는 지름길로 나와 있는 게 선이고, 밀교도 그런 면이 있습니다. 밀교와 선이 유사한 면이 많아요. 밀교도 경전보다는 스승과 제자 사이에 1대 1로 가리켜 주는 형태거든요. 경전을 읽고서 공부하는 게 아니고 선 같은 면이 있습니다.

대승 경전에서도 가르치는 사람은 무조건 부처님, 세존, 석가모니, 그렇게 이름을 붙여요. 세존, 여래, 부처님, 불타라고 하죠. 불 또는 석가모니, 고타마, 이런 식으로 얘기합니다. 어쨌든 부처님 이름은 그렇게 정해 놓고 하는 것이니까 그렇게 하지만, 대승 경전을 쓴 사람이 석가모니는 아니죠. 《금강경》만 하더라도 석가모니가 돌아가시고 나서 적어도 500년 뒤에 나타난 건데, 누가 썼느냐? 쓴 사람 이름은 절대 밝히지 않습니다. 왜 그러냐? 이것은 불법을 가리켜 주는 경전이기 때문에 무조건 설법하는 사람은 부처님이에요. 누구라는 건 없습니다. 모든 경전에서는 늘 제자는 여러 사람이 있지만, 법문하는 사람은 항상 부처님 한 사람이죠. 그런 식으로 만들어 놓았어요.

**세존이시여, 만약 또 어떤 사람이 이 경을 듣고서 깨끗이 믿어 진실하다고 여긴다면 이 사람은 틀림없이 가장 드문 공덕을 얻을 것입니다.**

깨끗이 믿는다는 것은 의심 없이 믿는다는 말입니다. 보통 종교를 신앙이라고 하죠. 종교라는 말도 하고 신앙이라는 말도 합니다. 종교는 근본에 대한 가르침이라는 뜻이에요. 신앙은 믿고서 우러러본다는 겁니다. 믿음을 따른다는 거죠. 기독교가 특히 믿음을 많이 강조하죠. 믿지 않으면 지옥 간다고 하는데, 불교도 똑같습니다. 믿음이 없는 사람은 깨달을 수가 없어요. 믿음 얘기가 《금강경》에 많이 나오거든요. 믿음이 없으면 깨달을 수가 없습니다. 그것은 불교 경전에도 많이 등장합니다. 그런데 기독교처럼 그렇게 얘기하지는 않죠. 우리는 발심이라고 하죠. 불교에서는 믿음이라는 말을 안 하고 발심이라고, 마음을 낸다고 하죠. 그게 바로 믿는 거예요. 믿음이 없으면 어떻게 마음을 냅니까? '내가 불교 공부를 해서 깨달아 보자.' 불교에 대한 믿음이 없이 그런 마음이 나올 수가 없잖아요. 발심이 바로 믿음이에요

'부처님이 깨달아서 번뇌로부터 해탈했다고 하는 말이 거짓이 아니라 아마 사실이겠지. 사실이니까 수많은 사람이 저렇게 불교를 공부하고 있는 거겠지. 그러니까 나도 불교를 공부해서 정말 번뇌에서 벗어나는 그런 경험을 한번 해 보자.' 그게 발심이고 그게 믿음이죠. 믿음이 없으면 안 되는 거죠. 일부러 '나는 의심 없이 믿는다' 그렇게 생각할 필요

는 없어요. '불교의 가르침이 거짓이 아니고 진실일 것이다. 그리고 불교를 공부하면 틀림없이 깨달아서 번뇌로부터 벗어날 수 있을 것이다.' 그런 정도의 믿음을 가지고 하는 거죠.

어떤 사람이 이 경을 듣고서 깨끗이 믿는다 하는 것은 완벽하게 믿는다는 겁니다. 전혀 의심하지 않고 그렇게 믿어서 진실하다고 여긴다면 믿음이 확실한 거죠. 그렇다면 이 사람은 틀림없이 가장 드문 공덕을 얻을 것이다… 틀림없이 깨달을 것이라는 거예요.

제 경험을 말씀드려 보면, 저는 대학원에서 선(禪)을 전공해서 공부했는데 선에 관한 책들만 보고 있었어요. 그 당시에 부산에 있는 모든 불교 서점을 뻔질나게 왔다 갔다 하면서 선에 관한 책은 무조건 사 모아서 다 봤습니다. 보통 선을 공부한다고 하면 절 선방에 찾아가서 참선을 하는데, 저는 그렇게 안 하고 일단 책부터 무조건 사 봤어요. 사실 어느 스님을 스승으로 삼아서 찾아가야 할지도 잘 몰랐고, 그때는 절에 다닐 때도 아니고, 불교계에 관해서도 잘 모르고 그냥 책만 열심히 사 보고 있었죠.

그런데 어느 날 어떤 거사분이 제 지도교수를 찾아오셨어요. 찾아와서 이런저런 말씀을 나눈 뒤 가면서 전화번호를 하나 남겨 놓고 갔어요. 대학원 수업은 다 지도교수 연구실에서 하거든요. 수업하러 들어갔는데 제게 그런 말씀을 하시더라고요. '어떤 거사가 찾아와서 얘기하는데 선을 하는 사람 같더라. 자네가 선을 전공하니까 관심 있으면 한번 연락해 봐.' '알겠습니다' 하고 며칠 뒤에 전화하니까 모여서 공부한다고 하면서 마침 장소가 부산대학교 바로 앞이라고 해요. 멀었으면 안 갔을지도 모르는데 바로 앞이더라고요. '언제 법회합니까?' 하니 토요일 오후에 한다고 해요. 토요일 날에는 학교 도서관에 가서 공부하고 오후에 갔어요. 가니까 다들 연세 높으신 분들이 앉아 법문을 듣고 있고, 앞에 법문하시는 분도 연세가 많고 머리가 하얗더라고요.

인사만 드리고 아무 말 없이 맨 뒤에 앉아서 법문을 들었는데, 제가 법문을 들어 보니까 뭔지 모르지만 하여튼 뭐가 있는 분 같아요. 내가 모르는 뭐가 있는 것 같은 그런 느낌이 들더라고요. 그다음에 갈 때는, 제가 참여하던 공부 모임의 교수와 대학원생들에게 '한번 가 보자. 뭐가 있는 같더라' 해서 서너 명을 데리고 갔어요. 같이 가서 들었는데 처음부터 이상하게 제 스승님, 그분에 대한 의심은 없었어요. 뭔지 모르지만 내가 모르는 뭔가를 말씀하시는구나, 뭔가 저분이 어떤 체험을 한 게 있구나, 그거는 느끼겠는데, 다른 거는 모르겠고 자꾸 듣다 보니까 뻔한 말이더라고요. 경전이나 《원오심요》, 《서장》 이런 거 갖다 놓고 법문을 하는데, 책은 제가 더 많이 봤으니까 그 말은 뻔하거든요. 그런데 말이 중요한 게 아니고, "부처가 뭐냐?" "이게 부처다." (법상을 톡톡 두드리며) "이렇게 분명한데 왜 이걸 몰라?" 자꾸 그렇게 하시니까 '아이고, 이거 분명하다는데, 뭐가 있구나, 내가 모르는 게 뭐가 있구나.'

저는 그 당시에 이미 책을 많이 봤기 때문에 말씀 들을 건 없고, "딱 이것 하나." (법상을 톡톡 두드리며) "이게 부처야." "이게 바로 마음이고, 이게 부처고, 다른 거 없어. 이거 하나야." (손가락을 들며) "이게 분명한데 왜 이걸 몰라?" 자꾸 그렇게 다그치는데, 체험이 없으니까 그렇죠. 저분이 뭔가를 가지고 얘기하는구나, 무의식적으로 신뢰가 생긴 거죠. 그걸 의심해 본 적은 없어요. 뭔가 있으니까 저렇게 하는 거겠지, 그런 정도의 믿음. 법문을 들어 보니까, 뭔가 있으니까 자꾸 저렇게 하겠지 하는 거죠. 말솜씨가 유창한 건 아니에요. 말은 좀 어눌한 편이에요. 연세가 많으니까 발음도 정확하지 않고, 일본에서 오래 살다 오셔서 한국말이 유창하지 못한 편이었거든요. 어릴 때 일제강점기 때 일본에 들어가서 해방되고 나서 몇 년 뒤에 귀국하셨는데, 어릴 때를 일본에서 지내니 한국말이 능수능란하지 못하더라고요. 그런데 하여튼 (법상을 톡톡 두드리며) 뭐가 있는 거예요. 처음에는 그런 믿음으로 시작하는 건데, 깨끗이 믿는다는 것은 그것보다도 더 확실하게 믿음이 있으면, 저기 뭐가 있으니까 저렇게 하겠지, 하는 정도의 믿음이라도 있으면, 언젠가는 그 믿음의 힘이 아주 센 겁니다.

그런데 잘못된 믿음을 가지고 잘못된 스승을 따르면 자기 공부를 망치게 되겠죠. 앙굴리말라 같은 사람이 그런 사람이죠. 불교 역사에 보면 앙굴리말라라는 사람이 나오잖아요. 실존 인물입니다. 그 사람이 외도의 스승을 믿었는데, 앙굴리말라가 잘생겼나 봐요. 젊고 잘생기니까 스승의 부인이 앙굴리말라한테 마음을 품고 유혹했다고 하죠. 그런데 앙굴리말라는 자기는 공부하러 왔지 스승의 부인한테는 관심이 없는 거예요. 그러니까 스승의 부인이 앙심을 품고 무고했어요. 남편인 스승한테 '저놈이 당신 없을 때 나를 덮치려고 했다. 나쁜 놈이다'라고 하니까 스승이 화가 나서 '내가 저놈을 혼내야겠다' 해서 어떻게 얘기했느냐면, '네가 깨달아서 해탈하려면 사람 손가락 100개를 잘라서 신한테 바치면 네가 구원을 얻을 것이다'라고 했어요. 일부러 그렇게 한 거죠.

그런데 앙굴리말라는 스승을 철석같이 믿고 있었으니까 그게 잘못된 가르침인지도 모르고 범죄를 저지르게 되죠. 나중에 석가모니를 만나서 다행히 잘못된 줄 알고 석가모니 제자가 돼서 깨달음까지 얻었지만, 잘못된 스승을 만나면 그런 문제도 있을 수 있습니다. 너무 그렇게 맹목적으로 믿는 것도 문제예요. 어느 정도 자기가 생각해 보고 '뭐가 이상한데?' 하는 것까지는 있어야죠. 그러나 어쨌든 믿음이 필요한 건 사실입니다.

　이 경을 듣고서 깨끗이 믿어

　어쨌든 의심을 하면서 법문을 들으면 법문은 전혀 소용이 없습니다. 전혀 효과가 없습니다. 믿음을 가지고 법문에 귀를 기울여야 효과를 발휘하는 겁니다.

　이 경을 듣고서 깨끗이 믿어 진실하다고 여긴다면 이 사람은 틀림없이 가장 드문 공덕을 얻을 것입니다.

　드문 공덕이 뭡니까? 깨달음을 얻는 거죠. 깨달음을 얻을 것입니다.

　세존이시여, 이 진실하다는 생각은 곧 생각이 아닙니다. 이 까닭에 여래께서는 진실하다는 생각이라고 일컬어 말씀하셨습니다.

　진실하다고 여긴다, 진실하다고 생각한다… 이 말도 방편이라는 걸 얘기하고 있는 건데, 우리가 진실하다고 생각한다는 것이 생각으로만 진실하다고 생각하면 그건 진실한 게 아니고 생각일 뿐입니다. 이 방편을 《금강경》에서는 계속 쓰고 있는데, 비록 지금 진실한 믿음, 깨끗하고 진실한 믿음을 가지고 있다는 이런 방편을 얘기했지만 말만 따라가서는 안 된다는 겁니다. 말만 따라가서는 안 되고 실상을 깨달아야 하는 거죠. 실상을 깨달아야 하는 겁니다. 이 실상 속에는 '진실한 믿음' 이런 건 없어요. '진실한 믿음' 하는 건 어디까지나 분별 속에서 그렇게 하는 것이고, 실상 속에서는 분별할 게 아무것도 없기 때문에 진실한 믿음이 어쩌고 그런 말은 해당이 안 되죠.

《금강경》에서 이런 식으로 얘기하는 것은 '말만 따라가지 마. 비록 말로 설법을 하고 있지만 말만 따라가면 안 돼. 말할 수 없는 이 법을 깨달아야 해.' 그걸 얘기해 주려고 이렇게 계속 얘기하고 있는 겁니다.

이런 말을 듣고 진실한 믿음을 내고 공부를 해서 깨닫게 되면, 원래 뭐라고 할 게 아무것도 없어요. 그런데 공부하는 사람들한테는 그런 말이 또 필요하거든요. 이게 필요하니까 그런 말을 하지만, 실제로 깨닫고 나서 보면 그렇게 말할 만한 게 아무것도 없어요. 어떤 말도 할 수가 없습니다. 이것은 그냥 이것이죠. 어떤 말도 할 수가 없죠. 그래서 경전에 있는 모든 말은 방편의 말이라는 거예요. 깨닫지 못한 사람한테는 이런 말이 다 필요합니다. 그러나 깨닫고 나서 보면 이런 말이 필요가 없다는 거예요. 그래서 이게 다 방편의 말이죠. 진실이니 이런 모든 말이 방편으로는 그런 말을 하지만, 실제로 깨닫고 나서 보면 그렇게 말할 만한 것은 없다는 겁니다. 말할 수 있는 게 아니거든요. 법이니 마음이니 부처니 이런 말도 방편의 말이에요. 이것은 말할 수 있는 게 아니에요.

이것은 이렇게 분명하고 확실해서 언제나 의심할 수 없는 거지만, 이름 붙이고 말할 수 있는 건 아니에요. 그런데 마음이니 도니 법이니 부처니 이렇게 이름을 붙이거든요. 그건 뭐냐면 방편의 말이에요. 이것이 바로 불교 가르침의 우수성입니다.

왜 그러냐면, 그렇지 않으면 우리가 체험한 뒤에도 깨달음에 관한 상을 만들 수 있고 본래면목에 관한 상을 만들 수 있어요. '이것이 깨달음이구나. 이것이 본래면목이구나.' 이렇게 할 수 있거든요. 그러면 그것은 망상이 되는 겁니다. 이것을 체험한 사람들이 제일 조심해야 될 게 그겁니다. 체험해 보니까 '해탈이라는 게 이런 거구나, 공이라는 게 이런 거구나' 하고 자기도 모르게 그렇게 하고 싶어 하거든요. 그렇게 하면 망상이에요.

그것은 깨달음이 아닙니다. 이것은 그런 상이 될 수가 없어요. 그런 생각이 될 수가 없어요. '이런 거구나' 그렇게 할 수가 없다고요. 아무 모양이 없어요. 분별할 수 있는 게 아닌데 이것이 분명하고 밝죠. 그러나 '이런 것이구나'라고 생각은 할 수 없어요. 그것을 조심해야 해요. 그런데 세속에서는 항상 그렇게 생각하는 게 버릇이 되어서 '알겠다, 이런 거구나' 자꾸 그렇게 하고 싶어 하거든요. 절대 그렇게 하면 안 됩니다. 그렇게 하면 다시 망상에 떨어집니다.

대승에서 소승을 비판하는 것 중의 하나가 그거예요. 소승에서는 '깨달음이 이런 거다'는 얘기를 하거든요. 대승에서는 그게 바로 망상이라는 겁니다. 법상(法相)을 가지고 있다는 거예요. 그렇게 하면 안 돼요. 그건 생각이거든요. 실제 깨달음은 살아 있는 거거든요. 타고 있는 불꽃과 같다고 하잖아요.

타고 있는 불꽃은 어떤 고정된 모습은 없으나 항상 밝게 빛나고 있고 열을 내고 있죠. 그러니까 살아 있지만 어떤 고정된 모습도 없어요. 마음이라고 하는, 깨달음이라고 하는 이것은 살아 있는 것이라서 이렇게 분명할 뿐이고, '어떤 것이다' 이렇게 사진 찍힐 수가 없어요. 사진으로 딱 찍어서 벽에 걸어 놓을 수는 없어요. 명백하고 분명해서 살아 있다지만, 보통은 살아 있다고 말하지 않고 깨어 있다고 하죠. 깨어 있지 못한 건 꿈꾸는 거죠. 꿈은 모습이 있지만, 깨어 있을 때는 고정된 모습이 없다는 거예요. 밝게 깨어 있을 뿐이고, 어떠한 생각은 없다는 거예요. 바로 이 이야기입니다.

'깨끗이 믿어 진실하다고 여긴다' 해 놓고, 그다음에 뭐라 하느냐? '진실하다는 생각은 곧 진실하다는 생각이 아닙니다.' 이것은 여래께서 말씀하시는 이름이고 말이다. 말은 그렇게 하지만 뭐가 고정되어 있는 건 아니다, 모두 말이 그렇다, 이 말이죠. 말은 머릿속에 어떤 상을 만들어요. 말이 상을 만들잖아요. 견해, 생각을 만듭니다. 그러니까 이건 말할 수가 없습니다. 진짜 깨달음은 말로 할 수가 없어요. 상이 될 수가 없다는 말이에요. 견해가 될 수가 없어요. 그러니까 맨날 하는 말이 있잖아요. '언어도단이다.' 언어도단은 말할 수 없다는 뜻이거든요. 이것은 말할 수 없고 생각할 수 없지만, 이렇게 분명하게 밝고 늘 확실한 겁니다. 그러니까 우리가 헤매지 않죠.

이 마음을 《화엄경》에서는 태양에 비유해요. 광명, 밝은 빛이라고 합니다. 명백하고 밝고 분명하니까요. 밝은 것이 지혜입니다. 어두운 것은 어리석음이죠. 어리석음을 뭐라고 합니까? 무명(無明), 밝음이 없다고 하잖아요. 어리석음입니다. 광명이 지혜죠. 분명하거든요. 분명하고 명확하지만, 모습이 될 수는 없어요. 생각이 될 수 없고, 그림을 그릴 수는 없어요. 그런데 이것이 밝고 분명하거든요. (법상을 톡톡 두드리며) 이것이 법이고, 이것이 마음이고, 이것을 부처라고, 이것을 도라고 하는 겁니다. 이 하나, 이 일 하나가 있는 거죠. 이것이 분명한 거예요.

이것은 뭐라고 할 수가 없고 이것이 진실인데, 자꾸 말을 하는 이유는 방편으로 그렇게 말을 하는 겁니다. 약과 같습니다. 약은 필요해요. 아픈 사람한테 약이 있어야 치료가 되니까 필요하죠. 《열반경》이나 《능가경》에 보면 석가모니가 돌아가시기 전에 이런 말을 하거든요. '내가 49년 동안 한마디도 안 했다.' 49년을 설법했고 계속 말했거든요. 한마디도 안 했다는 게 뭡니까? 말할 만한 뭐가 있어서 말한 게 아니라는 말이에요. 다 방편으로 얘기한 거라는 말입니다. 그러니까 말에 속지 말라는 거예요. 말을 가지고 머릿속에 생각하고 기억하지 말라… 진실은 이것인데 말할 수 있는 게 아니거든요. 말은 다 방편이거든요. (법상을 톡톡 두드리며) 진실은 이 일 하나. 말할 수 있는 게 아니에요. 그래서 말을 했지만 말할 만한 게 있어서 말한 게 아니라는 겁니다. 그런 뜻으로 말씀하신 거죠. 내가 49년 동안 사실은 한마디 말도 하지 않았다는 것은 말을 안 해서 안 한 게 아니라, 말할 만한 게 있어서 말한 게 아니고 방편으로 한 말이라는 뜻이죠.

이것을 체험하고 깨달아 보면 그렇다는 것을 알 수 있어요. 이렇게 분명하고 (법상을 톡톡 두드리며) 확실하지만, 뭐라고 얘기할 수가 없어요. 옛날 선사들은 벙어리가 꿈꾼 것과 같다고 비유했어요. 분명히 꿈을 꿔서 자기는 지금 꿈이 선명하게 기억되는데, 말이 안 나오는 거예요. 그런 비유를 했습니다. 법은 분명한데 말할 수가 없다는 말이에요. 그런 식으로 비유한 거죠. 법은 분명한 겁니다. 그래서 체험을 하라는 거예요. 체험을 하고 확실하게 이것이 밝아져야 하는 거죠. 이것은 밝아져야 하는 것이지 어떤 관념적인 얘기가 아닙니다.

마음은 이렇게 명백히 살아 있는 것이고 늘 이렇게 밝게 드러나 있고 온 세상 모든 일이 마음에서 벗어나는 게 없어요. 평소에 살아가는데 순간순간 여러 가지 일이 일어나잖아요. 무슨 일이 일어나면 마음이 있어요. 이게 있어요. 그 일이 있는 게 아니라 일은 일어났다가 사라지는데, 마음은 항상 무슨 일이 일어나든지 간에 있어요. 항상 이것은 분명하게 드러나 있는 거죠.

그런데 이런 깨달음이 없으면 중생들은 이것은 모르고, 일어나는 일의 모습을 따라가 버리는 거예요. 그것이 문제죠. 법이 변함없이 늘 드러나 있는데 이 마음은 모르고, 나타나는 모습을 그만 따라가 버리는 거예요. 그래서 이렇니 저렇니 하는 게 중생입니다. 법이 항상 이렇게 분명하게, 한 번 체험이 되고 실감이 되고 확인이 돼서 명백하게 드러나 있어야 헤매지 않아요. 헤매지 않으면 마음이 딱 안심이 되고 안정이 되고 할 일이 없고 지혜가 밝아지게 되죠. 이 법이 분명하면 늘 여법하고 여여해서 법을 잃어버리지 않은 것이고, 이 법이 아직 확실하지 못하면 따라가는 겁니다. 보이는 거 따라가고, 들리는 거 따라가고, 생각 따라가고, 느낌 따라가고, 기분 따라가고, 다 따라가 버려요. 그러면 헤매게 되고 번뇌가 되죠.

(법상을 톡톡 두드리며) 이 일 하나. 이것이 분명한 겁니다. 바로 지금 이것이거든요. 바로 이거예요. 다른 일이 있는 게 아니고 이것 하나. 여기서 이것이 분명해져야 해요. (법상을 톡톡 두드리며) 여기서 한 번 탁 하고 실감이 와서 이렇게 드러나고 이것이 확실해져야 하는 겁니다. 이것이

실감이 되어서 드러나고 분명해져야 하는 거예요. 다른 거 없습니다. 이것만 한 번 탁 소식이 와서 드러나면 자연스럽게 생각은 끊어져 버리고, 생각할 게 없으니까 법이 드러나게 돼 있어요. (법상을 톡톡 두드리며) 이 일 하나.

세존이시여, 제가 지금 이러한 경전을 들으니 믿고 이해하고 기억하는 것이 어렵지는 않습니다만, 만약 미래 후 오백 세에 이 경을 듣고서 믿고 이해하고 기억하는 중생이 있다면, 그 사람은 가장 드문 사람일 것입니다. 왜 그럴까요? 이 사람에게는 나라는 생각, 사람이라는 생각, 중생이라는 생각, 목숨이라는 생각이 없습니다. 까닭이 무엇일까요? 나라는 생각은 곧 생각이 아니고 사람이라는 생각, 중생이라는 생각, 목숨이라는 생각도 곧 생각이 아니기 때문입니다. 왜 그럴까요? 모든 생각을 전부 떠나는 것을 일러 모든 부처님이라고 일컫기 때문입니다.

이 경전을 듣고서 믿고 이해하는 사람이 있다면 가장 드문 사람이다… 《금강경》에서는 이 법을 말하고 있습니다. 이 법은 자기가 직접 체험하지 않으면 사실상 믿을 수가 없어요. 믿을 수도 없고 이해할 수도 없어요. 알 수가 없죠.

이건 오로지 직접 한 번 체험해 봐야 눈, 귀 코가 없다고 말하는 게 무슨 말인지, 내가 없고 사람이 없고 중생이 없다는 말이 무슨 말인지 알수 있게 됩니다. 이것을 체험해 보지 않으면 이런 말을 들어도 '왜 그런 말을 하지?' 하는 궁금증만 생기지, 알 수가 없거든요. 그런데 실제 이런 체험을 해 보면 이유가 없어요. 원래 그런 거예요. 원래 무슨 이유 같은 건 없고 원래 아무 일이 없어요. 내가 있는 것도 아니고, 그런 건 생각일 뿐이에요.

생각이고 분별인데, 그것은 마치 물거품 같고 거울에 나타나는 모습처럼 나타나 있기는 하지만 문제가 되지 않아요. 번뇌라고 하는 건 마음에 뭔가 있어서 그것이 계속 마음에 걸려서 괴롭히는 겁니다. 마음속에 뭐가 있는 게 번뇌인 겁니다. 마음속에 '나다' 하는 생각이 있으면 번뇌예요. 왜냐하면 '나다' 하는 생각이 있으면 나와 남이 있고, 잘났고 못난 게 있고, 거기서 모든 문제가 생기거든요. 마음속에 뭔가가 있으면 항상 문제를 일으켜요. 그런데 범부 중생은 마음속에 뭐가 꽉 들어차 있거든요. 이런 것도 있고, 저런 것도 있고, 나도 있고, 남도 있고, 사람도 있고, 세상도 있고, 항상 그것을 어떻게 다스리고, 어떻게 조절하고, 어떻게 이해해야 하나, 하는 문제에 부딪혀 있는 거죠.

그리고 계속 그런 감정, 기분, 생각들에 끄달리니까 그것이 상당히 번뇌죠. 그런데 여기 체험을 해서 통하면 마음속에 아무것도 없습니다. 마음이라고 이름 붙일 것도 없고, 뭐라고 할 게 아무것도 없어요. 겉으로는 다 있죠. 눈에도 보이고 귀로도 들리고 생각도 하고 다 있는데, 그것은 있어도 있는 것 같지 않아요. 별문제가 되질 않습니다. 번뇌가 되질 않아요. 장애가 되지 않고, 끄달리지 않고, 매여 있지 않거든요. 그냥 아무 일이 없습니다. 정말 가볍고 걸림이 없고 자유로워서 속이 없는 사람이 되었다고 할까, 겉으로는 살아 있는 똑같은 사람인데 말하자면 속이 없어요. 그런 식으로 말로 하기가 참 어려운데, 하여튼 번뇌가 없어지거든요.

이것이 그 얘기입니다. 나라는 생각, 사람이라는 생각, 중생이라는 생각, 목숨이라는 생각, 이런 게 없습니다. 왜 그러냐 하면 나라는 생각을 하긴 하는데 그것이 나라는 생각이 아니에요. 그렇게 생각 안 한다는 건 아니거든요.

경전을 읽어 보면 석가모니도 '내가 어쩌고 저쩌고' 이런 말을 한다고요. 부처님도 '내가 어쩌고' 그런 말을 한단 말이에요. 나라는 생각을 안 하는 건 아닌데, 생각은 하지만 옛날과 완전히 다른 거예요. 나라는 게 없어요. 그냥 그렇게 생각할 뿐이에요. 그 생각이라는 게 마치 물거품처럼 생겼다가 사라지는 식으로 아무렇지도 않습니다. 나라는 생각, 사람이라는 생각, 중생이라는 생각, 목숨이라는 생각을 하는데, 그 생각이 아니다… 이런 식의 말을 할 수가 있는 거예요. 전혀 특별한 얘기가 아니에요. 이게 무슨 이치가 있는 것도 아니고, 여기 한 번 탁 통해 버리면 이런 말을 할 수가 있어요. 전혀 특별한 얘기가 아니라 무슨 이치가 있고 도리가 있는 게 아니에요. 아무 일이 없으니까 아무 일이 없다고 하는 거죠.

공이라는 게 결국에는 마음속이 텅 비어 버린다는 말이죠. 마음은 마음인데, 마음이 없는 건 아닌데, 텅 비어 버렸단 말이죠. 말하자면 그렇게도 얘기할 수 있겠죠. 아무런 생각에 매여 있지 않습니다.

그러니까 모든 생각을 전부 떠나는 것을 일러 부처라고 한다… 생각에 안 매이는 사람이 바로 부처라는 말이에요. 《금강경》이 아주 분명하게 얘기하잖아요. '생각에 매여 있지 않은 사람이 바로 부처다.' 생각을 안 한다는 건 아니에요. 그런데 여기 체험을 하게 되면 희한하게도 그런 일이 일어나요. 그러니까 드물다는 말을 하는 거예요. 희한하게도 그런 일이 일어나는데 이유가 없어요. 그냥 저절로 그렇게 됩니다. 희한하다는 건 보기 드물다는 말이잖아요. 그러나 이 체험을 해 보면 누구나 다 그렇습니다. 전혀 특별한 말도 아니고, 어려운 말도 아니고, 당연히 할 수 있는 말이에요.

이 일 하나가 있는데, 누구한테나 이것이 다 있거든요. 우리 마음이 원래 이런 겁니다. 원래 텅 빈 거울과 같은 거예요. 그런데 이상하게 거기에 물들어서 집착하고, 무엇이 이런 게 있고 저런 게 있고 하면서 힘들어하게 돼요. 왜 그런지 모르겠고, 날 때부터 그렇게 하고 있거든요. 한두 살 먹은 어린애들 보면 벌써 생각에 오염돼서 망상하는 모습이 보입니다. 어릴 때부터 이상하게 그렇게 돼 있어요.

이 일이고 이것은 아무 뭐라고 할 게 없어요. 특별한 게 없어요. 이상한 걸 기대하지 마시라는 겁니다. 공부하는 사람이 대단한 일이, 희한한 일이 벌어지지 않을까 자꾸 그런 기대를 하는데, 그런 게 아닙니다. 그냥 마음이 없어지는 거예요. 아무것도 없어요.

마음이라고 할 게 없어요. 나라고 할 게 없고, 대단한 일이 생기는 게 아니에요. 대단한 기대를 하거나 그렇게 하는 건 망상입니다. 기대할 것도 없고 바랄 것도 없어요. 원래 한 물건도 없는 겁니다. 원래 아무 일이 없는 거예요. (법상을 톡톡 두드리며) 이것이 우리 마음의 근본이에요. 본질이고 어려울 게 전혀 없습니다. 어렵고 힘들게 생각하면 안 돼요. 하도 잘못된 가르침이 많아서 엄청난 일이 벌어지는 것처럼 얘기하거든요. 깨달음이라는 건 엄청난 일이고 대단한 일이 벌어져서 희한하게 된다고, 슈퍼맨 같은 힘을 얻어서 어쩌고저쩌고… 그건 깨닫지 못한 사람들의 망상일 뿐입니다.

그런 식으로 잘못된 가르침이 많고 자꾸 그런 걸 보다 보니까 대단한 일이 일어났는가 보다 하고 기대하는데, 그런 게 아니에요. 우리가 태어날 때부터 가지고 있는 평소 우리 마음의 진실이 그냥 드러날 뿐이에요. 뭘 얻을 것도 없고, 얻을 것 없다는 말을 《금강경》에서 계속하고 있거든요. 아무것도 얻을 게 없어요. 새롭게 뭘 얻는 게 아닌 겁니다. 그냥 마음이라는 게, (법상을 톡 두드리며) 이것이 마음인데, 여기에 탁 통하면 원래 아무 일이 없습니다. 원래 텅 빈 거고 원래 아무 뭐가 없어요. 아무런 특별할 게 없습니다. 모든 사람이 깨달음의 입장, 본래면목 입장에서는 완전히 똑같습니다. 잘난 사람 못난 사람이 없어요. 깨달은 사람은 대단히 뛰어나고 잘난 사람이냐? 아닙니다. 모든 사람이 똑같습니다.

본래의 본바탕을 모르니까, 자꾸 딴 걸 보고 세속적인 걸 보니까, 잘난 사람도 있고 못난 사람도 있고 대단한 사람도 있고 그런 사람도 있죠. 그런데 본래 타고난 우리 본성을 이렇게 딱 깨닫고 보면, 모든 사람이 완벽하게 똑같습니다. 특별한 사람이 아무도 없어요. 제가 거울을 비유로 들지 않습니까? 거울이 뭘 비추고 있느냐? 그걸 보면 다 다르겠지만, 거울 그 자체는 누구나 다 똑같이 텅 비어 있는 겁니다. 전혀 특별한 사람이 없어요. 우리 본래면목을 깨달으면 누구나 다 똑같아요. 부처라고 잘난 것도 아니고 다 똑같습니다. 원래 아무 일이 없는 거예요. 한 물건도 없고, 나라고 할 것도 없고, 법이라고 할 것도 없고, 도라고 할 것도 없고, 특별할 게 아무것도 없습니다.

그러니까 (법상을 톡톡 두드리며) 본래 우리 마음, 이것을 깨닫는 것밖에 없어요. 무슨 특수하고 특별한 일이 벌어지는 게 아니란 말이에요. 본래 타고난 이 마음이라는 것은 이렇게 분명하게 다 있는 거예요. 이것은 손상되지 않습니다. 어떻게 할 수가 없어요. 원래 깨끗한 그대로 항상 영원히 깨끗한 겁니다. 이겁니다. 바로 지금 이거라고요. 여기만 통하면 돼요. (법상을 톡톡 두드리며) 이것이 우리 마음이에요. 이것이 부처고 이것이 도입니다. 이것이 선이라는 거고, 이것이 법이라는 겁니다. (법상을 톡톡 두드리며) 누구에게나 똑같이 있는 일이에요. 그러니까 만법이 평등하다는 말이 경전에 많이 나오거든요. 다 평등합니다. 이 법에 통하면 만법은 평등해요. 똑같다고요.

이것을 못 깨달았다고 해서 열등감 느낄 것도 없고, 깨달았다고 해서 잘났다고 생각할 것도 없고, 다 똑같아요. 이미 이렇게 있는 일입니다. 없는 걸 깨달으라는 게 아니에요. 누구에게나 있는 일이고 본인에게 있기 때문에 걱정할 필요 없습니다. 관심을 가지고 계속 귀를 기울이고 있으면 반드시 깨닫게 됩니다. 걱정할 필요가 없어요. (법상을 톡 두드리며) 누구나 똑같습니다. 똑같이 이것 하나가 있는 겁니다. 아무 특별한 게 없어요. (손가락을 들며) 누구에게나 똑같이 이 일 하나가 있을 뿐이에요. 모든 사람이 똑같습니다. 뭐가 있으면 이런 사람 저런 사람이 다 다르니까 대단한 게 있다고 하지만, 여기는 아무것도 없거든요. 그런데 뭐 대단한 게 있겠습니까? (법상을 톡톡 두드리며) 이 일 하나가 있을 뿐이에요. 이 하나. 다만 이 일 하나입니다.

이 경을 듣고서 믿고 이해하고 기억하는 중생이 있다면, 그 사람은 가장 드문 사람일 것입니다. 왜 그럴까요? 이 사람에게는 나라는 생각, 사람이라는 생각, 중생이라는 생각, 목숨이라는 생각이 없습니다.

믿고 이해하는 사람이 있다면 그 사람은 드문 사람이다… 깨달은 사람이라는 말이에요. 왜 그러느냐? 이 사람은 나라는 생각, 사람이라는 생각, 중생이라는 생각, 목숨이라는 생각, 이런 생각에 시달리지 않는다는 겁니다. 생각이 없다, 생각을 안 한다는 말은 아닙니다. 생각을 안 하고 살 수는 없어요. 생각을 다 하죠. 생각하는데 생각에 매여 있질 않아요. 생각에 걸려 있지 않다고요. 그래서 처음에는 '생각이 없습니다'라고 하고는 그다음에 또 뭐라고 하느냐면 '까닭이 무엇일까요? 나라는 생각은 곧 생각이 아니고'라고 합니다. 생각을 하는데 그게 생각이 아니라는 말입니다. 생각을 안 한다는 게 아니에요. 생각하는데 그것이 생각이 아니다… 이 말은 뭐예요? 걸려 있지 않다, 매여 있지 않다는 말이에요.

까닭이 무엇일까요? 나라는 생각은 곧 생각이 아니고 사람이라는 생각, 중생이라는 생각, 목숨이라는 생각도 곧 생각이 아니기 때문입니다.

깨달았다고 해서 생각을 안 하는 건 아닙니다. 무슨 생각이라든지 감정, 기분, 느낌, 이런 게 없는 게 아니에요. 오온이라고 하잖아요. 오온, 색수상행식이거든요. 색은 육체, 수는 느낌, 상은 생각, 행은 욕망, 식은 의식, 이게 공을 깨달았다고 없는 게 아니에요. 있죠, 있는데 뭐예요? 공이라는 말입니다. 《반야심경》에 '오온이 전부 공이다' 그렇게 나와 있어요. 없다는 게 아니에요. 그래서 '색이 공이고 공이 색이다' 그렇게 하는 거예요. 있긴 한데, 없는 것과 마찬가지라는 말입니다.

마음이 그렇게 되어 버립니다. 육체도 있고 느낌도 있고, 못 깨달은 사람이나 깨달은 사람이나 똑같습니다. 똑같은데 다만 거기에 걸려 있느냐, 거기서 해탈했느냐? 그 문제예요. 보통 사람은 색수상행식, 육체, 느낌, 생각, 의식, 이런 데 매여서 해탈하지 못한 사람이고 깨달은 사람은 거기 있지만 더이상 매이질 않아요. 해탈한 사람이죠.

마음이 한 개 거울과 같은데, 깨달은 사람 마음이나 못 깨달은 사람 마음이나 똑같은 거울이에요. 그런데 못 깨달은 사람은 거울이 본래 본 바탕이 비어 있다는 사실을 몰라요. 그러니까 나타나는 모습만 따라 거기에 매여 있는 사람이고, 깨달은 사람은 원래 텅 비어서 아무것도 없다는 걸 깨달아서 더이상 어떤 모습이 나타나더라도 매이지 않는 겁니다. 비유하자면 그와 같아요. 그렇게 되는 거지 다른 해탈은 없어요. 깨달았다고 해서 뭘 생각을 안 하거나 항상 좋은 생각만 하거나 그렇지 않습니다. 뭐든지 똑같거든요. 기쁨도 있고 슬픔도 있고 분노도 있고 다 있어요. 있는데, 거기에 물들어서 매여 있느냐, 거기에 물들지 않고 매여 있지 않느냐, 그 차이가 있을 뿐인 겁니다.

그런데 그것은 불가사의한 겁니다. 경험을 해 보면 이상하게 그렇게 되어 버려요. 왜 그렇게 되는지 이유도 없어요. 그냥 마음이 그렇게 되어 버려요. 그러니까 뭐 이렇구나 하고 사는 거지, 무슨 이유 같은 건 없습니다. 불법이라는 건 사실은 간단한 건데 한번 이렇게 체험해 봐야 해요. 아, 이렇구나 하고 체험해 봐야 하죠.

왜 그럴까요? 모든 생각을 전부 떠나는 것을 일러 모든 부처님이라고 일컫기 때문입니다.

여기는 생각만 얘기했지만, 육체도 있고, 느낌도 있고, 생각도 있고, 욕망도 있고, 의식도 있고 다 있는데, 그것이 전부 공이라는 말이에요. 매이지 않아요. 이것이 바로 부처다…

이것을 직접 경험하지 못한 사람들은, 그것은 마음을 다스리는 방법이 아니냐, 자기 마음을 잘 조절하고 다스려서 어떤 생각도 따라가지 말아야지 하는 게 아니냐? 이렇게 오해할 수가 있습니다. 전혀 조절도 하지 않고 다스리지도 않습니다. 그냥 그렇게 되어 버려요. 자기 마음을 다스리거나 조절하지 않습니다. 다스릴 마음이 없어요. 실제 보면 다스릴 마음도 없고, 조절할 마음도 없고, 그걸 다스리거나 조절하고자 하는 '나'라고 하는 사람도 없습니다. 아무것도 없어요. 마음을 다스리는 게 아닙니다. 공자님 가르침을 보면 마음을 다스리라는 말씀을 하지만, 부처님은 마음을 다스리라고 얘기하지 않습니다. 본래 마음을 깨닫고 보면 원래 이런 거다, 이 말이에요. 다스릴 필요가 없어요.

(법상을 톡톡 두드리며) 여기에 통해서, 여기 탁 통해서 실감을 하고 깨닫기만 하면 돼요. 원래 이런 거예요. 원래 아무 일이 없는 것이고 원래 공인 겁니다. 원래 할 일이 없는 것이고, 다스리고 조절할 필요가 없습니다. 원래 한 물건도 없는 것이고, 원래 아무 일이 없는 거예요. 이것이 (법상을 톡톡 두드리며) 우리 본래 마음입니다. 바로 이것 하나가 있어요. 이 일 하나. 지금 실감이 안 오시겠지만, 좌우지간 이런 일이 있습니다. (법상을 톡톡 두드리며) 이것이 우리 마음이고 본래 마음이에요. 이것이 부처라고 하는 것, 이것이 도라고 하는 겁니다. 이런 일이 있습니다. 누구에게나 이미 다 있는 일인데, 이것을 실감해 본 적이 없으니까, 있는지도 모르고 엉뚱한 생각만 하고 있는 겁니다.

이것뿐이에요. 아주 단순하고 간단한 겁니다. 무슨 특별한 일이 있는 게 아니에요. 바로 지금 이 일 하나. 이것이 불법이고 불교입니다. 그런데 온갖 부처가 있고, 온갖 보살이 있고, 온갖 불법의 세계, 부처님 세계가 있고… 이런 식으로 방편을 복잡하게 쓰니까 뭐가 또 따로 있는가 하고 말에 속아요. 신비로운 저 하늘 끝에 부처님 세계가 따로 있는가? 미륵보살이 45억 년 뒤에 온다고 했다는데, 정말 용화수 밑으로 내려오는가? 방편의 말에 속아서 엉뚱한 망상을 하는 겁니다. 미륵보살은 이미 와 있습니다. 기다릴 필요가 없어요. 이미 본래부터 다 깨달아 있어요. 깨달음이 다 갖추어져 있어요. 미래를 기다릴 필요가 없습니다. 그럴 이유가 없어요. 언제든지 지금 당장의 일입니다.

진리는 당장의 일이고, 지금 이 자리에서 깨닫느냐 못 깨닫느냐 문제일 뿐입니다. 미륵보살을 믿고 미륵에게 기도를 드리다 보면, 미륵보살이 56억 년 뒤에 온다고 했거든요. 언제까지 기다릴 겁니까? 말도 안 되는 거죠. 그런 게 전부 방편의 말일 뿐이에요. (법상을 톡톡 두드리며) 실제로는 본래 와 있습니다. 앞도 없고 뒤도 없습니다. 불생불멸이라고 했잖아요. 여기는 앞도 없고 뒤도 없고, 본래면목에는 시간이라는 게 없습니다. 시간이라는 것은 모습을 분별할 때 있는 것이지, 아무 모습이 없는데 여기에 무슨 시간이 있습니까? 본래 깨끗한 것이고, 본래 깨달아 있는 것이고, 본래 텅 비어 있는 겁니다. 우리 모두의 마음이 원래 이런 거예요.

여러 가지 방편을 따라서 망상을 하시면 안 돼요. 원래 이런 거라고요. 이 일이 하나가 있을 뿐이에요. 생각을 떠나는 게 부처라고 했습니다. 자기 생각을 믿지 마십시오. 생각은 다 망상입니다. 여기 있잖아요.

모든 생각을 전부 떠나는 걸 일러서 부처님이라고 한다고…. 자기 생각을 믿지 마세요. 어떻게 생각하더라도 다 망상일 뿐입니다. 진실에는 생각할 게 없어요. 생각이 아닙니다. 어디 가서 불교를 배우고 경전을 읽고, 다 생각이잖아요. 배워서 이해하고 익히는 게 다 생각이거든요. 전부가 다 쓸데없는 망상이에요.

처음에 불교를 배우면 사성제, 팔정도, 삼법인을 배우는데, 다 방편으로 하는 말들이고 생각입니다. (법상을 톡톡 두드리며) 진실은 이것이고, 당장에 바로 이것이고, 여기에는 생각이라는 게 있을 수 없어요. 생각할 틈이 없습니다. 생각을 했다는 건 이미 머리를 굴렸다는 건데, 이것은 머리를 굴리기 이전의 일이에요. 머리를 굴릴 그런 시간적인 틈이 없어요. 바로 당장, 바로 이것이기 때문에 이것을 우리가 눈앞의 일이라고 하는데, 눈앞에 딱 드러나 있는 것을 생각할 필요가 없어요. 생각할 때는 눈앞에 있는 걸 안 봐요. 생각 속에 빠져 버리기 때문에…. 그것은 망상이거든요.

이 법은 당장에 (법상을 톡 두드리며) 바로 지금 이것이거든요. 당장 이 자리, 당장 눈앞. 이것은 생각할 그런 틈이 없습니다. 생각이 될 수가 없어요. 법은, 진리는 바로 지금 이것이기 때문에 생각될 수가 없어요. 바로 지금 이거예요. 바로 이것. 생각될 수가 없는 겁니다. 생각을 했다 하면 그건 망상이에요. 그것은 그냥 머릿속에다 그림을 그리고 있는 것이기 때문에 무조건 망상입니다. 생각뿐만 아니고 느낌, 기분 다 망상입니다. 이미 뭔가 그림을 그리고 있는 거거든요. 그런데 이것은 그런 게 아니에요. 느낌도 아니고 기분도 아니고 생각도 아니고, 그냥 바로 이거예요.

그러니까 깨어 있다는 말밖에는 할 수가 없는 거죠. 이렇게 깨어 있는 거죠. (법상을 톡 두드리며) 깨어 있다는 말밖에 할 수가 없어요. 생각할 수 있는 게 아니고 느낄 수 있는 게 아니에요. 벌써 느낌이 어떻다 하면 그것은 분별이고 생각이거든요. 그런데 이것은 그런 게 아니에요. 어떤 게 아니란 말이죠. 어떻다 하면 그것은 분별이고 생각입니다. 이것은 어떤 무엇이 아니에요. 그러니까 공부하는 사람이라면 자기 생각을 믿지 마십시오. 그것이 첫 번째입니다. 자기 생각을 믿고 '그래, 이렇게 하면 되는구나. 이렇게 해 봐야지' 하면 그 사람은 못 깨닫습니다. 이미 자기 생각을 따라가고 있는 거예요.

법은 불이 켜져 있듯이 이렇게 딱 켜져 있습니다. (법상을 톡 두드리며) 항상 켜져 있는 불빛에 한 번 확 하고 이것이 와닿으면 되는 거예요. 생각할 필요가 전혀 없어요. 여기는 이해할 게 아무것도 없습니다. 법문을 한다면서 자꾸 뭘 이해시키려고 하는 사람들은 법을 모르는 사람이에요. 법은 전혀 이해할 게 없습니다. 생각할 게 없고, 불빛과 같아요. 《화엄경》에 보면 항상 이것을 광명이라고 하거든요. 불빛이라는 말이에요. 불빛이 환하게 비추고 있는데, 생각하고 이해할 게 뭐 있습니까? 그대로 드러나 있는데…. 법이 그렇습니다. 이것은 생각할 수가 있는 게 아니고, 생각이 아니란 말이에요. 이렇게 딱 드러나 있거든요. 바로 지금. 바로 이것.

누구에게나 모든 사람의 마음이 이렇게 밝게 드러나 있습니다. 바로 이렇게 불빛처럼 드러나 있어요. (법상을 톡톡 두드리며) 이 일 하나. 생각할 게 전혀 없습니다. 뭘 알려고 하고 아는 건 생각이에요. 그것은 이미 망상입니다. 알 수 있는 게 아니에요. 알려고 하거나 생각하려고 하면 그것이 습관이에요. 자꾸 뭘 알려고 하고 생각하려고 하고 '뭔데? 뭐냐? 어떤 거냐?' 자꾸 이렇게 망상하는 게 습관이 되어 있는 거예요. 여기 한번 탁 통해서 딱 밝아지는 순간에, 망상하는 습관을 이겨 내는 힘이 생기는 겁니다. 그냥 이것뿐이에요. 뭐 다른 게 없어요. 망상하는 습관을 이겨 내면 밝게 드러나니까요.

(법상을 톡 두드리며) 이 일 하나뿐이에요. 이것이 분명한 겁니다. 망상하는 습관이 너무 오래돼서 이겨 내기가 어렵죠. 어렵지만 의지가 있으면 돼요. 의지가 있고 뜻이 있으면, 어쨌든 '이것이 법이다' 하고 계속 가리켜드리니까요. 그리고 법문을 들어야 합니다. 생각이나 망상이 아니고 (법상을 톡 두드리며) 법을 가리키는 법문이니까 (손가락을 들며) 법문을 들어야 해요. 자꾸 법을 가리켜드리니까요. 생각하면 안 되고, 느낄 수도 없고 생각할 수도 없어요. '바로 이겁니다' 하고 계속 이것을 가리켜드리거든요. 느낄 수도 없고, 알 수도 없고, 생각할 수도 없어요. (법상을 톡톡 두드리며) 바로 이겁니다. '바로 이겁니다' 하고 계속 이것을 가리켜드리거든요. 이것이 법이에요. 법을 가리켜드리는 걸 자꾸 듣다 보면 자기도 모르게 이쪽으로 쑥 경험이 되는 겁니다.

세속 일은 생각을 가지고 살 수밖에 없어요. 어차피 세속은 망상 세계니까요. 세속 일은 항상 생각을 가지고 할 수밖에 없지만, 법에서는 생각이 안 통합니다. 생각은 전혀 필요도 없고 믿을 수도 없어요. 법에서는 생각이 안 통하는 겁니다. (법상을 톡 두드리며) 그냥 바로 이거예요. (손가락을 들며) 딱! 드러나 있습니다.

불이 켜져 있는 것과 같아요. 밝게 이렇게 딱! 드러나 있습니다. 모든 사람에게 자기 마음의 불빛이 켜져 있어요. 부처님의 '법등명(法燈明) 자등명(自燈明)'이 바로 그 얘기예요. 법의 등불이 우리 자신의 등불로서 딱 켜져 있기 때문에…. '법의 등불을 밝히고 자기 등불을 밝혀라' 하는 게 바로 그거거든요. 법은 법이라 하기도 하고 마음이라고 하기도 해요. 마음이라는 법의 등불이 항상 켜져 있어요. (법상을 톡톡 두드리며) 이것이 한 번 실감이 되면 돼요. 이것이 한 번 드러나면 된단 말이죠. 이것이 깨달음이에요. 다른 깨달음은 없습니다.

과거 전생을 보고 미래를 보는 것은 망상하는 외도들입니다. 깨달음이 아닙니다. 왜? 그것이 다 분별이잖아요. 과거를 분별하고 미래를 분별하니까 그건 분별이고 생각이지 깨달음이 아니에요. 과거를 보는 게 아니고, 미래를 보는 것도 아니고, 전생을 보는 것도 아니고, 후생을 보는 것도 아닙니다. 단지 (법상을 톡 두드리며) 이 밝은 우리 본래면목이 항상 밝게 딱 드러나 있습니다. 드러나서 온 세상을 비추고 있어요. 《반야심경》에서 조견(照見), 비추어 본다고 얘기했잖아요. 다 비추어 보고 있습니다. 항상 온 세상의 모든 것을 밝게 비추어 보고 있어요. (법상을 톡톡 두드리며) 이것이 한 번 이렇게 밝아지는 거예요. 마음이라는 불빛이 온 세상을 밝게 비추니까 조견이라는 말을 쓴 거예요.

이 일 하나가 있습니다. 바로 지금 이거예요. (법상을 톡톡 두드리며) 이 일 하나. 이것이 우리 본래면목이고, 우리 마음이고, 이것밖에 없습니다. 다른 법이라는 건 없어요. 이 법 하나가 있을 뿐이에요. 누구에게나 단지 이것. 알 수 있는 게 아니고, 어떤 무엇이 아닙니다. 무엇이라고 하면 분별이고 망상이에요. 어떤 무엇이 아니고 바로 지금 이거라고요. (법상을 톡 두드리며) 바로 이것. 그래서 마음을 깨달으면 마음이라는 물건이 없습니다.

마음에 무슨 구조가 있는 게 아니에요. 세속의 심리학에서는 마음이라는 것은 무의식도 있고 의식도 있고 무슨 구조가 있는 것처럼 얘기하는데, 망상입니다. 마음은 아무 구조가 없어요. 거울과 같다는 건 비유적인 말이고, 텅 비어 있으면서도 온갖 게 나타나 있을 뿐입니다. 나타나 있지만 아무것도 없어요. 이것이 본래 마음의 모습이고, 그러니까 사실은 번뇌에 시달릴 이유가 원래 없는 거예요.

원래 번뇌에 시달릴 이유가 없고, 두려움에 떨 이유가 없고, 여러 가지 마음에 사로잡히고 시달리고 괴로워할 이유가 없습니다. 원래 아무 일이 없어요. 원래 공(空)이라고요. 원래 아무 걸리는 게 없고 원래 아무 문제가 없습니다. 이 사실이 한 번 이렇게 밝혀지는 거거든요. (법상을 톡톡 두드리며) 이것이 마음이란 말이에요. 마음은 텅 빈 거울과 같고 텅 빈 허공과 같아서 걸림이 없고 원래 아무 문제가 없어요. (법상을 톡톡 두드리며) 이 일 하나.

그러니까 부담 가질 필요 없습니다. 공부가 어렵고 깨달음이 엄청나고 대단한 일이라고 하면 부담이 되잖아요. 부담 가질 필요가 없습니다. 당연히 누구한테나 있는 일이고, 누구나 경험할 수 있는 일이고, 당연히 원래 다 갖추어져 있는 일입니다. 공부하시면서 부담 가질 필요 없습니다. 누구든지 발심을 해서 법문을 듣고 관심을 가지면 누구나 다 경험해 보고 확인해 보고 그럴 수 있는 일이죠. 그런데 여기에 순수한 관심이라 할까, 진짜 그런지 꼭 한번 확인해 봐야 하겠다는 순수한 관심, 그런 것이 필요하기 하죠. 계속 관심을 두고 있어야 뭔가 체험도 할 수 있습니다. 몸으로 하는 체험이 아니고 마음으로 하는 체험입니다. 몸으로 하는 체험은 몸이 가까이 가서 어떻게 해 보면 되는데, 마음으로 하는 체험은 관심이 그쪽에 기울어져 있어야 해요. 그러면 마음으로 체험이 되죠. (법상을 톡톡 두드리며) 이 일 하나. 그냥 이겁니다. 아주 간단한 겁니다.

모든 생각을 전부 떠나는 것을 일러 모든 부처님이라고 일컫기 때문입니다.

그러니까 생각은 다 망상이에요. 불교학자들 가운데 생각 중에 망상이 있고 망상 아닌 생각이 있다고 주장하는 사람이 있던데, 모든 생각은 다 망상입니다. 《금강경》에서 분명히 얘기했잖아요. '모든 생각을 전부 다 떠나는 게 부처다.' 왜? 모든 생각은 다 망상이기 때문입니다. 망상 아닌 생각은 없습니다. 명백하게 다 얘기하고 있거든요. 생각을 했다 하면 그건 다 망상입니다. 방편도 방편이라는 역할을 할 뿐이지 역시 망상이에요. 진실은 아닙니다. 이것 하나. 바로 지금 마음이 이렇게 우리에게 밝게 드러나 있고, 바로 지금 이 순간, 바로 이겁니다. 앞이 없고 뒤가 없습니다. 바로 이거예요. 그러니까 대상이 되질 않는다는 말입니다. 마음은 밖이 있고 안이 있는 게 아니에요. 보통 잘못 알고 있는 게 내가 있고, 내가 가지고 있는 내 마음이 있고, 이렇게 착각하고 살잖아요. 착각입니다.

마음이 바로 나지, 내가 있고 또 내 마음이 있는 거라면, 내가 나한테서 마음을 붙였다 뗐다 할 수 있습니까? 몸도 마찬가지예요. 내 몸이라고 하지만, 내가 있고 내 몸이 있고 내 몸을 내가 붙였다 뗐다 할 수 있어요? 안 됩니다. 몸이 없으면 나라고, 사람이라고 할 수가 없어요. 어떤 사람이 유체이탈을 얘기하던데, 그것 역시 몸이 있으니까 가능한 일입니다. 우리가 몸을 내버렸다가 다시 주웠다가 그렇게 할 수는 없잖아요. 몸이나 마음이나 마찬가지입니다. 나라고 하는 게 따로 있는 게 아니고, 마음이 바로 나고 몸이 바로 나예요.

그런데 그것은 방편의 말입니다. 그렇게 생각하라는 게 아닙니다. 왜 이런 방편을 말하느냐면 나라는 것을 따로 찾지 말라는 거예요. 나라는 게 따로 있는 게 아니니까요. 그래서 이거라고요. 이것 하나. (법상을 톡톡 두드리며) 따로 있는 게 아니라는 말이에요. 따로 있는 게 아니고, 몸이라고 마음이라고 할 것도 없고 그냥 바로 이것입니다. 바로 이것. 따로 있는 게 아니라는 말이에요.

나라고 하는 것이 따로 있는 게 아니에요. 우리는 나라는 게 따로 있는 것처럼 자꾸 착각을 해요. 그러니까 불교에서는 그런 나라는 건 없다고 무아(無我)를 자꾸 얘기하는 거죠. 무아라고 해서 마음이 없고 몸이 없다는 말은 아니에요.

바로 지금 이겁니다. (법상을 톡 두드리며) 바로 이겁니다. 생각을 해선 안 되고 알 수 있는 게 아니고 (법상을 톡톡 두드리며) 바로 지금 이것입니다. 바로 이것입니다. (법상을 톡 두드리며) 이것이 바로 부처예요. (법상을 톡 두드리며) 이것이 바로 마음이고, (법상을 톡 두드리며) 이것이 바로 선입니다. (법상을 톡 두드리며) 이것이 바로 반야바라밀이에요. (법상을 톡톡 두드리며) 이것이 바로 진여자성이란 말이에요. 다른 게 없어요. 그냥 이것이 있을 뿐이에요. 이것 하나가. 여기서 온갖 일을 다 하고, 온갖 일이 다 일어나고 있는 거죠. (법상을 톡톡 두드리며) 이것 하나를 가리켜드릴 뿐이고, 이게 한 번 실감이 되고 확실해져 버리면 망상에서 벗어나기 시작하는 겁니다.

한 번 체험을 했다고 해서 공부가 끝나는 건 아니에요. 아직은 떨어져 있긴 했는데 가까이 있어요. 망상에 아직 시달려서 멀리 떨어져야 해요. 시달리지 않으려면 시간이 필요한 거예요. 그래서 자꾸자꾸 멀어지면, 나중에는 결국 그런 게 전부 다 없는 것과 마찬가지가 됩니다. 생각이 없는 것과 마찬가지가 됩니다. 시간이 어느 정도 필요한데, 일단 한 번 떨어져야 해요. 체험을 하는 겁니다. 이 법을 체험하면 생각의 끈이 떨어졌구나 하는 느낌이 오거든요. 생각에 매여 있던 끈이 잘렸구나… 옛날 선사들이 그런 표현을 했거든요. '얽히고설킨 실타래를 큰 가위를 가지고 단번에 싹둑 자른 것과 같다.' 그런 비유를 했듯이 얽매여 있던 끈이 다 떨어진 것 같은 느낌이 듭니다. 그래서 세상 밖으로 빠져나간 느낌, 세상 속에 살면서도 세상 속에 살지 않고 바깥에 있는 느낌이 처음에는 들곤 해요. 사실 밖으로 나가는 건 아니고, 매여 있던 것이 끊어졌으니까 그런 느낌이 들죠. 계속해서 공부를 하면 차차 멀어져서 나중에는 '원리 전도몽상'이 된단 말이죠.

(법상을 톡톡 두드리며) 이 일 하나. 일단 여기 한 번. 우리 마음이 바로 이겁니다. 이것이 우리 본래 마음이에요. 지금까지 아는 것은 다 본래 마음이 아니고 망상입니다. (법상을 톡톡 두드리며) 본래 마음은 바로 이겁니다. 이것은 아는 게 아니고, 알 수 있는 게 아니고, 그냥 원래 있는 그대로예요. 원래 있는 그대로 이거라고요. 이것. 원래 있는 이것. 누구에게나 원래 있는 그대로입니다. (법상을 톡톡 두드리며) 이것이 우리 본래면목

이고 본래 마음이고 마음의 실상, 진짜 모습입니다. 실상무상이라… 마음의 진짜 모습에는 마음이라는 모습이 없어요. 공이에요. 뭐라고 할 게 아무것도 없어요. 석가모니 부처님이 마하가섭에게 법을 전할 때 '실상무상 열반묘심'이라고 했거든요. '실상무상 열반묘심'을 너에게 전해 준다고 했거든요. 실상무상(實相無相), 본래 마음의 진짜 모습은 모습이 없어요. 그래서 열반묘심(涅槃妙心), 모든 게 사라진 묘한 마음이다, 라고 하는 거예요.

(법상을 톡톡 두드리며) 이 일 하나. 우리 모두에게 이 열반묘심이 있습니다. 바로 지금 이것이거든요. 다 있어요. 누구에게나 이렇게 다 있다고요. 그런데 망상에 물들어서 이것을 모르고 살고 있는 거죠. 《화엄경》〈여래출현품〉에 보면 여래가 정각산에서 깨달음을 이루고 나와서 중생 세계를 보면서 한 첫마디 말이 있잖아요. '참 묘하다. 중생들이 본래 다 깨달음을 다 이루고 있구나. 다만 자기 생각에 속아서 그것을 모르고 있구나.' 그런 얘기를 거기서 하거든요.

이것이 다 있어요. (법상을 톡톡 두드리며) 이것이 다 있습니다. 이 마음이 바로 모든 사람의 본래 마음입니다. 지금까지 알고 있던 '내 마음' 하는 망상 다 잊어버리세요. 망상입니다. (법상을 톡톡 두드리며) 이것이 진짜 마음이에요. (손가락을 흔들며) 이것이 진짜 마음입니다. 어떠한 모습도 없고 '나다, 내 마음이다' 할 게 없는 겁니다. 그런 망상이 여기는 없어요. (법상을 톡톡 두드리며) 이것이 진짜 마음이에요. 지금까지 '나, 나다, 내 마음' 그렇게 알고 있는 것은 다 망상이니까 신경 쓰지 마시고 옆으로 밀쳐 놓으십시오. 잊어버릴 수는 없겠지만 아무 가치가 없어요. 진짜 마음은 그냥 이거예요. (법상을 톡 두드리며) 이것 하나.

여기에 통해서 이것이 밝아져야 합니다. 그러면 여기는 나라고 할 게 없고, 내 마음이라고 할 게 없어요. 항상 이렇게 명백할 뿐이고, 이것은 어떤 무엇이 아니에요. 그래서 '한 물건이라고 말하면 맞지 않습니다'라고 남악 회양선사가 얘기했던 겁니다. 어떤 무엇이라고 하면 망상이기 때문에 안 맞아요.

이것이 진짜 마음입니다. (법상을 톡톡 두드리며) 나머지는 다 망상이에요. 우리가 알고 있는 것은 이것 하나가 유일하게 진짜 마음이고, 평소에 우리가 느끼고 생각하고 알고 있는 건 전부 망상이에요. 그것은 진짜 마음이 아닙니다. 망상입니다. '나는 이런 사람이고 내 성격은 이래' 하는 거 다 망상이에요. 내 성격이라는 게 따로 없습니다. 원래 텅 빈 허공과 같아요. '나는 이런 사람이고 나는 성격이 원래 이렇다.' 다 망상에 물들어서 그런 거예요. 착각을 하고 있는 겁니다. (법상을 톡 두드리며) 진짜 마음은 이겁니다. (법상을 톡톡 두드리며) 이것이 진짜 마음이에요. 아무 뭐가 아닙니다. 그냥 이렇게 밝게 살아 있을 뿐이에요. 아무 뭐가 아닙니다. 항상 밝게 살아 있죠. 이렇게 밝게 살아 있고 깨어 있어요. 이것뿐이에요. 이것뿐. 이것이 진짜 마음이란 말이에요. 이것이 우리의 실상입니다. 진짜는 이것뿐이에요. 어떤 무엇이라는 건 없습니다.

그런 수행 단체도 있어요. '중생의 마음은 더럽고 사악해서 안 좋으니까 고쳐야 한다. 좋은 쪽으로 깨끗하게 만들고 선하게 만들어야 한다.' 그렇게 하는 데도 있어요. 참 망상들이 끝이 없습니다. 본래 마음은 더럽지도 않고 깨끗하지도 않습니다. 악하지도 않고 선하지도 않습니다. 아무 모양이 없어요. 그냥 밝고 분명할 뿐이지, 아무 뭐가 아니고 아무 모양이 없어요.

그러니까 '중생의 더러운 마음을 깨끗하게 만들어야 부처가 된다.' 그런 가르침은 쳐다도 보지 마십시오. 그 사람들은 깨달은 사람이 아니고 그냥 망상하는 사람들이에요. 거울로 치면 텅 빈 거울을 보는 게 아니라, 자꾸 그 위에 나타나 있는 모습을 쳐다보고 있는 사람들이에요. 거기에 깨끗한 게 있고 더러운 게 있고, 선한 게 있고 악한 게 있고, 그런 헛소리를 하는 거죠. 그런 게 아닙니다. 원래 아무 뭐가 아니에요. 원래 아무 일이 없습니다. '본래무일물(本來無一物)'이라고 하잖아요. 원래 한 물건, 어떤 물건이 아니에요. (법상을 톡 두드리며) 이것이 진짜 마음입니다. 이것이 진짜 마음이고, 이것이 진짜 우리의 본래 모습이에요. 어떤 모습도 아니고, 어떤 무엇이 아닙니다. 그런데 밝게 살아 있고 뭐든지 다 해요. 못 하는 게 없습니다. 뭐든지 다 하는데 아무것도 아니에요.

이것이 (법상을 톡톡 두드리며) 우리의 진짜 마음입니다. 이것만이 진짜고 지금까지 우리가 알고 있던 '내가 어떻고 내 마음이 어떻고' 다 망상입니다. 그런 거 쳐다보지 마시고 다 잊어버리세요. 그런 거 다 망상이고, 번뇌만 일으키지 아무 소용이 없습니다. 그래서 진실이 통하면 모든 번뇌가 싹 사라지고 아무 문제 될 게 없습니다. 항상 이렇게 밝게 깨어 있고 아무 문제가 없거든요. 어떤 무엇도 아니기 때문에 (법상을 톡 두드리며) 이것이 진짜 마음입니다. 진짜 마음은 딱 이것 하나뿐이에요. 그 나머지는 전부 망상입니다.

이것이 진짜 마음이에요. (법상을 톡톡 두드리며) 진짜 마음은 이것 하나뿐입니다. 어떤 무엇이 아니에요. 다만 이렇게 밝게 살아 있고, 밝게 깨어 있고, 아무 문제가 없습니다. (법상을 톡 두드리며) 이것이 유일하게 우리의 진심이에요. 진짜 마음입니다. 나머지는 전부 헛된 망상들이에요. (법상을 톡톡 두드리며) 이것이 진짜 마음입니다.

부처님께서 수보리에게 말씀하셨다.
그렇다, 그렇다. 만약 다시 어떤 사람이 이 경을 듣고서 놀라지도 않고 두려워하지도 않고 겁내지도 않는다면, 마땅히 알지니 이 사람은 매우 희귀하다. 무슨 까닭인가? 수보리야, 여래께서 말씀하시기를 제1바라밀은 제1바라밀이 아니고 이름이 제1바라밀이라고 하셨기 때문이다.

부처님께서 수보리에게 말씀하셨다… 말로는 부처가 있고 수보리가 있고, 방편으로 등장인물을 만들어 놓은 것이고, 실제로는 이것이 있는 거죠. 여기서 부처님이니 수보리니 이런 말을 하는 겁니다. 실제로는 이것이 있는 거죠. 이것 하나가. 여기서 그런 말을 만들어서 부처님이 어떻고 수보리가 어떻고 이런 이야기를 만드는 것이고, 실제로는 이것 하나가, 이 일 하나가 있습니다. 그래서 이것이 와닿으면《금강경》은 읽어 볼 필요도 없어요. 다 이것을 말하고 있기 때문에…. 이것이 한 번 와닿으면,《금강경》이고,《반야심경》이고 무슨 경이고 간에 다 이것을 말하거든요. 실제로는 이 일이 하나 있고, 여기서 그런 생각을 하는 겁니다. 생각을 해서 이름을 만들어 내고 말하는 거죠.

그런데 우리는 이 법에는 밝지 않고, 이름이나 생각에는 밝단 말이죠. 오염이 돼서 그래요. 이름이나 생각은 전부 망상인데 거기에 오염이 돼 있어요. 법이 밝아져야 걸림이 없고 이렇게 가볍고 자유로울 텐데, 법은 밝지 않고, 이름이나 생각에 사로잡히고 거기에 매여 못 벗어나게 되니까 번뇌가 되죠. 법이 있는 거예요. 이 일 하나가 있는 겁니다. 이것 하나가. (법상을 톡 두드리며) 《금강경》이 있는 것이 아니고, 부처가 있는 것도 아니고, 수보리가 있는 것도 아니고, 여기서 그런 말을 하는 거예요. 부처가 어떻고, 수보리가 어떻고, 《금강경》이 어떻고… 여기서 그런 말을 하는 거고, 실제로는 이것이 있는 거죠. 이것 하나가.

공부라는 것은 '결국 뭐가 있느냐?' 하는 거예요. 진실로 뭐가 있느냐? 이 세상을 매일매일 살아가는데 실제로 뭐가 있느냐? 모든 건 지나간다고 하잖아요. 지나가는 건 다 허망한 겁니다. 헛거죠. 그런데 지나가지 않는 게 있어요. 오지도 않고 가지도 않고, 생기지도 않고 없어지지도 않는 게 있어요. 그것이 바로 이거예요. (손을 세우며) 이것. 이것 하나만이 유일하게 헛것이 아니에요. 이것이 유일하게 항상 있는 진실입니다. 이것 하나가.

깨달음이란 건 딴 게 아니고, 허망한 일에서 벗어나서 진실이 밝혀지는 것이고, 진실이 밝혀지면 일이 없어요. 아무 일이 없습니다. 진실이 밝혀져 버리면 세상에 아무 일이 없어요. 왜냐하면 진실은 어떤 무엇이 아니기 때문에 어떤 물건도 아니고, 마음도 아니고, 몸도 아니고, 사람도 아니고, 어떤 무엇이 아니에요. 여기에 '마음이다, 도다' 이름 붙이는 건 방편으로 이름을 붙이는 거고, 이것은 사실 어떤 이름도 있을 수가 없어요. 여기에서 이름을 만들어 내는 건데, 이것 자체는 이름이 되질 않죠. 여기서 이름을 생각해 내고, 이름을 만들어 내고, 이름을 부르는데, 이것 자체는 어떤 이름이 될 수가 없습니다.

실제로 이것 하나가 있는 거죠. 이것 하나가. 이것이 항상 작동하고 있습니다. 이것이 항상 살아 있는 거죠. (손가락을 흔들며) 실제로는 이것 하나가 항상 살아 있는 거고, 이것이 살아서 생각도 하고, 말도 하고, 행동도 하고, 온갖 걸 다 하는 겁니다. 그러니까 '일체유심조'라고 말하는 거예요. 이것을 마음이라고 이름 붙이면, 일체는 다 마음이 만들어 내고 있고, 만들어지지 않는 것은 마음 하나입니다. 이것은 만들어지는 게 아니죠. 이것 이외의 모든 건 다 만들어지는 거예요. 만들어진 것은 전부 허망한 거죠. 이것 하나만 유일하게 만들어지는 게 아니에요.

이것은 갓 태어난 아기에게도 있고, 100살 먹은 노인에게도 있고, 남자건 여자건 똑같습니다. 사람에게는 전부 이것 하나가, 이 일 하나가 있는데, 이것이 확실하게 딱 한 번 실감이 오고 드러나 버리면 하루 24시간, 1년 365일, 100년이 똑같아요. 그냥 이것 하나가 있을 뿐이거든요. 여기서 '나는 나이가 몇 살이고, 남자고, 여자고, 이름이 뭐고, 어떤 집안 사람이고' 그런 온갖 생각을 다 만들어 내는 거죠. 나라는 생각부터 여기서 만들어지는 생각이에요.

실제로는 그냥 이 일이 하나가 있을 뿐이고, 이것은 아무것도 아닙니다. 뭐가 아니거든요. 어떤 무엇이 아니라는 말이죠. 어떤 무엇도 아닌 여기서 온갖 걸 다 만들어 내죠. 이름을 붙이고 분별을 하니까, 아무것도 아닌 것에서 모든 게 다 나타나는 겁니다. 그런데 이름이 붙고 모양이 있고 생각이 있는 건 지나가는 일이거든요. 지나가는 건 그 순간에 지나가는 것뿐이지 진실한 게 못 되죠. 오지도 않고 가지도 않는 건 딱 이것 하나예요. 이것 하나. 이 일 하나밖에 없습니다.

(법상을 톡톡 두드리며) 바로 이것만, 이것만 한 번 이렇게 와닿으면 돼요. 이것이 한 번 딱 실감이 되면 된다고요. 이것이 한 번 딱 실감이 되

면 되거든요. 이것을 가리켜드리려는 거지 다른 건 없습니다. 이것이 딱 실감이 되면 이것은 건강할 때도 항상 나타나 있고, 몸이 아파 누워서 꼼짝 못 하고 있을 때도 나타나 있어요. 이것은 항상 나타나 있고 항상 있는 거예요.

이것이 우리의 근원이고 본래면목이고, 여기서 모든 일이 이렇게… 이것이 한 번 실감이 되는 겁니다. 다른 공부는 없어요. 이것이 실감이 되어 버리면 더이상 찾을 게 없고 더이상 의심할 것도 없어요. 왜냐하면 이것이 끝이고 근본이니까요. 여기서 생각이 어떻다, 느낌이 어떻다, 기분이 어떻다, 무엇이 보인다, 들린다… 여기서 다 하거든요. 이것이 근원이고 근본이고, 더이상은 없어요. 다 이렇게 누구한테나 있습니다. 알 수는 없어요. 체험이 되면 이것이 드러나거든요. 생각할 수도 없고 알 수도 없습니다. 우리가 안다고 하는 건 벌써 머리를 굴렸다는 거예요. 머릿속에서 생각을 했다, 그림을 그렸다는 말이거든요. 그것은 살아 있는 게 아니에요. 살아 있는 게 아니고 죽은 거죠.

예를 들어 청양고추를 탁 깨물었어요. 입 안이 화끈하고 다음에 머리가 작동합니다. '아, 이거 매운 고추구나.' 입 안에서 화끈한 게 먼저고, 머리는 두 번째란 말입니다. 머리는 가짜예요. 항상 이것이 첫 번째예요. 그래서 이것을 제1바라밀, 제1의제라고 하는데. 이것이 첫 번째라는 거예요. 첫 번째 진실이라고 하거든요. 그래서 첫 번째 진실, 이것이 밝아지면 여기는 아직 그림이 그려지지 않은 상태이기 때문에 아무것도 없어요. 온갖 그림을 다 그리고 있지만, 여기는 아무것도 없어요. 이것이 (법상을 톡톡 두드리며) 한 번 실감이 탁 되면 이것이 우리 본래면목입니다. 이것 외에는 깨달을 게 없습니다.

그런데 중생이란 생각 속에서 세상을 바라보고 있는 사람이에요. 생각이라는 그림을 그려서 세상을 보고 있어요. 세상을 있는 그대로, 그림 그리기 이전의 세상을 살아가는 게 아니라, 머릿속에서, 생각 속에서, 마음속에서 그림을 그려서 보고 있는 거예요. 그것이 꿈속에서 살고 있다는 겁니다. (법상을 톡톡 두드리며) 이것은 그림이 아직 되기 전이거든요. 이것이 탁 와닿아야 꿈을 깨는 겁니다. 꿈을 깨고 이것이 딱 와닿아서 분명하면, 항상 이렇게 깨어 있을 뿐이고 뭐라고 할 건 없어요. 밝게 깨어 있을 뿐이고 뭐라고 할 건 없거든요. 하여튼 생각 속에 사는 사람이 바로 중생이에요.

부처님께서 수보리에게 말씀하셨다.
그렇다, 그렇다. 만약 다시 어떤 사람이 이 경을 듣고서 놀라지도 않고 두려워하지도 않고 겁내지도 않는다면, 마땅히 알지니 이 사람은 매우 희귀하다.

법을 깨달은 사람이라는 말입니다. 법을 깨달은 사람이 아니라면 모르는 소리니까, 모르는 말이니까 놀라거나 겁을 내겠죠. 우리는 모르는 걸 겁내요.

무슨 까닭인가? 수보리야, 여래께서 말씀하시기를 제1바라밀은 제1바라밀이 아니고 이름이 제1바라밀이라고 하셨기 때문이다.

'부처는 부처가 아니고 이름이 부처다. 법은 법이 아니고 이름이 법이

다. 모든 게 다 그렇다. 도는 도가 아니라 이름이 도다. 시계는 시계가 아니라 이름이 시계다. 하늘은 하늘이 아니라 이름이 하늘이다.' 왜 이런 이야기를 하느냐면 이름이라고 하는 건 분별해서 붙인 겁니다. 이 법이, 이것이 확실해지면 분별이 없으니까 여기는 이름이 없어요. 이름이 없는데 여기서 모든 것을 분별하거든요. 여기서 모든 걸 분별하고 있다고요. 분별되는 것을 분별해서 이름을 붙이고 그렇게 한단 말이죠.

그런데 여기서 그것을 하고 있어요. 이것을 비유적으로 설명하는 게 어느 정도 이해가 될 겁니다. 항상 마음을 거울에 비유하잖아요. 지금 거울이 있는데 시계가 모습이 비쳐 나타났어요. 우리가 시계라고 하거든요. 그런데 사실은 거기 시계가 있습니까? 그냥 텅 빈 거울이에요. 시계는 시계가 아니에요. 텅 빈 거울이 있을 뿐이죠. 그런데 시계의 모습이 나타나 있어요. 그래서 시계라고 하는 겁니다. 그러니까 시계는 시계가 아니라, 시계의 모습을 분별해서 이름을 시계라고 한 거예요. 실제로는 거기에 텅 빈 거울이 있는 거죠. 그러니까 이런 이야기를 하는 거예요.

뭐가 아닌 우리의 본래면목, 마음이 있고, 온 세상이 이 마음에 이렇게 나타나 있어요. 마음이라는 거울에 딱 나타나 있다고요. 모습으로 나타나 있으니까 다 분별해서 이름을 붙여요. 그런데 실제로는 텅 빈 거울 하나, 마음 하나가 있을 뿐이거든요. 여기서 거울이 비추듯이 온갖 모습이 나타나니까, 온갖 세상을 비추어서 모습이 나타나니까 분별해서 이름을 붙이죠. 그런데 이것도 자기가 체험을 해 봐야 해요. 그래야 이런 말을 할 수 있다는 걸 의심 없이 납득하게 되죠. 그러지 않으면 '거울의 비유를 들어 보니 이해는 되지만, 진짜 마음이 그런 건지 모르겠다.' 이렇게 되거든요. 자기가 체험해 보지 않아서 그런 거니까, 체험해 봐야 해요.

제1바라밀이라는 분별을 했는데, 제1바라밀이라는 모습이 아니에요. 이름만 제1바라밀이라고 분별하고 있는 거죠. 앞에서 '범소유상 개시허망' 모든 모습은 다 헛되다. 그다음에 '약견제상비상 즉견여래'라. 만약 모든 모습이 모습이 아님을 보면, 모든 모습을 보는데 모습이 아니면 여래를 보는 것이다. 그게 바로 깨달음이라는 거예요. 다른 깨달음은 없습니다. 그러니까 마음이라는 거울이 자기가 본래 텅 비어 있다는 사실을 모르고 나타나 있는 모습만 따라다니는 게 중생심이고, '원래 텅 비어 있구나' 하는 공을 깨달으면 부처가 되는 거예요.

그렇다고 공을, 텅 비어 있는 거울을 깨달았다고 해서 거울 위에 나타나 있는 모습이 없어지느냐? 그대로 다 있어요. 없어질 수가 없죠. 세상은 그대로 있는데 예전과 달라요. 텅 비어 있는 본질을 깨달았기 때문에…. 예전에는 이것을 모르고 계속 모습만 쫓아다녔죠. 중생과 부처라는 것은 '자기 마음의 본래면목을 깨달았냐 못 깨달았냐?' 거기 있는 거고, 원래 중생의 마음이나 부처의 마음이나 똑같아요. 마음이란 게 다 거울처럼 되어 있거든요. 온 세상을 항상 비추고 있으니까요. 《반야심경》에도 나와 있잖아요. '오온이 전부 공이다.' 공이라는 거울 속에 오온이 항상 나타나 있다는 말이거든요. 물질이 나타나 있고, 느낌이 나타나 있고, 생각이 나타나 있고, 욕망이 나타나 있고, 의식이 나타나 있고, 공이라는 거울 속 위에 다 나타나 있어요.

그런데 공을 모르면 오온만 따라다니게 되는 거죠. 몸이 있구나, 느낌이 있구나, 생각이 있구나, 하면서 그것만 따라다니는 게 중생이에요.

'원리 전도몽상'이라고 했잖아요. 오온이라는 그런 모습이 전도몽상이거든요. 꿈같은 모습에서, 그런 생각에서 멀리 벗어나 버린다… 왜? 공을 깨달았으니까. 이 체험이라고요. 이것을 왜 공이라고 그러냐? 텅 비어서 공이라 하는 게 아니고, 뭘 분별할 게 없으니까 텅 빈 것 같이 느껴지죠. 실제로는 텅 비었다고 말하기도 하지만, 그렇게 생각하면 안 되죠.

마음이라는 것은 거울처럼 아무것도 분별할 게 없으니까 거울이 텅 비어 있다고 하지만, 사실은 항상 모습이 나타나 있잖아요. 그러니까 '텅 빈 게 거울이구나' 이러면 또 맞지 않아요. 텅 빈 거울을 본 분 있습니까? 아무도 못 봤습니다. 왜? 보면 뭐가 있긴 있지, 텅 비어 있지는 않아요. 근데 실제로 텅 비어 있잖아요. 마음도 똑같습니다.

마음도 항상 뭔가가 있는데 텅 비어 있거든요. 항상 온 세상에 나타나 있는데 텅 비어 있어요. 텅 비어 있다는 게 실감이 되어야 해요. 이것은 눈으로 볼 수도 없고, 분별해서 알 수는 없죠. 분별이라는 것은 항상 모습을 분별하기 때문에, 텅 비어 있는 것은 분별이 안 되죠. 분별해서 알 수 있는 게 아니라 한 번 체험을 하고 실감을 해야 합니다. 그래서 깨달음이라는 건 항상 체험이고 실감이지, 뭘 이해하고 아는 게 아닙니다. 텅 빈 걸 어떻게 분별합니까? 분별할 수가 없죠. 거울을 보면 텅 빈 거울은 안 보입니다. 항상 뭔가가 나타나 있어요. 바로 그 이치와 똑같이 텅 빈 마음이라는 건 알 수가 없어요. '이것이 텅 빈 마음이구나' 이렇게 분별되지 않는다는 이 말입니다. 그렇게 분별되는 게 아니라, 그냥 턱 하고 체험되면 이상하게 아무것도 없어요. 그렇게 실감이 돼요. 아무것도 없다는 게 실감이 되거든요

이것은 불가사의하지만, 이치를 얘기할 수도 없고 실감할 뿐이에요.

그냥 체험하는 것뿐이에요. 깨달음이라는 것을 체험할 뿐이지 그것을 설명하고 이해하고 사실 그렇게는 안 됩니다. 실제로 체험해 봐야 하는 거죠. 그래서 항상 이런 얘기를 하는 겁니다.

제1바라밀은 제1바라밀이 아니라 이름이 제1바라밀이다… 앞에도 그런 이야기가 계속 나왔죠. 크다는 것은 크다는 게 아니라 이름이 크다는 것이다, 모든 게 다 그렇다… '크다, 제1바라밀' 다 분별인데 그것은 분별 위에서 나타나는 지나가는 모습이고, 실제로는 어떤 이름을 붙일 만한 분별이 있는 게 아니고 그냥 이 하나가 있을 뿐입니다. 이 한 개의 진실이 항상 있을 뿐입니다. 그래서 이것을 한 번 실감하라고 이것을 계속 가리켜드리는 겁니다. 이것이 견성(見性)이에요. 《육조단경》에서 '견성이 뭡니까?' 물어보니까 육조 선사가 불이법이라고 대답했거든요. 견성이 뭡니까? 불이법이라는 게 뭡니까? 분별 안 된다는 말입니다. 견성이 뭡니까? '견성은 불이법이다'라고 했거든요. '성'을 본다는 말은 곧 분별 안 되는 것을 체험했다는 말입니다. '견성이 뭡니까?' '그것은 불이법이다.' 이렇게 얘기한 겁니다.

이것 하나. 이 일 하나예요. (법상을 톡톡 두드리며) 이 소식이 한 번. 이것이 한 번. 마음은 모든 사람이 다 똑같아요. 똑같은데 한 번 탁 하고 체험해서 실감이 돼야 아는 거죠. 《대승기신론》에도 보면 일심이문(一心二門)이라고 해서, 한 개 마음인데 '생멸문 진여문' 두 개의 문이 있다고 하잖아요. 분별되는 모습들은 계속 생기고 사라지니까 생멸문이라고 하고, 진여문은 모습이 없어요. 분별되는 모습이 없으니까 항상 여여하고 변하지 않습니다. 진여문은 바로 공이고, 생멸문은 오온입니다. 색수상행식. 모든 불교의 이치가 이렇게 딱 맞춰져 있어요. 마음을 깨닫고 보면 원래 마음이라는 게 이런 방편을 쓸 수 있고, 이것이 마음의 본래 모습이거든요. 이 소식에 한 번, 이것이 한 번 체험되면 됩니다.

수보리야, 인욕바라밀을 여래께서는 인욕바라밀이 아니라고 말씀하셨다. 무슨 까닭인가? 수보리야, 내가 옛날 가리왕에게 신체를 절단 당했는데 나는 그때 나라는 생각도 없었고, 사람이라는 생각도 없었고, 중생이라는 생각도 없었고, 목숨이라는 생각도 없었다. 무슨 까닭인가? 옛날 내 신체가 마디마디로 잘릴 때 만약 나에게 나라는 생각, 사람이라는 생각, 중생이라는 생각, 목숨이라는 생각이 있었다면 분명히 분노하고 원망했을 것이다. 수보리야, 또 생각해 보니 과거 오백 세의 인욕 선인이었을 때도 나라는 생각이 없었고, 사람이라는 생각이 없었고, 중생이란 생각이 없었고, 목숨이라는 생각이 없었다.

수보리야, 인욕바라밀을 여래께서는 인욕바라밀이 아니라고 말씀하셨다… 그건 육바라밀, 모든 바라밀이 똑같습니다. 이름이 그렇다는 말이에요. 방편으로 그런 이름을 붙였지, 실제로는 분별할 게 아무것도 없는 거예요. 실제로는 이것이죠. 이것 하나. 여기서 정진바라밀, 지계바라밀, 인욕바라밀, 반야바라밀, 그런 이름을 다 분별해서 붙인 겁니다. 붙였지만 실제는 이것이 있는 거죠. 아무 무엇이 아닌 이것이 있어서, 여기서 그런 이름을 붙이는 겁니다. 그리고 여기는 아무 무엇이 없으니까 여기는 나라고 하는 생각도 없고, 사람이라는 생각도 없고, 중생이라는 생각도 없고, 목숨이라는 생각도 없다는 말이죠. 목숨이라는 생각은 살아 있다, 죽었다, 그런 생각입니다.

그래서 한 번 (법상을 톡톡 두드리며) 여기에 통하는 이 체험. 똑같이 살아 있고 똑같은 사람인데 아무것도 없다고 하는 이 체험을 한 번 해야 이런 말들이 전혀 어려운 말이 아닙니다. 경전은 어려운 말을 해 놓은 게 아니에요. 당연한 말을 해 놓은 거죠.

무슨 까닭인가? 수보리야 내가 옛날에 가리왕에게 신체를 절단당한… 석가모니의 전생 이야기라는 책이 있는데 거기 보면 이런 이야기들이 나와요. 전생에 수행자였는데 사람들한테 명성이 알려지니까, 그 나라의 가리왕이라는 굉장히 포악한 왕이 누가 도를 깨달아서 위대한 성인이 되고 사람들의 칭송을 받는다니까 질투심이 나서 찾아오죠. '당신은 모든 것이 공이라는 사실을 깨달았다는데 사실이냐?' '맞습니다.' '그럼 당신의 팔다리와 몸과 머리도 공이냐?' '맞습니다.' '그러면 칼로 내리쳐도 전혀 상관이 없겠느냐?' '그렇습니다.' '좋다. 그러면 내가 내려치겠다.' 그래서 팔다리도 자르고 목까지 잘랐다는 이야기가 있어요. 이것이 그 이야기입니다.

무슨 까닭인가? 수보리야, 내가 옛날 가리왕에게 신체를 절단당했는데 나는 그때 나라는 생각도 없었고, 사람이라는 생각도 없었고, 중생이라는 생각도 없었고, 목숨이라는 생각도 없었다.

몸이 마디마디 잘렸지만 아무 일이 없었다는 말이죠.

무슨 까닭인가? 옛날 내 신체가 마디마디로 잘릴 때 만약 나에게 나라는 생각, 사람이라는 생각, 중생이라는 생각, 목숨이라는 생각이 있었다면 분명히 분노하고 원망했을 것이다.

그렇죠. '네가 함부로 내 몸을 죽이느냐?' 이건 다 생각이죠. 그 생각 때문에 분노하고 원망했겠죠. 그러니까 우리가 깨달아서 해탈한다, 열반에 들어간다는 것은 모든 생각에서 벗어나 버리고, 생각에서 벗어났기 때문에 마음속에 아무것도 없는 거예요. 공이라는 것은 마음속이 공이라는 말이거든요. 마음이 공이다, 이 말이죠. 몸은 이렇게 있잖아요. 마음이 공이다… 마음이 우리 본질이잖아요. 몸이 있어 봤자 집착의 대상이 안 되는 거죠. 체험을 해 보면 불교가 어떻게 중생을 구제하는지를 알 수 있어요. 불교에서 중생 구제라는 것은 '나다' 하는 생각에서 벗어나게 해 주는 겁니다. 이것이 불교에서 중생 구제거든요. 생각에서, 분별에서 싹 벗어나 버리면 아무 일이 없습니다. 아무것도 없고 번뇌가 있을 수가 없어요.

종교에서 사람을 구원한다고 하는 것은 이런 식으로 망상에서 해탈하게 해 주는 것입니다. 종교 믿는 사람들 중에 오해하는 게, 나라는 생각을 가지고 나의 몸을 가지고 구원받아서 영원히 사는 극락으로 가는 줄 아는데, 전혀 그런 게 아니죠. 세상에 그런 건 없습니다. 그런 게 어디 있어요? 그런 엉터리 같은 생각을 동양이든 서양이든 많이 했어요.

옛날 동양에서 신선도라는 게 바로 그런 거거든요 신선은 장생불사라고 안 죽습니다. 몸을 가지고 사는데 안 죽어요. 옛날 사람들은 그런 신선이 있다고 상상해서, 신선이 되기 위해 수행도 많이 했죠. 그런데 수행하는 걸 보면 말도 안 되는 짓을 하고 있습니다. 신선이 되기 위한 도교의 수행 방법이 기본적으로 세 가지인데 벽곡, 단약, 기공이거든요. 벽곡이라는 것은 곡식을 안 먹는 것입니다. 곡식을 왜 안 먹느냐면, 곡식은 썩잖아요. 곡식을 먹고 만든 몸은 썩으니까 영원히 살 수 없기 때문에 곡식을 안 먹는다는 거예요. 그래서 물만 먹으라고 하는데, 물만 먹으면 살 수 없으니까 단약이라는 걸 만들어 먹습니다. 그런데 단약의 기본적인 성분이 수은과 황이었고, 거기에 금 같은 것도 입혀요. 그런 금속들은 썩지 않잖아요. 그런 걸 먹으면 죽는 줄도 모르고 생각을 그렇게 한 거죠.

그다음 태식법이라는 게 있는데, 태식법이라는 게 뭐냐면 호흡법이에요. 원래 단전호흡이 거기서 나온 거예요. 태식이라는 건 태 안에 들어 있는 아기가 호흡한다는 뜻인데, 엄마 배 속에 있는 아기는 생명력이 왕성하죠. 태아는 공기를 마시는 게 아니라 기를 마신다고 해요. 처음부터 어리석은 짓입니다. 나중에 송나라 때 들어와서 '사람이 육체를 가지고 영원히 살 수는 없구나' 하는 걸 알았죠. 왜? 아무도 그렇게 산 사람이 없으니까요. 그래서 교리를 바꿔요. 육체는 죽고 마음이 영원히 산다고…. 불교 교리를 채용해서 교리를 바꿉니다. 잘은 모르지만, 기독교도 그런 말 하잖아요. 사람이 죽으면 지옥에 갈 사람은 지옥에 떨어지고, 연옥인가 거기서 기다리고 있다가 나중에 최후의 심판 날이 오면 구원을 받아서 다시 태어난다, 영혼이 영원히 산다… 이런 식의 종교들도 있는데 그런 것들이 전부 망상입니다. 진실을 깨닫지 못해서 머릿속에서 상상된 망상들이에요. 실상은, 진실은 뭐냐? 그런 영원한 몸이나 마음을 얻는 게 아니고, 그런 헛된 망상을 벗어나는 게 이것이 진실인 거예요.

그것이 다 망상이거든요. 전부 다 헛된 망상이라고요. 영원한 영생을 얻고 영원한 구원을 얻는다니까, 그것을 얻으면 영원히 살 수 있거나 영원한 행복이 있을 것 같은 무언가를 얻어야 하는 걸로 망상하는 겁니다. 그것이 전부 생각 때문에 일어난 망상이에요.

종교에서 구원이라는 것은 어떤 영원한 진리를 내가 얻는 게 아닙니다. 《금강경》에서 계속 얻을 게 없다고 얘기하잖아요. 얻을 게 없어요. 그러면 뭐냐? 지금 이렇게 하고 있는 망상에서 깨어나는 겁니다. 그러면 아무 문제가 없어요. 원래 삶과 죽음이 문제가 되질 않습니다. 그냥 망상에서 벗어나는 것뿐이에요. 망상에서 벗어나 버리면 모든 문제가 다 사라지고, 삶과 죽음이 더이상 문제가 되질 않아요. 삶과 죽음이 문제가 되니까 자꾸 영원한 삶을 살려고 헛된 애를 쓰는 겁니다.

《금강경》도 앞에서 그런 얘기 했죠. 무상정등각을 얻으려면 어떻게 해야 하냐? 어떻게 그 마음을 항복시키느냐? 그랬잖아요. 마음을 항복시키라고 했어. 왜 항복시킵니까? 망상하는 그 마음을 때려잡으라는 말입니다. 어떻게 항복시키느냐? 하니까 그 답이 딱 나와 있잖아요. 부처님 답이 헤아릴 수 없는 중생을 남김없이 전부 멸도시킨다… 없애 버린다는 말입니다. 육도사생으로 윤회하는 헤아릴 수 없이 많은 중생을 없앤다고 했거든요. 헤아릴 수 없이 많은 중생이라는 게 뭐냐면 망상을 가리키는 거예요. 망상은 헤아릴 수가 없으니까, 헤아릴 수 없는 망상을 멸도시켜라… 다 없애 버리라는 말입니다. 그다음에 뭐라고 했습니까? 헤아릴 수 없이 많은 중생을 다 없앴는데, 없어진 중생이 없다고 나오잖아요. 왜? 그것은 원래 망상이거든요. 원래부터 그것이 헛된 망상이니까, 망상에서 벗어났다고 해서, 깨어났다고 해서 망상이 없어지는 건 아니죠. 생각이 없어지는 건 아니라는 말이에요. 원래 망상이니까요.

거울에 있는 모습만 쳐다보고 있는 게 망상이거든요. 모습만 쳐다보다가 거울이 텅 비었다는 사실을 깨달아서 망상에서 벗어났어요. 그런데 모습이 없어졌습니까? 그대로 있어요. 그러니까 헤아릴 수 없이 많은 중생을 없앴는데 없어진 중생이 없다고 얘기한 거예요. 그래도 못 알아들을까 봐 한 번 더 얘기해 주잖아요. 왜 그러냐? 만약에 보살에게 나라는 생각, 중생이라는 생각, 사람이라는 생각, 이런 게 있으면 그건 보살이 아니니까 그렇다고 딱 얘기해 주거든요. 바로 헤아릴 수 없이 많은 중생이라는 건 바로 생각이다, 이 말입니다. 헤아릴 수 없는 생각, 그게 있으면 보살이 못 된다, 중생이다, 이 말이죠.

불교의 깨달음이라는 것은 망상에서 벗어나는 겁니다. 《반야심경》에도 분명히 나와 있잖아요. '원리전도몽상 구경열반'이라고. 전도몽상, 망상입니다. 뒤집혀 있는 꿈같은 생각으로부터 멀리 벗어나면 '구경열반' 그게 깨달음이라는 거예요. 다른 깨달음은 없어요. (법상을 톡톡 두드리며) 그것을 여기서 한 번 실감하고 체험하는 거거든요. 다른 거 없습니다. 그러면 모든 문제가 싹 다 사라지고, 말 그대로 '도일체고액' 모든 문제에서 완전히 벗어나 버리는 겁니다.

불교의 가르침이 우리 삶의 진실을 깨달은 것이고, 사람을 구제할 수 있는 유일하고 진실한 길이에요. 그러지 않고 죽어서 나중에 가는 극락, 죽은 뒤를 왜 얘기합니까? 살아 있을 때 지금 구원받고 해야지, 죽은 뒤에는 누가 보장해 줍니까? 말도 안 되는 일입니다. 아무 근거도 없는 소리를 하고 있는 거예요. 몸을 가지고 영원히 산다? 그런 사람 없어요. 어리석으니까 온갖 망상을 다 하고 사는 겁니다.

유일한 구원은 지금 망상에서 벗어나는 겁니다. 그러면 실상을 깨닫는 거예요. 그래서 실상을 깨달으라는 말을 항상 하거든요. 망상을 벗어나서 실상을 깨닫는 것입니다. 이 체험을 하면 (법상을 톡톡 두드리며) 망상에서 벗어나고 쉬어집니다. 실상에서는 아무것도 없어요. 텅 비고 깨끗하고 아무것도 없습니다. 구원이라는 건 이렇게 이루어지는 거예요. 대단한 진리가 있어서 그것을 손아귀 속에 넣는 게 아닙니다. 그래서 얻을 게 없다고 항상 얘기하는 거예요. 영화를 보면 항상 얻어야 할 진리가 뭐가 있어요. 그걸 얻으려고 온갖 고생을 다 하잖아요. 전부 망상을 그렇게 말하고 있는 겁니다. 그냥 망상에서 딱 벗어나는 게 진실인데, 이걸 모르니까 그런 상상을 해서, 영원한 생명을 주는 구슬이 산꼭대기 동굴 속에 들어 있는데 그걸 찾으러 가는 이야기들, 그게 전부 중생의 어리석은 망상입니다. 망상을 벗어나는 것만이 깨달음입니다. 그것이 해탈이에요. 다른 거 없습니다.

(법상을 톡톡 두드리며) 여기서 한 번 망상이 쉬어져 버리면 아무 일이 없거든요. 그러니까 진리를 제대로 깨닫고 제대로 말해 주는 종교는 불교입니다. 불교 안에도 헛소리들이 좀 많이 섞여 있으니 잘 가려서 봐야 하는데, 워낙 망상이 습관화되어 있어서 망상을 깔끔하게 제대로 벗어나기가 쉽지는 않아요. 그렇지만 해탈을 얻고 깨달음을 얻어서 모든 문제에서 벗어나려면, '원리전도몽상'이라고 헛된 생각, 망상에서 확실하게 한 번 벗어나는 체험을 해 봐야 합니다. (법상을 톡톡 두드리며) 바로 이것이 깨달음의 체험이에요. (법상을 톡 두드리며) 문득 여기서 체험이 탁 되면 아무것도 없고 아무 일도 없습니다. 마음이라고 하는, 진여자성이라

고 하는 물건을 얻었느냐? 아니에요. 그냥 망상에서 벗어났을 뿐이에요. 얻은 것은 없습니다. 《금강경》에서 계속 얘기하잖아요. 얻을 건 없다, 얻을 건 없다. 얻을 건 없습니다. 그런데 망상하는 사람은 꼭 뭘 얻으려고 해요. 그것이 망상이에요. 얻을 건 없어요. 그냥 망상에서 벗어나는 체험입니다.

사실 진리라는 게 너무나 단순하고 명백한 건데, 진리를 보는 눈이 없으니까 자꾸 엉뚱한 데를 쳐다보고 뭔가 특별하고 대단해 보이는 것에만 관심을 가지게 되죠. 영화니 소설이니 인기 있는 것들을 보면 망상을 끝없이 부리고 있는 게 인기가 있어요. 중생들은 망상밖에 모르니까 당연한 거죠. 온갖 고생을 해서 뭔가 특별한 능력을 갖춘다든지. 이런 식으로. 능력을 갖추는 게 아닙니다. 무슨 특별한 능력을 갖추는 게 아니에요. 그런 게 아니고 그냥 망상에서 벗어나는 겁니다. 원래 나라고 할 게 없어요. 내가 없는데 좋고 나쁠 게 뭐가 있고, 삶과 죽음이 무슨 문제가 됩니까? 나라고 하는 생각도 없어요. 생각 중에서 나라고 하는 생각이 제일 1번이거든요. 제일 끈질긴 생각이고, 그게 없는데 다른 게 있을 수가 없죠. (법상을 톡톡 두드리며) 이 일 하나.

옛날 선사가 그런 얘기 했잖아요. '어리석은 사람들은 바깥에 있는 경계를 없애려고 한다. 그런데 지혜로운 사람은 자기를 없앤다.' 그게 무슨 말입니까? 어리석은 사람은 자꾸 분별되는 다른 걸 대상으로 삼는데, 지혜로운 사람은 자기 자신의 망상에서 벗어난다는 말입니다. 망상에서 벗어나 버리면 아무것도 없어요. 문제 될 게 아무것도 없는 거죠. 다른 종교도 이런 얘기를 부분적으로 담고 있긴 해요. 그런데 본질적으로 진실만 딱 얘기해 주는 종교는 불교밖에 없어요. 불교는 헛소리를 거의 안 하죠. 그런데 다른 종교는 온갖 잡다한 헛소리를 하면서, 전혀 없는 건 아니고 그 사이사이에 이런 얘기들이 끼어 있어요. 그러니까 불교가 종교 중에서 가장 세련되어 있습니다.

얼마 전에 어떤 신부님이 특별히 면담하자고 해서 약속해서 만났어요. 저하고 연배가 비슷한 60대 중반인데, 20대에 신부가 됐으니까 한 40년 이상 했죠. 서울에 계시고 자기 정보에 관해서는 일절 얘기를 안 하더라고요. 옷도 그냥 사복 입고 오고. 그런데 그 양반이 왜 찾아왔느냐면, 자기가 20대에 신부가 될 때는 구원을 받기 위해서 된 거죠. 그런데 막상 안에 들어가서 신학대학 나오고 성당에 가서 일하니까, 구원과는 전혀 관계없는 거예요. 그렇게 한 20년을 살고 40대가 되니까 '이게 아닌데. 내가 이러려고 신부가 됐나?' 하는 생각이 들더래요. 그때부터 마음공부 쪽으로 관심을 가지고 계속 찾았다고 해요.

그런데 50대쯤 되었을 때 어느 수녀원에서 피정을 하는 동안 어떤 체험을 했나 봐요. 체험을 하니까 '아, 이거구나. 이렇게 되는 거구나' 하고 감이 좀 온 거예요. 그 속에서는 전혀 배우지 못했던 건데, 성서라든지 과거에 수도원 신부들이 쓴 글 중에는 이런 내용이 꽤 있다고 하더라고요. 그때부터 불교 책도 조금씩 보고, 자기 마음에 확 와닿게끔 말하는 사람이 잘 없었는데, 우연히 유튜브에서 이것저것 듣다가 우리 법문을 들었어요. 자기가 정말 듣고 싶은 얘기를 해 주니까, 몇 개월 듣다가 '안 되겠다, 한번 찾아가 봐야겠다' 해서 왔더라고요. '아, 불교만 한 종교가 없습니다.' 그렇게 얘기하더라고요. 기독교에서는 이런 얘기를 안 하는 건 아니지만 제대로 안 한다는 거예요. 자기가 그 안에서는 이런 얘기를 할 사람이 아무도 없대요. 나도 그 사람에 관해서 아무것도 안 물어봤습니다.

한 번 찾아와서 몇 시간 동안 이야기하고 갔는데, 불교만 한 종교가 없어요. 진짜 제대로 공부를 한다면 결국 이것밖에 없습니다. 안 그러면 전부 제도, 행사, 관념적인 것에 매여서 그렇게 하고 있는 거예요. 그래서야 뭐가 되겠습니까? 불교 중에서도 선(禪), 망상에서 벗어나는 체험, 이것을 해 봐야 진짜 종교가 뭔지를 알 수가 있습니다. 진짜가 이거구나, 하는 걸 알 수가 있죠. 이것입니다. 이것뿐이에요. (법상을 톡톡 두드리며) 이것을 한 번 체험해 봐야 해요. 이것을 체험해 봐야 저절로 번뇌망상에서 벗어나니까요.

만약 나에게 나라는 생각, 사람이라는 생각, 중생이라는 생각, 목숨이라는 생각이… 네 가지를 얘기할 것도 없어요. 하나의 생각만 있어도 전부 생각 세계입니다. 체험을 해 보면 알 수 있어요. 생각하는 분별의 세계와 분별에서 벗어나는 세계가 전혀 섞여 있지 않습니다. 하나이긴 한데 완전히 별개예요. 분별이 없으면 전혀 분별이 없는 것이고 분별을 하면 모든 게 다 분별입니다.

이것을 체험하면 무슨 말인지를 알아들을 수 있어요. 그러지 않으면 몇 %는 분별이고 몇 %는 분별이 아니라고 여길 수 있거든요. 전혀 그렇지 않습니다. 분별 없는 곳에는 단 1%의 분별도 없어요. 완전히 분별이 없는 것이고, 분별하는 세계에서는 100% 다 분별밖에 없습니다. 그런데 두 개의 세계가 아니라 그냥 한 개 마음이에요. 이것이 한 개의 마음인데 참 묘법입니다.

거울의 비유가 딱 맞습니다. 거울 보세요. 거울 위에 있는 모습을 쳐다보면 전부 모습밖에 없어요. 그런데 텅 빈 거울을 보면 거기는 아무것도 없단 말이에요. 딱 그거와 같아요. 그런데 그게 하나예요. 따로 떨어져 있질 않아요.

사람들이 어떻게 생각하느냐면, 견성을 해서 모든 망상에서 벗어나면 거기에서 어떤 법의 힘을 얻고, 다시 분별의 세계에서 그런 힘을 발휘해서 세상을 바꾼다든지 어떤 신통한 능력을 드러내지 않을까 생각하거든요. 그게 아니라는 말이에요. 견성을 하면 분별 없는 세계는 아무 분별이 없으니까 좋고 나쁠 게 전혀 없는 것이고, 분별하는 세계는 전부 분별의 세계뿐이기 때문에 견성했다고 해서 분별의 세계를 어떻게 뜯어고치거나 할 수는 없어요. 그런 착각을 하면 안 된다는 겁니다.

사람들이 그렇게 생각하거든요. 법을 깨달아서 내가 법의 힘을 가지고 다른 사람을 도와준다든지 세상을 아름답게 한다든지, 그렇게 할 수 있지 않을까, 망상을 하거든요. 전혀 그렇지 않고 그렇게 되는 게 아닙니다. 출세간은 아무것도 없고, 좋고 나쁨이 없으니까 돕고 말고 할 것도 없어요. 그냥 여기는 아무것도 없어요. 분별 세계는 인과법에 따라서 흘러가는 거예요.

체험을 해야 이런 안목도 제대로 섭니다. 그러지 않으면 사람들이 대부분 그렇게 망상을 해요. 깨달은 사람은 남다른 능력이나 힘이 있어서 법의 힘을 가지고 뭔가 기적 같은 일을 행하지 않을까, 이런 망상을 한다고요. 전혀 그렇지 않습니다. 깨달은 사람은 그냥 망상을 벗어나서 항상 아무 일이 없죠. 아무 일 없는 곳에서는 너도 없고 나도 없고, 좋은 것도 없고 나쁜 것도 없어요. 할 수 있는 일이 없습니다. 그냥 아무것도 없어요. 나머지 분별되는 세계는 원래 분별되는 세계 그대로일 뿐이에요. 분별되는 세계의 인과법에 따라서 움직이는 거죠. 거기에 따라서 대처해야 하는 겁니다. 오해하면 안 됩니다. 신통이라는 말을 많이 오해하거든요. 견성을 했으면 신통력이 생겨서 병도 낫게 하고, 과거 전생도 보고 미래도 보아서 세상의 액운도 막아 주고, 이런 식으로 생각하거든요. 전혀 그런 게 아닙니다. 분별 세계는 분별 세계대로 움직이는 것이고, 법은 법대로 변함이 없는 겁니다. 그것은 경전에도 분명히 그렇게 나와 있습니다.

《열반경》에 석가모니가 설사병이 걸려 돌아가실 때, '부처님은 깨달아 법을 가지고 계신데 병 하나 못 이겨 내고 왜 돌아가십니까?' 이런 것을 정해진 법, 말하자면 인과법의 세계라고 하는데, 인과법의 세계에서 정해진 업은 부처도 피하지 못한다는 이야기가 분명히 나와요. 그것은 아무도 피할 수 있는 게 아닙니다. 인과법의 세계는 인과의 원리에 따라서 움직이는 것이고, 그러면서도 부처는 공을 깨달았기 때문에 삶도 없고 죽음도 없어요. 삶과 죽음이 흘러가는데 삶도 없고 죽음도 없는 거예요. 항상 아무 일이 없어요.

그런데 겉으로는 생로병사로 흘러가고 있는 거예요. 법을 깨달은 사람은 중풍도 안 걸리고, 치매도 안 걸리고, 병도 안 걸리고, 감기도 안 걸린다는 말을 하는 사람들이 있거든요. 망상입니다. 그것은 육체에서 일어나는 현상이니까 누구나 다 일어날 수 있습니다. 그런 게 안 일어난다는 건 아니에요. 정신적인 문제는 없죠. 육체적인 문제는 일어난다는 말입니다. 정신병이라든지 정신적인 문제는 없죠. 왜? 항상 깨어 있으니까 정신적으로는 항상 굉장히 건강한 상태이기 때문에 정신적인 문제는 없어요. 육체적으로 생로병사 같은 것들은 당연히 누구한테나 있는 거죠. 그런 오해를 하시면 안 된다는 겁니다. 그런 것도 안목인데 자기가 이것을 체험해 보면 알 수가 있어요.

수보리야, 또 생각해 보니 과거 오백 세의 인욕 선인이었을 때도 나라는 생각이 없었고, 사람이라는 생각이 없었고, 중생이란 생각이 없었고, 목숨이라는 생각이 없었다.

그러니까 인욕 선인이 되죠. 온갖 욕된 일을 당해도 항상 담담했다, 아무 욕된 게 없었다, 이 말이죠. (법상을 톡톡 두드리며) 하여튼 이 법입니다. 이 법 하나. 여기에 통해서 한번 체험을 해 봐야 해요. 아무것도 없습니다. 그래야 이런 법을 바르게 볼 수 있는 안목이 생겨요. 그것이 반야바라밀이라는 지혜입니다. (법상을 톡톡 두드리며) 이 일 하나. 이거거든요. 여기 한 번. 이 소식이 한 번 와야 합니다.

이 까닭에 수보리야, 보살은 마땅히 모든 생각을 떠나 위없이 바르고 평등한 깨달음의 마음을 내야 한다. 색깔에 머물러 마음을 내서도 안 되고, 소리, 냄새, 맛, 촉감, 법에 머물러 마음을 내서도 안 된다. 마땅히 머묾 없는 마음을 내야 한다. 만약 마음에 머묾이 있더라도 머무는 것이 아니다. 이 까닭에 부처님께서 말씀하시길 보살의 마음은 색깔에 머물지 않고 베푼다고 하셨다. 수보리야, 보살이 모든 중생을 이롭게 하는 것은 마땅히 이렇게 베푸는 것이다.

이 까닭에 수보리야, 보살은 마땅히 모든 생각을 떠나 위없는 바르고 평등한 깨달음의 마음을 내야 한다… 이것을 일러 위없는 바르고 평등한 깨달음이라고 이름을 붙여요. 그런데 이것은 생각할 수 있는 건 아니거든요. 이것은 생각할 수 있는 건 아니에요. 그냥 바로 이것입니다. 무슨 말을 붙일 수도 없고 생각을 붙일 수가 없어요. 그냥 이거예요. 그냥 이것입니다. 어떤 말이나 생각이 붙어 버리면 맞지 않습니다.

"그냥 바로 이것입니다" 이러면 저절로 통해서 지혜가 생기고 이렇게 해야지, 어떤 것이다 하면 안 됩니다. 이것이 어떤 것이냐? 어떤 거라고 말할 수가 없어요. "이것입니다" 이러면 바로 이렇게, 바로 여기에 통해서, 있는 것도 아니고 없는 것도 아니고, 공도 아니고 색도 아니고, 마음도 아니고 사물도 아니고, 어떤 이름을 붙일 수가 없이, "그냥 이것입니다" 하면 즉시 아무 일이 없어야 합니다. "이것입니다" 여기서 즉시 아무 일이 없어야 하죠. "이것이 공이구나, 이것이 마음이구나" 이래 버리면 망상이 됩니다. 생각으로 판단하면 다 망상이에요. "이것입니다" 그러면 그냥 여기 통해 버려서 즉시 뭐가 어떻다는 생각 없이 아무 일도 없고, 아무것도 걸림 없이 가볍고, 그냥 이것뿐이거든요. 이것뿐. 그러니까 여기에 대해서는 이름을 붙이고 견해가 생기면 안 맞아요.

**보살은 마땅히 모든 생각을 떠나**

모든 생각, 어떤 생각도 여기는 해당이 안 됩니다. 이 일이 하나 있습니다. 바로 지금 이거예요. 누구에게나 이것이 있는데 '아, 이거구나' 이렇게 하면 생각이 됩니다. 그러면 안 되죠. '이겁니다' 하는 건 제가 방편으로 하는 것이고, 실제 이 말을 듣고 딱 자기가 체험을 하고 깨친다면 아무 생각이 없죠. 뭔지도 모르고 아무 생각도 없고, 그런데 뭔지 모르지만 가볍고 어디에 걸리는 게 없는 것 같고 편해요. 하여튼 사람이 이전과 달라져 버리거든요. 뭔가 좀 살 수 있을 것 같고, 숨이 꽉 막혀 있다가 숨을 쉴 수 있을 것 같고, 뭔가 '이제 살았구나' 하는 안도감 이런 것도 있고… 여기에 탁 통하면 그렇게 되거든요. 이 말들도 다 방편이고, 어쨌든 진실은 이것 하나입니다. 이것 하나뿐이에요. 그냥 이것뿐이에요. 이것뿐. 여기서 자기가 한 번 탁 하고 감이 오면, 잠을 깨듯이 감이 생기거든요. 잠을 깨듯이 감이 생겨요.

감이 생기면 깨어 있는 사람이 될 수 있고, 깨어 있는 사람이 되면 모든 경우에 항상 이 자리에 깨어 있어서 사물을 따라가지 않을 수 있죠. 생각을 안 따라가고, 기분, 느낌, 감정, 눈에 보이고 귀에 들리는 것에 안 따라갈 수 있어요. 안 따라가고 항상 이 자리에 있고, 항상 이것이 밝게 드러나 있어요. 마치 하늘에 해가 떠서 햇빛이 늘 산과 들에 환하게 비치고 있듯이 법이라는 게 항상 이런 거예요. 항상 환하게 드러나 있어요. 드러나 있는데 어떤 색깔도 아니에요. 색깔도 아니고 모양도 아니지만, 이렇게 환히 드러나 있습니다.

그래서 밝다고 말할 수 있는데, 무슨 색깔이냐, 무슨 모양이냐, 그렇게 말할 수는 없어요. 밝게 살아 있고 깨어 있다, 이렇게 말할 수는 있죠. 이 법 하나입니다. 항상 드러나 있는 이놈이 실감되고, 한 번 탁 하고 체험되어 버리면, 온 천지에 똑같이, 온 우주에 평등하게 다 갖추어져 있는 것입니다. 그러니까 '나다, 내 것이다' 이런 생각은 없습니다. 안팎이 없어요. 이만큼이다, 이런 것은 없단 말이죠. '내 마음'이라는 것은 망상입니다. '내 마음이다' 하는 건 망상이에요. 마음이라는 건 내 마음이 있고 네 마음이 있고 이렇지 않습니다. 마음이라는 게 허공과 같다고 했잖아요. 이 우주에 내 허공이 있고 네 허공이 있고 그렇지 않거든요. 똑같은 한 개 허공입니다. 그런 것처럼 여기 법에 탁 통해서 밝아지면 어디나 다 똑같아요.

해가 뜨면 어딜 가든지 햇빛 때문에 다 밝아요. 대낮에 어딜 가든지 햇빛으로 밝아 있으니 그런 것처럼, 이것이 탁 하고 와닿으면 어딜 가든지 항상 이 일이 있고 항상 이 자리에 있습니다. 또 다른 일은 없어요. 항상 이 자리고 항상 이 일이고, (손가락을 흔들며) 이것 하나가 깨어 있는 겁니다. 이것 하나가 밝게 드러나 있고 깨어 있는 거고, 나머지 모습들은 그 순간에 지나가는 일이죠. 어떤 느낌이나 보고 듣는 거나 생각하는 건 순간순간 스쳐 가는 거죠. 오지도 않고 가지도 않는 것은 딱 이것 하나뿐입니다. 이것 하나뿐. 이것은 오지도 않고 가지도 않고 항상 늘 이렇게 있는 거죠. 이것이 한 번 체험되도록, 실감되도록 (법상을 톡톡 두드리며) '이겁니다' (법상을 톡톡 두드리며) '이것이다, 이것이다' (손가락을 세우며) 계속 이것을 가리켜드리는 거예요.

(법상을 톡 두드리며) 이 자리에 있으면 깨어 있는 사람이고, 깨어 있는 사람에게는 과거, 현재, 미래가 없고 뭐라고 할 게 아무것도 없어요. 그냥 이렇게 밝을 뿐이죠. 그런데 깨어 있지 못하면 항상 생각 속에 있어요. '뭐가 어떻게 되는 거지?' 하고 생각하거나, 어떤 기분이나 느낌에 푹 빠져 있거나, 눈에 보이는 걸 따라서 그걸 쳐다보고 있죠. 중생이 자기를 잃어버리고 사물을 따라간다는 게 딱 그거거든요. 늘 변함없이 이것이 밝게 드러나 있는데, 이것은 모르고 자꾸 엉뚱한 걸 쳐다보고 있는

겁니다. 실제로는 이 일 하나가 있고, 이것이 늘 드러나 있고, 늘 있는 일은 다만 이 한 개일 뿐입니다. (법상을 톡톡 두드리며) 그래서 이것이 실감이 되면, 와닿으면 (법상을 톡톡 두드리며) 이것을 마음이라 하고 (법상을 톡 두드리며) 도(道)라 하고 (법상을 톡 두드리며) 선이라 하고 (법상을 톡 두드리며) 부처라고 하는 거예요. 온갖 이름이 단지 이것 한 개를 가리키고 있는 겁니다. 여래, 세존, 석가모니, 고타마 싯다르타… 온갖 이름이 다만 이것을 가리키려고 하는 말이지, 말은 아무 의미가 없어요. '고타마 싯다르타'를 2,500년 전에 왕자로 태어난 사람이라고 하면, 2,500년 전에 죽어서 지금은 뼈도 어디 갔는지 없는 사람을 뭐 하러 생각합니까? 그것을 가리키는 게 아니라는 말이에요. '고타마 싯다르타' 하면 이것을 가리키는 거예요. 이것은 생기지도 않고 없어지지도 않고 영원한 겁니다. 영생이란 말을 하잖아요. 이것이 영생이에요. 영원히 살아 있는 건 딱 이것 하나거든요. 기독교에서 영생을 얻는다는 건 바로 이것을 깨닫는 걸 가리키는 겁니다. 이것은 영원히 살아 있고 변하지 않거든요

이 일 하나. (법상을 톡톡 두드리며) 바로 지금 이 일 하나. 이것은 몸도 아니고 마음도 아니에요. 뭐라고 이름을 붙이면 맞지 않습니다. 마음이라고 하는 건 방편으로 붙이는 이름이고, 진실은 이것 하나가 있을 뿐이에요. 이 자리에 있고 이 자리에 통해 버리면 아무 일이 없습니다. 보고 듣고 느끼고 생각하고 말하고 행동하고, 세상 그대로 똑같이 있는데도 아무것도 없거든요. 아무 일도 없고, 걸리는 게 없고, 자기도 없고, 남도 없고, 사람도 없고, 세상도 없어요. 그냥 이것만 이렇게 밝아 있을 뿐이죠. 이것 하나가 밝게 늘 드러나 있을 뿐이죠. 바로 지금 이것이거든요. 바로 이것. (법상을 톡 두드리며) 생각으로 의식으로 하면 안 되고, 한 번 여

기에 통하는 때가 있습니다.

**위없이 바르고 평등한 깨달음의 마음을 내야 한다.**

깨달음을 '위가 더이상 없다, 바르고 평등하다' 이런 수식어를 쓰는데, 더이상 없다는 게, 이것이 와닿고 명백하게 밝혀지면 이것이 근본입니다. 밑바탕이에요. 더이상은 없어요. 왜냐? 무슨 일이 있으면 바로 이것이 있는 거거든요. 무슨 일이 있으면 바로 이것이 있는 거예요. 이것 이상 파 볼 게 없습니다. 그러니까 더이상 없다고 해서 '위없다' 하는 것이고, 이것이 바른 깨달음이고 바른 법이니까 '바르다' 하는 것이고, 언제 어디든 똑같으니까 이것은 '평등하다'고 하는 거예요. 그래서 아뇩다라삼먁삼보리를 무상정등각, 위없는 바르고 평등한 깨달음이라고 번역하죠. 이것을 가리키는 이름이에요. 이름에는 신경 쓸 필요가 없고, 이것이 자기 자신에게 얼마나 확실하고 분명하냐, 이 문제일 뿐이에요. 이것이 분명하고 확실하면 헤매는 일이 없고 아무 일이 없는 거고, 이것이 확실하지 못하고 분명하지 못하면 무언가를 추구하고 찾게 되고 뭔가를 붙잡게 되고 가지고 있게 됩니다.

'이것이 법이구나' 이런 식이면 그것은 아니에요. 여기에 딱 통하고 이것이 분명하면 아무것도 가지고 있는 게 없습니다. '이것이 법이구나' 하고 법이라는 이름을 붙일 만한 뭐가 없어요. 언제든지 이것이 살아 있고, 이것이 항상 정상적으로 작동하고 있을 뿐이고, 나머지 일은 없어요. 바로 이것입니다. 이것입니다. (법상을 톡톡 두드리며) 이것을 가리켜드리는 겁니다. 여기만 한 번 통하면 다 깨달았어요. 그다음부터는 자기 살림살이니까 남 얘기 따라 할 필요는 없고, 자기 살림살이를 잘 키워야 하는 거죠. 누구한테나 이 일 하나가 있을 뿐입니다. 이 법 하나, 이것 하나가 있어서 무슨 일이 있으면 바로 이것이 있는 거예요. 그런 일이 있는 게 아니라 이것이 있는 거라고요. 이것이 있는 겁니다. 이것이 어디든지 있는 일이고, 모든 일의 근본 바탕입니다. 그렇게 말할 수가 있죠. 바로 지금 이것입니다. 누구한테나 이 일 하나가 있는 거예요. 이것 하나가.

**색깔에 머물러 마음을 내서도 안 되고**

색깔, 소리, 냄새, 맛, 촉감, 의식, 이런 것에 머물러 마음을 내서도 안 된다… 무언가에 머물러 마음을 낸다는 것은 거기에 지금 의지하고 있고, 거기에 물들어 있고, 거기에 사로잡혀 있다는 거잖아요. 그러면 자기 본래면목이 드러나지 못해요. 어딘가에 머물러 마음을 낸다는 말을 하는데, '견물생심'이라는 말도 있잖아요. 사물을 보면 마음이 나온다, 마음이 나타난다는 말이에요. 그것이 자연스러운 건데, 그런 경우에 그 사물에 내가 매여 있느냐 물들어 있느냐, 아니면 항상 이것이 깨어 있느냐, 이 문제가 있는 겁니다. 깨어 있으면 마음이라 할 게 따로 없고, 그냥 이것 하나가 있습니다. 이 일 하나가. 뭘 보고 '저게 빨간색이구나, 파란색이구나, 저게 하늘이구나, 구름이구나' 하는 것은 자동 반응이고 신경 쓸 필요가 없는 것입니다. 그런데 자동 반응을 할 때도 실제로 있는 것은 이것 하나가 있는 겁니다. 뭘 보고 '무엇이구나' 하는 건 그 순간에 지나가는 생각들이죠. 그 순간 지나가는 생각들이고, 실제로 있는 것은 이것 하나가 있을 뿐이죠. 이 일 하나가 있어요.

그래서 이 법을 깨닫게 되면 항상 똑같은 일이 있어요. 하루 24시간 항상 똑같은 일이 있고, 똑같은 밝음이 있고, 헤맬 게 없습니다. 아무것도 문제 될 게 없고 특별한 게 없습니다. 하루 24시간, 365일이 똑같거든요. 이 일 하나가 있어요. 근본은 변함없이 이것 하나고, 나머지 일들은 온갖 일이 생기고 사라지고, 생기고 사라지고 하는 거죠. 근본인 이것은 생기지도 않고 사라지지도 않고, 이것 하나가 있을 뿐이죠. 그래서 이것입니다. 생기고 사라지는 모습은 분별하니까 그것은 누구든지 다 알고 있어요. 그게 아니고 분별할 수 없고, 모습도 아니고, 생길 수도 없고 사라질 수도 없는 이것 하나입니다. 이것 하나만 가리켜드리는 겁니다. 법은 이것 하나밖에 없어요. 두 번째, 세 번째, 여러 가지가 있지 않습니다. 이것 딱 하나입니다. (법상을 톡톡 두드리며) 여기 통해서 이것이 밝아지는 것, 그냥 이것밖에 없습니다. 불법은 하나뿐이다… 이런 말은 경전에서 항상 하는 말이죠. 여러 가지 법이 있지 않고 두 번째, 세 번째가 없습니다.

색깔에 머물러 마음을 내서도 안 되고, 소리, 냄새, 맛, 촉감, 법에 머물러 마음을 내서도 안 된다.

이 말을 오해하면 안 됩니다. 어떤 색깔도 내가 가만히 쳐다보고 있지 말고 다른 색깔로 계속 옮겨 가야 하나 보다… 머물지 말라 하니까 그렇게 오해하면 안 돼요. 절대 그런 뜻이 아닙니다. 말 따라서 이해하면 안 됩니다. 소리에 머물러 마음을 내지 말라니까 어떤 소리도 가만히 들고 있지 말고 계속 새로운 소리를 들어야 하나 보다… 그런 뜻이 아니거든요. 여기 한 번 체험을 하게 되면, 머물 만한 마음도 없고 머물 대상도 없어요. 모든 것이 저절로 나타나고 사라지는데, 물들 게 아무것도 없습니다. 아무 일이 없어요. 이것이 바로 머물지 말고 그 마음을 낸다는 겁니다. 자동으로 돼요. 일부러 그렇게 할 필요가 없습니다.

법이 여법해진다는 것은 항상 무위입니다. 일부러 하는 것 없이 저절로 되는 겁니다. 여법하다고 해서 어떤 여법함의 기준이 있고 거기에 맞추게 되면 여법함인 게 아니에요. 그것은 조작이고 가짜입니다. 절대 그렇게 하면 안 됩니다. 절대로 그렇게 하면 안 돼요. 저절로 됩니다. 체험이 되느냐 안 되느냐, 그것이 문제거든요. 체험이 되어 버리면 조작하고 망상하는 마음이 쉬어져 버리거든요. 그러면 저절로 돼요. 유식학에서는 자꾸 분별하고 조작하려는 의식을 '제7식'이라고 했거든요. '말라식'이라고 해요 말라식은 인도 말이고 번역하면 분별식입니다. 제7식이라는 놈이 자꾸 분별해서 왜곡하려고 하는 겁니다. 6식까지는 문제 될 게 없어요. 눈으로 보고 색깔을 보고 귀로 소리를 듣는 게 뭐가 문제입니까? 코로 냄새 맡고, 입으로 맛을 보고, 몸으로 느끼고, 머리로 생각하는 건 문제가 아닙니다. 문제는 그것을 가지고 제7식이라는 놈이 자꾸 분별해서 '아, 이건 이렇고 저건 저렇고' 상을 만들거든요. 모습을 만들고 그림을 그린단 말이죠. 그것이 문제거든요.

그런데 체험을 하면 제7식이 소멸해 버려요. 제7식에서 벗어나 버리는 겁니다. 왜? 봐도 분별을, 상을, 그림을 안 그리니까 매여 있지 않습니다. 그래서 봐도 보는 게 아니고, 들어도 듣는 게 아니고, 느껴도 느끼는 게 아니고, 생각해도 생각하는 게 아니다, 이런 말을 할 수 있습니다.

아무 뭐라 할 게 없기 때문에 이것이 바로 머묾 없이 그 마음을 낸다는 겁니다. 이렇게 자동으로 되는 거예요. 저절로 돼야 합니다. 반드시 무위법입니다. 저절로 돼야 진실한 것이고, 일부러 하는 것은 결코 진실해질 수 없습니다. 그것은 자기가 제7식을 가지고 조작하는 거거든요.

**마땅히 머묾 없는 마음을 내야 한다.**

앞에서도 한 번 나온 말이죠. 이게 유명한 말이죠. 《금강경》은 무상정등각과 아뇩다라삼먁삼보리… '아뇩다라'라고 읽는 건 잘못 읽은 겁니다. '아누다라'입니다. 아누다라삼먁삼보리, 번역하면 '위없는 평등하고 바른 깨달음'이라는 뜻이거든요. 그걸 얻으려면 그 마음을 어떻게 항복시키고 그 마음을 어떻게 머물러야 합니까? 수보리가 질문했거든요. 그것이 《금강경》의 주제입니다. 《금강경》은 그 두 가지 주제를 얘기하고 있는 거죠.

무상정등각이니까 궁극의 깨달음, 최고의 깨달음이죠. 깨달음이 여러 가지가 있는 건 아니고, '무상정등, 위없는 바르고 평등한'은 수식어고, 그냥 깨달음입니다. 깨달음을 얻는다는 것은 그 마음을 항복시키는 것이고, 어딘가에 마음이 머물러 사로잡혀 있지 않다는 말입니다. 그것을 《금강경》에서 이야기하고 있는 거죠. 수보리의 질문이 딱 두 가지예요. '위없는 바르고 평등한 깨달음을 얻으려면 그 마음을 어떻게 항복시켜야 합니까?' 그리고 '어떻게 머물러야 합니까?' 그 두 가지거든요. '그 마음을 어떻게 항복시켜야 합니까?'에 대한 부처님의 답은 앞에서 두 번이나 나왔잖아요. 헤아릴 수 없이 많은 중생을 남김없이 싹 무여열반(無

餘涅槃)에 들게 해서 이멸도지(而滅度之)한다… 무여열반이라는 게 바로 멸도(滅度)입니다. 남김 없는 멸도거든요. '이멸도지'는 말을 강조하기 위해서 반복한 거예요. 다 없앤다는 뜻이거든요. 다 사라지게 한다…

그 말은 사실 약간 비밀스럽게 한 말인데, 직설적으로 말하면 '모든 생각을 벗어나라'는 거죠. 헤아릴 수 없이 많은 중생… 중생이 뭡니까? 분별하는 사람이죠. 온갖 분별이 곧 중생 세계니까요. '헤아릴 수 없이 많은 중생을 남김없이 싹 없애라' 하는 것은 분별에서 완전히 벗어나라는 말입니다. 그런데 그다음에 뭐라고 합니까? '그러나 없어진 중생은 없다'는 말이 나오죠. 분별에서 완전히 벗어났는데 분별을 안 하는 건 아니라는 말입니다. '분별에서 완전히 벗어났지만, 분별을 안 하는 건 아니다.' 그것이 바른 가르침이 되는 겁니다. 만약 분별에서 완전히 벗어나는 것을 곧 분별을 안 하는 걸로 하면, 어떻게 됩니까? 분별하는 것과 분별 안 하는 것, 둘로 나누어 하나는 버리고 하나는 취해 버리는 거예요. 이것은 중도가 아닙니다. 중도는 버리고 취하는 게 아니거든요. '마땅히 모든 생각을 떠나라' 하는 것은 생각을 하는데 생각이 없는 겁니다. 생각을 하는데 생각이 없는 것이지, 생각이 없어서 생각이 없는 건 아니에요.

생각이 번뇌를 일으키죠. 그래서 생각이 항상 우리를 힘들게 해요. 잠을 왜 자겠습니까? 생각을 쉬는 게 잠입니다. 물론 몸도 쉬지만 몸은 잠을 안 자도 가만히 쉴 수 있는데, 잠을 안 자고 가만히 누워 있으면 다음 날 쾌적하고 상쾌합니까? 안 돼요. 생각까지 쉬어져야 그다음 날이 쾌적하잖아요. 잠이라는 게 생각 없이 완전히 죽은 듯이 자야 다음 날 상쾌하거든요. 그게 뭐냐? 생각을 쉬어 주어야 한다는 겁니다. 생각이 항상 우리를 힘들게 하거든요. 스트레스를 받게 하고 번뇌를 주거든요.

외도 중에는 생각이 번뇌니까 생각을 완전히 쉬고 안 하면 된다고 해서 생각 없는 삼매, 무념삼매, 무상삼매, 눈 감고 아무 생각 없이 죽은 사람처럼 가만히 앉아 좌선하는 것을 깨달음이라고 주장하는 곳도 있어요. 그런데 그것은 아니에요. 왜냐하면 그렇게 되면 차라리 죽는 게 낫지 뭐 하러 앉아 있습니까? 죽어 버리면 그만인데 그것을 깨달음이라 할 수는 없죠.

진정한 깨달음은 뭐냐? 살아서 생각도 하고 보고 듣고 말도 하고, 똑같이 아무 지장 없이 일상 살아가는데 생각이 없는 거예요. 그것이 부처님의 열반이고 바로 중도라고 하는 겁니다. 생각하는데 생각 없는 것, 생각하는 것과 생각 없는 것이 '불이(不二)' 둘이 아니라는 말이에요. 이것이 불이중도라고 하는 거예요. 이것이 불법인 겁니다.

경전의 말을 잘못하면 오해할 수 있는데, 말을 보면 헤아릴 수 없이 많은 중생을 싹 다 없애라니까, '없애야 하나? 어떻게 없애지?' 그런 뜻이 아니거든요. (법상을 톡톡 두드리며) 여기에 통달이 돼서 한 번 체험이 되면 저절로 그렇게 됩니다. 이것이 정상적인 겁니다. 내가 일부러 할 수 있는 게 아니에요. (법상을 톡톡 두드리며) 법에 통하면 저절로 모든 생각에서 벗어나게 되고, 생각을 하지만 생각에서 벗어나게 되고, 주관이 없고 객관이 없으니까 머물러야 할 주관, 객관이 없어요. 그런 게 없어요. 안팎이 없습니다. 그러면 머물지 않고 그 마음을 낸다는 말이 저절로 실현되어 버려요. 그런데 경전의 표현을 보면 '그렇게 해라'는 식으로 표현되어 있거든요. 그것이 오해를 살 수 있습니다. 사람들이 '그렇게 해야 하나?' 이렇게 오해할 수가 있는데, 실제로는 그런 게 아닙니다. 실제로는 그런 게 아니고 (법상을 톡톡 두드리며) 여기에 한 번 통하면 저절로 그렇게 되는 것입니다.

범소유상 개시허망 약견제상비상이면 즉견여래라… 이 말도 잘못 들으면, 모든 모습은 다 허망하니까 모습을 모습 아니게 봐라, 그러면 그것이 바로 여래를 보는 것이다, 그것이 바로 깨달음이다… 이렇게 잘못 생각할 수 있는데 그런 말이 아니거든요. '범소유상 개시허망'에서 '상'이라는 것은 생각, 분별입니다. '상(想)'이라는 것은 '모양 상(相)' 자 밑에 '마음 심' 자가 붙어 있는데, 구마라집이 번역할 때는 '마음 심' 자를 떼고 '모양 상' 자만 넣어서 번역했어요. 뜻은 똑같습니다. 모습이라는 게 눈에 보이는 걸 얘기하는 게 아니라, 생각 속에서 분별하고 받아들이면 그게 허망하다는 거예요. 아니, 시계라는 모습이 왜 허망합니까? 허망하면 이걸 시계로 쓸 수 있습니까? 시계라는 사물 자체가 허망하다는 게 아니라, 그 사물을 마음에서 분별하고 집착하고 거기에 머물러 있으면 마음이 사물에 매이니까 번뇌가 된다는 말입니다. 그렇게 하면 허망하다는 거예요. 모습이 모습 아님을 보게 된다는 말은, 시계라는 모습은 시계라는 모습이 없다는 뜻이 아니라, 시계라는 모습을 보고 있지만 마음에는 시계라는 모습이 없다, 아무것도 없다, 이 말입니다.

모습이 모습 아님을 본다는 걸 《반야심경》에서 뭐라고 했습니까? '조견 오온개공'이라고 했는데, 이 말은 '조견 색즉시공'과 같은 말이거든요. 색이라는 모습이 공임을, 색이라는 모습이 아님을 비추어 보면… 이게 같은 말이에요. 여기에 통달이 되면 저절로 그렇게 되는 것이지, 시계를 보면서 일부러 '저게 시계 모습인데 시계 모습이 아니야' 그렇게 하라는 게 아니거든요. 그런 식으로 공부하는 사람은 영원히 못 깨달습니다. 영원히 생각만 하고 있는 사람이에요. 절대로 그렇게 공부하면 안 됩니다. 그건 바보입니다. 절대 그렇게 공부를 하면 안 돼요.

그런 게 아니고 (법상을 톡톡 두드리며) 여기에 통하면 저절로 그렇게 돼요. 세상에 온갖 모습이 있지 않고, 아무 모습이 없거든요. 저절로 그렇게 되는 겁니다. 어디까지나 이것은 마음의 문제지, 밖에 있는 사물이 그렇다는 건 아닙니다. (법상을 톡톡 두드리며) 여기에 한 번 통해서 이런 지혜가 갖추어지면, 세상이 온갖 모습으로 다 나타나 있는데, 아무것도 없어요. 그러니까 이런 얘기를 하는 겁니다.

색깔, 소리, 냄새, 맛, 촉감, 온갖 삼라만상에 머물러 마음을 내서는 안 된다… 그렇지만 안 되는 게 아니라, 여기에 통하면 저절로 머물 주관도 없고 머물 객관도 없습니다. 저절로 머물러 있는 일이 없다는 말이에요. 아무 그런 게 없어요. 마음이 머물러 있다는 게 뭡니까? 항상 거기 마음에 걸려 있다는 거예요. 걸려 있으면 그게 고민입니다. 어떤 생각이 계속 걸려서 잊히지 않으면 고민거리가 되어 괴로워요. 그것이 번뇌입니다. 그러다가 문제가 해결되면 그것을 잊어버리죠. 홀가분해요. 더 이상 안 걸려 있으니까 해탈이죠.

해탈이냐 번뇌냐, 하는 것은 100% 마음의 문제일 뿐이지, 밖에 있는 사물의 문제는 전혀 아닙니다. 어리석은 사람은 사물을 물리치려고 해요. '눈으로 안 보면 되지' 이렇게 해요. 그렇다고 기억에서 사라집니까? '어리석은 사람은 밖에 있는 사물을 물리치려 하는데, 지혜로운 사람은 마음을 없앤다'는 말을 하거든요. 마음을 없앨 수는 없고, 마음이 없어져 버린다는 겁니다. 마음이 텅 비어서 허공이 되어 버리면 사물이 아무리 있어도 아무 상관이 없어요. 아무 문제가 되질 않는다고요. 그런데 마음이 공이 되지 못하고, 보고 듣는 게 전부 계속 걸리게 되니까 번뇌가 되는 거죠. 그래서 마음에 장애가 있다는 얘기를 하는 겁니다. 마음에 걸리는 게 있다는 말이죠.

**마땅히 머묾 없는 마음을 내야 한다.**

이 말은 그렇게 되어야 한다는 것이지, 그렇게 하라는 건 아니에요. 마땅히 머묾 없는 마음을 내야 한다는 것은 체험을 하면 그렇게 된다는 말입니다. 머묾 없이 마음을 낸다… 마음이라는 게 항상 살아 있으니까 마음이 나오긴 나오는데, 텅 빈 허공처럼 아무것도 없어서 주관도 없고 객관도 없고 어디에 머물러 있는 일은 없다…

중생은 마음속에 뭐가 있는 사람이에요. 마음속에 뭐가 있으면 마음도 있어요. 항상 마음속에 뭐가 있어요. 나라는 생각이 있고, 사람이라는 생각이 있고, 법이라는 생각이 있고, 세상이 어떻고, 항상 뭐가 있어요. 생각이 있고, 느낌이 있고, 감정도 있고, 여러 가지가 있어요. 중생의 마음에는 뭐가 있는 것이고, 해탈한 사람의 마음에는 아무것도 없습니다. 항상 텅텅 비어 있어요. 텅텅 비어서 아무것도 없으니까 마음이라고 이름 붙일 필요도 없어요. 그런 물건이 있는 것도 아니기 때문에 공이라 하기도 하고, 열반이라 하기도 하고, 걸림이 없다, 장애가 없다, 이런 말을 하는 겁니다.

저절로 그렇게 됩니다. 일부러 그렇게 할 수는 없어요. 아직 깨달음이 없는 사람이 좋은 일이든 좋지 못한 일이든 머릿속에 탁 박히면 잠이 안 와요. 계속 생각 때문에 힘들고 괴롭습니다. '잊어버리고 이제 생각하지

마.' 됩니까? 안 돼요. 내 마음대로 안 돼요. 그런데 이것이 탁 통하면 저절로 그런 게 없어요. 그리고 그런 것 없는 자리에서 살 수 있는 요령이 좀 생기거든요. 어디에도 시달리지 않고, 여러 가지 생각에 매여 있지 않고, 장애를 받지 않고 살 수 있습니다. 훨씬 편하죠. 편하고 자유롭고 무엇에도 매여 있지 않으니까 그것을 주인공이라고 합니다. 주인공 노릇을 할 수 있습니다. 무언가에 매이면 내가 종이 되니까 주인공 노릇을 하지 못해요.

그런데 아무 데도 매이지 않고, 보는 데 매이지 않고 보면, 내가 주인이 될 수 있어요. 내 마음대로 할 수 있으니까요. 어떤 생각을 하는데 생각에 매여 버리면, 생각이 주인이고 내가 그 생각을 따라가게 되는데, 생각에 매이지 않고 생각할 수 있으면 내가 생각을 마음대로 할 수 있으니까 내가 주인이 되는 겁니다. 그래서 그것을 주인공이라고 하는 거죠. 주인공이라는 것은 뭐가 있는 게 아니고, 마음을 가지고 사는데 항상 어디에도 매이지 않는 주인공 노릇을 할 수 있다는 것이지, 정해진 주인공이 있다는 건 아닙니다. 그렇게 하면 또 망상이 돼요. '주인공을 찾아라.' 방편으로 이런 말을 하는 분들도 있거든요. 그러면 마음속에 나라고 하는 주인공이 있는가? 이렇게 착각할 수 있습니다. 전혀 그런 게 아니에요.

이것을 체험하고 깨닫게 되면 어디에도 머물지 않는다, 거기에 사로잡혀 있지 않다는 말입니다. 머문다는 것은 사로잡혀 있고 의지하는 거잖아요. 어디에도 사로잡혀 있지 않고 어디에도 머물지 않으니까 항상 자유롭습니다. 주인은 자유로운 거고, 종은 자유롭지 못한 거예요. 주인은 내 마음대로 자유롭게 할 수 있어요. 종은 주인 따라가야죠. 주인이 시킨 대로 해야지, 자기 마음대로 못 합니다. 자유가 없어요. 주인공은 자유로운 사람입니다. '대자유를 얻어라'는 말을 다른 말로 '주인공이 되어라'고 표현하고 있는 거예요. 그런데 말을 오해해서 '내 마음속에 주인공이 있나?' 이렇게 한다면 전혀 엉뚱한 짓을 하는 겁니다. 마음이 어디에도 머물지 않고 걸림이 없고 늘 자유로우니까 바로 주인이에요. 주인이 못 되고 하인이 되면 자유가 없어요. 그래서 주인공이 되라는 말을 하는 겁니다.

**만약 마음에 머묾이 있더라도 머무는 것이 아니다.**

머무는데 머무는 게 아니어야 한다는 말입니다. 머물지 않아서 머물지 않는 게 아니라, 머무는 데 머무는 게 아니다… 생각하는데 생각하는 게 아니에요. 보는데 보는 게 아니고, 듣는데 듣는 게 아니라는 말입니다. 이렇게 되어야 한다는 말인데, 이것은 자기가 한 번 체험해서 저절로 이렇게 되어야지, 의도적으로 일부러 할 수 있는 건 아니에요.

만약 마음에 머묾이 있더라도 그건 머무는 게 아니다, 머물지만 머무는 게 아니다… 이 말은 뭐냐? 생각을 하지만 생각하는 게 아니다, 보지만 보는 게 아니다, 듣지만 듣는 게 아니다, 보고 듣고 느끼고 생각하는데 아무것도 없다… 아무것도 없어요. 이것이 대자유, 공이라고 하는 겁니다.

체험을 해 보면 이런 말들이 무슨 말인지 명백하게 다 알 수 있어요. 체험이 돼서 어느 정도 안목이 생겨야 해요. 금방 알 수는 없고, 안목이 어느 정도 생기려면 아무리 적게 잡아도 10년 이상은 잡아야 해요. 안목이 제대로 갖춰지려면 체험한 뒤에 한 10년은 흘러야 합니다. 물론 10년까지 안 돼도 '아무것도 없네, 생각을 해도 생각하는 게 아니구나' 이런 느낌을 가질 수 있는데, 아직은 말하자면 흔들림 없는 밝은 지혜라 할 수는 없고 약간 불안하죠. 아주 확실하게 오려면 최소한 10년 이상은 돼야 합니다.

이 까닭에 부처님께서 말씀하시길 보살의 마음은 색깔에 머물지 않고 베푼다고 하셨다.

베푼다는 것은 행동한다는 거거든요. 마음을 베푼다는 것은 마음이 여기 갔다 저기 갔다 이렇게 펼쳐진다는 말이니까 행동한다는 말입니다. 행한다는 말과 같은 말이에요. 색깔에 머물지 않고 베푼다고 하셨다… 베푼다니까 뭘 준다고 자꾸 생각하는데, 그런 뜻은 아니고 행동한다, 그렇게 산다, 이 말입니다. 보살의 마음은 색깔에 머물지 않고 행한다… 그렇게 작동된다는 말이에요.

수보리야, 보살이 모든 중생을 이롭게 하는 것은 마땅히 이렇게 베푸는 것이다.

말을 약간 비틀어 놓았어요. '수보리야, 보살이 모든 중생을 이롭게 하는 것은 마땅히 이렇게 베푸는 것이다' 하니까 깨달은 보살이 못 깨달은 중생들에게 뭔가 베푸는 게 있나? 뭘 베풀지? '색깔에 머물지 않고 베풀어라' 하니까 보살이 중생들한테 뭘 주는데 색깔을 생각하지 말고 주란 말인가? 말만 보면 그렇게 오해할 수 있거든요. 절대 그런 말이 아닙니다. 뭘 주라는 게 아니에요. 베풀라는 건 뭘 주라는 게 아니에요.

중생은 우리 각자에게 있는 생각입니다. 그것이 중생이에요. 생각 속에 살면 중생 세계 속에 사는 겁니다. 헤아릴 수 없이 많은 중생을 남김없이 싹 없애라고 했잖아요. 바깥에 있는 사람을 중생으로 하면 헤아릴 수 없이 많은 중생이 있지도 않을뿐더러 지구상 인구가 70억이니까 헤아릴 수 없는 건 아니죠. 다 헤아릴 수 있죠. 그렇게 하면 말이 안 맞아요. 그리고 70억 인구를 어떻게 없앱니까? 없앨 수가 없어요.

그러면 중생이란 뭐냐? 생각이란 말이에요 사람이라는 생각일 수도 있고, 중생이라는 생각일 수도 있고, 그런 생각을 다 없애라는 것은 생각에서 완전히 벗어난다는 말입니다. 헤아릴 수 없이 많은 중생을 다 없애라는 건 그런 생각에서 내가 벗어난다는 겁니다. 그런데 생각을 안 한다는 건 아니라는 말이에요. 보살이 모든 중생을 이롭게 한다는 말은 뭡니까? 자기가 자기 생각에서 벗어난다는 말입니다. 생각에 매여 있으면 번뇌가 되기 때문에 이로움이 없어요. 생각에서 벗어나고 해탈이 되니까 이로운 거예요.

여래께서 말씀하시길 모든 생각은 곧 생각이 아니라 하셨고, 또 말씀하시길 모든 중생은 곧 중생이 아니라고 하셨다. 수보리야, 여래께선 참되게 말씀하시는 분이며, 진실을 말씀하시는 분이며, 있는 그대로 말씀하시는 분이며, 거짓되지 않게 말씀하시는 분이며, 다르지 않게 말씀하시는 분이시다. 수보리야, 여래께서 얻은 법, 이 법에는 진실함도 없고 허망함도 없다.

여래께서 말씀하시기를 모든 생각은 곧 생각이 아니라고 하셨고⋯ 여기에 통해서 진실이 드러나면 모든 분별은 바로 이것이거든요. 모든 분별은 바로 이것이니까 모든 생각은 생각이 아니라 이거죠. 모든 모습은 모습이 아니라 이것이고⋯. 여기에 통달해서 이 법이 탁 드러나면 결국 여기서 모든 분별을 다 해요. 빨갛다, 푸르다, 노랗다, 색깔. 새소리, 물소리, 바람 소리, 소리. 꽃 냄새, 음식 냄새, 냄새. 짠맛, 신맛, 매운맛, 맛. 춥다, 덥다, 거칠다, 부드럽다, 느낌들. 여러 가지 생각. 전부 여기서 일어나고 있는 겁니다. 여기서 다 만들어지지만, 이것 자체는 어떤 색깔도 아니고 소리도 아니고 냄새도 아니고 맛도 아니고 어떤 무엇이 아니에요. 여기서 온갖 분별이 있지만 이것은 분별되는 게 아니니까요. 모든 모습은 모습이 아니다, 일체 삼라만상은 단지 이것 하나일 뿐이다, 오온이 전부 공이다⋯ 이렇게 항상 얘기하는 거예요.

이것입니다. 이것은 방편의 말을 가지고 이치를 생각하라는 게 아니라, 여기 한 번 통해야 해요. 이것이 딱 드러나야 '이렇게도 말할 수 있겠구나'라고 납득할 수 있죠. 이런 이치가 있어서 이렇게 이야기하는 건 아닙니다. 방편을 이런 식으로 쓸 수 있겠구나 하는 거죠. 왜 그러냐면 이것을 체험하기 전에는 마음속에 항상 뭔가가 있어요. 생각이 있든지, 느낌이 있든지, 기분이 있든지, 어떤 감정이 있든지, 마음속에 항상 뭐가 있어요. 눈에 보이는 것도 있고 귀에 들리는 것도 있고, 뭐가 있어요. 이것을 체험하기 전에는 모든 게 이것이 있거나 저것이 있거나 그런 식이거든요. 그런데 이것이 툭 하고 통해서 드러나면, 여기는 뭐라고 할 게 아무것도 없어요.

뭐라고 할 게 없으니까 아무것도 없어요. 그렇다고 해서 지금 보는 걸 안 보는 것도 아니고, 듣는 걸 안 듣는 것도 아니고, 생각을 안 하는 것도 아니거든요. 옛날에 있었던 일이 그대로 있는데도 아무것도 없어요. 마음속이 텅 비어 버리고 아무것도 없어요. 이런 식으로 얘기하는 거예요. 생각은 생각이 아니다, 생각을 하는데 생각이 없다, 이 말입니다. 생각은 생각이 아니라는 말은 생각을 하는데 생각이 없고, 보는데 보는 게 없고, 듣는데 듣는 게 없다…《반야심경》에서도 얘기했잖아요. 공 속에는 색깔도 없고, 소리도 없고, 냄새도 없고, 맛도 없고, 눈도 없고, 귀도 없고, 코도 없고, 쭉 나오죠. 생로병사도 없고, 생로병사에서 해탈하는 일도 없고. 왜? 공에서는 그냥 공일 뿐이니까, 아무것도 없으니까요.

그런데 겉으로는 그것이 있죠. 겉으로는 여전히 색깔도 있고, 눈도 있고, 소리도 있고, 귀도 있고, 살고 늙고 병들어 죽는 게 다 나타나는데, 마음이 공이라는 진실이 한 번 체험되면 공 속에는 그런 게 없다는 말이에요. 아무것도 없어요. 마음속에서는 하나도 얻을 게 없으니까, 아무것도 없으니까 이것을 바로 반야바라밀이라고 하는 것입니다. 겉으로 나타나지 않는다는 뜻이 아니에요. 나타나 있는데 색깔도 없고 소리도 없어요. 색깔, 소리가 없습니까? 나타나 있잖아요. 그런데 없어요. 왜? '공 속에는'이라고 했잖아요. '마음속에는'이라는 말이에요. 마음은 분별되는 게 아니니까 공이라고 한 거죠.

진실은 이것 하나예요. 공이라고 하는 이것 하나. 어떤 분별할 뭐가 아닌 이것 하나가 진실이에요. 이것이 실감이 돼야 해요. 이것이 우리의 본래면목이고, 이것이 우리 본성이에요. 이것이 한 번 실감되어 진실로서 탁 드러나 버려야 하는 거예요. 그러면 경전을 읽어 보면 너무 쉽습니다. 전부 이것을 이야기하고 있지 다른 거 이야기하는 게 없어요.《반야심경》이니 〈법성게〉니 심오한 이야기를 하는 게 아니고 단순히 이것을 이야기하고 있는 거예요. 전혀 난해하고 심오한 게 아닙니다. 이 일 하나가 있거든요. 이것 하나. 여기에 통하면 다 이것 얘기를 하고 있는 거예요. 모든 부처님, 조사의 말씀이 다 이것 얘기를 하고 있는 거예요.

생각은 생각이 아니라… 생각을 하는데 생각이 아니고 이것이다, 이 말이에요. 여기서 생각이 일어나고 있으니까요. 이것을 가리키려고 하는 겁니다.

또 말씀하시길 모든 중생은 곧 중생이 아니라고 하셨다.

중생이라는 것도 하나의 생각이죠. 중생상이죠. 중생이라는 생각이 여기서 일어나니까, 중생이라는 게 중생이 아니라 이것이죠. 이것은 방편의 말이니까 이치로서 이해하라는 건 아니에요. 늘 말씀드리지만, 경전을 읽는 것은 마치 금강산에 갔다 온 사람이 금강산 기행문을 읽는 것과 같습니다. 금강산에 갔다 오지 않은 사람은 읽어봤자 그게 진짜 말인지 가짜 말인지 알 수가 없어요. 자기가 본 적이 없으니까 소용이 없어요. 자기가 금강산에 가서 며칠 돌아다니면서 하나하나 구경하고 온 사람은, 누가 금강산에 갔다 왔다고 써 놓은 글을 보면 '이 사람은 이걸 보고 저렇게 말했구나' 다 알 수 있고, '저 사람은 뭔가 말을 잘못하고 있구나. 원래 저런 게 아닌데' 이렇게 볼 수도 있는 거잖아요. 경전이라는 것은 이것을 체험하고 여기에 관해서 나름 얘기하는 거라서, 체험 없이 경전을 보는 것은 소용이 없어요. 금강산에 가지도 않은 사람이 금강산 기행문을 읽고 있는 것과 마찬가지고, 상상만 될 뿐이라서 전혀 현실감이 없습니다.

　반드시 불교 공부는 체험을 먼저 하고, 한 번 견성을 하고, 분별심이 뚝 끊어져서 (법상을 톡톡 두드리며) 자기 본래면목을 확인한 다음에 부처님 말씀이나 조사의 말씀을 공부해야 하는 겁니다. 내가 거기 구경을 갔지만 제대로 못 본 것을 자세히 말하고 있는 것이 있거든요. 그러면 '아, 맞다. 그거 봤는데 내가 모르고 제대로 안 봤구나.' 그러면 도움이 되죠. 그래서 경전을 읽고 조사의 말씀을 읽으려면 먼저 체험을 하고 읽어야 합니다. 그래야 도움이 되지, 그러지 않고 읽으면 아무것도 아니에요. 자기는 전혀 본 적도 없는 걸 말만 보고 상상하는 거니까 아무 쓸데가 없는 겁니다.

　먼저 깨닫고 그다음에 불교 공부를 하는 거예요. 깨달음은 불교 공부의 마지막에 오는 게 아니고, 먼저 깨닫고 부처님이나 조사의 말씀을 보면서 자기 깨달음을 더 분명하고 확실하게 해 가는 거예요. 그것이 불교 공부죠. 사람들이 보통 그것을 잘못 알고 있어요. 불교를 열심히 공부하고 수행을 많이 하면, 마지막에 깨달아서 끝이 나는 것처럼 착각하고 있습니다. 전혀 그런 게 아닙니다. 완전히 거꾸로 알고 있어요. (법상을 톡톡 두드리며) 먼저 날 때부터 갖추어져 있는 자기의 실상을 한 번 체험하고… 그래도 잘 모르거든요. 금강산 한 번 지나갔다고 해서 자세히 압니까? 대충 보고 가는 거죠. 그런 식으로 잘 모르는데 부처님이나 조사의 말씀은 그것을 자세히 보고 상세하게 얘기해 놓았거든요. 그런 걸 보면 자기 공부에 도움이 되죠.

　사람들이 이런 걸 모르니까 공부를 거꾸로 하고 있어요. 오래오래 하다 보면 언젠가는 깨닫겠지 하는데, 그게 아니고 (법상을 톡톡 두드리며) 한 번 실감을 해야 해요. 왜? 진실이 우리 각자에게 본래 있는 것이기 때문에 어려울 게 없습니다. 여기에 대해서 목이 마르고 가르침에 대한 믿음이 있으면 돼요. 금방 안 될지는 모르지만, 꾸준히 하다 보면 됩니다. 그러면 확인이 되고 이 속에서 이것을 잃어버리지 않고 살다 보면 이것이 차차 밝아져요. 그런 비유를 들거든요. 환한 대낮에 밖에 있다가 갑자기 어두컴컴한 방 안에 들어가면 잘 안 보입니다. 그런데 그 안에서 좀 시간이 지나고 가만히 있다 보면 차차 보이기 시작하죠. 나중에는 아주 밝게 보여요. 그런 것과 마찬가지예요.

체험했다고 해서 바로 법이 밝지는 않아요. 그러니까 소를 찾아서 소를 키운다는 말을 하는 거예요. 소를 찾는다고 해서 다 끝나는 게 아니라, 소를 키워야 한다는 이야기를 하는 거죠. 일단 소를 찾아야 소를 키우든지 말든지 하지, 소를 찾지도 못했는데 무슨 불교 공부를 합니까? (법상을 톡톡 두드리며) 이 일. 이것 하나. 바로 이것입니다. 이 일 하나예요.

그래서 일단 선(禪)에 먼저 들어간 뒤에 부처님의 가르침이나 조사의 가르침을 봐야 도움이 됩니다. 이론적으로 먼저 다 배우고 실습을 하는 게 아닙니다. 처음에 책을 읽고 불교 공부를 할 때는 불교를 배우는 게 아니에요. 뭐 때문에 그런 걸 보느냐? 믿음을 갖추고 발심하기 위해서 보는 겁니다. '진짜 이런 게 있구나' 하는 걸 믿고, 뭔지는 모르지만 '나도 한번 공부해서 깨달아 봐야지'라고 발심하기 위해서 불교대학도 가고 불교 책도 보는 거죠. 처음에는 불교 공부라기보다 불교에 대한 믿음을 갖추고, 깨달음에 대한 발심을 하기 위해서 하는 것이고, 그다음에 발심을 했으면 선지식의 법문을 듣는 겁니다. 왜냐하면 그때부터는 자기가 어떻게 해야 할지 모르니까, 깨달아야 하겠다는 일념만 가지고 법문을 듣는 거죠. 듣다 보면 탁 하고 확인이 돼요. 체험이 된단 말이에요.

시간이 조금 지나 보면, 이렇구나 하는 게 체득이 돼요. 체화가 됩니다. 머리로 아는 게 아니라 직접 체험을 통해서 익혀지거든요. 이것을 체험했다고 해서 바로 경전을 보면 안 됩니다. 여전히 남의 이야기가 되기 때문에. 경전과 조사어록을 볼 때는 남의 이야기가 아니라 자기 이야기가 돼야 도움이 되는 거거든요. 남의 이야기라는 것은 나한테는 상상일 뿐이에요. 자기한테는 전혀 도움이 안 됩니다. 자기의 살림살이가 어느 정도 밝아진 뒤에 경전도 보고 조사의 말씀도 보면 그것이 전부 자기 이야기로 보이게 되고, 그러면 도움이 되죠.

공부라는 게 이렇게 진행되는 것이고, 이것이 굉장히 자연스러운 겁니다. 세속 일을 배울 때도 그렇잖아요. 예를 들어 어떤 기술, 수영을 배울 때도 먼저 이론을 가르치지만, 그때는 직접 물에 들어가지도 않아서 전혀 모릅니다. '그런가?' 할 뿐이지 무슨 말인지 모릅니다. 그런데 물에 들어가서 자기가 직접 수영을 해 보면서 물에 뜨고 헤엄도 치면, 수영 잘하는 사람이 해 놓은 이야기들이 그때는 도움이 되죠. 이치라는 게 뻔합니다. 세상 이치라는 게 다 똑같아요. 그러니까 일단은 깨달음에 대한, 불법에 대한 믿음을 갖추고, 깨닫고 싶다면 먼저 물에 들어가서 물에 뜨는 것부터 해 보듯이 (법상을 톡 두드리며) 실제로 한번 체험을 해 봐야 하는 거예요. 물에 들어가지도 않고 수영 관련된 책을 달달 외워봤자 소용이 없어요. (법상을 톡톡 두드리며) 실제로 체험을 해 봐야 하는 겁니다. 물에 뜨고 헤엄도 조금 할 줄 알게 된 뒤에 그런 걸 보면 진짜 도움이 되죠. 왜냐하면 내가 지금 경험하고 있는 일에 관해서 얘기하고 있으니까요. 불법에 대한 믿음을 갖추고 깨달음을 얻고자 하는 발심만 되었으면

1차적인 건 된 겁니다. 그다음에 경전 다 치워 버리고 실제 한번 체험을 해 봐야 하는 거예요.

처음에는 책을 통해서 믿음을 갖추고, 깨닫고자 하는 발심을 하고, 그다음에는 책을 치워 버리는 거예요. 실제 체험은 선(禪)을 통해서만 할 수 있는 거니까요. 선이라는 게, 설법을 듣는 게 참선입니다. 선방에 가만히 가부좌 틀고 앉아 있는 걸 선이라고 하는데, 그건 굉장히 잘못된 겁니다. 잘못된 고정관념이에요. 원래 그것은 요가에서 하던 겁니다. 외도나 요가에서 온 거죠.

석가모니도 처음에 출가해서 1년 동안인가 그렇게 했다는데, 다 외도들의 가르침이죠. 그런데 나중에 석가모니가 깨닫고 나서 그런 걸 시켰습니까? 그냥 법문만 했잖아요. 법문만 했거든요. 제자들 모아놓고 돌아다니면서 사람들을 만나면 법문을 했잖아요. 법문을 듣고 다 깨친 거예요. 경전에 분명히 나오잖아요. 법문을 듣고 깨쳤다고 다 나오거든요. 선(禪)도 똑같습니다. 육조 스님이 실질적으로 선을 만든 분인데, 법문만 했거든요. 《육조단경》에 좌선하는 가르침이 있습니까? '이런 식으로 좌선을 해라.' 그런 말이 있습니까? 없어요. 그냥 법문만 한 거예요. 법문을 듣고 깨치는 거거든요. 이것이 선이란 말이죠. 불교도 부처님의 설법을 듣고 깨치는 거고, 선도 조사의 법문을 듣고 깨치는 거예요.

이것이 불교이고 선인데, 무조건 앉아 있어라, 심지어 단전 호흡을 해라, 무슨 관법을 해라… 그것은 외도의 가르침에 의해서 불교가 왜곡된 겁니다. 팔만대장경 속에 바른 가르침도 있고 엉터리 가르침도 있는 거예요. 《금강경》을 제일 중요한 소의경전으로 삼는데, 《금강경》 안에 좌선하라는 말이 있습니까? 호흡하라는 말이 있어요? '관(觀)'하라는 말이 있습니까? 그런 게 없잖아요. 그냥 법문만 계속 하고 있잖아요. 《반야심경》을 매일 외우는데, 거기에 좌선하라는 말이 있습니까? 관하라는 말이 있어요? 왜 그렇게 하고 있는지 모르겠어요. 이게 뭔가 잘못돼 있는 거예요.

수보리야, 여래께선 참되게 말씀하시는 분이며, 진실을 말씀하시는 분이며,

여래의 말씀이 진실을 이야기하니까 여래의 말씀을 듣고 깨닫는 거예요. 딱 나오잖아요.
수보리야, 여래께서는 참되게 말씀하시고 거짓말하는 사람이 아니다… 엉터리 소리 하는 게 아니다, 말씀을 듣고 진리를 깨달을 수 있다, 이 말이죠.

있는 그대로 말씀하시는 분이며, 거짓되지 않게 말씀하시는 분이며, 다르지 않게 말씀하시는 분이시다.

여래께서는 있는 그대로, 왜곡하지 않고 말씀하시는 분이며, 다르지 않게… 다르면 거짓된 거죠. 다르지 않게 있는 그대로 말씀하시는 분이시다. 교학에서는 여래의 말씀을 듣고 깨닫는 것이고, 선(禪)에서는 조사의 말씀을 듣고 깨닫는 거죠.
참선(參禪)이라는 건 선지식의 법문을 듣는 게 참선입니다. 이유도 없이 방 안에 앉아 있는 건 아니에요. (법상을 톡톡 두드리며) 진실로 이끌어

가는 힘이 법문에 있기 때문에 법문을 들어야 '이것이 법이다' 하고 분명해지죠. 어떤 말이나 이야기에 귀를 기울인다는 것은 그 말을 하는 사람의 의도를 내가 따라가는 겁니다. 법문이라는 것은 깨달음으로 이끌어 가니까, 법문을 잘 듣다 보면 이쪽으로 들어오는 겁니다. 해야 할 일이 있는 게 아니에요. '뭘 어떻게 해라' 이런 가르침은 대단히 잘못된 겁니다.

(손가락을 들며) 이것이거든요. 이것을 가리켜드리는 겁니다. 선이나 교학이나 본질은 다를 게 없는데, 교학은 경전에서 '직지인심' 말로써 바로 이것을 가리키는 경우는 잘 없거든요. 경전에서 자꾸 말로만 하니까 사람들이 너무 말에 말려 들어가고 말에 매이고 말에 막혀서 잘 못 깨닫는 것을 보고, 선(禪)에서는 바로 가리켜야겠다, 어차피 본래면목인 우리 마음이라는 것은 딱 갖추어져 있으니까, 모양이 없으니 바로 가리키긴 어렵지만 억지로라도 바로 가리켜야겠다고 한 거죠. 이것은 말로써 설명할 수 있는 게 아니란 말이죠. 이것은 분별되는 게 아니니까요.

선에서는 불립문자, 교외별전, 직지인심… 이것을 바로 탁 가리키고, 문자에 매여 있는 부작용을 없애는 거죠. (법상을 톡톡 두드리며) 그런데 결국은 방편이고, 자기가 체험을 한 뒤에는 선에서 이렇게 하는 이유와 경전에서 말씀하는 것도 다 납득할 수 있어요. 그전에는 '뭔가 있으니까 저렇게 하겠지' 하는 거지, 사실 자기는 모르죠.

(법상을 톡톡 두드리며) 이것 하나입니다. 이것을 가리켜드리려고 하는 거예요. 아주 간단하고 단순한 겁니다. 우리 모두에게 있는 마음의 진실. 보통 자기에게 마음이 있다는 건 다 알고 있잖아요. 그런데 '그 마음이 어떤 것이냐?' 이렇게 물어보면 잘 모릅니다. 기껏해야 '내 마음속에

내 생각이 있는 것 같고, 내 기분이나 감정, 느낌, 이런 게 있는 것 같아요'라고 대답해요. 그래서 다시 '어떤 느낌이 네 마음이냐?' 물어보면 답을 할 수가 없어요. '어떤 생각이 네 마음이냐?' 생각이 한두 가지가 아니니까 답을 할 수가 없어요. 결국 마음이라는 건 알 수가 없어요. 막연하게 '내 마음이 있으니까 내가 생각하고, 기분도 느끼고, 감정도 느끼는 것 같아요.' '알고 보고 온갖 걸 다 하는 걸 보면 마음이라는 게 있는 것 같아요.' 그런데 '구체적으로 뭐가 마음인데?'라고 물어보면 그것은 모르는 거예요.

안다고 말하면 잘못된 겁니다. 착각하는 거죠. 모르지만 있긴 있거든요. (법상을 톡톡 두드리며) 모르지만 있는 이 마음이 한 번 진짜로 확 하고 체험이 되는 겁니다. 어려울 게 하나도 없어요. 그런데 이것이 잘 안 되긴 해요. 매일 망상만 하고 살아왔기 때문에…. (법상을 톡톡 두드리며) 이겁니다. 분명히 있거든요. 이렇게 마음이 있다는 것은 막연하나마 알고 있거든요. 나한테 몸도 있고 마음도 있다는 걸 알고 있어요. 몸은 말할 필요가 없고, 마음을 깨치면 되는 겁니다. 마음이 있다는 건 아는데, 마음이 어떤 건지는 몰라요. 마음은 아는 게 아니라 실제 체험을 해서 한 번 깨닫는 거예요. 깨닫는 거라고요. 깨달음을 드리려고 자꾸 '이겁니다, 이겁니다' 가리켜드리는 겁니다. 알면 안 됩니다. 알 수 있는 건 아니에요. 그렇지만 이렇게 분명하게 있어요. 이렇게 분명하게 있지만 알 수는 없습니다.

또 이런 경우가 있어요. '이것은 생각할 수 있는 게 아니다' 하니까 '그럼 생각할 수 있는 게 아니고 무슨 느낌인가? 어떤 기분이 드나?' 이렇게 착각할 수도 있는데, 느낌이나 기분이나 생각이나 다 똑같은 경계입니다. 분별이거든요. 이것은 그런 게 아니에요. 어떤 느낌도 아니고, 어떤 기분도 아니고, 어떤 생각도 아니고, 눈에 보이거나 귀에 들리는 것도 아니고, 그런 건 아닙니다. 왜 공(空)이라고 하겠어요? 그런 뭐가 없으니까요. 그런데 이것이 명백하고 분명하게 (법상을 톡톡 두드리며) 이렇게 있거든요. (법상을 톡 두드리며) 이것이 한 번 실감이 돼요. 왜? 원래 있으니까요. 없는 걸 실감하라고 하면 말이 안 되고, 원래 마음이 이렇게 있으니까 (법상을 톡톡 두드리며) 한 번 탁 하고 이렇게 드러나거든요. 이것이 체험되고 실감됩니다.

비록 불가사의하지만, 생각으로는 알 수 없고 이해할 수 없지만, 이것이 체험되는 겁니다. 한 번만 체험하면 돼요. 한 번만 딱 제대로 체험이 되면, 처음에는 확실하지 않지만 감이 있거든요. 느낌이 와요. 이쪽이다 하는 게 저절로 감이 생겨요. 안목이 생긴단 말이죠. 그 안목을 가지고 차차 밝아질 수 있죠. (법상을 톡톡 두드리며) 이것입니다. 이것을 마음이라 해도 좋고 도(道)라 해도 좋고 이름을 뭐라 해도 관계없는데, 하여튼 바로 이 일이 하나 있는 거라고요. 이 하나가. 이것을 가리키는 말씀이기 때문에 여래의 말씀이 진실한 말씀이고 거짓되지 않고 있는 그대로 말씀하시는 것이다, 그렇게 얘기하는 거죠.

거짓되지 않게 말씀하시는 분이며, 다르지 않게 말씀하시는 분이시다.

그렇기 때문에 여래의 말씀을 듣고 깨치는 거예요. 말을 듣고 깨친다는 사실을 사람들이 모르니까 공부가 제대로 될 수 없어요. 법문을 듣고 깨치는 겁니다. 경전에 보면 항상 부처님이 설법을 하고 거기 있는 대중들이 깨달았다는 말이 계속 나오잖아요. 선에서도 말끝에 깨친다는 말을 항상 하거든요. 정확한 뜻은 말을 듣고서 깨친다는 뜻이에요. 바른 말을 듣고 깨친다… 깨치면 항상 말을 듣고 깨치는 겁니다. 법문을 듣고 깨치는 거죠.

그러니까 참선은 바로 법문 듣는 게 참선입니다. 부처님 말씀을 듣는 게 불교 공부고, 부처님이 살아 계실 때는 제자들이 그렇게 했고, 선은 선지식의 법문을 듣는 게 참선이에요. 참선은 좌복 깔고 앉아서 한다는 잘못된 관념이 박혀 있는데, 외도에서 비롯된 수행법들이 불교에 침투한 거죠. 원래 부처님의 가르침은 아니에요. 석가모니도 처음에 출가해서 1년 동안 선정을 닦았는데, 선정을 가리키는 스승이 그때는 불교가 없었으니까 요가 쪽 스승이에요. 나중에 스승이 말하는 깨달음을 얻었는데, 자기가 볼 때는 이게 아닌 거예요. 그래서 치웠거든요. '이건 아니구나' 하고 내버렸단 말이죠. 그런데도 여전히 선정을 닦는 게 불교 속에 남아 있으니까 뭐가 잘못된 거예요. 분명히 '아니구나' 해서 내버리고 어디 갔습니까? 고행을 가르치는 사람들 따라서 고행하러 갔잖아요. 그런데 고행하거나 선정을 닦는 것은 나름대로 그렇게 하는 이론이 있습니다. 수행이라는 건 반드시 이론이 있습니다. 이론에 맞춰 수행을 하는 것이니까 이론 없이 수행할 수는 없잖아요. 그런데 실제 깨달음에는 이론이 없단 말이죠. 불가사의죠.

《유마경》에서 말하듯이 불가사의 해탈 법문입니다. 실제 해탈 법문은 불가사의한 거예요. 이론이 있을 수 없습니다. 고행이라든지 선정을 닦는 것은 생각을 벗어나는 게 삼매거든요. 요가에서 말하는 삼매는 무상

삼매란 말이에요. 생각이 망상을 일으키니까 생각을 없게 한다, 그것이 무상삼매죠. 그런데 수행해서 생각이 없는 경지를 얻었다 하더라도 그것은 억지로 만들어 놓은 경지이기 때문에 본래면목은 아니라는 말입니다.

그래서 이것이 아니구나 한 거예요. 그런 수행 삼매 속에 들어 있지 않으면 여전히 생각에 시달리고 있는 거니까 소용이 없는 거예요. 그래서 포기한 거고, 고행은 왜 했느냐? 그것도 이론이 있습니다.

고행의 이론이 뭐냐면, '인간에게는 영혼과 육체가 있는데, 영혼은 본래 아주 깨끗하고 맑아서 번뇌가 없고, 생로병사가 없다. 육체는 생로병사가 있다.' 영혼이 육체를 자기 자신과 동일하다고 오해하고 착각해서 육체에 집착하는 바람에 육체와 같이 생로병사를 하게 됐다. 육체가 죽은 뒤에 윤회를 벗어나려면 다시는 육체를 받지 않아야 한다. 그러려면 영혼이 육체를 싫어해야 한다. 육체에 대한 집착을 끊어야 한다. 육체에 대한 집착을 끊으려면 육체가 집착할 만한 게 못 되고 좋은 게 아니라는 사실을 영혼에게 분명하게 납득시켜야 한다. 그러려면 육체를 괴롭혀야 한다.' 목욕을 안 하고, 눕지 않고, 밥을 안 먹는 식으로 육체를 괴롭히는 거예요. '육체는 더럽고 고통스러운 거니까 다시는 내가 육체 속으로 들어오지 말아야지.' 이런 식으로 영혼이 되어 해탈해서 죽고 나면 윤회를 안 한다는 이론이거든요.

그런데 죽기 전에 해탈을 해 놓아야 죽고 난 뒤에 안 들어올 거 아닙니까? 그러나 아무리 6년인가 고행을 하고 육체를 괴롭혀도 육체에 대한 집착이 전혀 안 떨어지는 거예요. 그래서 이게 아니구나 하고 포기했거든요. 그때까지 가르침의 대표적인 두 가지를 했는데 해탈이 안 돼요.

그러니까 포기하고 나서 다른 스승을 찾아갈 수도 없고, 어떻게 해야 할지 모르니까 목은 마르고… 보리수 밑에 앉아서 고민, 말하자면 의단(疑團) 속에 있는 거죠. 뭐가 뭔지는 전혀 알 수 없는데 깨닫고는 싶다 이거죠. 그 당시까지 알려진 대표적인 걸 다 해 봤지만 안 되니까 어떻게 해야 할지 방법을 모르는 거예요. 그것이 바로 의단이라고 얘기해요. 어떻게 해야 할지는 모르는데 너무 간절하게 깨닫고 싶긴 해요. 그러다 보니까 갑자기 깨친 겁니다. 이것이 부처님의 진짜배기 깨달음이죠.

깨달아 보니까 원래 아무것도 할 것도 없고, 수행할 것도 없고, 원래 아무 일이 없는 거예요. 아무 일이 없는데, 그동안 계속 망상만 해 온 거예요. 망상 속에서 온갖 수행을 다 한 것이고, 비로소 본래면목을, 참된 본성을 깨쳤는데, 참된 모습을 깨쳐 보니 이것은 이렇다고 할 수도 없고 저렇다고 할 수도 없고 무슨 말을 할 수가 없어요. 분별이 안 돼요. 이것이 중도(中道)입니다. '이것도 아니고 저것도 아니다' 해서 불이(不二)라 하고 중도라는 말이 나오는 겁니다. 이렇다고 할 수도 없고 저렇다고 할 수도 없고, 뭐라고 분별을 했다 하면 안 맞다는 게 본인이 실감을 하니까요. 그러니까 중도란 말이 나오고 불이란 말이 나오는 거죠.

**수보리야, 여래께서 얻은 법, 이 법에는 진실함도 없고 허망함도 없다.**

중도를 이야기하죠. 부처님이 깨달은 이 법은 진실한 것도 아니고 허망한 것도 아니다, 진짜도 아니고 가짜도 아니다, 이 말이죠. 진짜라고 하면 분별이거든요. 가짜라고 하면 분별이거든요. 중도를 이야기하고 있는 겁니다. 분별할 수 있는 게 아니다, 이 말이에요.

'색도 아니고 공도 아니다' 이렇게 말할 수도 있고, '색이 바로 공이고 공이 바로 색이다' 이렇게 말할 수도 있습니다. 왜? 색이 공이고 공이 색이니까 색을 색이라 할 수가 없고 공을 공이라고 할 수가 없어요. '이것은 색도 아니고 공도 아니구나' 이렇게 말할 수도 있고, '색이 바로 공이고 공이 바로 색이다' 이렇게 말할 수도 있고, 똑같은 말입니다. 불가사의한 중도를 이야기하고 있는 거예요. 여기에 통해서 실감이 되면 불이중도라는 말을 왜 하는지, 부처님의 불법을 왜 불이중도라고 하는지 분명하게 알 수 있어요. '이것이다, 저것이다' '맞다, 틀렸다' 그러면 안 맞거든요. 다 분별이란 말이죠. 여기에 통해서 불이중도라는 사실이 명확해지면 비로소 반야바라밀의 지혜가 생기는데, 어떠한 고정된 자리라는 것도 없습니다. 반야바라밀, 지혜라는 것은 《금강경》에서 이야기하는 머묾 없이 그 마음을 낸다는 것이 바로 그거예요. 어떠한 고정된 상도 없고, 머무는 데도 없고, 이거다 하는 견해가 있을 수 없어요. 그런데 중생심은 항상 뭐냐면 '어떤 건데?' '아, 이렇구나' 자꾸 머물려 하고 상을 만들려 하죠.

우리는 항상 '뭔데? 아, 그렇구나. 알겠다' 그렇게 평생을 살아왔어요. 그 습관이 고쳐져야 반야의 지혜가 생기는데, 그것이 쉽지는 않죠. 그러나 이것을 체험해 보면 그럴 수밖에 없다는 게 저절로 체험되기 때문에 '이것은 뭐라고 할 수가 없네, 뭐라고 말해도 맞지 않구나' 하는 걸 알 수 있거든요. 그러니까 여기에 관한 말이 전부 맞는 말이 하나도 없어요. 방편의 말이라고 하는 겁니다. 다 방편의 말입니다. 공이라 하든 색이라 하든 다 방편의 말이에요. 불이라 하든 중도라 하든 결국 그것도 방편의 말이에요. 어떤 말도 여기에는 맞을 수가 없다는 게 자신에게는 아주 분명하고 확실한데, 말로써 표현하려고 하면 안 맞는 거예요. 하나도 맞는 게 없어요.

그것을 《반야심경》에서 뭐라고 했습니까? '이무소득고(以無所得故)'라고 얘기합니다. 뭐라고 얻을 것이 하나도 없다는 말이에요. 이거구나 하면 자기가 뭔가 얻은 게 있잖아요. 얻은 견해가 있고 얻은 개념이 있잖아요. 여기는 그렇게 할 게 없다는 말입니다. '아, 이거구나' 그런 식으로 어떤 개념이나 견해를 얻을 수가 없다, 판단이 안 선다, 이 말입니다. 그렇지만 분명해요. 아무 생각은 없지만 명백하거든요. 이것이 지혜란 말이죠. 지혜는 아무 생각도 견해도 없지만, 밝고 밝아서 헤매지 않는 게 지혜입니다. 지식은 어떤 생각을 가지고서 뭘 아는 게 지식이고, 지혜와 지식은 다른 거죠. 그래서 이것을 반야, 지혜라고 하는 거죠.

《반야심경》에 그렇게 되어 있죠. '이무소득고 보리살타 의반야바라밀' 이렇게 나오죠. 아무것도 얻을 게 없기 때문에, 즉 어떻게 판단할 수 없고, 어떤 견해도 있을 수가 없고, 어떤 개념도 있을 수 없고, 어떻게도 알 수가 없기 때문에 그것이 바로 보살이 반야바라밀 즉 지혜에 머물고 있는 것이다, 이 말입니다. 지혜에 의지하고 있는 것이라는 거죠. 그런 말들을 자기가 실감할 수 있어요. 여기에 통해서 좀 시간이 지나야 해요. 금방은 몰라도 시간이 지나면서 자꾸자꾸 밝아지면 그렇게 말하는 것이 다 실감이 돼요. 불이다, 중도다, 공이다, 반야바라밀다, 이런 말들을 왜 하는지 실감하는 거죠. 자신이 직접 겪고 있는 일이고, 실제 자기에게는 진실한 사실이니까요. 그런데 습관을 극복하기가 쉽지는 않아요. 자꾸 자기도 모르게 '깨달음이라는 게 뭐지? 법이라는 게 뭐지? 불이중도라는 게 뭐지?' 하고 머리가 알고 싶어 하거든요. 그런데 분별해서 머리가 아는 것은 다 망상이고, 그렇게 알 수는 없어요. 그러니까 지혜가 한 번 밝아져야 해요. 실제로 체험을 해서 시간이 지나다 보면 저절로 지혜가 나오고 밝아집니다. 지혜가 밝아져서 경전을 보면 모르는 거 없이 다 소화가 됩니다.

여기 보세요. '부처님의 말씀은 전부 진실한 말씀이고 거짓되지 않고 있는 그대로 말씀하시는 것이다' 해 놓고는 또 뭐라고 얘기하느냐면 '여래께서 얻은 이 법은 진실한 것도 아니고 헛된 것도 아니다' 이렇게 이야기하는 거죠.

그러니까 부처님 말씀은 실상을 말씀하려고 하는 방편의 말이에요. 실상 자체는 뭐라고 얘기할 수 없고 '진실하다, 헛되다' 이렇게 판단할 수 있는 게 아니에요. 왜냐하면 '진짜다, 가짜다' 하는 것도 분별이거든요. 생각이란 말이죠. '이것이 진실한 법이구나'라고 얻어서 그것을 딱 붙잡고 있을 수 있느냐? 안 됩니다. 그럴 수는 없어요. 그건 분별이죠. 그러니까 《금강경》에서도 항상 얻을 수 있는 법이라는 건 없다고 얘기하잖아요. 얻을 수 있는 게 있다면 '이것은 진실한 법이다'라고 얘기했겠죠. 그런데 여기서 뭐라고 했습니까? '여래에서 얻은 법은 진실한 것도 아니고 헛된 것도 아니다.' 이것이 진짜구나, 이렇게 딱 손에 쥘 그런 법은 없다, 그럴 수는 없다는 말이에요. 이것은 법이 없는 게 아니라 그럴 수 없다는 거예요.

본인이 이것을 체험하고 겪어 보면 알아요. '이것이다, 저것이다' 하는 분별에 떨어지지 않고 항상 밝은 지혜로 살아갈 수 있어야 하는데, 그것이 결국 체험한 뒤의 공부입니다. 본인이 하여튼 조심해야 해요. 왜냐하면 습관적으로 '뭔데? 이것은 이런 거냐 저런 거냐' 하고 자꾸 생각을 하려고 하죠. 그렇게 살아왔고 습관화되어 있으니까요. 그런데 그것이 극복되어야 해요. 극복이 돼서 그런 분별에 휘둘리지 않고 지혜가 딱 밝아져야 비로소 왜 반야바라밀이라고 하는지 알 수 있어요. 반야바라밀이 바로 불이중도입니다. '이거다, 저거다' 그렇게 분별하는 게 아니라는 말입니다. 아니면서도 안목이 밝아서 전혀 헤매지 않고 어둡지도 않은 거예요.

그런 분들이 있어요. 체험을 해서 분별에서 벗어났어요. 그래서 생각 망상에서 벗어나 너무 편해요. 그런데 어찌해야 할지를 모르겠다, 뭔가 어둠 속에 싸여 있는 것 같다… 편하긴 한데 뭐가 뭔지 밝지 못해서 상담하러 오는 분들이 가끔 있거든요. 그것은 왜 그러냐면 체험을 하긴 했는데 여전히 분별하는 버릇이 계속 작동하고 있어서, 분별하는 게 분별이 안 되니까 어두운 겁니다. 뭔가 어둠 속에 있는 것 같고, 뭔가 밝지 않은 것 같고, 확실치 않은 것 같아요. 아직 공부가 확실하지 않고 지혜가 없는 거예요. 망상에서 벗어나 해탈의 편안함은 있고 굉장히 가쁜하고 살 것 같은데, 지혜가 없어서 여전히 헤매고 있는 겁니다. 공부를 계속하다 보면 반야의 지혜가 밝아질 날이 있어요. 생각에 의지하지 않게 되고, 불이중도라는 게 확실하게 자리 잡혀서, 밝은 지혜로 외나무다리 위를 걸어간다고 하듯이 외나무다리 위를 걸어가는 사람은 오른쪽이 어떻고 왼쪽이 어떻고, 어떻게 걸어가야 하고, 이런 생각이 없습니다. 내가 발을 어디에 딛는다는 생각이 없어요. 그냥 저절로 돼요. 저절로 그런 능력이 생기거든요. 지혜라는 것은 저절로 능력이 생겨서, 분별망상에 끄달리지 않을 힘이 생겨요. 이것이 지혜입니다. 그러다 보면 왜 이것을 불이라 하고 중도라고 하고 반야라 하는지 차차 납득이 돼요.

왜 머물지 말고 그 마음을 내야 한다는 말을 하는지 알게 되고… 결국 모든 말이 다 같은 말입니다. 다 이 법을 얘기하고 있는 거예요. 외나무다리 위를 걸어가거나, 그것보다 더 좋은 예는 제가 만든 비유인데, 자전거를 타고 가는 것과 같다는 겁니다. 자전거를 타고 가는 사람은 정해진 선을 따라가지 않습니다. 본능적으로 핸들을 틀고 페달을 밟으면서 안 넘어지는 거죠. 정해진 선을 따라가는 건 아니에요. 정해진 건 없는데 안 넘어질 수 있는 능력이 생겨서 페달을 밟으면서 오른쪽 왼쪽을 적절하게 자기도 모르게 조절하거든요. 그것이 지혜, 반야라고 하는 겁니다.

옛날 사람들은 자전거가 없으니까 외나무다리 위를 걸어가는 것과 같다는 비유를 했는데, 같은 비유죠. 외나무다리는 딱 정해진 길이 있으니까 오해할 수 있어요. 실제로는 정해진 길이 없습니다. 그래서 자전거 타는 것이 더 적절한 비유예요. 정해진 길이 없이 어떤 길로도 갈 수 있어요. 넘어지지만 않으면 돼요. 넘어지면 왼쪽 오른쪽이 딱 정해져 버리죠. 왼쪽으로 넘어지거나 오른쪽으로 넘어지니까요. 그런데 넘어지지 않는 사람에게는 왼쪽 오른쪽이 정해져 있지 않습니다. 자유자재로 왼쪽으로 갈 수도 있고 오른쪽으로 갈 수도 있고, 정해진 왼쪽 오른쪽이라는 게 없단 말이죠. 그래서 머물지 말고 그 마음을 내라, 하는 것은 자전거를 타고 가는데 어느 정해진 길로 가는 게 아니라는 말이에요. 그렇게 된단 말이죠. 그런 능력이 딱 생겨요.

여래는 진실을 말씀하시는 분이지만, 여래께서 얻은 법, 여래가 말씀하시는 이 법 자체는 무엇이 아니다… '진짜다 가짜다' '이렇다 저렇다' 이렇게 말할 수 있는 게 아니다, 분별할 수 있는 게 아니다, 이 말이에요. 여래께서는 분별할 수 없는 진실을 말씀하시는 분이지만, 이것 자체는 뭐라고 얘기할 수가 없다, 분별이 되는 게 아니다, 그런 말이죠.

　(법상을 톡톡 두드리며) 이것은 본인이 그냥 체험을 해 보면 됩니다. 그러면 분별할 이유가 없습니다. 이렇게 분명하니까 머리로 생각할 필요가 없어요. 이렇게 명백하고 분명하니까 머리로 '이거다, 이렇구나, 저렇구나' 이렇게 할 필요가 없어요. 실제 내가 경험이 되고 있고 분명히 드러나 있기 때문에 머리를 가지고 정리정돈을 해 놓을 필요가 없습니다. 머리로 생각할 때는 왜 합니까? 기억하기 위해서 하는 겁니다. 그런데 기억은 고정관념이에요. 그러니까 그것은 헛된 거죠. 허망한 겁니다. 도(道)를 흐르는 물과 같다고 하는데, 자전거를 타고 가는 것도 흐르는 물과 같잖아요. 고정되지 않거든요. 그것을 딱 고정해 놓으면 가짜죠. 마치 자전거 타고 가는 사람이나 흐르는 물을 사진 찍은 것과 같아요. 가짜예요.

　진짜는 가만히 있지 않고 끊임없이 살아 있습니다. 고정되어 있지 않아요. 법이 실감되면 끊임없이 살아 있으면서도 어떤 고정된 것도 없지만 밝은 겁니다. 어둠이 없단 말이죠. 체험했을 때 편안해지고 번뇌에서 벗어나 너무 홀가분하고 좋은데, 뭔지 모르지만 밝지가 않고 어둡고 어떻게 해야 할지 모르겠다는 것은 아직 공부가 제대로 된 건 아닙니다. 계속해서 반야의 지혜가 밝아져야 해요. 그래야 비로소 부처님 말씀이나 조사의 말씀을 막힘없이 소화할 수 있습니다.

　(법상을 톡톡 두드리며) 이 하나. 이 법입니다. 이런 법입니다. 알 수가 없

어요. 알 수는 없지만 이렇게 분명히 누구한테나 이것이 갖추어져 있는 거예요. 이 법 하나입니다. (법상을 톡톡 두드리며) 이 법 하나.

수보리야, 만약 보살의 마음이 법에 머물러 베풂을 행한다면, 마치 사람이 어둠 속에 들어가면 보이는 것이 없는 것과 같다.

이것은 여기에 한 번 계합한 뒤의 이야기입니다. 여기에 한 번 딱 들어맞아서 안목이 생긴 뒤에 이런 말이 해당하는 이야기예요. 지금 이것 하나가 있고, 여기 한 번 탁 들어맞게 되면 체험된다, 들어맞는다, 계합한다… 여러 가지로 얘기할 수 있죠. 여기 한 번 딱 들어맞게 되면 어떤 무엇이라는 게 없으니까 어딘가에 머물거나 의지하지 않습니다. 나라는 게 없고 법이라는 게 없으니까요. 내가 있고 법이 있으면 내가 무언가에 의지하거나 머물 수 있는데, 여기에 통하면 나라고 할 게 없고 법이라고 할 그런 뭐가 여기는 없어요. 그냥 밝아서 온 세상일을 다 보고 듣고 느끼고 생각하고 말하고 행동하고 다 하는데, 아무것도 없어요. 뭐라고 할 게 없단 말이죠. 무엇에 머무르고 무엇에 의지하는 게 말이 안 되는 거죠.

만약 보살의 마음이 법이라는 것에, 어떤 무엇에 머물러 베풂을 행한다면, 머물러서 여러 가지 행동을 한다면, 마음이 작동한다면, 마치 사람이 어둠 속에 들어가면 아무것도 보이는 게 없는 것과 같다… 지혜가 없다는 말입니다. 무언가에 머물러 있으니까, 거기에 막혀서 그것만 분별하고 있으니까 지혜가 없다는 겁니다. 여기에 통해서 안목이 생긴 뒤의 이야기입니다. 생기면 어떤 무엇이다, 깨달음이 이런 거다, 진여자성이 이런 거다, 마음이 이런 거다, 그런 게 없어요. 아무 그런 게 없어요. 그냥 밝게 깨어 있고, 걸림이 없고, 못하는 일 없이 뭐든지 다 하는데, 어딘가에 머물러 있거나 어떤 무엇이 있는 건 아니에요. 뭐든지 다 하는데 어떤 뭐라고 할 건 없어요. 그러니까 이것은 경험해 보면 알아요.

그런데 혹시라도 방편으로 이것이 깨달음이다, 이것이 마음이다, 이것이 도다, 하는 것을 착각해서 그런 걸 가지고 있다면, 그것은 깨달음이 아니고 잘못된 것이라는 말이에요. 그건 방편입니다. '이것이 도다, 이것이 깨달음이다' 이러면 분별이고 망상이에요. 한결같이 늘 있는 일이 있지만, 고정적으로 무언가를 가지고 있는 건 없어요. 그런 건 없습니다. 그래서 마치 텅 빈 거울이 뭐든지 비추지만 항상 텅 비어 있는 것과 같아요. 텅 비어 있는 거울은 산에 가면 산을 비추고, 바다에 가면 바다를 비추고, 어딜 가든지 뭐든지 다 비추는데 항상 텅 비어 있잖아요. 한결같이 텅 비어 있죠.《문수반야경》에 보면 '깨달은 부처도 없고, 부처가 얻은 깨달음도 없다'라는 말이 있거든요. 그러니까 '내가 깨달은 사람이다' 이런 생각이 전혀 없고, '이것이 깨달음이다' 그런 뭐가 없습니다. 아무 그런 게 없어요. 하여튼 뭐가 있으면 안 돼요. 그러면 그게 경계가 되고 망상이 되는 겁니다. 실제 여기 한 번 통해 보면 저절로 압니다. 밝게 깨어 있긴 한데 아무것도 정해진 게 없어요. '내가 밝게 깨어 있구나' 하는 생각조차도 없어요.

텅 비어서 뭐든지 다 이렇게 보고 듣고 느끼고… 마음이라는 게 살아 있는 거죠. 마음이 살아서 온갖 활동을 다 하고, 볼 거 다 보고, 들을 거 다 듣고 하는데, 아무것도 없어요. 이것은 겪어 보면 알아요. 뭔가 체험을 했는데 이렇지 않고 어떤 뭐가 고정된 게 있어서 '그래, 맞아. 이거다.

이걸 내가 딱 붙잡고 있어야지' 이러면 그것은 아닌 겁니다. 붙잡고 있을 것이 없습니다. 정해진 법이 없습니다. 그러니까 혹시 그런 잘못을 할까 봐서 이런 방편을 말하는 거죠.

**만약 보살의 마음이 법에 머물지 않고 베풂을 행한다면, 마치 사람이 밝은 햇빛 속에서 여러 가지 색깔을 보는 것과 같다.**

만약 보살의 마음이 법에 머물지 않고, 어디에도 머물지 않고, 베풂을 행한다면. 작동한다면, 늘 이렇게 살아간다면, 그것은 마치 사람이 밝은 햇빛 속에서 여러 가지 색깔을 보는 것 같다… 밝다, 지혜가 있다는 말입니다. 밝으면 속는 일이 없고 두려움이 없죠. 우리가 뭔가 모르는 어둠 속에 있으면 두려움과 함께 호기심도 있죠. '뭐가 있을까?' 하는 호기심, 그다음에 '뭐가 있을지 몰라' 하는 두려움이 같이 있어요. 그런 감정이 같이 일어나거든요. 그런데 이것이 밝게 제대로 계합되어 있다면, '뭐가 있을까?'라는 호기심도 안 일어나고, '뭐가 있을지 몰라' 하는 두려움도 없습니다. 아무 일이 없어요. 아무 일이 없습니다.

그러니까 공부하는 사람이 체험을 했더라도 자기 공부가 지금 제대로 되어 있는지 아닌지 알아볼 수 있는 하나의 기준이 되는 것들이 이런 것들이죠. 그런 경우가 있거든요. 체험을 했다고 찾아오는 사람 중에 굉장히 편하고 텅 비어서 모든 걸 다 놓아 버린 것 같고 자유로운 것 같은데, 이상하게 의문이 남아 있고 뭔가 갈피가 잡히질 않고 개운하지 않다는 사람이 있어요. 뭔지 모르지만 애매모호하고 알쏭달쏭하다는 겁니다. 이런 것 같기도 하고 저런 것 같기도 하고, 뭔가 마음이 시원하지 않아요. 이런 말을 하는 사람들이 있거든요. 그러면 아직 제대로 계합한 게 아니에요.

이것이 제대로 딱 들어맞으면 그렇지 않고, 자기가 망상만 안 부리면 항상 밝은 거울이 있는 그대로를 비추듯이 세상이 그대로 온갖 일이 나타나죠. 그런데 아무것도 없어요. 무슨 특별한 일이 있는 게 아니에요. 깨달은 사람만이 가지고 있는 신통력이 있는 것도 아니고, 어떤 특별한 능력이 있는 것도 아니고, 무슨 특별한 일이 있는 게 아니에요. 그냥 이 세계를 있는 그대로 딱 비춰 보는, 그래서 망상을 부리지 않으니까, 한 마디로 망상이 없는 거죠. 진실, 실상을 있는 그대로 보는 눈은 있고, 거기서 망상은 안 부리는 거죠. 그렇게 이야기할 수 있어요.

깨달음을 얻으면 신통력을 갖추어서 남다른 뭔가를 행할 수 있다는 식의 착각을 하는 사람들이 있습니다. 그것이 아상에서 나온 헛된 망상인데, 왜냐하면 '나는 남과 달라야 해' 하는 그것이 아상이거든요. 망상입니다. '나'라는 망상이 남아 있으니까 그런 생각을 하게 되는 거예요.

그런데 실제로 제대로 딱 깨달아서 통하면 나라는 게 없어요. 나와 남이라는 상이 없습니다. 뭐가 특별할 게 있고 특별하지 않을 게 있고, 그런 게 없어요. 모든 것이 다 똑같아요. 이 사바세계, 이 세간의 온갖 모습을 있는 그대로 딱 비추어 보는 것이고, 딱 드러나 있는 것이고, 쓸데없는 망상을 개입시키지 않는 거죠. 실상을 있는 그대로 볼 뿐이고, 자기가 망상을 일으켜서 쓸데없는 짓을 안 하는 겁니다. 이것이 깨달음이죠.

《화엄경》에 '해인삼매(海印三昧)'라는 말이 있거든요. 《화엄경》을 법문할 때 부처님이 들어 있는 삼매가 '해인삼매'라고 한단 말이에요. '해인삼매'라는 게 무슨 뜻이냐면 바다에 물결이 일지 않으면 바닷물이 거울처럼 깨끗해서, 바깥에 있는 모든 사물이 도장 찍듯이 있는 그대로 다 나타난다는 겁니다. 그것이 깨달음이라는 말입니다. 왜곡됨이 없다는 말이에요. 그것을 '해인삼매'라고 하거든요. '대원경지(大圓鏡智)'라는 말도 쓰죠. 큰 거울 같은 지혜다, 있는 그대로의 실상이 드러나서 있는 그대로 실상을 보는 밝은 지혜만 있고 쓸데없는 망상은 일으키지 않는다… 그것을 다른 말로 눈 속에 병이 없다고 하기도 합니다. 눈에 병이 들면 허공 속에 무엇이 있는 것 같아요. 실제로 눈 안에 문제가 생겼는데 눈 속에 있는 줄 모르고 바깥에 있는 것 같다고요. 망상이라는 건 자기 마음에서 일어난다는 말입니다.

그러니까 이 세계의 진실을 있는 그대로만 딱 비출 뿐이고, 자기 스스로 그런 망상을 일으키지만 않으면 아무 문제가 없어요. 그런데 중생들은 꼭 마음에 뭔가를 일으켜서, 이게 어떻고 저게 어떻고 시비하고, 좋아하고 싫어하니까 항상 번뇌가 생기는 거예요. 눈 속에 늘 눈병이 들어서 바깥에 있는 걸 실상 그대로 보지 못한다는 말입니다. 이게 그런 말이에요. 뭔가에 머물러 있다, 마음이 뭔가에 머물러 있다는 말은 눈 속에 티끌이 들어갔다는 말입니다. 눈 안에 티끌인 줄 모르고 밖에 뭐가 있는 것처럼 보인다고 착각하는 거죠. 실제 깨달음이 확실하면 세계의 실상이 그대로 드러나서 세상이 구경거리입니다. 세상이 이렇게 굴러가는구나 하는 걸 그냥 구경하는 사람이지, 자기에게는 아무것도 없어요. 세상일이 전부 구경거리예요. 뻔하게 늘 일어나는 일이고, 저런 일이 일어난다는 걸 지혜가 다 보고 있는 것입니다.

보살의 마음이 법에 머물지 않고 행한다면… 이 말은 눈 속에 티끌이 없으니까 진실이 있는 그대로 다 드러난다는 말입니다. 그러면 마치 사람이 밝은 햇빛 속에서 여러 가지 색깔을 보는 것과 같다… 밝은 햇빛 속에서 여러 가지 색깔을 보면 그대로 다 보이거든요. 해인삼매라는 말과 같은 뜻이에요.

보는 사람 없이, 나라는 것 없이 세상만 그대로 드러나 있으니까, 세상일들이 다 허공 속을 지나가는 것처럼 아무것도 걸리는 게 없고 장애될 게 없는 거죠. 《반야심경》에서는 '이무소득고' 마음속에서 얻은 게 아무것도 없으니까 보살마하살이 반야바라밀에 머물러 있다는 말을 하죠. '보살마하살 의반야바라밀다' 마음속에 아무것도 안 가지고 있는 게 바로 반야바라밀이라는 지혜다, 이 말입니다. 그러니까 '심무가애' 마음속에 장애 될 게 없어요. 아무것도 안 가지고 있으니까 장애 될 게 없죠. '심무가애 무유공포' 두려울 것도 없고 번뇌가 될 게 아무것도 없다… '구경열반' 마지막 실상, 진실인 열반, 열반이라는 게 마음이 아무것도 없단 말이거든요. 마음속에 아무것도 없다, 그게 바로 마지막 진실이다, 이 말입니다.

나라는 것 없이 세상을 보니까 세상도 없어요. 내가 있으면 상대적으로 세상도 있는데, 내가 없이 세상을 비추어 보는 거거든요. 마음이 거울과 같다는 말은 거울이 세상을 비추어 보듯이 마음도 항상 세상을 비추어 보고 있다는 말이거든요.

그런데 세상에 오온이라는 온갖 모습이 나타나 있지만, 마음은 항상 공이에요. 텅 비어 있다는 말입니다. 그러니까 '도일체고액'이라… 아무 문제가 없다, 일체의 모든 번뇌가 거기는 없다… 이것은 깨달은 사람의 바른 깨달음이 이런 거라는 걸 방편으로 얘기하고 있는 겁니다. 일단 체험을 해서 정말 그런 건지 자기가 직접 겪어 봐야 하는 겁니다. 겪어 보면 경전의 말씀들이 다 나름으로 진실을 이야기하고 있습니다. 말 그대로 있다고 여기면 안 되고, 겪어 보면 저렇게 말할 만한 충분한 이유가 있다는 것을 본인이 납득하고 공감할 수 있는 것이죠. 방편의 말이기 때문에, 말하는 그대로 일이 있다고 여기면 안 돼요.

이것입니다. 여기에 통달하면 《금강경》이든 《반야심경》이든 《유마경》이든 무슨 경전이라도 갖다 놓으면 그대로 보면 딱 드러나 있는데, 다른 일이 있는 게 아니에요. 이것입니다. 여기 한 번. 지금 딱 이것이거든요. 이 일 하나예요. 여기 통하면 이런 말들을 금방은 잘 몰라요. 어느 정도 시간이 좀 지나야 합니다. 지혜라는 것이 밝아지려면 최소 10년 이상 지나야 해요. 왜냐하면 체험을 해도 아직 망상하는 습관이 계속 발동하고 있기 때문에 지혜가 밝지는 못해요. 10년, 20년 지나면 자꾸 지혜가 밝아져서 더 밝게 보입니다.

만약 보살의 마음이 법에 머물지 않고 베풂을 행한다면… 마음이 텅 빈 허공과 같아서 아무것도 마음속에 없다면, 이 말입니다. 깨달음이란 게 있는 게 아니고, 해탈이라는 게 있는 게 아니다… 그러니 이것이 해탈이다, 이것이 깨달음이다, 이것이 열반이다, 그렇게 하면 안 된다, 그런 게 있는 게 아니다… 그래서 반야바라밀이라는 말을 항상 핵심적인 말로 쓰는 겁니다. 반야바라밀이라는 건 지혜거든요. 어떤 망상도 없는 밝은 지혜입니다. 반야라는 말이 불교에서는 항상 쓰는 말이죠. 물론 방편의 말입니다. 어떤 망상도 없는 밝은 지혜라는 말이거든요.

수보리야, 오는 세상에 착한 남자나 착한 여인들이 이 경을 받아 지니고 읽고 외우면, 여래는 부처의 지혜로써 이 사람을 다 알고 다 보니 모두가 한량없고 끝없는 공덕을 이루느니라.

공부라고 하는 것은 이것을 먼저 체험하는 겁니다. 일단 깨달아야 해요. 깨달아야 그다음에 부처님의 가르침들을 공부할 수 있어요. 공부한다는 건 공감을 할 수 있는 거죠. 제가 말씀드리는 거지만 경전이라든지 선에서도 항상 이렇게 얘기하는 겁니다. 항상 깨달음이 먼저다, 불교 공부는 깨달음이 먼저다…

《법화경》에 불타는 집의 비유가 있어요. 불타는 집이라는 건 사바세계, 세간을 가리키는 것이고, 불타는 집 속에서 집이 불타는 줄도 모르고 재미있게 놀고 있는 아이들은 중생들을 가리키는 말이에요. 그런데 부모는 지금 마당에 나와 있어서 불타는 집을 보고 있죠. 부모는 부처 즉 선지식을 가리키는 거예요. 거기 보면 아이들한테 '지금 집이 불타고 있으니까 바깥으로 나오너라' 하는데, 아이들이 말을 듣질 않아요. 왜냐하면 아이들 눈에는 불이 안 보이거든요. 지붕에 불이 붙었는데 방에서는 불이 안 보여요. 그러니까 들은 체 만 체 놀기 바빠서 안 나온단 말이죠. 부모가 뭐라고 얘기하냐면, 평소에 아이들이 사달라고 조르던 장난감들이 있는데 그걸 사 왔다고 얘기합니다. 그러니까 아이들이 우르르 바깥으로 나오죠. 그러면서 《법화경》에서 하는 말이, 부처님의 지혜라는 것은 아직 불타는 집에서 나오지 못한 중생들에게는 말해 봐야 곧이 듣질 않는다는 거예요. 무슨 말인지 모른다는 말입니다. 그러니까 아이들한테 '집에 불이 붙었어. 너 거기 있으면 죽으니까 나오너라' 해도 곧

이듣질 않아요. 나오질 않는다는 겁니다. 밖에 나와서 보니까 집이 불타는 것이 비로소 보이고, 그때는 곧이듣죠. 어떤 방법을 쓰든지 간에 일단 집에서 빼내야 한다는 거고, 그다음 밖에 나와서 아이들이 '장난감 주세요' 할 때 소가 이끄는 수레, 사슴이 이끄는 수레, 염소가 이끄는 수레, 세 가지를 주죠. 그것이 바로 성문, 영각, 보살이라는 불법입니다.

불법을 공부하려면 일단 불타는 집 안에서 먼저 빠져나와야 한다, 그것이 먼저다, 이 말이에요. 그게 무슨 이야기입니까? 깨달음이 먼저라는 말입니다. 해탈이 먼저고, 그다음에 부처님의 법을 공부하면 납득할 수 있다는 말이에요. 수행을 해서 마지막에 깨닫는다는 건 대단히 잘못된 겁니다. 그런 게 아니고 깨달음 뒤에 불법을 공부하는 것이다, 부처님은 원래 그렇게 가르쳤다, 이 말이에요. 그것이 《법화경》에 분명하게 나와 있습니다.

무조건 먼저 깨달아야 하고, 그다음에 불법이 이런 거구나 저런 거구나 공부해서 아는 거죠. 집 안에 있는 아이한테 불났다 해도 불난 줄 몰라요. 곧이듣질 않는다고요. 일단 집 밖으로 나와야 합니다. (법상을 톡톡 두드리며) 먼저 체험해야 합니다. 먼저 깨달아야 해요. 그다음에 부처님 말씀이 이런 것이고 불법이라는 게 이런 거구나, 하고 공부하는 거예요. 일반적으로 '수행을 해서 깨닫는다' 이렇게 전부 생각하거든요. 대단히 잘못되어 있는 겁니다. 원래 불교의 가르침은 그런 게 아니에요.

선(禪)에서도 항상 돈오(頓悟)한 뒤에 점수(漸修)를 이야기하거든요. 《능엄경》에도 그렇게 되어 있어요. 도리를 문득 깨달으니 깨달음과 함께 모든 것이 사라져서 망상에서 벗어났다, 이 말입니다. 그런데 현실 속에서는 금방 되는 게 아니고 차차 달라진다고 했는데, 깨달음이 먼저라는 말이에요. 깨달아서 먼저 망상에서 벗어나는 길을 찾은 다음에 망상에서 벗어난 길을 계속 가고, 평소 일상생활 속에서도 항상 지혜가 밝아 있으려면, 그다음에 불법을 공부하는 거거든요. '돈오' 도리를 먼저 문득 깨닫고 바른 길을 가는데, 지혜를 밝게 갖추는 건 그다음이에요. 그것이 부처님의 가르침이고 불법이거든요. 경전에서 다 그렇게 얘기해요.

선에서도 돈오점수라는 말이 기본이고, 돈오돈수라는 것은 하나의 방편으로 해 놓은 겁니다. 기본적으로 돈오점수라는 게 경전에서 하는 말과 같은 뜻이에요. 문득 깨닫고 불법을 공부해서 지혜를 밝힌다는 거예요. 심우도에 나와 있잖아요. 소를 찾는 것은 문득 찾는 거죠. 그다음에 소를 잘 키워서 나중에는 소도 없어지고 사람도 없어지고 일원상으로 돌아가는 게 깨달음이 원만해지는 겁니다. 선도 그렇게 되어 있거든요.

돈오돈수라는 말은 깨달음만 얘기하고 있는 겁니다. 문득 깨달아 버리면 수행이라는 게 따로 없다, 항상 공 속에는 아무것도 없다, 이런 말이기 때문에 돈오돈수는 그냥 공만 이야기한 것이고, 돈오점수는 공과 색을 같이 얘기한 겁니다. 서로 다른 말은 아니에요. 어떤 측면을 이야기했느냐 그 차이가 있는 거지, 다른 뜻을 가지고 있는 건 아닙니다.

(법상을 톡톡 두드리며) 공부는 무조건 이 법, 여기에 한 번 통해야 하는 겁니다. 이것이 법이고 이것이 마음입니다. 이것이 도(道)입니다. 무조건 일단 한 번 여기에 통해야 해요. 이것이 공부의 시작입니다. 어떤 수행의 절차를 거쳐서 가는 길이 아닙니다. 삼계라는 게 있잖아요. 그게 수행의 절차입니다. 욕계, 색계, 무색계라고 하는 건데, 선정의 단계예

요. 욕계 속에도 선정이 있고, 색계는 초선, 이선, 삼선, 사선 해서 크게 4단계가 있고, 더 잘게 하면 훨씬 숫자가 많아집니다. 초선에도 몇 개 있고, 이선, 삼선, 사선에도 쭉 나뉘어서 수행의 단계거든요. 무색계도 4가지 단계가 있어요. 그런데 그런 수행이 욕계, 색계, 무색계로 단계가 쭉 높아가는데, 그것이 깨달음입니까? 중생이란 말이에요 깨달음이 아니에요. 삼계라는 것은 항상 중생을 가리키는 말이죠. 깨달음을 가리키는 게 아니라고요. 욕계, 색계, 무색계, 그런 수행을 거쳐서 마지막에 깨닫는 게 아닙니다. 깨달음은 멸진정이라고 하는데, 문득 분별에서 벗어나는 겁니다. 한순간에 문득 분별을 벗어나는 것이지, 욕계, 색계, 무색계, 단계를 거쳐서 가는 게 아닙니다. 그것을 오해하면 안 돼요.

그런데 소승에서는 그런 식으로 얘기해요. 욕계, 색계, 무색계, 선정의 단계를 쭉 거쳐서 마지막에 멸진정에 들어간다는데, 그것이 대승과 소승의 차이입니다. 대승에서는 즉각 멸진정에 바로 들어갑니다. 즉각 분별을 벗어나서 바로 깨달아 버리면 이미 삼계를 벗어나 버리니까 그런 수행은 필요 없는 것이죠. 바로 딱 분별을 벗어나 버리면 바로 멸진정이거든요. 그래도 아직 망상하는 습관에 계속 끄달리니까 그것은 그 다음 남은 문제라는 겁니다. 그래서 소승과 대승이라는 게 공부하는 걸 바라보는 시각이 그렇게 다릅니다. 결국 깨달음으로 가는 공부 방법인데 어느 게 더 효과적이고 좋은 공부 길이냐? 대승이 훨씬 좋습니다. 왜냐하면 소승처럼 선정의 단계를 하나하나 밟아 올라가면 언제 그걸 마칠 날이 있겠어요? 그것은 기약이 없습니다.

비유하자면 이렇게 이야기할 수 있겠죠. 대학교에 입학하는데, 소승이라면 이런 겁니다. 초등학교 6학년, 중학교 3학년, 고등학교 3학년

다 거치고, 대학교 입학시험을 쳐서 입학하는 거예요. 대학교 가려면 소승은 12년이 걸리잖아요. 그런데 대승은 그냥 1년 만에 검정고시 공부를 한꺼번에 쫙 몰아서 하는 겁니다. 1년 만에 바로 입학해 버리는 거예요. 그것이 가능하냐 하는데, 가능합니다. 대학 입학은 세속적인 일이니까 사실 1년 만에는 어렵겠죠. 그러나 깨달음이라는 것은 그런 것과 달라요. 깨달음이라는 것은 하나를 배우고 둘을 배우고 셋을 배우고 이렇게 가는 게 아니고, 망상이라는 꿈속에 있다가 그 꿈을 탁 깨는 거거든요. 단번에 가능하다는 말입니다. 꿈을 깨는 데 무슨 단계가 꼭 필요한 건 아닌 겁니다. 꿈을 깨는 데 단계가 있습니까? 그냥 눈을 한 번 딱 뜨면 되는 것인데, 분별망상이라는 꿈을 깨는 게 깨달음이거든요. 그래서 깨달음은 즉각 가능한 겁니다. 수많은 단계를 거쳐서 마지막에 이루는 게 아니라는 말이에요.

꿈을 깨긴 했는데 수십 년 동안 잠만 잤기 때문에 깼더라도 습관적으로 또 잠이 들어요. 그러다가 '내가 잠자면 안 되지' 하고 깨어나고, 그러면서 깨어 있는 연습을 계속하는 거죠. 그다음부터는 이것이 공부예요. 이것이 대승법이고 이것이 선이에요. 대승이 바른 공부법입니다. 뭣도 모르고 소승의 수행 방법을 따라가다가는 깨달음은 영원히 성취하기 어렵습니다. 왜냐하면 한 단계 한 단계가 너무 힘들어요. 한 단계 한 단계 밟아 올라가는 것 자체가 쉽지 않다고요. 그래 가지고 언제 되겠습니까? 일단 먼저 체험을 해 놓고, 그다음에 깨어 있는 것에 익숙해져 가는 과정인 겁니다. 선이 바로 그런 것을 가장 효과적으로 공부할 수 있는 거예요. 선은 직지인심, 깨달음을 바로 가리키는 거니까요.

(법상을 톡톡 두드리며) 이것이다, 이 일이다, 이것이 바로 도다, 이것이

법이다, 이것이 마음이다… 바로 딱 가리켜드리는 거니까요. 이 앞에서 처음에는 꽉 막혀서 어떻게 할 수가 없겠지만, (법상을 톡 두드리며) 한순간에 이런 체험이 탁 온단 말이에요. 어떤 준비 운동, 준비 과정, 이런 거 필요 없습니다. 대학교 입학하듯이 지식을 요구하는 거라면 많은 준비 과정이 필요하겠지만, 입학 자격이 지식이 아니고 자기의 근본을 찾는 거라면 무슨 과정이 필요하겠습니까? 자기 본래면목을 깨달으면 대학 입학을 시켜 준다면 과정이라는 게, 지식이 필요 없어요. 왜냐하면 자기 자신이라는 건 날 때부터 가지고 있는 거고, 망상이라는 꿈에서만 탁 깨면 되는 거니까요.

불법이 이런 거라는 말이에요. 생각이라는, 망상이라는 꿈을 한 번 깨는 게 깨달음입니다. (법상을 톡톡 두드리며) 누구든지 가능해요. (법상을 톡 두드리며) 이것이 깨어 있는 마음이거든요. 이것이 깨달음이라고요. 누구든지 이런 깨달음이 있어요. 누구든지 마음의, 지혜의 불은 켜져 있어요. '자등명 법등명' 하는데 자기 등불이 안 켜져 있는 걸 켜라는 말이 아닙니다. 이미 켜져 있는데도 이것을 보지 못하고 다른 걸 보고 있으니까 그런 말을 하는 겁니다.

회광반조(回光返照)하라… 엉뚱한 거 보지 말고 자기 자신을 비추어 보라는 거죠. 그래서 그런 방편의 말들을 하는 거예요. 자기 자신을 비추어 본다는 게 (법상을 톡톡 두드리며) 이 체험. 이것을 확인하는 거예요. 이것을 확인하고 이것을 체험하니까 이것이 깨달음이죠. 불법 공부라는 건 간단한 겁니다. 직지인심 견성성불, 딱 그대로입니다.

우리의 진실인, 본래면목인 마음을 바로 딱 가리키고, 거기서 견성이라는 건 마음의 본성을 본다, 체험한다 이거예요. 깨닫는다는 거예요. 왜 견성이냐면 마음의 헛된 모습을 보는 게 아니라 마음의 진실한 본성을 보니까 견성이라고 하는 거예요. 헛된 모습을 보면 망상이 되는 거죠. 견성이라는 것은 어떤 모습을 분별하는 게 아니라 그냥 여기에 통하는 겁니다. 여기 통해서 이렇게 밝아지는데, 아무 분별되는 게 없으니까 아무것도 없다는 말을 하죠. 아무것도 없다는 말은 아무것도 분별되는 게 없다, 뭐라고 할 게 없다, 이 말이거든요.

그래서 견성이 곧 성불이니까 견성성불이라고 해요. 견성한 뒤에 성불을 하는 게 아닙니다. 견성성불이라는 말은 견성이 바로 성불이다, 부처가 되는 것이다… 성불이라는 것은 부처가 된다는 뜻이거든요. 그래서 견성이 바로 부처가 되는 것입니다. 부처가 된다는 건 깨닫는다는 말이죠. 직지인심하면 견성성불 하는 것이다…

조계종 종헌이라는 게 있습니다. 우리나라에 헌법이 있듯이 조계종에도 종헌이라는 게 있어요. 제1조에 보면 '본 조계종은 직지인심 견성성불을 종지로 한다' 그렇게 적혀 있어요. 왜? 조계종은 선종이니까요. 조계 대사는 육조 혜능이죠. 조계 대사인 육조 혜능의 종지를 이어받아서 선을 공부하는 종파다 해서 조계종이라 하는데, 조계종을 처음 만들 때는 딱 맞게끔 이야기를 해 놓았죠. 그래서 직지인심 견성성불을 종지로 한다고 해 놓았습니다.

거기는 어떤 수행, 이런 말이 전혀 없습니다. 분명히 '직지인심 견성성불'을 종지로 한다고 되어 있거든요. 그런데 조계종에서 수행 안내서, 지침서라 해서 책을 내는 것을 보면 앞뒤가 안 맞는 거예요. 종지에 맞질 않아요. 염불 수행, 절 수행, 사경 수행, 좌선 수행, 참선 수행… 종지에 맞지 않는 소리를 하고 있는 겁니다. '직지인심 견성성불'에는 수행이라는 말이 없습니다. 바로 가리키고 바로 깨닫는 겁니다. '마음이 바로 이것이다'라고 하면, 거기서 문득 한 번 분별을 벗어나서 견성성불을 하는 거죠. 체험을 하는 거란 말이죠.

(법상을 톡톡 두드리며) 어려울 것도 없고, 그냥 이것이 마음이고, 이것이 법이고, 이것이 도입니다. 말하자면 불타는 집에서 빠져나올 수 있는 문입니다. 여기에 한 번 딱 통하는 것이 불타는 집에서 빠져나올 수 있는 법문이라고요. (손가락을 흔들며) 이 일입니다. 이것 하나예요. 이것이 마음이고 이것이 법입니다. (손가락을 흔들며) 여기서만 한 번, 이것만 한 번, 여기서 한 번 이렇게… 이것이 직지인심입니다. 마음을 있는 그대로 탁 가리켜서, '직지(直指)'라는 것은 바로 가리킨다는 말이거든요. 바로 가리켜서 보여드리고 있는 겁니다. 마음은 이렇게 드러나 있고, 누구에게나 드러나 있는 건데, 물론 눈으로 보는 건 아니고 깨닫는 거죠. 견성이라는 것은 육체의 눈으로 모습 없는 본성을 볼 수는 없고, 그 마음에서 그냥 깨닫는 겁니다. 분별망상을 벗어나서 체험하는 거죠. 깨닫는 거란 말이죠.

바르게만 공부하면 누구든지 깨달을 수 있습니다. 어려울 게 없어요. 그런데 잘못된 가르침을 따라서 엉뚱한 짓을 하게 되면 아무리 해도 안 되는 겁니다. 바른 가르침을 따라서 공부하게 되면 쉽게 되지는 않겠지만, 꾸준히 하다 보면 언젠가는 이것이 체험되고 와닿습니다.

(손가락을 흔들며) 이것이 마음이에요. 이것이 법이에요. 다른 일이 있는 게 아닙니다. (법상을 톡톡 두드리며) 이것이 마음이고 이것이 법이라고요. 이 일 하나입니다. 여기서 한 번 이 소식만 와 버리면 소를 찾은 것이고

길을 찾은 거예요. 소를 찾았다 해도 좋고 길을 찾았다 해도 좋아요. 황무지에서 길 없는 데를 헤매다가 길을 찾으면 그때부터 길을 갈 수가 있거든요. 그 길을 잃어버리지만 않으면 돼요. 잃어버리지 않고 그 길만 잘 가면 되는 거죠.

이 체험 이게 탁 오면 길을 찾게 되는 겁니다. 여기에 길이 있는 겁니다. (법상을 톡톡 두드리며) 이거예요. 이 일 하나. 여기에 길이 있는 거예요. 이 일 하나. 이 소식. (손가락을 세우며) 바로 이 자리거든요. (손가락을 흔들며) 이 자리. 이 소식. 이것. 여기에 길이 있는 거예요. 여기서 통하는 겁니다. 다른 뭘 또 찾으면 안 돼요. 바로 딱 가리켜드리는 겁니다. 마음을 있는 그대로 바로 가리켜드리는 건데, 한 번 여기서 이렇게 소식이 탁 오면 되는 거예요. 이것을 버리고 따로 찾으면 안 돼요. '또 뭐가 있는가?' 이러면 생각 따라가는 겁니다. (손가락을 세우며) 이것은 생각할 수 있는 게 아니잖아요. (법상을 톡톡 두드리며) 바로 이겁니다. 생각할 수 있는 게 아니에요. 여기서 한 번 깨달아야 하는 거죠. (법상을 톡톡 두드리며) 이것이 마음이고, 이것이 부처고, 이것이 도입니다. 여기서 한 번 깨달아야 해요.

여기서 이 소식이 한 번 와야 하는 겁니다. 이것을 내버리고 '또 뭐가 있는가?' 생각해 보면 쓸데없는 짓이죠. (법상을 톡톡 두드리며) 여기서 한 번 소식이 와야 합니다. 이것이 마음입니다. 이것이 부처고, 이것이 도란 말이죠. (법상을 톡톡 두드리며) 여기서 한 소식이 와서 잠을 깨야 하는 거고, 이것이 확인되어야 하는 겁니다. 그러지 않고 '또 어떤 방법이 있는가? 어떤 길이 있는가? 뭘 어떻게 해야 하는가?' 그러면 안 돼요. 왜? 그것은 전부 생각 따라가는 것이기 때문에….

어떤 길도 없고, 어떤 방법도 없고, 어떻게 할 수가 없습니다. (법상을 톡톡 두드리며) 마음은 원래 명백하게 드러나 있는 거니까 뭘 어떻게 할 게 없어요. 물속에서 물을 찾는 것과 같다고 했고, 자기 머리를 찾는 것과 같다고 했는데, 이미 물속에 있고 이미 머리를 달고 있어요. 마음을 가지고 또 마음을 찾는다고 하잖아요. 이미 마음이 있단 말이에요. 지금 내가 잃어버려서 못 찾는 게 아니에요. 이미 있어요. 마음이 이미 이렇게 있다고요. 마음을 잃어버려서 못 찾는 게 아니에요. 마음은 항상 이렇게 있어요.

(법상을 톡 두드리며) 이것을 깨닫지 못해서 그런 거죠. 한 번 여기서 체험이 안 와서 그런 거예요. 깨달음이 없어서 그런 것이지, 마음을 어디 빼놓고 다니는 게 아니잖아요. 말은 '마음을 어디에 빼놓고 왔나' 그렇게 하는데, 마음을 빼놓고 다닐 수가 없어요. 항상 마음은 이렇게 갖추어져 있거든요. (법상을 톡톡 두드리며) 이것이 마음이에요. 항상 이렇게 갖춰져 있어요. 마음을 가지고 항상 마음을 찾는 이상한 모순 속에 빠져 있는 겁니다. 그러니까 꿈이고, 전도된 거고, 망상이라는 거예요. (법상을 톡톡 두드리며) 이미 마음이 항상 갖추어져 있어요. 이것이 마음이니까 항상 이렇게 갖추어져 있단 말이에요. 어떻게 할 일이 없습니다. 어떻게 할 게 없어요.

사람들이 질문하러 오면 항상 '어떻게 해야 합니까?'라고 하는데, 어떻게 하면 그것은 잘못된 겁니다. 그것은 망상이에요. '이렇게 하세요. 저렇게 하세요.' 그렇게 말씀드릴 수가 없습니다. 어떻게 하면 그것은 생각이죠. 그것은 망상입니다. 어떻게 할 게 전혀 없어요. (법상을 톡톡 두드리며) 이미 이렇게 항상 갖춰져 있고 드러나 있는 거니까 손발을 쓸 필요가 없어요. 머리를 쓸 필요가 없습니다. (법상을 톡톡 두드리며) 그냥 바로 이거라고요. 바로 이것.

어떻게 할 필요가 전혀 없어요. (법상을 톡톡 두드리며) 항상 이렇게 갖춰져 있는 거니까, 손발을 쓰고 머리를 쓰고 뭘 어떻게… 앉아야 깨닫는다, 관해야 깨닫는다, 고행을 해야 깨닫는다… 전부 헛소리입니다. 원래 지금 부족한 게 없는데 뭘 할 겁니까? 망상이라는 꿈에서 한 번 깨면 되는 거거든요. 왜 깨달음이겠어요? 잠에서 깨니까 깨달음이에요. 꿈에서 깨니까 깨달음인 거죠. 이름도 깨달음이잖아요. 깬다는 말이죠. 망상이라는 꿈에서 깨니까 깨달음인 거죠. 해탈이란 말도 망상에서 벗어나니까 해탈이죠. (법상을 톡톡 두드리며) 이 일 하나. 이것 하나. 뭐 할 일이 없습니다. 깨닫기 위해서 해야 할 일 없습니다. 본래부터 완전히 갖추어져 있기 때문에 할 일이 전혀 없어요.

(법상을 톡톡 두드리며) 단지 여기에 깨닫고 싶어야 하고, 발심이죠. 나는 깨닫지 않고는 도저히 불편해서 못 살겠다, 깨달아야겠다… 깨닫고 싶어야 하고, 그것이 발심이죠. 그다음에 가르침을 들어야 합니다. 왜냐하면 깨닫고 싶지만 자기로서는 알 수가 없고 길이 없잖아요. 생각할 수 없는 건데 어떻게 하겠습니까?

자기 나름대로 어떻게 해 봐야지… 뭘 어떻게 한다는 건 헛된 짓을 하고 있는 겁니다. 왜냐하면 자기 생각 따라가는 거니까요. 그것은 다 망상이에요. 헛된 짓을 하고 있는 사람들이 꽤 있어요. 지리산이나 이런 데 가 보면, 자기 나름으로 공부해야지 하고 혼자 앉아서 열심히 공부하는 사람들이 있거든요. 다 헛된 짓을 하고 있는 겁니다. 그렇게 해서는 깨달을 수가 없어요.

　(손가락을 흔들며) 직지인심, 바로 가리키는 것을 들어야 합니다. (법상을 톡톡 두드리며) 들어야 비로소 잠에서 깰 수 있어요. 직지인심이라는 것은 잠에서 깨우는 거거든요. (법상을 톡톡 두드리며) 이것이다. 이것이다. 잠에서 깨우는 거거든요. (손가락을 세우며) 이것이다. 잠에서 깨우는 거란 말이죠. 자기 스스로는 어떻게 할 수가 없어요. 밖에서 흔들어 깨우면 깰 수 있거든요. 잠자는 사람을 흔들어 깨우는 겁니다. 깨고 싶지만 자기 힘으로는 깨지지 않아요. 그러면 흔들어 깨우는, 말하자면 혜택을 입어야죠. 그래야 자기가 한 번 깰 날이 있는 거죠. 그래서 항상 선지식을 찾아가라는 말을 하는 거예요. 자기가 어떻게 해 보려고 하지 말고 선지식을 찾아가라는 말이 잠에서 깨울 사람을 찾아가라는 말입니다.

　(법상을 톡톡 두드리며) 이 하나예요. 이것이 마음이고, 이것이 도(道)고, 이것이 깨달음입니다. 이것이 잠에서 깨는 길이에요. 이거란 말이에요 이것 하나. 이것이 마음이에요. 이것이 부처고 이것이 선이고 이것이 도란 말이죠. (법상을 톡톡 두드리며) 여기가 잠을 깨는 곳입니다. 여기가 잠에서 깨는 곳이에요. 이 일 하나. (법상을 톡톡 두드리며) 여기가 잠에서 깨는 곳이에요.

### 15. 지경공덕분
# 경을 지니면 공덕이 있다

"수보리야, 착한 남자와 착한 여인이 아침에 갠지스강의 모래알과 같은 수의 몸을 보시하고, 점심때 다시 갠지스강의 모래알과 같은 수의 몸을 보시하고, 저녁에 역시 갠지스강의 모래알과 같은 수의 몸을 보시하여, 이처럼 보시하기를 헤아릴 수 없는 세월 동안 한다고 하자. 만약 다시 어떤 사람이 이 경전을 듣고 믿는 마음을 거역하지 않는다면, 이 복덕이 앞의 복덕보다 뛰어나다. 그러니 하물며 이 경전을 베껴 쓰고 기억하고 소리 내어 읽고 남에게 설명해 준다면 그 복덕이 어떻겠느냐? 수보리야, 요약해 말하면 이 경에는 생각할 수 없고 헤아릴 수 없고 끝도 없는 공덕이 있다.

여래는 대승의 마음을 낸 자를 위하여 말하고 최상승의 마음을 낸 자를 위해서 말한다. 만약 어떤 사람이 이 경을 기억하고, 소리 내어 읽고, 널리 사람들에게 말해 줄 수 있다면, 여래는 이 사람들이 모두 헤아릴 수 없고 끝이 없고 생각할 수 없는 공덕을 성취하리라는 것을 잘 안다. 이러한 사람들이라면 여래의 위없이 바르고 평등한 깨달음을 얻게 된다. 왜 그런가? 수보리야, 만약 조그마한 법이라도 좋아한다면, 나라는 견해, 사람이라는 견해, 중생이라는 견해, 목숨이라는 견해에 집착할 것이니 그렇게 되면 이 경을 듣고서 기억할 수도 없고, 소리 내어 읽을 수도 없고, 남에게 설명해 줄 수도 없다. 수보리야, 어디에든지 이 경전이 있다면, 모든 세간과 하늘과 사람과 아수라가 공양할 것이다. 이곳이 곧 탑임을 알아서 모두 공경하고, 절을 하고, 주위를 돌고, 온갖 꽃과 향을 그곳에 뿌려야 한다."

"須菩提, 若有善男子善女人, 初日分以恒河沙等身布施, 中日分復以恒河沙等身布施, 後日分亦以恒河沙等身布施, 如是無量百千萬億劫以身布施. 若復有人聞此經典, 信心不逆, 其福勝彼. 何況書寫受持讀誦爲人解說? 須菩提, 以要言之, 是經有不可思議不可稱量無邊功德. 如來爲發大乘者說, 爲發最上乘者說. 若有人能受持讀誦廣爲人說, 如來悉知是人悉見是人, 皆得成就不可量不可稱無有邊不可思議功德. 如是人等則爲荷擔如來阿耨多羅三藐三菩提. 何以故? 須菩提, 若樂小法者, 著我見人見衆生見壽者見, 則於此經不能聽受讀誦爲人解說. 須菩提, 在在處處若有此經, 一切世間天人阿修羅所應供養. 當知此處則爲是塔, 皆應恭敬作禮圍繞, 以諸華香而散其處

《금강경》 제15 지경공덕분(持經功德分)입니다.
 '지경공덕'은 경을 가지고 있는 것의 공덕이라는 뜻입니다. 공덕이라는 것은 어떤 효과입니다. 결과적으로 나오는 효과, 효험, 이런 거죠. 경을 가지고 있는 것의 효과다… 이것도 겉으로, 문자 그대로 보면, 경전이라는 책을 가지고 있으면 공덕이 있는가? 어떤 효험이 있는가? 이렇게 오해할 수 있는데 그건 아니고, 경이라는 것은 바로 이 법을 가리키는 겁니다. 법을 지니고 있으면, 법을 깨달아서 법을 여법하게 지니고 있으면 어떤 효과가 있느냐, 어떤 공덕이 있느냐? 내용으로는 그런 이야기죠.

실제 체험을 해서 망상이 쉬어지고 뭔가 편해졌는데, 세속에서 큰 권력을 주든지, 큰 재산을 주든지, 200년 살 수 있는 건강을 주든지 무엇을 줄 테니까 공부를 포기하라고 하면 할 수 있느냐? 못 해요. 번뇌에서 벗어나 시달림이 없는데, 살아 있는지 죽어 있는지 그런 걱정거리가 없어져 버렸는데, 세속에 무슨 일이 있어도 이것은 절대 비교할 수가 없다는 것을 경험해 보면 알 수 있어요. 굳이 말할 필요도 없어요. 이 체험을 해서 지금까지의 번뇌망상에서 벗어나 '이제 살았구나' 하는 구원을 얻은 게 제대로 됐다면, 절대로 포기할 수 없고 그만둘 수 없어요. 계속 공부를 더 깊이 있게, 더 확실하게 해 나갈 것만 남아 있지, '이만큼 했으면 됐다. 그만하자' 그런 건 있을 수가 없습니다. 간혹 그런 사람들이 있긴 했어요. 뭔가 체험을 했다고 와서 얘기해 놓고는 '이제 공부 안 합니다. 만족해서 더이상 안 해요' 이런 사람들이 간혹 있긴 있는데, 그것은 제대로 된 체험이 아니죠. 제대로 체험했다면 그럴 수가 없어요. 죽어가던 사람이 살길을 찾았는데 이걸 포기할 수는 없는 거죠.

'지경공덕'이라는 것은 제대로 체험하면 누구나 말할 필요도 없습니다. 마치 몸이 죽을 만큼 아파서 늘 괴로워하다가 건강해져서 더이상 아플 일이 없게 됐는데, 누가 '재산을 줄게, 높은 자리 줄 테니 다시 아파라' 이러면 그렇게 하겠습니까? 못하죠. 몸도 그런데 마음은 말할 필요도 없는 겁니다. 제대로 해탈을 체험했다면 다시는 과거로 돌아갈 수 없어요. 끔찍하거든요. 다시는 과거로 돌아갈 수 없고, 앞으로 나아갈 길만 있는 거죠. 계속 이 공부를 더 해 갈 길만 있는 거죠. 저절로 그렇게 되는 겁니다. 공부를 하다가 체험을 하면 더 공부에 열정을 가지게 되고, 더 확실하게 해야 하겠다, 더 깊이 해야 하겠다는 의지가 저절로 생기는 거예요.

수보리야, 착한 남자와 착한 여인이 아침에 갠지스강의 모래알과 같은 수의 몸을 보시하고, 점심때 다시 갠지스강의 모래알과 같은 수의 몸을 보시하고, 저녁에 역시 갠지스강의 모래알과 같은 수의 몸을 보시하여, 이처럼 보시하기를 헤아릴 수 없는 세월 동안 한다고 하자. 만약 다시 어떤 사람이 이 경전을 듣고 믿는 마음을 거역하지 않는다면, 이 복덕이 앞의 복덕보다 뛰어나다.

수보리야, 착한 남자와 착한 여인이 아침에 갠지스강의 모래알과 같은 수의 몸을 보시하고… 하나의 가정이죠. 몸을 보시하면 몸을 던져서 죽는 건데, 아침에 하고 점심때 하고 저녁에 할 수도 없고, 갠지스강의 모래알과 같은 수의 몸이 어디 있습니까? 자기 몸 하나밖에 없는데. 그러니까 '보시라고 하는 좋은 일을 아무리 많이 해도'라는 말이에요.

보시라고 하는 착한 일은, 이기적이 아니고 이타적인 이것은 세속적인 가치입니다. 왜냐? 이기적이다, 이타적이다 하는 것은 세속적인 일이죠. 도덕적으로 이기적인 것은 좋지 못하고 이타적인 게 바람직한 거라는 건 세속적인 가치죠. '세속적으로 좋은 일을 아무리 많이 해도'라는 말이에요.

다시 어떤 사람이 이 경전을 듣고 믿는 마음을 거역하지 않는다면, 믿는 마음을 가진다면, 이 사람의 복덕이 앞서 보시한 사람의 복덕보다도 훨씬 뛰어나다… 왜냐하면 이 경전은 출세간의 일이거든요. 세속적으로 아무리 좋은 일을 많이 하고, 착한 일을 많이 하고, 덕을 많이 쌓는다 하더라도 그것은 세속적인 일이라는 말이에요.

그런데 이 경전은 세속을 벗어난 출세간의 일이거든요. 좋고 나쁨이 없다는 말입니다. 출세간에서는 좋다 나쁘다는 분별 자체를 벗어나 버리거든요. 이런 이야기를 왜 하느냐? 보통 불교에 관해서도 이런 말들이 많아요. 결국 왜 불교 공부를 하고 믿느냐? 착하게 살기 위해서, 세속적으로 좀더 바람직하게 살기 위해서, 더 잘 살기 위해서, 더 좋은 세상을 만들기 위해서… 이런 소리를 하거든요. 불교가 뭔지 기초도 모르는 사람입니다. 전혀 그렇지 않은 겁니다. 여기 나와 있잖아요. 모든 종교가 마찬가지지만, 불교는 인간을 근본적으로 구원하는 겁니다. 구제하는 것이지, 착하게 살고 세상을 더 아름답게 만드는 게 아니에요. 그것은 불교뿐만 아니라 다른 종교도 마찬가지예요.

예를 들어 기독교도 구원이라 하면 마지막 심판의 순간에 구원이 있다는 거죠. 지금 세상을 아름답고 좋게 만드는 게 구원이라는 말은 안 하거든요. 마지막 심판의 순간에, 그것도 하나의 방편의 말이지만, 결국 우리 인간 존재의 본질적인 문제를 해결해 준다는 말입니다. 세속적으로 쓸모가 있는 이야기를 하는 게 아니에요. 종교를 모르는 일반 세속 사람들은 '종교도 세속적으로 쓸모가 있으면 괜찮은데, 세속적으로 쓸모없는 종교는 뭐 하려고 하나? 아무 쓸데도 없는데.' 이런 식으로 하거든요. 그렇다면 그 사람은 종교를 전혀 모르는 중생의 사고방식으로 부처의 깨달음을 자기 멋대로 가치 판단을 내리는 거죠. 한마디로 오만방자한 거예요. 인생을 10년밖에 안 산 어린애가 60년 살아온 어른의 삶을 판단하는 것과 똑같은 겁니다. 그것은 어리석음이에요.

자기가 바른 자세를 가지고 있다면, 부처님이나 세계 종교의 가르침이라는 게 인간의 한계를 넘어선 인간의 문제를 근원적으로 해결하는 어떤 길을 제시한 것이라는데, 겸손하게 '그건 내가 모르는 건데 한번 공부를 해 보자' 하든지, 아니면 관심이 없으면 '그래, 그런 걸 공부하는 사람도 있구나' 하고 용납하겠죠. 그런데 자기 멋대로 판단해서 종교를 욕한다든지, 종교를 쓸데없다고 한다든지, 이런 소리 하는 사람들이 있거든요.

어리석으니까 그렇게 하는 거죠. 딴 게 똑똑한 게 아니고 자기가 어리석다는 걸 아는 게 똑똑한 겁니다. 그걸 모르는 사람이 어리석은 거죠. 자기가 아는 게 다인 줄 아는 사람이 어리석은 사람이죠. 과거 선배들이 깨달았고 그렇게 한 일이 있다면 자기도 한번 해 봐야 할 거 아니에요. 그게 뭔지 해 보지도 않고 멋대로 쓸모가 있니 없니 이런 식으로 판단하는 건 굉장히 잘못된 거죠. 세속적으로 중생이 좋다고 얘기하는 것은 아무리 좋다고 하더라도 중생의 한계를 벗어나서 보면 그건 아무것도 아니라는 말이에요.

이것에 대한 자세가 안 되어 있으면 이 공부를 할 수 없어요. 결국 세속적 사고방식으로 계속해서 판단하게 돼요. 좋다 나쁘다, 맞다 틀렸다, 자꾸 이렇게 하게 되기 때문에 공부를 할 수 없습니다. 하심(下心)이라는 말이 있잖아요. 하심이라는 게 결국 자기가 어리석다는 걸 인정하는 거죠. 자기가 모르는 게 있다는 걸 인정해야 합니다. 과거에 깨달은 사람들의 정신세계를 나는 아직 모른다, 그걸 내가 함부로 판단해서는 안 된다… 이걸 인정해야 합니다. 그것이 안 되면 공부를 할 수 없죠.

《금강경》에서나 다른 경전에서도 이런 이야기가 많이 나오거든요. 항상 하는 이야기지만, 중생의 마음을 가지고 부처님의 지혜를 함부로 판단하지 마라… 그 이야기는 경전에 많이 나오는 이야기거든요. 그것이 안 되면 공부를 할 수 없는 거죠. 아직 내가 모르는 세상이 있다, 그것을 공부해서 과연 어떤 세상이 있길래 저렇게 많은 사람이 인생을 걸고 공부를 하는지 알아봐야겠다, 그런 생각을 할 줄 알아야 해요. 자기가 모른다 하면 사람이 겸손해질 수밖에 없어요. 모르는 걸 내가 함부로 가타부타하면 안 되니까요. 그런데 요즘 배우는 게 많고 공부하는 게 많으니까, 자기가 많이 배워서 아는 게 많다고 해서 자기 생각으로 종교나 이런 것을 특히 멋대로 판단해요. '종교는 이래야 한다' 그런 식으로 얘기하는 사람이 아주 많아요. 그런 사람은 이 종교를 할 수도 없고, 결국 자기의 좁은 생각 속에서 살다가, 그 밖의 무한한 세계가 있다는 걸 모르고 그냥 죽는 겁니다. 그것은 매우 어리석은 거죠.

이 종교 공부를 크고 깊게 하려면, 항상 내가 모르는 세상이 있다는 걸 인정해야 하고 그런 자세로 공부해야 합니다. 자기 생각으로, 세속적 사고방식으로 판단하면 안 됩니다. 이것은 공부하는 사람한테 반드시 필요한 겁니다. 예를 들어, 제가 예전에 스승님 회상에서 공부할 때도 이런 사람들이 있었거든요. 스승의 사생활, 예컨대 가정생활이라든지 정치적인 성향이라든지 평소 생각이라든지 이런 걸 따져서, 자기가 볼 때는 마음에 안 든다 해서 공부를 그만두는 사람들이 왕왕 있었거든요.

그런데 저는 그때 어떻게 생각했느냐면, 저분은 세속적으로는 얼마든지 나하고 다를 수 있는 사람이다. 왜? 세속적으로 사람마다 다 살아온 과정이 다르고 생각이 다른데 내 마음에 딱 들게 할 수는 없잖아요. 그리고 나도 아직 최고로 지혜로운 사람도 아니고 어리석은 사람인데 그걸 가지고 판단할 수는 없고, 오직 저분은 내가 모르는 그런 체험이 있고 깨달음이라는 게 있단 말이에요. 그것은 경험해 보지 않았기 때문에 나는 몰라요. 저분도 평소에 사석에서 사사로이 여러 가지 세속적인 이야기도 하고, 누구를 비난하기도 하고, 잡다한 이야기들을 얼마든지 할 수 있거든요.

또 가정생활이라는 게 스승님 같은 경우 부부생활이 원만치 못했거든요. 별거하셨는데 그럴 수도 있단 말이죠. 그것을 내가 배우려고 온 건 아니거든요. 내가 오직 이분한테 배우고 싶은 것은 저 양반이 무슨 체험을 해서 깨달아 불법을 안다고 하는데 그게 뭘까? 나는 딱 그거 하나에만 관심이 있었습니다. 다른 건 일절 생각이 없었어요. 이분이 가정생활을 어떻게 하든지 정치적 성향이 어떻든지 난 전혀 상관하지 않았습니다. 내가 배워야 할 건 이분의 깨달음이지 그런 게 아니거든요. 세속적인 게 아니란 말이에요. 출세간법을 배우고 싶어서 여기 온 거지, 세간의 일을 배우려고 온 건 아니거든요.

그런데 사람들이 이런 생각을 하는 거예요. 출세간의 깨달음이 있으면 세간에 관해서도 남다른 지혜가 있고 지식이 있어서 보통 사람과는 다른 판단을 내릴 것이다… 이런 생각을 하는데, 그렇지 않아요. 반드시 그런 건 아닙니다. 깨달음이라는 것은 출세간 경험을 하고 출세간 일에 관해서 말하는 것이고, 세간의 일이라는 것은 그 사람이 살아온 삶의 길이 있고 받았던 교육이 있고 그런 데서 만들어지는 거죠. 출세간 일과는 상관이 없어요. 물론 세간에 관해서도 한 발짝 물러나서 보지 적극적으로 개입하지는 않죠. 그런 면은 있지만, 그렇다고 해서 출세간의 공부를 하고 해탈했다고 해서 세속 일에 관해 남다른 지혜를 가지고 있느냐? 그렇지는 않습니다. 그냥 세속 일을 약간 구경하는 정도의 태도를 가지고는 있겠지만, 그런 건 아니에요.

그것을 사람들이 오해하더라고요. 깨달은 사람이라면서 가정생활이 왜 저러냐, 세속에 대해서 왜 저렇게 생각을 하냐, 그런 식의 잘못된 판단을 해서 공부할 기회를 놓치는 건 어리석은 거예요. 저는 그렇게 생각했거든요. '세속 일에 관해서는 사람마다 생각이 다른 거고, 그건 상관할 바가 못 된다. 세속 일을 배우러 온 게 아니고, 오직 불가사의한, 미스테리한, 알 수 없는 깨달음을 체험하고 그 정신세계를 지금 이야기하는데 나는 그것만 배우면 된다.' 그래서 저는 처음부터 끝까지 그것만 쳐다보고 오직 그 면에서만 스승으로 삼았지, 다른 건 어떻게 말씀하시고 행동하시든 일절 개의치 않았습니다. 이런 자세가 필요한 겁니다. 공부하는 사람은 내가 지금 하나의 목표를 삼았으면 그것만 딱 쳐다봐야 하는 겁니다. 그래야 효과적으로 성취가 되는 거지, 이거 보고 저거 보고 그러면 아무것도 안 돼요. 공부하는 사람이 자세를 바르게 해야 효과적으로 할 수 있고 제대로 할 수 있습니다.

여기도 그 이야기죠. 세속적으로 보시라는 게 굉장히 좋은 일인데, 이기적으로 자기 것을 챙기는 게 아니고 남을 위해서 산다는 거잖아요. 세속적으로는 성인이고 아주 위대한 사람이지만 깨달음과는 비교하지 말라는 겁니다. '세속적으로 좋은 일이라는 것은 결국 내가 있고, 세상이 있고, 남이 있고, 좋고 나쁨이 있고, 전부 분별 속의 일이다. 번뇌 속의 일이다. 망상 속의 일이다.' 이 말이에요. 아무리 좋은 일이 있어도…. 그런데 깨달아서 번뇌망상을 벗어나 버리면 나도 없고, 세상도 없고, 사람도 없고, 근본적으로 구원이 있는 겁니다. 인간으로서의 존재가 구원이 되는 거란 말이에요. 잘 먹고 잘 살려는 게 아니라는 말이에요. 종교가 물론 세속에 나쁜 영향을 끼치면 안 되겠죠. 나쁜 영향을 끼치면 안 되겠지만, 종교의 본질은 세속을 위해서 봉사하는 건 아닙니다. 그걸 오해하면 안 되는 겁니다. 자기의 존재, 인간 존재가 가지고 있는 근원적 한계를 벗어나서 구원을 얻는 거예요.

그러니까 이 이야기를 하는 겁니다. 아침에 갠지스강의 모래알만큼 보시를 하고 점심때도 그렇게 하고 저녁에도 그렇게 하는데 헤아릴 수 없는 세월을 한다… 세속적으로 무한히 좋은 일을 많이 한다, 그렇지만 다시 어떤 사람이 이 경전을 듣고 믿는 마음을 가진다면 이 사람의 복덕이 앞선 사람의 복덕보다도 뛰어나다…

비교할 수가 없습니다. 비교 자체가 안 되는 거예요. 세속적으로 남을 위해서 봉사하면서 사는 것은 꼭 종교가 필요 없습니다. 종교인이라야 그렇게 되는 건 아니죠. 그냥 자기가 그렇게 생각해서 살 수 있죠. 그것은 좋은 삶이고 훌륭한 삶이죠. 종교는 관계가 없습니다. 종교는 그런 게 아니에요. 그런 게 아니고 한 인간으로서 한계를 벗어나는 겁니다. 그러니까 삶과 죽음의 문제를 해결한다고 하는 거죠. 세속에서 삶과 죽음의 문제를 해결하려면 어떻게 해야 합니까? 더 오래 살게 하고 더 풍족하게 살도록 하는 게 세속적으로 삶과 죽음의 문제를 해결하는 거겠죠.

그러면 종교에서 삶과 죽음의 문제를 해결하는 건 어떤 거냐? 더 오래 살길 바라는 게 아니고 더 풍족하게 살길 바라는 게 아니에요. 그냥 지금 죽어도 좋다, 이 말입니다. 지금 몸이 죽어도 상관이 없는, 삶과 죽음이라는 굴레를 벗어나는 거죠. 근본적으로 다른 겁니다. 삶과 죽음이라는 굴레에서 벗어나 버리기 때문에 더 오래 살고 더 풍족하게 살고 이건 차원이 다른 문제라는 말이에요. 오해하면 안 됩니다.

그리고 아까도 말씀드렸지만 흔한 오해가, 깨달은 사람은 지혜가 나와서 세속적인 일도 모르는 게 없고 남보다도 훨씬 지혜로울 것이다… 그렇지 않습니다. 그러면 반야의 지혜라는 건 어떤 것이냐? 깨달음에 관한 지혜입니다. 여법함에 관한 지혜이고 세속에 물들지 않는 지혜죠. 세속의 시비에 휘말리지 않는 지혜죠. 번뇌망상에서 벗어나는 지혜란 말이에요. 그것이 반야의 지혜죠. 반야 뒤에 뭐가 붙어 있습니까? 바라밀이라는 게 붙어 있거든요. 반야바라밀이거든요. 바라밀이 뭡니까? 저 언덕으로 건너간다는 뜻이잖아요. 저 언덕으로 건너가는 건 뭐냐? 세속을 벗어난단 말이에요. 반야라는 것은 반야바라밀이거든요. 세속을 벗어나는 지혜란 말이에요. 세속에서 남보다 더 잘하는 게 아니에요. 오해하면 안 됩니다. 그러면 종교를 근원적으로 오해하게 됩니다. 결국은 어리석어서 그런 거죠. 반야바라밀입니다. 세속을 벗어나는 지혜예요. 세속적인 입장에서 보면, 자기 혼자 구원을 얻는 거니까 세속적으로는 아무 쓸모도 없는 거라고 생각할 수 있죠.

석가모니만 보더라도 세속적으로는 자기 아버지의 왕위를 물려받아 나라를 더 강하게 만들고 백성의 삶을 풍족하게 만들어야 하는 게 맞는 거거든요. 그런데 내버리고 혼자서 도망갔잖아요. 세속적 입장에서 보면 석가모니는 천하에 몹쓸 놈이에요. 부모고 나라고 가정이고 다 내버리고 자기 혼자 좋은 거 하려고 도망간 놈이거든요. 이해가 안 되는 겁니다.

그런데 왜 석가모니가 그렇게 추앙받는 인류의 지도자가 됐느냐? 세속적인 해답을 준 게 아니란 말이에요. 석가모니는 인간이 가지고 있는 근본적인 번뇌망상, 근본적인 한계를 벗어나는 길을, 구원의 길을 제시한 사람이죠. 석가모니가 세속적으로 한 행동을 보면 배울 게 없어요. 부모 형제고 자식이고 마누라고 다 내버리고 도망갔는데 뭘 배울 게 있습니까? 세속적인 눈으로 판단하면 안 된다는 말입니다. 이것을 조심해야 합니다. 세속적인 판단을 하면 안 돼요. 종교는 그런 게 아닙니다. 인간이 가지고 있는 근본적인 문제의 해결입니다.

그래서 사실 중국에 불교가 들어왔을 때 유교 하는 사람들 입장에서는 도저히 이해가 안 되는 거예요. 부모고 자식이고 다 내버리고 도망간 인간을 대단하다고 하니까, 처음에는 유학자들이 불교를 굉장히 배척하고 싫어했습니다. 나중에는 그래도 뭔가가 있겠지 하고 공부해 보니까, 그런 게 아니고 공자 말씀보다도 더 뛰어난 말씀을 하고 있는 거예요. 공자가 미치지 못하는 인간의 근원적인 문제를 해결하고 그런 문제를 이야기하고 있기 때문에 그 뒤에는 적극적으로 공부했죠. 처음에는 저게 말도 안 되는 거죠. 유교 입장에서 보면, 유교는 충과 효를 최고로 여기는데 석가모니는 충도 못 하고 효도 못 하고 두 가지 다 내버렸으니까요. 그러니까 세속적인 판단을 하면 안 됩니다. 종교는 그런 게 아니에요. 그래서 효도에 관한 경전이나 국가의 충성에 관한 경전이 있어요.

목련존자경인데 중국에서 만들어진 겁니다. 중국의 유학자들을 설득하기 위해서, 중국 사람들을 끌어들이기 위해서 만든 거예요. 인도에는 그런 거 없습니다. 효도와 호국 정신, 이런 건 중국에서 만들어진 거예요. 원래 인도 불교에는 그런 게 없어요.

인도에서는 왜 그걸 당연하게 여겼느냐? 인도와 중국의 역사가 다른 거죠. 인도에는 불교 들어오기 전부터 바라문이라는 종교가 있었거든요. 이 브라만교가 그런 속성이 있는 거예요. 브라만교에서는 인간의 한평생 삶은 이렇게 살아야 한다는 표준적인 가르침이 있습니다. 거기 보면 태어나서 10살까지는 부모 밑에서 살아야 해요. 10살이 되면 출가를 합니다. 절로 출가를 해서 20살까지 공부를 하고, 20살이 되면 집으로 돌아와서 결혼을 합니다. 그리고 아이를 낳고 살아요. 나중에 자기 아이가 20살이 되어 돌아와서 가업을 잇게 되면, 자기는 나이가 들었죠. 다시 출가를 하는 겁니다. 그 출가는 어떤 정해진 절로 하는 게 아니라 성지 순례를 해요. 성지 순례를 하면서 공부하고 죽을 때까지 해탈, 삶과 죽음의 문제를 해결하고 죽는 것이 목표거든요. 그렇게 살라고 나와 있어요. 그쪽 사람들은 그 이전부터 '인간이 결국 번뇌 속에서 살게 된 것은 해탈하지 못해서 그렇다. 그러면 인간으로 태어나서 할 수 있는 것은 공부해서 번뇌망상에서, 삶과 죽음이라는 윤회의 굴레에서 해탈하는 것이 마지막 목적이다.' 그전부터 그런 사고방식이 있었거든요. 인도에서는 출가해서 공부하는 것이 인생 최고의 가치 있는 일이라고 옛날부터 그랬단 말이죠.

인도에는 사성계급이라 하는데 누가 제일 높았냐면 수도승인 브라만, 종교인들이거든요. 수도승들이 제일 높은 계급입니다. 그 밑에 왕족 귀

족이 있어요. 인도가 옛날부터 굉장히 종교적인 민족이에요. 옛날부터 세속보다는 인간의 본질적 문제를 해결해야 한다는 사고방식을 가졌기 때문에 굉장히 종교적인 민족이에요. 중국과는 다르죠. 중국은 옛날부터 인간 사회를 더 이상적인 사회로 만드는 것을 최고로 여겼거든요. 중국에서 항상 말하는 게 있습니다. 가장 이상적인 사회가 언제냐? 요순시대라고 하거든요. 요임금 순임금 시대, 그때가 언제냐면 까마득한 과거인데 요임금 순임금이 정치를 너무 잘해서 백성들이 굉장히 편하게 살았다, 임금이 있는지 없는지도 모르고 살았다는 거예요. 그 사람들은 처음부터 그런 사고방식을 가지고 있었거든요.

그러니까 공자도 항상 정치를 하려고 했고, 유교는 근본적으로 정치철학이에요. 불교와는 다릅니다. 문화적 차이가 있는 건데, 개인적인 입장에서 보면 유교는 수신제가(修身齊家)를 말하는데, 수신이라는 것은 자기 인격을 훌륭하게 하는 것이지 해탈하는 게 아닙니다. 그런 게 아니에요. 군자가 되어 인격을 훌륭하게 하고 가정을 잘 다스리고 수신제가치국평천하(修身齊家治國平天下)잖아요. 그것이 목적인데 불교는 그렇지 않아요. 사실 유교는 종교라고 할 수 없습니다.

종교는 인간이 가지고 있는 근본적인 문제, 삶과 죽음의 문제예요. 삶도 걱정스럽고 죽음도 두렵거든요. 삶과 죽음의 문제고 자기 존재의 문제입니다. 이것을 해결하는 게 종교고, 더 바람직한 유토피아 같은 좋은 사회를 만들려고 하는 것은 정치입니다. 유교는 사실은 종교가 아니에요. 정치죠. 공자의 가르침과 석가모니의 가르침이 똑같다고 말하는 사람이 있는데, 그렇지 않습니다. 그것은 잘못 생각한 거고, 석가모니는 정치를 떠난 사람이지 정치를 말한 사람이 아니에요. 세속적인 사고방식 가치관을 가지고 출세간의 종교인 불교를 판단하면 안 됩니다.

만약 다시 어떤 사람이 이 경전을 듣고 믿는 마음을 거역하지 않는다면

'믿는 마음을 가진다면'이라는 말이겠죠.

이 복덕이 앞의 복덕보다도 뛰어나다. 그러니 하물며 이 경전을 베껴 쓰고 기억하고 소리 내어 읽고 남에게 설명해 준다면 그 복덕이 어떻겠느냐?

이것도 언뜻 문자 그대로 보면 이 경전에 있는 책을 이야기하는 것처럼 되어 있는데, 그게 아닙니다. 말하자면, 베껴 쓰고 기억하고 소리 내어 읽고 남에게 설명해 준다는 것은 깨달음을 얻어서 이 법에 대한 안목과 지혜가 그만큼 밝아졌다는 이 말이에요. '밝아져서 다른 사람을 이끌어서 가르쳐 줄 만한 지혜를 갖춘다면' 이런 말이죠. 이런 방편은 이중적인 뜻이 있거든요. '책으로서의 경전도 함부로 하지 마라. 이 속에는 아주 무한한 진리가, 가르침이 있다.' 그런 의미에서 책으로서의 경전도 소중하게 하라는 일차적인 뜻이 있지만, 본질적인 뜻은 아니죠. 본질적인 뜻은 바로 이 법 자체를 가리키는 겁니다. 이것을 일차적으로 문자 그대로 이해해서 《금강경》을 열심히 베껴 쓰고 외워서 기억하고 항상 소리 내서 읽고 남한테 강의해 주는 것을 전부 다 아는 걸로 착각하면 안 됩니다. 그런 뜻이 아니라는 말이에요. 《금강경》이든 무슨 경전이든 간에

근본적으로 불도, 깨달음, 해탈, 열반, 이 자체를 가리키는 겁니다. 우리 본래면목 자체를 가리키는 것이기 때문에 아무리 세속적으로 좋은 일이 있어도 이것과는 비교가 안 되는 거죠. 출세간법인 이것을 가리키는 겁니다.

그래서 반야바라밀이라고 하는 것인데, 체험을 하고 깨달아서 여기에 익숙해지고 반야바라밀이, 지혜가 밝아지려면 시간이 많이 필요해요. 체험한다고 금방 지혜가 밝아지는 건 아니에요. 체험하면 이런 일이 있구나, 이 길을 가면 되겠구나, 그런 공부의 시작이죠. 공부라는 게 아직 체험이 없는 사람은 길이 어딘지를 모르고 그냥 헤매고 있는 것이고, 체험을 했다는 건 길을 찾은 거예요. 이 길을 가야 해요. 쭉 가면 처음에는 굉장히 좁은 길이었는데, 가면 갈수록 길이 넓어지고 더 밝아집니다. 비유하자면 처음에는 좀 좁고 어두워요. 비록 길을 찾긴 했지만 아직은 길이 어둡고 좁아서 자꾸 비틀비틀한단 말이죠. 그런데 가면 갈수록 밝아지고 넓어지고 좀더 지혜로워지는 겁니다. 불교 공부의 시작은 한 번 해탈을 체험한 뒤로부터 시작입니다. 그래서 그런 이야기를 하는 거예요.

이것이 마음이에요. 본래 마음. 알 수 없지만, 깨달을 수 있고 확인할 수 있는 겁니다. 우리 각자의 마음이기 때문에 (손가락을 세우며) 이것이 마음입니다. (법상을 톡톡 두드리며) 이것이 우리 마음이고, 모든 사람이 가지고 있고, 겉으로는 다르지만, 속으로는 똑같습니다. 겉으로는 색수상행식은 다 달라요. 그런데 공은 다 똑같은 겁니다. 거울로 치면 거울이 10개가 있는데 비추어져 있는 모습을 보면 다 방향이 제각각 달라요. 그런데 텅 빈 거울은 10개가 다 똑같은 거란 말이에요. 그런 것처럼 깨달아야 할 마음은 모든 사람이 똑같습니다. 다를 수가 없어요.

각자의 생각이나 느낌, 기억은 다 다르죠. 그런 건 같을 수가 없습니다. 이심전심이 된다는 것은 마음에서 마음으로 통한다는 건데, 생각이나 기분이나 느낌이나 이런 게 통하는 게 아니라 공(空)으로 통하는 겁니다. (법상을 톡톡 두드리며) 이 체험이 오면 결국 무한한, 아무 걸림이 없는 여기에 통하는 거죠. 그런 면에서는 서로 대화해 보면, 마음이라는 걸 눈으로 볼 수는 없지만 자기 경험을 이야기하는 걸 보면, 체험을 제대로 했는지 아닌지 대충 알 수가 있죠. '이 사람이 제대로 체험을 했구나.' '이건 좀 뭔가 아닌 것 같은데?' 여러 가지 깨달음이 있는 게 아닙니다. 깨달음은 공을 깨닫는 것 하나밖에 없어요. 공, 불이중도라고 이름 붙이는 이 법 하나밖에 없습니다. 사람마다 이런 깨달음도 있고 저런 깨달음도 있는 게 아니에요.

본래 마음은 공이라고 하듯이 공이 달라질 수는 없어요. 다 똑같아요. 그래서 이심전심이 가능한 겁니다. 서로 마음에서 마음으로 통하는 것이 가능하단 말이죠. 이런 깨달음도 있고 저런 깨달음도 있고, 그런 깨달음은 없어요. 그것은 뭔가 경계를 깨달음이라고 착각한 거죠. 바른 깨달음은 공이라고 하는 이것 하나밖에 없습니다. 공이라 하기도 하고, 중도라 하기도 하고, 불이(不二)라 하기도 하고, 반야바라밀이라 하기도 하고, 진여자성이라 하기도 하고, 이름은 여러 가지를 붙이는 거예요. 이것 하나뿐이에요. 그래서 이것을 가리켜드리는 겁니다.

(법상을 톡톡 두드리며) 여기서 한 번 번뇌망상, 꿈같은 망상이 쉬어지는 체험이 자기도 모르게 탁 오는 것이고, 처음에는 안갯속에 있는 것 같지만 자꾸 가다 보면 밝아집니다. 그래서 계속 이것을 가리켜드리는 겁

니다. (손가락을 세우며) 바로 이겁니다. 이겁니다. 생각할 수 없고, 이해할 수 없고, 알 수가 없어요. (법상을 톡톡 두드리며) 바로 이겁니다.

마치 허공과 같다고 비유하잖아요. 허공이 제일 적절한 비유인데, 허공이라는 것은 모습으로 보면 낮이 다르고 밤이 다르고 아침이 다르고 점심때 다르고 저녁이 다르죠. 하늘을 모습만 보면 아침 하늘, 점심때 하늘, 저녁때 하늘이 다르고, 밤하늘이 또 달라요. 그렇지만 허공이라는 건 밤이고 낮이고 아침이고 저녁이고 달라질 수가 없어요. 항상 똑같죠. 어떤 모습이 아닙니다. 모습이 아니고 분별할 수 없으니 '허공처럼 한 물건도 없구나. 아무것도 없구나' 이런 이야기를 하게 되거든요. 어떤 모습이 아니고 분별할 수 없는 이것이 체험되고 여기에 통하면 분별에서 벗어나는 것이고, 그러면 결국 대화가 가능해지고, 법문을 들으면 공감이 가게 되는 겁니다.

이 일 하나예요. 이 하나입니다. '이것입니다' 하는데 분별할 경계를 가리키는 게 아닙니다. (손가락을 세우며) 이것이 우리 마음이고, 우리 진여자성이고, 우리 본래면목입니다. 분별할 수 있는 게 아니에요. (법상을 톡톡 두드리며) 이것이 우리의 근본이고 근원이라고요. 분별할 수 없으니까 이것을 공이다, 불이다, 중도다, 그렇게 말하는 것이고 다 방편의 말입니다. (법상을 톡톡 두드리며) 이 일 하나. 이 일 하나가 있을 뿐이에요. (법상을 톡톡 두드리며) 바로 지금 이거예요. 이 일 하나.

이것이 다 있거든요. 마치 허공이 밤이고 낮이고 달라질 수 없듯이 깨달은 사람이나 못 깨달은 사람이나 사실 마음은, 근본 자체는 똑같은 겁니다. 그런데 못 깨달은 사람은 근본을 못 깨닫고 모습만 쳐다보고 있는 사람이에요. 그러니까 못 깨달아도 이것은 항상 모든 사람이 태어나서 죽을 때까지 똑같이 물들지 않고 갖춰져 있는 겁니다. 그러니까 (법상을 톡톡 두드리며) 이것을 가리키는 거예요. 없는 걸 깨달으라는 게 아니라 (법상을 톡톡 두드리며) 이미 갖추어져 있는 이 허공, 분별할 수 없는 이 진실을 체험해 보라고 계속 이걸 가리켜드리는 거예요. 더러운 허공을 깨끗하게 만들라는 게 아니에요.

이것은 원래 물들지 않습니다. 캄캄한 밤중이라고 해서 하늘이 새까매집니까? 아니에요. 밝은 대낮이라고 해서 하늘이 밝아지느냐? 아니에요. 그냥 허공 그대로예요. 빨갛게 노을이 졌다고 해서 하늘이 빨갛게 물들었나? 아니거든요. 허공은 그대로란 말이에요. 본래 있는 그대로, 그런 것처럼 본래면목은 본래 그대로입니다. 원래 물들 수가 없어요. 그래서 본래부터 깨끗하다 하고, 본래부터 깨달아 있다고 하는 겁니다.

(법상을 톡톡 두드리며) 본래 그대로예요. 본래 그대로인 여기에 한 번 탁 체험하고 탁 통해 버리면, 모습을 보는 분별망상 쪽으로 보지 않고 이것이 턱 이렇게 와닿는단 말이죠. 아무 이유도 없고 아무것도 없거든요. 나라고 할 것도 없고, 세상이라고 할 것도 없는데, 무슨 삶이 있고 죽음이 있겠습니까? 아무것도 문제 될 게 없어요. 뭐가 있어야 문제가 되죠. 아무것도 실마리가 없는데…. 바로 지금 이겁니다. (법상을 톡톡 두드리며) 바로 이거예요. 이 일 하나. 이 일 하나. (손가락을 세우며) 이거예요. 누구에게나 아무 문제가 없는, 깨끗한 이것이 본래부터 갖춰져 있는 겁니다. 이것 하나입니다.

수보리야, 요약해 말하면 이 경에는 생각할 수 없고 헤아릴 수 없고 끝도 없는 공덕이 있다.

수보리야, 요약해서 말하면, 간단히 말하면, 이 경에는 생각할 수 없고 헤아릴 수 없고 끝도 없는 공덕이 있다… 이 경이라는 것은 부처님의 말씀이라는 뜻인데, 말씀 자체에 공덕이 있는 게 아니라, 말씀이 가리켜서 나타내고 있는 이 법에 공덕이 있는 거죠. 법에 헤아릴 수 없고 끝이 없는 공덕이 있는 거죠.

왜냐? 이것을 벗어나는 게 아무것도 없습니다. 이 법을 마음이라고도 하는데, 모든 것은 마음이 만들어 낸다는 말을 하듯이 모든 것이 이 법을 벗어나는 게 없어요. 나중에 이것을 체험하고 충분히 익숙해진 다음에 보면, 이것을 벗어나는 일은 이 세상에 없습니다.

어떤 일이 있더라도 여기서 일어나는 일이고, 어떤 일이 있다는 것은 바로 이것이 있는 겁니다. 이것이 드러나 있는 것이고 이것이 있는 거죠. 무슨 일이 있다는 건 바로 이것이 있는 겁니다. 이것을 다른 종교에서는 창조주라고 해요. 왜? 뭐든지 여기서 다 나오니까 창조주라고 하죠. 불교에서는 그런 말을 안 쓰고, 마음이다, 법이다, 이런 말을 쓰죠. 브라만교에서는 브라만이 창조주라고 합니다. 창조의 신 브라만교죠. 기독교에서는 하느님, 여호와라고 하는데, 하느님이 뭡니까? 창조주거든요. 이것을 창조주라 한다고요. 불교에서는 신이라는 이름을 안 쓰고 그냥 마음이라고 해요. 신이라고 하면 뭔가 대단한 게 있는 것 같고, 마음이라고 하면 나한테도 있는 거니까 별거 아닌 것처럼 여길지 모르지만, 이름이 다를 뿐이에요.

똑같은 겁니다. 이름만 서로 다르게 붙였지, 실제는 똑같아요. 여기서 모든 게 다 나오는 거예요. 이것이 없을 수는 없는데, 살아 있는 사람한테 이것이 없다면 그건 죽은 사람이죠. 없다는 생각 자체가 여기서 나오니까 없다는 게 말이 안 되는 거고, 모든 게 여기에서 나오고, 어디든지 언제든지 항상 이렇게 나타나 있는 겁니다.

기독교에서는 이것을 생명, 빛이라 하기도 하고, '나는 빛이요 생명이다'라는 하느님의 말이 성경에 있죠. 빛이라는 것은 항상 밝게 드러나 있기 때문에 빛이라 하는 것이고, 어둡지 않다는 말이죠. 밝음과 어둠이라는 것도 방편의 말이지만, 어둡다고 하면 뭔가 헤매는 겁니다. 어둡다는 것은 정확히 뭘 몰라서 막 헤맬 때 어둡다고 하고, 이것이 딱 드러나 있어서 헤맬 게 없으면 밝다고 하는 거죠. 생명이라는 것도, 모든 것이 살아 있다는 것은 바로 이것이 살아 있는 겁니다. 이것이 살아 있으니까 온 세상이 다 살아 있는 거예요.

이것을 생명이라 할 수도 있고, 빛이라 할 수도 있고, 창조주라 할 수도 있고, 이름은 방편으로 붙이는 건데, 불교에서는 자성, 진여, 마음이라고 하죠. 붙이는 이름은 어차피 우리가 만들어 붙인 거니까 상관없는 거예요. 이 진실이 항상 언제든지 어디서든지 항상 있는 것이고, 이것 외의 다른 것은 전부 허깨비 같은 겁니다. 왜냐하면 전부 생겼다 없어지는 건데, 이것만 유일하게 생기고 사라지지 않는단 말이죠.

《반야심경》에서 '불생불멸 불구부정 부증불감'이라고 하는데, 이것은 생겼다 없어졌다 하는 게 아니고, 늘어났다가 줄어들었다 하는 것도 아니고, 더러워졌다 깨끗해지는 게 아니라는 말입니다. 이것은 언제든지 어디서든지 늘 그냥 이것이지, 어떻게 되는 게 아닙니다. 이것은 밝을 수도 없고, 어두울 수도 없고, 어떻게 되는 게 아니에요. 항상 바로 지금 이것입니다. 바로 이것.

이 이상은 더 없기 때문에 이것이 근본이다, 본원이다, 근원이다, 원천이다, 밑바탕이다, 라고 합니다. 본원이란 말은 강이 시작되는 자리라는 말이거든요. 낙동강도 쭉 따라 올라가 보면 결국 태백산에 있는 조그마한 샘물에서 시작되잖아요. 그것이 본원이거든요. 그렇듯이 모든 일의 시작과 끝이 여기에 있다는 말입니다. 이것을 마음이라니까 자꾸 오해해요. 왜냐하면 우리는 나한테 몸과 마음이 있다고 믿거든요. 보통 범부 중생은 그렇게 생각하고, 내 몸, 내 마음, 이런 식으로 자기 소유물처럼 생각해요. 이것이 망상입니다. 이게 중생의 망상이에요.

불교에서 마음이라고 할 때는 이것 자체가 근본이고, 여기에는 나라는 게 없습니다. 그래서 내 마음이 아니에요. 나라는 것은 생각이고 분별이고 망상입니다. 《금강경》에서 아상, 인상이 없다고 하듯이 여기는 나다, 사람이다, 그런 게 없어요. '내 마음'이라고 말할 수 있는 게 아니에요. 여기에 통달이 되면 그런 생각 자체가 없습니다. 아무 그런 게 없어요. 늘 어떻게 할 수 없이 항상 있는 진실 자체가 바로 이것이기 때문에 '내 마음이다' 그런 건 말이 안 맞습니다. 그런데 왜 마음이라는 말을 쓰느냐? 우리가 몸은 잘 아는데 마음은 모르거든요. 방편으로는 친근하면서도 잘 모르는 말이 좋은 방편이에요. 이것이 만약에 브라만 신, 여호와 하느님, 이러면 나와 상관없는 것처럼, 멀리 있는 것처럼 여겨진단 말이에요. 그러니까 '그것을 깨달아라' 하면 말이 좀 어렵죠. 그런데 마음이라고 하면 '이거 나한테 있는 건데' 이렇게 되니까 훨씬 더 좋은 방편이죠.

왜? 이것이 우리 모두의 근본이거든요. 나라고 하는 것은 망상이고, 이것이 진실이란 말이에요. 이것이 진실이고, 나라고 하는 생각은 망상이에요. 이것이 진실입니다. '내 마음'이라는 건 망상을 먼저 놓고 진실을 거꾸로 보고 있는 '전도중생'이라는 거예요. 거꾸로 보고 있다는 거죠. '내 마음'이 아니고, 이것이 근본이고 근원이고, 여기서 나라는 생각을 하는 겁니다. 이것이 근본이고 근원이에요. 여기서 '나다, 사람이다' 그런 생각을 하는 거라고요. 그건 전부 생각입니다. 그런데 이것은 생각이 아니에요. 어떤 생각이 아니니까 딱 와닿으면 어떻게 할 수가 없어요.

《화엄경》에 그런 말이 있어요. 법은 언제나 변함이 없는데, 사람이 자꾸 왔다 갔다 한다는 말이 있거든요. 이 법은 항상 원래부터 이대로인데, 사람이 망상을 했다가 깨달았다가 이렇게 한단 말이죠. 이것은 항상 그대로 있어요. 사람이라고 하는 게 깨닫지 못할 때는 '나다' 하는 망상을 하고 있다가, 깨달아 버리면 '나다' 하는 망상이 없어지고 이것이 확 드러나는 거죠.

그래서 한 방울 물이 바다에 떨어지는 것과 같다는 비유를 해요. 물방울 하나가 바다 위에 떠 있을 때는 자기가 물방울이에요. 바다에 떨어지면 그런 게 없어요. 그냥 온 전체가 한 개 바다일 뿐인 겁니다. 이 일 하나입니다. 이것 하나. 이것이 한 번 통해서 이게 와닿으면, 여기는 생각할 수 없고 헤아릴 수 없고 끝없는 공덕이 있다는 것을 알게 됩니다.

왜? 온 세상이 여기서 벗어나는 게 없고, 모든 것이 이걸 바탕으로 해서 나타나고 사라지는 거예요. 그래서 끝없는 공덕이 있다는 거죠. 이것이 한 번 탁 통달이 되면 처음에는 잘 모르는데 시간이 쭉 지나 보면 차차 확실하게 드러나게 돼 있어요. 결국 법은 항상 원래부터 변함없이 그대로인데, 자기가 자면서 꿈을 꾸었다가 눈을 뜨고 깬 거예요. 그렇게 되는 거죠. 《화엄경》의 말이 맞는 거죠. 법은 언제나 변함이 없는데 사람이 왔다 갔다 한다… 이 일 하나가 있는 겁니다. 이것이 본질이고 근본이고 근원이고 본래면목이라는 거예요. 생각으로 내가 어떻고 하는 게 다 망상이에요.

　내가 어떻고, 내 몸이 어떻고, 내 마음이 어떻고… 다 생각이 만들어 낸 겁니다. 그게 다 망상입니다. 그래서 '내 인생을 내가 어떻게 살아야지' 하는 게 전부 다 망상이에요. 여기에 탁 통하면 삶과 죽음의 문제가 해결된다고 하잖아요. 다 극복이 된다고 하잖아요. 왜? 삶도 없고 죽음도 없어요. 나라는 망상이 없으니까, 내 삶이다, 나의 죽음이다, 삶과 죽음이라는 게 전부 망상입니다. 그런데 여기에 툭 통달하면 이것은 원래 시작도 없고 끝도 없는 거거든요. 삶이 어디 있고 죽음이 어디 있고, 여기는 생로병사가 없습니다. 그런데 우리는 육체를 자기라고 알고 있고, 자기 생각이나 기분이나 느낌을 자기라 알고 있으니까 이놈은 생로병사를 한단 말이죠. 이것이 생기고 사라지고 자꾸 이렇게 하니까 전도중생이라고 하는 거예요. 허망한 걸 붙잡고 있다, 전도되어 있다는 겁니다. 이것이 한 번 와닿아야 해요. 이것이 와닿아서 딱 드러나 버려야 그런 허망한 것에 속지 않습니다.

　**여래는 대승의 마음을 낸 자를 위하여 말하고 최상승의 마음을 낸 자를 위해서 말한다.**

　대승이 바로 최상승입니다. 선(禪)에서는 선이 최상승이라는 말을 하는데, 결국 이건 선이 아니고 《금강경》이니까 대승이 바로 최상승인 거죠. 그럼 왜 이런 말을 하느냐? 소승은 공부가 대승에 미치지 못하는 겁니다. 소승은 자기가 어떤 수행을 하는 거예요. 수행을 해서 뭐가 어떻다, 자꾸 이런 식으로 하거든요. 그런데 대승에서는 우선 나라고 하는 게 없습니다. 자기라고 할 게 없어요.

소승에서도 무아(無我)를 말해요. 그런데 문제는 그것을 철학적으로 얘기한다는 겁니다. '나라는 게 뭔지 보자. 육체가 있고, 느낌이 있고, 생각이 있고, 의식이 있고, 감정이 있고, 이것을 나라고 하는데, 자꾸 변해가고 달라지는 게 어떻게 나일 수 있느냐? 그래서 나라는 생각은 망상이다.' 그런 식으로 얘기하죠. 그렇게 철학적으로 설명한다고 해서 나라는 생각에서 벗어날 수 있느냐? 안 됩니다. 말로 설명하는구나, 하고 이해하는 걸로 끝나 버리는 거거든요. 대승법이라는 것은, 불이중도라고 표현하는데, 그냥 체험이에요.

석가모니가 출가해서 공부하는 과정을 보면 알 수 있는데 깨닫기까지 7년인가 걸렸잖아요. 1년은 좌선 수행하고 6년은 고행을 했어요. 그런데 1년 좌선도 수행이었고, 6년 고행도 수행이에요. 그래서 못 깨쳤거든요. 다 포기했습니다. 그러고는 어떻게 할 방법도 없고 어떻게 할 도리도 몰라서, 그야말로 앞뒤가 꽉 막힌 채로 보리수 밑에 앉아 있다가, 어느 날 새벽에 샛별이 반짝하는 걸 보고 갑자기 깨친 거죠. 깨달음은 그게 깨달음인 겁니다. 좌선을 해서 깨달은 것도 아니고 고행을 해서 깨달은 것도 아니에요. 수행을 해서 깨달은 게 아니라는 말입니다. 수행을 했어도 이건 아니다 싶으니까 어떻게 할 바를, 도리를 몰라서 앞뒤가 꽉 막혀 있다가 갑자기 깨달은 거죠.

깨달음은 어떤 수행을 하고 수행의 단계를 밟아 올라가서 마지막에 깨닫는 게 아니에요. 그것은 소승에서 이야기하거든요. 수행을 계속하다 보면 마지막에는 깨닫게 될 것이다… 이게 소승에서 주장하는 겁니다. 그것은 바른 공부가 아니라는 거예요. 그런 게 아니고 대승은 앞뒤가 꽉 막혀서 어떻게 할지 모르는 이것을 의단(疑團)이라고 합니다. '금강권 율극봉'이라 하기도 하고 '은산철벽'이라 하기도 해요. 진리를 깨닫고 싶고 망상에서 벗어나고는 싶지만 어떻게 할지를 몰라서 아무 대책이 없는, 앞뒤가 꽉 막혀 있어서 아무것도 모르니까 그것을 의단이라고 하거든요. 오직 모를 뿐, 그게 바로 의단입니다. 아무것도 모르는 거죠. 그러다가 갑자기 깨치는 겁니다. 이것이 대승법이고 이것이 진짜 깨달음인 거예요.

알 수가 없으니까 굉장히 불가사의한 거죠. 그런데 나중에 체험을 하고 시간이 쭉 지나 보면, 불이니 중도니 '색이 공이고 공이 색이다' 그런 여러 가지 말이 다 여기에 해당한다는 것을 알 수 있습니다. 안목이 열린단 말이에요. 시간이 쭉 지나 보면 지혜가 생기거든요.

대승 교학은 중관(中觀), 유식(唯識), 두 가지입니다. 교리적으로 대승 교학은 중관, 유식, 두 가지인데 둘 다 공을 깨달으라고 하는 거거든요. 중관은 모든 분별을 넘어서야 공을 깨닫는다는 걸 가리키는 것이고, 유식은 우리가 알고 있는 게 전부 공이라는 사실을 깨달아야 한다는 거예요. 유식이라는 것은 우리가 알고 있는 건 단지 '식(識)'일 뿐이다… 이것은 다 망상이라는 말입니다. 이것이 전부 본래 다 공이라는 사실을 깨달아야 한다… 대승의 깨달음에는 공이라는 말이 핵심적으로 들어가 있는 겁니다. 공이라는 게 뭐냐? 아무것도 알 수 없다는 겁니다. 분별할 수 있는 게 없다는 뜻이에요. 텅 빈 허공이 있다는 뜻이 아니고, 아무것도 분별되는 게 없다는 말입니다. 뭐라고 할 게 아무것도 없다, 한 물건도 없다, 이런 말이거든요.

《반야심경》에 '공중 무색무수상행식 무안이비설신의 무색성향미촉법(空中 無色無受想行識 無眼耳鼻舌身意 無色聲香味觸法)'… '무'라는 말이 쭉 나오죠. '무'라는 것은 그렇게 분별할 게 없다는 말이거든요. 색깔이니 소리니 눈이니 귀니 생로병사니 그렇게 분별되는 게 없다는 말이에요. 허공이 있다는 뜻이 아니에요. 분별되는 게 없으니까 허공과 같이 아무 것도 없는 것처럼 느껴지고 텅 빈 것처럼 느껴지는 거죠. 공이라는 표현을 한 건데, 공은 단지 공만이 아니고, 중도고 불이라고 한단 말이에요. 공은 단순히 공이 아닙니다. 공을 다른 말로 하면 중도고 불이란 말이에요. 나중에 이것을 체험해 보면 중도가 어떤 뜻인지, 불이가 어떤 뜻인지 알 수 있어요. 경전이나 논서 같은 걸 읽어 보면 '이래서 이런 말을 하는구나' 하고 알 수 있거든요.

중도라는 건 이것도 아니고 저것도 아니라는 말입니다. '이거다 저거다' 할 게 없다는, 여기는 그렇게 분별할 수가 없다는 말이에요. 불이라는 것은 둘로 나눠지지 않는다는 거니까, '있다'든 '없다'든 공이든 색이든 뭐든지 따로 분리되지 않는다는 거예요. 분별되지 않는다는 게 공입니다.

대승법은 한마디로 공이라고 말할 수 있는데, 소승은 여러 가지로 복잡한 이야기를 해요. 왜? 수행을 하기 때문에 그런 소리를 하는 겁니다. 소승은 의식을 가지고 이러쿵저러쿵 하는 것이고, 의식이 바로 분별심인데, 대승은 분별심에서 즉각 쉬어져 버리고, 분별심을 벗어나서 중도에 통달하는 겁니다. 이것이 불법인 겁니다. 다 방편의 말이지만 대승 공부는 먼저 깨닫고 불법을 공부하는 것이고, 소승 공부는 불법을 열심히 공부해서 마지막에 깨닫는 것이다… 말하자면 그렇게 얘기할 수 있어요.

그러면 어떤 게 더 효과적이고 바른 길이냐? 대승이 훨씬 바른 길이고 효과적입니다. 수행을 평생 해 보세요. 깨달아지는가. 끝이 없습니다. 왜냐? 수행이라는 것은 내가 계속 무언가를 하는 거거든요. 분별에서 벗어나지 못하는 겁니다. '나다, 무엇이다'가 확 없어져야 하는데 그게 안 사라지면 계속 주관, 객관, 안팎의 망상에서 못 벗어나는 거예요.

대승법은 일반적으로 말하자면 돈오점수입니다. 돈오돈수라는 말은 깨달음, 법만 놓고 얘기하면, 여기는 수행이라는 게 있을 수 없으니까 돈오돈수라고 한 거예요. 그런데 현실을 놓고 보면, 비록 한 번 체험해서 깨달았다 하더라도 익숙하지 못하면 계속 망상을 따라가니까 익숙해지는 데는 시간이 필요하다고 해서 점수라는 말을 쓴 거예요. 돈오돈수, 돈오점수는 서로 반대되는 말이 아닙니다. 어떤 측면을 놓고 말했느냐 해서 말이 달라진 것이지 어느 건 맞고 어느 건 틀리고 이런 말이 아니에요. 예전에 우리나라에서 어느 게 맞냐는 논란이 있었는데, 뭘 모르고 그렇게 한 겁니다. 어떤 측면으로 말을 했느냐에 따라서 말이 달라진 것뿐이에요. 하나는 옳고 하나는 그른 건 아닙니다.

왜냐면 경전에는 돈오점수라고 분명히 나와 있고, 《육조단경》에서 육조 선사는 돈오돈수라고 말했거든요. 그럼 육조가 옳고 경전이 틀렸느냐? 또는 경전이 옳고 육조가 틀렸느냐? 그 문제는 아니에요. 어떤 면을 보고 말했느냐 그겁니다. 경전에서 돈오점수라고 한 것은 법뿐만 아니라 현실 삶의 변화까지도 말한 것이고, 말하자면 이치만 얘기한 것이 아니라 사실도 얘기한 거예요. 분명히 《능엄경》에 그렇게 나오거든요. 이

즉돈오(理卽頓悟; 본성은 문득 깨달으나)이나 사비돈제(事非頓除; 현상은 문득 제거되는 것이 아니다)라… 그런데 육조 선사가 돈오돈수라고 할 때는 그냥 법만 놓고 이야기한 겁니다. 이 법에는 오직 깨달음이 있을 뿐이고 수행이라는 건 없다는 말이에요. 우리 본성 자체에는 갈고닦을 그런 게 없다는 말입니다. 그러니까 당연히 돈오돈수죠. 한번 깨달아 보면 끝이지 수행이라는 건 있을 수 없는 거죠. 그러니까 어떤 측면을 놓고 이야기했느냐 하는 겁니다.

**여래는 대승의 마음을 낸 자를 위해서 말하고**

왜 이런 이야기를 하느냐? 소승은 수행을 가르칠 때 이러이러하기 때문에 이렇게 해야 한다고 설득해요. 거기에는 철학이 있는 겁니다. 이러이러하기 때문에 이렇게 해야 한다고 말하면, '아, 그렇구나. 그렇게 수행을 하자.' 이렇게 되는 거죠. 모든 수행은 그렇게 해야 할 이유를 이야기해 줘야 믿고 하니까요.

그런데 대승은 어떠냐? 이유가 없습니다. 왜 이렇게 해야 한다는 이유가 없어요. 대승에서는 뭘 어떻게 하라는 말을 안 하거든요. 어떤 수행을 하라는 말을 안 한단 말이에요. '이렇게 해라' 이런 말을 안 하거든요. 그냥 '이것이 법이다' 이렇게 말하죠. 《금강경》에 어떤 수행 방식, 뭘 어떻게 하라는 말이 있습니까? 없어요. 그냥 '이것이 법이다'라는 말만 계속하고 있습니다. '법이 이런 거다' 계속 이렇게 이야기하고 있죠. 그러니까 무슨 이유를 말하지 않습니다.

선(禪)도 그렇잖아요. "부처가 뭡니까?" "똥막대기다." 왜 부처가 똥막대기인지 절대 말하지 않습니다. 이것은 이유가 없어요. "도가 뭐냐?" "잣나무다." 왜 잣나무가 도인지 절대 말하지 않습니다. 왜? 이유가 없습니다. 그냥 잣나무가 도이고, 똥막대기가 부처니까요. '왜 그렇습니까? 몰라, 그냥 깨달아 봐' 이 말이죠. 그냥 생각이 꽉 막히죠. 이런 경우에 보통 사람은 뭔가 이유를 말해서 '그래서 그렇게 되는구나. 알겠다. 내가 한번 해 봐야지' 이렇게 설득이 돼야 하는데, 대승은 설득하려고 하지 않는 겁니다. '그냥 이것이다.' 딱 이렇게 말해 버리죠. 그러니까 대승법은 믿음이 갖추어진 자가 아니면 공부할 수가 없어요. 안 그렇겠습니까? "부처가 뭡니까?" "똥막대기다." 믿음이 없는 사람이 보면 '무슨 부처가 똥막대기야?' 공부를 할 수가 없어요. 대승을 공부할 그릇이 되는 사람은 부처님과 불법에 대한 믿음을 기본적으로 갖추고 있는 겁니다.

대승의 마음을 낸 자가 발심한 사람이라는 거예요. 마음을 냈다는 게 발심이죠. 부처님 말씀은 무조건 믿는 것이고, 조사의 말씀을 무조건 믿는 겁니다. 어떤 말이 있을 때 무조건 믿거나, 아니면 왜 저렇게 하는지를 얘기해 줘서 설득되게 해야 해요. 하나하나 이치를 설명하고 설득하여 이렇게 한다면, 그건 소승이에요. 그러면 언제 깨달을지 모릅니다. 왜냐? '나는 이해해야 하겠다'고 하면 끝까지 이해를 고집하겠죠. 대승의 마음을 낸 사람은 사실은 어떤 사람이냐 하면, 이미 자기가 '내가 지금 알고 있는 게 이 세상의 진실은 아닐 것이다. 지금 내가 살고 있는 이게 내가 원하는 삶은 아니다.' 불교를 몰랐을 때부터 벌써 스스로 삶 속에서 뭔가를 찾는 사람이에요.

그런 사람은 '뭔가 이게 아닌 것 같은데, 이렇게 사는 게 아닌 것 같은데' 해서 뭔가를 찾고 있고, 어떻게 해야 할지 전혀 모르는 거죠. '석가모니 부처님이 인생의 진실을 깨달아서 인생의 문제를 다 해결했다더라' 하면, 한마디만 들어도 바로 쫓아가는 거죠. '그래, 그게 바로 내가 원하는 것이다' 하고. 그게 대승의 마음을 내는 거죠. 그런 믿음을 갖춘 사람이 대승 공부를 할 수 있습니다. 하나하나 설명을 들어서 이해하겠다는 사람은 대승 공부를 할 수 없어요.

대승의 마음을 낸다는 것은 이미 공부할 만한 어떤 자질이 있는 사람이죠. 물론 대승도 친절하게 하려면 얼마든지 또 그렇게 할 수도 있어요. 대승 경전이나 논서 같은 걸 읽어 보면 계속 얘기해 줍니다. '우리가 분별하고 헤아리고 생각하는 이게 전부 망상을 일으키니까 네 생각에서 벗어나야 해.' 그 이야기를 계속해요. 그러면 그런 말을 듣고 '그래, 그러면 망상을, 생각을 벗어나야겠네'라고 하지만, 그다음부터는 꽉 막히는 겁니다. 왜냐하면 '생각을 벗어나야겠네' 그다음부터는 생각할 수가 없잖아요. 생각하면 그건 생각을 못 벗어나는 거니까요. 그다음부터는 앞뒤가 꽉 막히는 거죠. 그렇게 되는데도 포기하지 않고 계속 공부를 한다면 그 사람은 대승의 마음을 낸 사람이죠.

요즘 우리나라 불교계에 소승 공부하는 사람이 계속 많이 늘어난다고 하잖아요. 결국 전부 다 알량한 자기 알음알이, 말하자면 나한테 뭔가 설득이 돼야 하고 이해가 돼야 해요. 자꾸 이런 사람들이 늘어난다는 겁니다. 대승의 근기를 가진 사람이 줄어든다는 거예요. 제가 늘 말씀드리잖아요. 자기 생각을 믿지 마십시오. 그건 망상입니다. 이 공부를 하는 사람은 자기를 잊어버리게 됩니다. 왜? '나다' 하는 그것이 망상입니다. 다 자기 생각일 뿐이에요.

진리는 우리가 모르는 겁니다. 직접 통하고 체험을 해서 드러나는 것이지, 내 생각으로 이해할 수 있는 게 아니에요. 이런 말을 듣고서 '그래' 하고 발심이 돼서 공부를 하면 대승의 근기가 있는 사람이고, 이런 말을 듣고도 여전히 자꾸 뭔가를 헤아리고 따져서 '왜 그런 말을 하지?' 자꾸 이렇게 한다면 그 사람은 소승의 근기밖에 안 되는 거예요.

대승의 근기는, 옛날 선사들이 하는 비유가 있잖아요. 영리한 말은 채찍의 그림자만 보고도 뛴다고 하거든요. 뛰게 하려고 발로 차고 채찍으로 때리고 할 때까지 기다리는 건 바보라는 겁니다. 그게 대승이란 말이죠. '깨달음은 우리가 이해할 수 있는 게 아니야.' "부처가 뭡니까?" "똥막대기야." 이러면 벌써 거기서 발심이 확 돼서 공부에 들러붙게 되는 겁니다. 그 사람이 대승 공부를 할 수 있는 사람이고 어렵지 않게 깨달을 수 있는 사람입니다.

그런데 '왜 저렇게 말할까?' 하고 자꾸 헤아리고 따지고 이해하고자 한다면, 그런 사람은 말로 치면 두들겨 맞고 차여야 비로소 움직일 수 있는 둔한 사람이라는 말이에요. 공부로 보면 그렇다는 말입니다. 하여튼 소승 공부하는 사람들은 요즘은 지식의 시대니까 자기가 이해돼야 뭐가 된다고 하는 좁은 틈에서 벗어나지 못하는 사람이에요. 진리나 깨달음이라는 것은 이해할 수 있는 게 아니라고 계속 말하는데도 그게 눈에 들어오질 않는 거예요. '이것은 이해할 수 있는 게 아니고 그냥 깨달아 봐야 안다'고 하면 '그냥 깨달아 봐야지' 해야 하는데, '왜 그런 말을 하지?' 하며 자꾸 생각하고 있다면 그런 사람은 안 되는 거죠.

'대승의 마음을 낸 자를 위해서 말하는 것이다' 하는 이 말이 그런 뜻이에요. 설명을 해서 이렇게 하는 게 아니란 말이죠. 앞에서도 믿음을 이야기했죠. '이 경을 듣고서 의심하지 않고 두려워하지 않고 믿는다면'

이 말을 딱 하잖아요. 믿음이 앞장을 서고, 믿음이 있으면 '그렇게 해 봐야지'라고 행동이 나오는 거죠. 그런 사람이 대승입니다. 그런데 믿음이 아니라 '나를 설득해 봐' 이렇게 한다면 그런 사람은 대승이 될 수가 없습니다. 왜냐? 소승이에요. 소승에서는 자꾸 철학적으로 설명을 하려고 한다고요. 그래서는 깨달을 수 없습니다.

'석가모니가 거짓말했을 리 있겠나. 사기꾼이겠나. 설사 석가모니 한 사람이 사기꾼이라 해도 그 뒤에 수많은 깨달은 사람이 나와서 수많은 경전이 만들어졌는데 그 사람들이 전부 사기꾼이겠나. 뭔가 있겠지. 뭔가 깨달음이라고 하는 뭐가 있겠지.' 그 정도만 하더라도 호기심이 생기고 믿음이 생기잖아요. 그래서 '그게 뭔지 나도 한번 경험해 봐야지'라고 하면 그건 대승의 근기죠. 그러니까 설명 듣기를 바라지 마시고, 자기가 직접 경험해 보면 되는 겁니다. 어쨌든 이 깨달음이란 것은 경험해 봐야 하는 것이지, 이해할 수 있는 건 아니라는 말이죠.

**최상승의 마음을 낸 자를 위해서 말한다.**

최상승이라는 것은 대승을 한 번 더 강조하는 말이고, '이 이상 없다' 이런 거예요. 《육조단경》에서는 육조가 '선이 최상승이다'라고 말하거든요. 최고의 가르침이라는 말입니다.

'승(乘)'이라는 것은 수레라는 뜻이거든요. 중생을 태워서 저 건너 깨달음의 땅으로 싣고 간다… 가르침을 수레에 비유한 거예요. 소승은 작은 수레, 대승은 큰 수레. 그 말은 뭐냐면 작은 수레는 그렇게 효과적인 좋은 수레가 아니라는 말입니다. 작다는 것은 크기가 작다는 뜻이 아니라 효과가 떨어진다는 뜻이에요. 약과 같거든요. 작은 약이라는 것은 효과가 좋지 못한 약, 큰 약이라는 것은 효과가 아주 뛰어난 좋은 약이라는 뜻이에요. 대승은 효과가 좋은 방편이고, 소승은 효과가 떨어지는 방편이라는 말이죠.

저 같은 경우는 대학에서 불교 철학을 공부하게 된 게 시작이었는데, 처음에는 소승 불교를 공부합니다. 초기 불교 공부부터 시작하니까 처음에는 사성제, 팔정도, 십이연기설, 오온십팔계, 전부 그런 식으로 공부해요. 그런데 그게 다가 아니거든요. 대승도 중관이 있고 유식이 있고 이런 게 있단 말이죠. 소승만 공부하지 않고 대승까지 쭉 교리를 공부해 보면 어떻게 결론이 나오느냐면, 결국 깨달으려면 생각을 벗어나야 하는구나, 그게 딱 결론으로 나옵니다. 내 생각, 내 의식의 틀을 벗어나야 하는구나. 깨달음이라는 것은 내 생각이나 내 의식의 틀 속에 있는 게 아니라는 것을 이야기하고 있으니까요. 그리고 저 자신도 '왜 나는 나라고 하는 이 틀을 못 벗어나는가? 왜 내 생각, 내 의식, 내 마음이라고 하는 이 굴레를 못 벗어나고 계속 이 속에 갇혀서 다람쥐 쳇바퀴 돌듯이 맴돌고 있는가? 이걸 벗어나야 할 텐데' 이런 느낌도 사실은 있었거든요.

그러니까 이제는, 생각을 벗어나려면 이걸 문자로서 공부할 건 아니다, 그럼 선(禪)을 해야 하겠다… 선 쪽으로 오니까 설명을 하는 게 아니죠. "도가 뭡니까?" "잣나무다." "똥막대기다." 이런 식이고, 설명하는 건 바로 쳐 버리니까, '입만 열면 다 어긋난다' 이렇게 얘기해 버리잖아요. '개구즉착(開口卽錯)'이라고, 입만 열면 다 안 맞다는 말이죠. 그렇게 얘기해 버리고 '도가 뭐냐?' 하면 (손가락을 세우며) 손가락을 세우기도 하고,

(법상을 톡 두드리며) 법상을 치기도 하고, '삼 서 근'이니 '동산이 물 위를 간다'니 이상한 소리를 하니까 꽉 막히는 거죠. 어떻게 할 도리가 없고, 앞뒤가 꽉 막히는 겁니다.

그런데 혼자서는 강하게 와닿지 않아요. 스승이 있어야 하고, 법회에 나와서 자꾸 이렇게 자극을 받아야 하는 겁니다. 계속 이야기하거든요. 부처가 뭐냐? (법상을 톡톡 두드리며) 이것이 부처다. 선이 뭐냐? (법상을 톡 두드리며) 이것이 선이다. 마음이 뭐냐? (법상을 톡톡 두드리며) 이것이 마음이다. 계속 가리켜드리거든요. 그냥 방편이라고 치부할 일이 아니고, 방편이라는 것도 아무 이유 없이 하는 게 아니거든요.

손가락으로 달을 가리키는데, 달이 없는데도 가리키는 건 아니란 말이죠. 달이 있으니까 가리키죠. 손가락이 달은 아니지만, 부처가 뭐냐? (법상을 톡 두드리며) 이것이다. 도가 뭐냐? (법상을 톡톡 두드리며) 이것이다. (법상을 톡톡 두드리며) 이 소리가 곧 부처, 도는 아니지만, 이렇게 할 수 있는 근거가 있으니까 이렇게 하는 거란 말이죠. 그러니까 여기서 깨달을 수 있는 거예요. (법상을 톡톡 두드리며) 여기서 이렇게 할 수 있는 충분한 근거가 있으니까 이렇게 하는 겁니다.

선(禪)이야말로 지름길 중의 지름길입니다. 우리나라 보조지눌 스님이 선을 '경절문(徑截門)'이라고 표현했는데, 길을 딱 끊어서 가는 지름길이라는 뜻이에요. 꼬불꼬불 가는 게 아니라 딱 끊어서 가는 지름길이라는 말입니다. 그러니까 선이야말로 불교 최상승이에요. 약 중에서 가장 효과적인 약이죠. 이론이 없습니다. 이유가 없어요. 부처가 뭐냐? (법상을 톡 두드리며) 이것이다. 여기에 무슨 이유 같은 거 없습니다. 이론도 없고. 도가 뭐냐? (법상을 톡 두드리며) 이것이다. (법상을 톡 두드리며) 여기서 한 번 깨달을 수 있는 겁니다. 아무것도 할 수 있는 일이 없어요. '수행을 이렇게 해라, 저렇게 해라' 그렇게 하지 않습니다. 선이라고 하면 좌복 깔고 앉는 것을 생각하는데, 그것은 요가에서 하는 겁니다. 본래 육조 문하의 선종에서는 그런 거 안 했습니다. 어떻게 앉는지 방법을 가르쳐 주고, 호흡하는 방법을 가르쳐 주고… 그건 요가에 영향을 받은 거예요.

일부 불교 안에 그런 경전들이 있긴 한데, 그것은 애초에 석가모니가 출가해서 1년 동안 공부했던 것이고, 아니라고 이미 판명이 난 겁니다. 그렇게 해서는 깨달을 수 없다고…. 그런데 불교 안에는 잡다한 게 많이 있고 별별 사람들이 다 있으니까요. 바른 법만 있는 게 아닙니다. 팔만대장경 속에 삿된 법도 많이 들어 있어요. 어떻게 보면 바른 법을 만나는 것도 행운이에요. 그런 것을 볼 수 있는 눈을 갖추는 것도 자기한테는 지혜인 것이죠.

예전에 제가 공부하러 다니던 제 스승님 회상에 제 고등학교 후배가 함께 한동안 다녔는데, 어느 날 그 친구가 《안반수의경(安般守意經)》이라는 책을 들고 왔어요. 들숨, 날숨, 호흡 관(觀)하는 수행법에 관한 책이에요. 그 사람은 선에 대한 믿음이 아직 없는 거예요. 그러니까 그 책을 갖다주니까 스승님이 받긴 받았는데 한 번 열어 보지도 않았습니다. '어떤 책이냐?' '호흡 수행하는 책입니다.' 그러니까 쳐다보지도 않는 거예요. 이 공부와는 아무 상관이 없습니다. 호흡을 잘 관해서 본래면목을 깨닫는 길이 있고 그게 가장 좋은 깨달음의 길이라 한다면, 《반야심경》이 왜 필요합니까? '이렇게 해라' 하면 끝이지. 경전이 왜 필요합니까? 《화엄경》이 왜 필요하고, 《금강경》이 왜 필요합니까? '이렇게 하면 깨달으니까 이렇게 해라' 하면 그걸로 끝인 거죠. 왜? 누구든지 그렇게 하면 깨달을 거니까요.

그런데 그렇게 해서는 안 되는 거예요. 《화엄경》이 있고, 《금강경》이 있고, 《반야경》이 있고, 《법화경》이 있고, 《열반경》이 있는 겁니다. 거기서는 어떻게 호흡을 해라, 앉아라, 이런 소리 없어요. 《금강경》을 매일 외우다시피 하는데, 여기 그런 말이 있습니까? 그런데 무슨 수행을 한다고 합니까? 이렇게 수행해라, 저렇게 수행해라, 엉터리예요. 왜 그렇게 하는지 모르겠어요.

조계종의 종헌이라는 게 있어요. 우리나라에 헌법이 있듯이 조계종에도 헌법이 있어요. 제1조에 나와 있습니다. '조계종은 직지인심 견성성불을 종지로 한다.' 여기 딱 나와 있어요. 직지인심(直指人心), 마음을 바로 가리키고, 거기서 즉각 견성성불(見性成佛), 본성을 보아서 깨닫는다… 선이다, 이 말입니다. 똥막대기니 잣나무니 이것이 전부 다 마음을 바로 가리키는 겁니다.

'견성'의 반대는 모습을 보는 '견상(見相)'이에요. 견성이라는 것은 모습이 아닌 걸 본다는 뜻입니다. 《금강경》에서 말하는 약견제상비상(若見諸相非相)입니다. 온갖 모습을 모습 아닌 걸로 보는 게 견성이에요. 그러면 여래라, 깨달음이에요. 즉견여래(卽見如來), 성불이라는 말입니다. 이것이 선입니다. (법상을 톡 두드리며) 여기서 모습을 분별하는 게 아니고, 뭘 아는 게 아니라 즉시 그냥 깨달아 버리는 거예요. 그냥 통하는 거예요. 이것이 견성인 겁니다. 약견제상비상, 모습을 보는데 모습이 아니게 봐 버린다는 말이죠. 모습이 아니라는 말이에요. 그러니까 분별없이 바로 이렇게 통해 버리는 겁니다. 이것이 선인 거예요.

선(禪)은 수행 같은 건 없어요. (법상을 톡 두드리며) 직지인심 견성성불이라고, 바로 가리키면 바로 이렇게 깨닫는 겁니다. 이것밖에 없습니다. 이것이 제일 지름길입니다. 수행을 해서 깨달은 게 아닙니다. (법상을 톡톡 두드리며) 여기서 한 번 이 소식이 와야 하는 거예요.

보조지눌 스님이 어떻게 깨달았는지를 보여 주는 글이 있습니다. 깨달음 체험을 두 번 했는데, 처음에는 《육조단경》 읽다가 뭐가 탁 와닿았어요. 첫 번째 깨달음이고, 몇 년 뒤에 《대혜서장》을 읽다가 또다시 한 번 더 깨달았다고 되어 있어요. 그러니까 보조지눌 스님은 스승이 없어요. 혼자서 수행하면서 스승이 없으니까 《육조단경》이나 이런 책을 봤겠죠. 책 보고 깨달은 겁니다. 결국은 《육조단경》이나 《대혜서장》도 스님들의 가르침이니까 정말 간절했겠죠. 그런 책을 읽다가도 깨달을 수 있습니다. 수행을 해서 깨달은 게 아닙니다. (법상을 톡톡 두드리며) 여기서 한 번 이 소식이 와야 하는 거예요.

**만약 어떤 사람이 이 경을 기억하고, 소리 내어 읽고, 널리 사람들에게 말해 줄 수 있다면, 여래는 이 사람들이 모두 헤아릴 수 없고 끝이 없고 생각할 수 없는 공덕을 성취하리라는 것을 잘 안다.**

이 경을 기억하고, 소리 내어 읽고, 널리 사람들에게 말해 준다는 것은 경전을 그렇게 한다는 뜻이 아니라, 그런 믿음을 가지고 공부한다는 뜻이겠죠. 그러면 언젠가는 이 사람이 끝이 없고 헤아릴 수 없는 공덕을 성취한다는 것은 깨달음을 얻을 것이라는 말이죠. 믿음을 갖춘다면 깨달음을 얻을 것이다… 《화엄경》에 그런 말이 있습니다. '믿음은 모든 공

덕의 어머니다. 그래서 믿음이 있는 자는 모든 공덕을 성취할 것이다.'
《화엄경》에 그런 구절이 몇 번이나 나옵니다. 믿음이 없으면 공부를 할 수 없다는 거예요. 모든 일을 성취하고, 마음공부, 불법 공부를 하는데 믿음이 어머니다, 기본이다, 이 말입니다. 믿음이 없으면 아무것도 안 된다는 거예요. 믿음이 있으면 믿음의 힘으로 공부가 되는 거죠.

불교는 믿음의 종교가 아니고 지혜의 종교다, 이런 말 하는 사람들이 있죠. 잘못 아는 겁니다. 믿음이 없으면 깨달을 수 없습니다. 의심해서는 깨달을 수가 없어요. 믿음이 있어야 체험도 하고, 체험 뒤에도 믿음의 힘으로 공부를 계속 밀고 나갈 수 있습니다. 믿지 않고 의심한다면 머뭇거리게 돼요. 그러면 공부가 나아갈 수 없습니다. 믿음이 끝까지 있어야 계속 그 힘으로 공부를 밀고 나갈 수 있어요. 불법에 대한 믿음, 가르침에 대한 믿음, 이런 게 있어야 하는 거고, 그래서 이 부분은 지금 믿음을 강조하는 부분이에요.

만약 어떤 사람이 이 경을 기억하고, 소리 내어 읽고, 널리 사람들에게 말해 줄 수 있다면⋯ 이건 앞에서 '이 경을 듣고서 믿는 마음을 내어 거역하지 않는다면'이라는 말과 같은 거예요. 이 경을 듣고서 믿는 마음을 내어 거역하지 않는다면, 언젠가는 깨달을 수 있다⋯ 그러니까 이 법에 관해서 가리켜줄 수 있는 건 이것밖에 없어요. 부처가 뭐냐? (법상을 톡톡 두드리며) 이것이다. 도가 뭐냐? (법상을 톡톡 두드리며) 이것이다. (손가락을 들며) 이렇게 곧장 가리키는 거 외에는 설명할 수는 없습니다. 설명을 하면 이해를 하겠죠. (손가락을 들며) 설명을 하지 않고 가리키면 깨달을 수 있는 겁니다. 이해하는 게 아니고 이해할 수 없는 겁니다. (법상을 톡톡 두드리며) 이해할 수 없는 겁니다. 이해하는 게 아니라 깨닫는 겁니다. 깨달아 버리면, 이것이 탁 나오면, 처음부터 완전하지는 않지만, 시간이 쭉 지나면 결국 진실한 것은 이것 하나밖에 없어요.

이것이 모든 경우에 모든 일을 이루어 내고 있고, 나머지 일들은 그냥 마치 물거품이나 물결이나 바람처럼 그때그때 지나가는 것뿐입니다. 지나가지 않고 항상 변하지 않는 것은 딱 이것 하나뿐입니다. 이것을 본성이라 하고 자성, 진여자성, 부처니 마음이니 이름을 붙이는 거예요. 이 일 하나가 있습니다. 이것 하나. (법상을 톡톡 두드리며) 이겁니다. 이해할 수 있는 게 아닙니다. 바로 이겁니다. 여기서 한번 체험, 통하는 겁니다. 실감이 되는 거죠. 깨닫는 겁니다. (법상을 톡톡 두드리며) 이 일 하나가 있을 뿐이에요. 이 일 하나.

이러한 사람들이라면 여래의 위없이 바르고 평등한 깨달음을 얻게 된다. 왜 그런가? 수보리야, 만약 조그마한 법이라도 좋아한다면, 나라는 견해, 사람이라는 견해, 중생이라는 견해, 목숨이라는 견해에 집착할 것이니 그렇게 되면 이 경을 듣고서 기억할 수도 없고, 소리 내어 읽을 수도 없고, 남에게 설명해 줄 수도 없다.

이러한 사람들이라면 여래의 위없이 바르고 평등한 깨달음을 얻게 된다… 어떤 사람이냐면 분별로 생각으로 헤아리지 않는 사람, 생각으로 분별로 헤아리는 게 아니라 견해를 가지고 있지 않은 사람, 견해를 가지고 뭘 하지 않는 사람. 왜냐하면 여래의 법이라는 건 어떤 견해나 생각이나 알음알이가 아니고 그냥 이것이거든요. 이거란 말이에요. 이것이 다 있어요. 우리한테 다 나타나 있어요. 모두에게 갖추어져 있습니다. 그런데 여기에 관해서는 뭐라고 생각할 수도 없고, 말할 수도 없고, 분별할 수도 없고, 알 수도 없어요. 그러나 이렇게 다 있어요. 이것이 다 있는 거예요. 이것은 오로지 한 번 체험되고 실감이 되고 경험이 되는 것뿐입니다. 여기에 통하면 뭐라고 할 게 아무것도 없어요. 뭐다 할 게 아무것도 없어요.

바로 지금, 바로 이 일입니다. 다 있어요. 이것이 누구한테나 다 있는데, 생각이 아니라 이쪽으로 눈이 확 열려야 해요. 생각으로 이거구나 하고 아는 게 아니라, 실제 한 번 이 소식이 와서 눈이 확 열려야 하는 거죠. 이렇게 드러나야 합니다. 실감이 돼야 해요. 법은 이것뿐이에요. 다른 법은 없습니다. 이것을 법이라 하고, 마음이라 하고, 도(道)라고 하는 것이지, 다른 도 없고 다른 마음 없어요. 우리한테 다 있습니다. 우리한테 다 있는데 실감이 안 되니까 사람들이 갑갑해하고 답답해하고 헤매는 건데, 없어서 그런 건 아니거든요. 이렇게 다 있어요. 모든 사람에게 다 갖추어져 있습니다.

이것을 체험하는 것을 여래의 위없이 바르고 평등한 깨달음이라고 하는 거예요. 깨달음은 이것이 한 번 딱 드러나는 것이고, 다른 건 없어요. 위없다는 건 이 이상 없다는 거예요. 평등하다는 건 이것이 체험되면 언제든지 어디서든지 항상 똑같으니까요. 늘 똑같다는 말은 평등하다는 거예요. 평등이라는 것은 동등과 같은 말이죠. 같다는 말입니다.

정각(正覺), 바른 깨달음이라 하죠. 바르냐 삿되냐는 것은, 분별 없이 체험되면 이것이 바른 것이고, 삿된 것은 분별하는 겁니다. 삿된 것은 생각을 하는 것이고, 견해가 있는 것이고, 개념이 있는 거예요.

생각 없이, 분별 없이 체험되어 밝아지면… 밝아진다는 건 눈에 뭐가 보이는 게 아니고, 체험이 되면 이것이 있거든요. 이것이 다 갖춰져 있습니다. 없는 걸 찾아내라는 게 아니에요. 항상 드러나 있어요. 눈에 보이는 건 아니지만, 누구에게나 이것이 드러나 있습니다. 밝다, 확실하다, 뚜렷하다, 이런 말도 하는데, 이것이 있으니까요. 항상 이것이 1번입니다. 이것이 먼저 있고, 그다음에 다른 것들이 있는 거예요. 그리고 이것은 변하지 않는데 다른 건 다 변하니까, 이것이 항상 근본이고 바탕이고 1번이고 원천이에요. 한자로는 '체(體)'라고 합니다. 바탕. 여기서 온갖 일이 일어나니까 그걸 '용(用)'이라고 하는 거고, 그래서 '체와 용'이니 이런 말을 하는 거죠. 방편입니다.

(법상을 톡 두드리며) 지금 바로 이것입니다. 체니 용이니 그런 이름도 다 방편이니까 생각할 필요 없어요. 지금 바로 이거란 말이에요. (법상을 톡톡 두드리며) 바로 이것. 이것은 원래 어떤 이름도 없는 거니까 이름을 가지고 생각하면 안 되고, 바로 이거라고요. (법상을 톡톡 두드리며) 이것은 나라고 할 수도 없고, '참된 나' 이런 말도 안 맞습니다. 어떠한 이름도 맞지 않아요. 어떤 이름도 맞지 않는데, (법상을 톡 두드리며) 이거란 말이에요. (법상을 톡톡 두드리며) 이렇게 항상 드러나 있는 거죠. 어떤 이름도 맞지 않아요. 무엇이라고 할 수 없단 말이죠. 어떤 이름도 여기에 맞지 않는데, 이것이 항상 드러나 있어요. 이것이, 소식이 온다고 하는데, 체험이 딱 되는 겁니다.

(법상을 톡 두드리며) 법은 이것뿐입니다. 이것이 확인되니까 설법을 할 수 있어요. 설법이란 뭐냐면 이것을 가리켜 주려고 말하는 걸 설법이라 하는 거거든요. 설법이라는 게 법을 말한다는 뜻인데, 법은 말할 수 있는 게 아니에요. 말할 수 없어요. 하지만 또 사람이 돼서 말을 안 할 수

없으니까 이것을 가리켜 주려고 억지로 이야기를 하는데, 말 속에 뭐가 있는 게 아니고, 실제 말하고자 하는 것, 가리켜 주고자 하는 것은 그냥 이거예요. 그래서 설법을 다른 말로 법문(法門)이라고 하잖아요. 법문은 법으로 통하는 문이다… 여기서 법으로 통할 수 있으니까요.

　이것을 가리켜드리는 거예요. 이것 하나. (법상을 톡톡 두드리며) 말은 아무것도 아닙니다. 말은 아무것도 아니고, 이 한 개, 우리한테는 근원적으로, 근본적으로 이 진실이 있는 거예요. 어떻게 할 수 없는 겁니다. 손 댈 수 있는 게 아니고, 어떻게도 할 수 없는 것이고, 원래부터 항상 이대로 있는 것이고, 시작도 없고 끝도 없이 영원한 것이 이것입니다. 그리고 여기에 통하면 영원에 통하는 겁니다. 시간 속에서 시간이 없는 영원함으로 들어간다, 이렇게 말할 수도 있어요. 시간 속에서 과거, 현재, 미래, 어제, 오늘, 이 속에서 살다가… 그것이 다 분별이거든요. 이것이 딱 통하면, 여기는 시간이 없어요. 과거도 없고, 현재도 없고, 미래도 없어요. 영원함 속으로 들어가 버리는 거죠. 영원함이라는 건 시간이 없다는 겁니다. 과거도 없고, 현재도 없고, 미래도 없고, 앞도 없고, 뒤도 없고, 그래서 이것 하나가 있을 뿐이고 다른 법은 없습니다. (법상을 톡 두드리며) 딱 가리켜드리는 건 이것 하나입니다.

　제가 설법을 시작한 것도 이것을 확인하고 사람들한테 이것을 알려주어야겠다 해서 설법을 시작한 겁니다. 말해 줄 게 있어서 설법을 시작한 건 아니에요. 지식으로 하는 건 아니죠. 학교에서 강의하는 것은 배운 지식을 잘 정리해서 사람들한테 논리 정연하게 설명하고 이해시키는 거죠. 그것은 강의죠. 그런데 법문은 전혀 그런 게 아닙니다. 지식과는 아무 상관이 없고, 자기가 지금 확인해 놓고 보니까 언제나 항상 있는 것이고, 다른 사람에게도 똑같이 확인시켜 드리려고 하는 겁니다. 이것이 법문이고 설법인 거죠. 그래서 설법은 배워서 하는 게 아닙니다.

불교 서점에 가면 설법집이라고, 설법을 배워서 하는 것처럼 책들이 있는데 엉터리예요. 그건 강의지 설법이라 할 수 없어요. 전부 세속적인 이야기들이고 불법을 이야기하는 건 아니란 말이에요. 불법은 배워서 알 수 있거나 머리로 기억하거나 생각할 수 있는 게 아니에요. 언제든지 딱 드러나 있어서 앞도 없고, 뒤도 없고, 기억할 수도 없고, 생각할 수도 없습니다. 생각할 수도 없고 기억할 수도 없는데, 남한테 배워서 하는 게 아니에요. 자기한테 이 법이 있으니까 이것을 다른 사람한테도 확인시켜 드리는 거죠. 왜냐하면 누구한테나 다 있으니까요. 모든 사람한테 이것이 다 있으니까 이것을 확인시켜 드리려는 게 설법인 거죠.

이것 하나 확인하는 것이 깨달음이고 견성이고, 불법에 통하는 겁니다. 그냥 이것뿐이에요. 팔만대장경이 다 이것 하나를 말하고 있는 겁니다. 문자? 다 필요 없어요. 이것을 체험하고 이 자리 입장에서 경전을 보면, 쓸데없는 소리가 아주 많습니다. 딱 이것 하나만 가리키면 되는데 온갖 잡다한 소리를 다 하거든요. 문자로 하는 것은 바른 공부가 아니에요. (법상을 톡톡 두드리며) 이 일 하나. 목마른 사람이 물을 마시듯, 배고픈 사람이 밥을 먹듯이 실제로 체험이 돼야 하는 겁니다. 몸이 우리한테 관념적인 게 아니고 실제로 있잖아요. 마음은 그 이상으로 실제란 말이에요. 머릿속에서 생각해 내는 게 아니에요. 마음이 실제고 마음에서 생각도 나오는 거죠.

몸이 바탕이 되어야 여러 가지 자세를 취할 수 있고, 일도 할 수 있고, 걸어 다닐 수 있고, 달릴 수 있고, 누울 수 있고, 앉을 수 있고, 걷고 뛰고 춤추고 다 할 수 있잖아요. 몸이 바탕이 돼야 해요. 그럼 여러 가지 일을 할 수 있죠. 몸이 바탕인데 마음이 근본 바탕이 되어 있어야 우리가 보고 듣고 느끼고 생각하고 말하고 온갖 일이 일어나는 겁니다. 몸도 마음에서 쓰는 겁니다. 몸이 주인공이 아니고 마음이 근본이에요. 마음은 관념적인 게 아니고 실제입니다. 말 그대로 진실한 거죠. 유일하게 진실한 거죠. 몸으로 치면 몸뚱이 자체가 진실한 것이고, 누워 있거나 앉아 있거나, 팔을 앞으로 들거나 위로 올리거나 밑으로 내리는 것은 진실한 게 아니잖아요. 그때그때 모습을 나타내는 것뿐이죠.

몸 자체는 정해진 모양이 없어요. 그런데 마음대로 여러 가지 모습, 자세를 만들 수 있죠. 마음도 그렇단 말이죠. 마음 자체는 어떤 모양이 없어도 뭐든지 다 할 수 있는 겁니다. 몸은 물질이니까 물질적인 측면만 있지만, 마음은 물질을 넘어서서 모든 것의 밑바탕이 되어 있는 겁니다. 뭘 하든지 마음이 나타나 있는 거예요. 마음에서 보고 듣고 느끼고 생각하고 노래 부르고 춤추고 뭐든지 다 할 수 있는 거예요. 전부 여기서 이루어지는 일입니다. 생각의 결과는 다 허망한 거죠. 무슨 생각을 했다고 해도 생각이라는 게 자꾸 바뀌는데 믿을 수 없고 허망한 겁니다. 어떤 느낌이 있고, 어떤 기분이 들고… 마치 몸을 가지고 차렷 자세를 하든지, 앞으로 나란히 하든지, 그때그때 필요에 따라 하는 것과 똑같은 겁니다. 생각과 느낌이나 이런 건 아무것도 아니에요. 그냥 지나가는 일일 뿐이죠. 그런 것처럼 마음이 근본이고 근원이고, 여기서 보고 듣고 냄새 맡고 맛도 보고, 춥니 덥니 가려우니 온갖 느낌, 기분이 좋니 나쁘니, 온갖 욕망도 나오고, 하여튼 별의별 일이 다 벌어지는 겁니다. 모든 일이 여기서 다 벌어지는 거예요.

무슨 일이 벌어졌다, 뭐가 있다, 어떤 느낌이 있고, 어떤 생각이 있고, 어떤 기분이 든다… 이런 건 아무것도 아니에요. 마치 몸을 가지고 팔을 앞으로 하고 뒤로 하는 것과 똑같은 겁니다. 그건 아무것도 아니에요. 진짜는 이게 진짜라고요. 마음 하나가 진짜란 말이에요. 정해진 모양이 없고 물질도 아니고, 공이라고 억지로 표현하죠. 그런데 텅 비어서 아무것도 없는 건 아니에요. 모든 게 여기서 나타나고 있으니 아무것도 없다고 할 수는 없죠.

어떤 모양이 정해진 게 없으니까 어쩔 수 없이 공이라고 하는 거예요. 방편으로 그렇게 이름을 붙인 거고, 하여튼 이겁니다. 이것 하나. 공이라는 말도 하나의 방편이죠. 마음은 허공이구나, 이렇게 하면 안 돼요. 방편의 말일 뿐입니다. (법상을 톡톡 두드리며) 이 소식이 한 번 딱 와서 이것이 드러나야 해요. 이것이 드러나서 생각이 아니고, 실제로 실감이 되고 딱 드러나야 합니다. 생각은 다 망상이에요. 생각은 또 견해가 되고 개념이 되는데, 다 망상이에요. (법상을 톡톡 두드리며) 그래서 이것 하나가 있을 뿐입니다. 이것 하나. 이 진실 하나가 있는 겁니다.

**이러한 사람들이라면 여래의 위없이 바르고 평등한 깨달음을 얻게 된다. 왜 그런가? 수보리야, 만약 조그마한 법이라도 좋아한다면**

좋아하는 게 뭐가 있다, 하면 벌써 분별이거든요. 망상이에요. 뭔가 좋아하는 게 있고 싫어하는 게 있다면, 벌써 분별했다는 거고 망상 속에 빠져 있다는 겁니다. 다 망상 세계예요. 아무것도 아는 게 없는데, 뭘 좋아하고 싫어하겠어요? 그런 게 없죠.

나라는 견해, 사람이라는 견해, 중생이라는 견해, 목숨이라는 견해에
집착할 것이니

조그마한 것이라도 좋아하는 게 있으면 나라는 견해, 사람이라는 견해, 중생이라는 견해, 목숨이라는 견해에 집착하는 것이다, 그건 벌써 망상에 집착하고 있는 것이다… 앞에서는 아상, 인상이라고 했는데, 여기서는 아견(我見), 인견(人見)으로 글자를 조금 바꿨습니다. 같은 말입니다. 아상, 인상은 나라는 생각, 사람이라는 생각이고, 아견, 인견은 나라는 견해, 사람이라는 견해인데, 생각이나 견해나 똑같은 겁니다. 좋아하거나 싫어한다 하면 벌써 분별망상입니다. 《신심명》에도 나오잖아요. 《신심명》은 1장, 2장에서 사실은 법문을 다 끝낸 건데 두 번째 장에 나오잖아요. 싫어하거나 좋아하지 않으면 밝고도 명백한 것이다, 법에 통해서 분명하고 밝아질 것이다… 그런데 좋아하거나 싫어하지 않는다는 건 분별을 벗어나서 이것이 딱 드러났을 때 그럴 수 있는 거죠.

중생들은 항상 뭔가 좋아하는 게 있고 싫어하는 게 있어요. 늘 분별 속에 있으니까요. 그것이 다 망상이고 번뇌입니다. 좋아해도 번뇌, 싫어해도 번뇌, 항상 뭔가 있어요. 그러니까 자유롭지 못하고 늘 생각, 감정, 욕망, 기분, 육체, 이런 데 매여서 살아요. 그걸 삼계라고 하거든요. 욕계, 색계, 무색계, '욕계' 욕망에 매여 산다, '색계' 육체에 매여 산다, '무색계'는 기분, 느낌, 감정, 생각 같은 의식에 매여 산다… 그것이 중생 세계고 삼계라는 거예요.

부처의 세계는 삼계를 벗어난 멸진정이에요. 모든 게 다 사라져서 아무것도 없다는 말입니다. '멸진'이라는 것은 아무것도 없이 다 사라지고, 아무것도 없다는 뜻이에요. 이 체험을 가리키는 말이에요. 분별할 게 없다는 뜻이죠. 눈에 보이는 게 없다는 뜻은 아니고, 아무것도 마음에 걸리는 게 없다는 뜻입니다. (법상을 톡톡 두드리며) 이 일 하나. 여기 통해 버리면 아무것도 없으니까요. 뭐라고 할 게 아무것도 없거든요. 이것을 다 가리키는 거예요.

수보리야, 만약 조그마한 법이라도 좋아한다면, 나라는 견해, 사람이라는 견해, 중생이라는 견해, 목숨이라는 견해에 집착할 것이니… 이렇게 분별에 물들어 있는 사람은 어떻게 되느냐면

> 그렇게 되면 이 경을 듣고서 기억할 수도 없고, 소리 내어 읽을 수도 없고, 남한테 설명해 줄 수도 없다.

보세요. 그러니까 여기서 기억한다, 이 경을 기억한다, 소리 내어 읽는다, 남한테 설명해 준다는 것은 무슨 뜻입니까? 여기에 통했다는 거죠. 이 경의 문자를 기억하고 읽고 설명해 준다는 뜻이 아니라는 게 분명히 나오잖아요.

이 경이 문자를 이야기한다면 깨닫지 못해도 얼마든지 기억할 수 있고, 소리 내어 읽을 수 있고, 남한테 얼마든지 문자를 가지고 설명해 줄 수 있잖아요. 그런데 이런 분별 속에 있는 사람은 이 경을 듣고서 기억할 수도 없고, 소리 내어 읽을 수도 없고, 남한테 설명해 줄 수도 없다… 그러면 이 경을 여기서 기억하고, 소리 내어 읽고, 남한테 설명해 준다

는 건 무슨 뜻입니까? 경이 아니라 이 법에 통해서 이 법이 밝아서, 이 법을 남한테 설법해 줄 수 있는 것을 가리키는 거라는 말이에요. 분명하게 여기 나와 있잖아요.

분별 속에 있는 사람은, 나라는 견해, 사람이라는 견해, 중생이라는 견해, 목숨이라는 견해에 집착해 있는 사람은 이 경을 듣고서 기억할 수도 없고, 소리 내어 읽을 수도 없고, 남한테 설명해 줄 수도 없다… 깨달음 없이 분별만 하고 있는 사람은 이 경을 기억할 수도 없고, 읽을 수도 없고, 설명할 수도 없다…

법이라는 것은 사실 기억하는 건 아니고, 통하게 되면 항상 법은 드러나 있고 잃어버릴 게 없어요. 저절로 이렇게 드러나 있으니까. 소리 내어 읽고… 문자를 소리 내는 게 아니고, 법은 소리 내어 읽듯이, 문자로 소리 내어 읽듯이 항상 명백하게 나타나 있다는 말이죠. 남한테 설명해 주는 것도 문자를 이치로 뜻으로 설명해 주는 게 아니라, 법을 가리켜 줄 수 있다는 말이죠. 그러니까 경이라는 것은 문자를 이야기하는 게 아닙니다.

이걸 모르니까 《금강경》을 달달 외우고 열심히 읽으면 뭐가 되는 줄 아는 단체도 있어요. 《금강경》을 몇십 번, 몇백 번 읽고 달달 외우면 뭐가 있는 줄 알고…. 깨달음이 없으면 문자만 따라가니까 그런 어리석은 짓을 하는 겁니다. 분명히 여기 나와 있는데도 이 말을 보지 못하는 거예요. 기억하고 읽고 소리 내어 설명해 준다는 건 문자가 아닌 깨달음을 말한다는 게 분명히 나와 있는데도 지혜가 없으니까 엉뚱한 짓을 하는 겁니다. 종교를 한다지만 제대로 하는 사람은 아주 극소수입니다. 불교를 공부한다고 다들 그러지만, 제대로 불법을 공부하는 사람은 아주 극소수예요. 다 엉터리 짓을 하고 있고, 문자를 따라서 생각으로 하는 겁니다. 분명하게 얘기하고 있죠.

여기서 경이라는 것은 문자를 이야기하는 게 아니고 이 법을 말하는 거예요. 그래서 기억하고 소리 내어 읽고 남한테 설명해 준다는 것은, 단지 이 경이라는 문자를 방편으로 빌려서 마치 문자를 말하는 것처럼 말하지만, 실제로는 이 법을 말하고 있는 겁니다. 경전이라는 게 항상 이런 식이라 함정이 있어요. 모르는 사람이 읽으면 오해하게 되어 있습니다. 경전이라는 게 항상 함정이 있어요. 그래서 지혜를 가진 사람이 보면 앞뒤가 딱딱 맞게끔 모든 게 명백하게 방편의 말로 드러나 있는데, 모르는 사람이 보면 문자 따라서 엉뚱한 짓을 하게끔 되어 있어요. 결국 이런 경전을 읽고 불법을 공부하려면, 먼저 자기 본래면목을 깨달아야 합니다. 그래야 말에 안 속을 수 있어요. 말에 안 속고 바르게 볼 수 있습니다. 그러지 않으면 이런 것도 일종의 함정이죠.

그냥 문자만 보면, 기억하고 소리 내어 읽고 남한테 설명해 준다… 그럼 문자죠. 함정이 있는데 일종의 힌트죠. 경전이라는 게 아주 교묘하게 만들어져 있거든요. 교묘하게 만들어져서, 지혜가 없는 사람이 보면 깜빡 속고 엉뚱한 짓을 하게끔 만들어져 있습니다. 그런데 이 경우에는 명백하게 얘기하고 있죠. 견해가 있으면 (생각한다면, 분별한다면) 결코 이 경을 듣고 기억할 수도 없고, 소리 내어 읽을 수도 없고, 남한테 설명해 줄 수도 없다… 그러면 이 경을 기억할 수 있고, 소리 내어 읽을 수 있고, 설명해 줄 수 있으려면 어떻게 해야 하느냐? 견해를 벗어나고, 생각을 벗어나고, 분별을 벗어나서 이 법에 통해야 한다는 말입니다. 법에 통하면 경전을 기억할 필요 없어요. 항상 드러나 있어서 잃어버릴 수가 없어요. 소리 내어 읽을 필요 없이 그냥 입 다물고 가만히 있어도 다 드러나 있습니다.

그리고 이것이 분명하면, 말할 수 없지만, 남한테 억지로라도 말을 해 볼 수 있죠. 처음에는 잘 모릅니다. 어느 정도 세월이 지나면 나름으로 억지로 이걸 말할 수가 있어요. 말할 수 없는 것을 말하는 요령이 자기도 모르게 생기거든요. 언제나 이 법에 관한 말은, 부처님 말씀이든 조사의 말씀이든 누구의 말이든지 간에, 말할 수 없는 것을 억지로 말하기 때문에 말을 따라가면 안 돼요. 그러면 안 되고, 말하는 사람이 가리키고자 하는 것, 여기에 통해야 하는 겁니다. 이심전심이라는 말을 그래서 하는 거거든요.

옛날에 원오극근 선사가 깨친 이야기가 나오잖아요. 원오극근이 대혜종고의 스승이고, 원오극근의 스승은 오조법연입니다. 오조홍인과는 다른 사람입니다. 오조산이라는 산에 살아서 오조법연이지, 조사로서 5조라는 뜻이 아니에요. 어느 날 원오 스님이 외출했다가 돌아와서 법연 선사한테 다녀왔다고 인사드리려고 갔는데, 법연 선사가 어떤 거사와 함께 앉아서 같이 차를 마시면서 하는 이야기가 '거사, 우리 불법은 소염시와 같습니다.' 이런 이야기를 하는 거예요.

소염시라는 건 당나라 때 양귀비와 관련된 시예요. 양귀비가 원래 도교의 출가 비구니였거든요. 도교에도 출가 제도가 있고 절이 있어요. 도관이라고 절이 있어서 출가한 스님을 도사라고 하거든요. 도사라는 말이 원래 도교의 출가 스님을 가리키는 말입니다. 여자 도사였죠. 그때 자기 밑에, 불교로 치면 시자, 시녀로 이름이 소옥이라는 애를 데리고 있었어요. 그런데 양귀비가 예쁘게 생겨서 현종 황제 눈에 들어서 왕후가 됐잖아요. 현종은 늙은 할아버지고 양귀비는 아직 젊은 몸이다 보니까 거기 있으면서 젊은 남자와 바람이 났어요. 그 남자가 궁전의 임금님을 지키는 호위대장, 젊고 건강한 사람이죠. 바람이 난 거예요. 그런데 몰래 바람을 피워야 하니까 신호가 있어요. 그 신호가 뭐냐면 양귀비가 자기 몸종인 소옥이를 몇 번 부르면 그게 일종의 신호예요. 밀회 장소로 오라는 신호가 되는 거죠. 이 일에 관한 시가 소염시인데, '소옥아, 소옥아' 하고 부르는 뜻은 소옥이에게 있지 않고 자기 낭군에게 있다… 이런 시 구절이 있습니다. 말은 '소옥아, 소옥아' 하고 자기 시녀를 불렀지만, 실제 전달하고자 하는 대상은 시녀가 아니라 자기 애인한테 신호를 보내는 거거든요. 애인이 알아들어야 하는 거죠. 그런 이야기예요. 그게 무슨 이야기냐면, 불법이라는 것은 말은 이렇게 하지만, 말 속에 무엇이 있는 게 아니고, 알아들어야 할 게 있다는 말이죠.

그런 이야기를 쭉 하니까 앞에 있는 거사는 무슨 말인지 잘 모르면서 '예, 예' 하고 있는데, 원오 스님이 밖에서 들어와서 옆에 서 있다가 듣자마자 감이 왔는지 갑자기 '스님, 낭군이 그 말귀를 알아들었으면 된 거 아닙니까?' 자기도 모르게 툭 끼어들었어요. 그러니까 스승인 오조법연 선사가 옆에 서 있는 원오극근을 보고 '뜰 앞의 잣나무도 바로 똑같은 거야. 뜰 앞의 잣나무가 바로 그런 거야' 하고 얘기한 겁니다.

거기서 원오 스님이 갑자기 확 깨쳤어요. 그전까지 원오 스님이 '뜰앞의 잣나무'라는 화두를 가지고 있었는지 모르겠는데, '뜰앞의 잣나무도 똑같은 거야'라는 말을 듣는 순간에 확 깨친 거예요. 서 있다가 갑자기 확 뭐가 오니까 자기도 모르게 몸을 약간 비틀거렸나 봐요. 갑자기 다리가 후들거렸나 봐요. 비틀비틀하면서 정자 밑으로 내려와서 마당으로 걸어가는데, 사람이 오니까 마당에 있는 닭들이 후드득 날아서 홰에 올라가는 거예요. 옛날 시골 닭들은 조금씩 날아다니잖아요. 홰라고 하죠. 보면 처마 밑에 매달아 놓았잖아요. 닭이 후드득 날아가니까 딱 보는 순간에 더 강하게 '바로 이거구나' 하고 한 번 더 온 거예요. 내가 이렇게 경험해서 깨달았다고 자기가 써 놓았어요. 그래서 자기 방에 있다가 이것이 막 확인이 됐으니까 그날 저녁에 다시 방장실에 가서 절을 올리고 '제가 아까 사실은 이런 체험이 있었습니다' 하고 인가를 받거든요.

그러니까 말은 아무것도 아닌 겁니다. 지금 말을 하지만, 사실은 이렇게 (손가락을 들며) 가리켜드리고자 하는 게 있단 말이에요. 말이 아니고 여기서 한 번 체험을 해야 하는 거예요. 말이 아니라 (법상을 톡톡 두드리며) 가리켜드리고자 하는 이것이 있는 거예요. 이것이 누구한테나 다 있어요. 말 따라가면 안 됩니다. (법상을 톡톡 두드리며) 가리켜드리고 있어요. 이것 하나. 여기 있잖아요. 이것이 누구한테나 분명하게 있어요. 그러니까 '직지인심 견성성불'이라고 하는 것이고 '이심전심'이라고 하는 겁니다. 말을 듣고 뭘 이해하는 게 아니고, (법상을 톡톡 두드리며) 이게 통해야 하는 거예요. 이것이 통해야 해요. 통해서 체험이 돼야 한단 말이에요. "뜰앞의 잣나무." "마른 똥막대기." 다 똑같아요. "삼 서 근"이니 "개한테는 불성이 없다"니 무슨 뜻이 있는 게 아니라, 이것을 그냥 가리키고 있는 겁니다. 절대로 말을 따라가면 안 돼요. 이것을 보여 주고 있는 거예요. (법상을 톡톡 두드리며) 이것을 보여 주고 있는 거라고요. 말을 따라가면 안 돼요.

법문이라는 것은 그냥 (손가락을 들며) 이렇게 보여드리고 있는 거예요.

법이 눈에 보이는 건 아니지만, (법상을 톡톡 두드리며) 이것을 드러내서 확인시켜 드리는 거란 말이죠. 이것이 법문입니다. 이것을 확인시켜 드리지 못하고 그냥 말로써 이해시킨다면, 그건 법문이 아니에요. 그것은 그냥 망상이죠. 그런 경우를 뭐라고 하냐면, '눈먼 사람이 눈먼 사람을 끌고 간다'고 말하죠. 자기도 눈이 멀었으면서 눈먼 사람을 끌고 가면 엉뚱한 곳으로 가 버리는 거죠. (법상을 톡톡 두드리며) 이 일 하나. (법상을 톡 두드리며) 그냥 이것을 보여드리고 있는 거예요. 이게 누구한테나 다 있어요. 누구한테나 이것이 다 드러나 있습니다. 경전을 보더라도, 눈이 먼 사람이라면 문자를 따라가서 '아, 금강경은 항상 기억하고 소리 내어 읽고 이렇게 해야 하는구나'라고 착각하게 되죠. 그건 눈먼 사람이고 어리석은 사람이죠. 그런 뜻이 아니란 말이죠. 말 속에 뭐가 있는 게 아니에요. 말은 단지 방편이고, 이것을 가리키는 겁니다. 말할 수 없는 겁니다. 말은 여기에 맞는 게 아니고 다 방편이에요. 지혜가 있어야, 한 번 체험하고 확인해야 말에 안 속고 안목이 있는 거죠.

　(법상을 톡톡 두드리며) 이 일 하나. 바로 지금 누구에게나 이 일 하나가 있습니다. 모든 사람에게 딱 드러나 있어요. (법상을 톡톡 두드리며) 이것 하나예요. 경전이라는 건 지혜가 없는 사람이 읽으면 완전히 엉터리가 돼요. 완전히 엉뚱한 짓이 됩니다. 먼저 이것을 체험하고 지혜가 생긴 뒤에 경전을 봐야 하는 겁니다. 항상 공부라는 것은 깨달은 뒤에 불법 공부를 하는 것입니다. 공부하는 걸 수행이라고 하면, 깨달은 뒤에 수행해야 한다고 옛날부터 그렇게 얘기하잖아요. 문득 깨닫고 점차 수행한다고 말하잖아요. (법상을 톡톡 두드리며) 이 일 하나. 바로 이것입니다.

　아주 단순하고 간단한 건데 물론 쉽게 와닿지 않으니까 갑갑하고 답답한 시간들이 있어요. 누구나 어쩔 수 없어요. 자다가, 꿈을 꾸다가 눈을 탁 뜨는 일이 쉽게 떠지지는 않아요. 너무 오랫동안 습관적으로 했기 때문에 어느 정도는 시간이 걸리죠. 쉽게 되지는 않아요. 그러나 뭐든지 끈질기게 하다 보면 됩니다. '네가 이기나 내가 이기나 보자' 하고 끈질기게 하다 보면, 결국 되는 날이 있어요. 그런 끈기가 있어야 해요. 공부하는 사람이 딴 게 아니라 끈기가 있으면 다 됩니다. 나중에 와닿고 보면 '어? 이거 항상 있는 건데' 하고 깜짝 놀라죠. 원래부터 있었던 건데, 비로소 안심이 되고 안정이 되고 살았다 싶은 생각이 들죠.

수보리야, 어디에든지 이 경전이 있다면, 모든 세간과 하늘과 사람과 아수라가 공양할 것이다. 이곳이 곧 탑임을 알아서 모두 공경하고, 절을 하고, 주위를 돌고, 온갖 꽃과 향을 그곳에 뿌려야 한다.

'수보리야, 어디에든지 이 경전이 있다면'에서 말하는 이 경전은 이 책을 가리키는 건 아니죠. 이 법이 있다면, 깨달음이 있다면, 그렇다면 모든 세간, 하늘의 중생들, 땅의 중생들, 세간, 하늘, 인간, 아수라… 다 육도중생을 가리키는 거죠. 모든 중생이 공양을 올리고 공경한다… 왜? 이것이 법이기 때문에. 책을 이야기하는 건 아니에요. 법이기 때문에 법이 있는 곳이라면 어디서든지 모든 중생이 이것을 공경하고 공양을 올릴 수밖에 없다는 건 우리의 근본이고 본질이고 우리가 돌아가야 할 본래면목이기 때문이에요. 여기에 통해야 비로소 구원을 얻는 거거든요. 제도된다는 말입니다. 모든 번뇌에서 벗어날 수 있으니까 이것이 가장 좋은 거죠.

이 경전이 있는 곳이 곧 탑임을 알아서… 탑이라는 것은 원래 뭡니까? 탑은 부처님의 사리, 사리라는 게 몸이라는 뜻이거든요. 사리를 모신 게 탑인데, 탑묘라고 하듯이 원래는 무덤입니다. 묘입니다. 절에 가면 탑이라는 게 있고 부도라는 게 있는데, 부도라는 말은 부처라는 뜻이니까 탑과 같은 뜻입니다. 탑은 겉으로는 죽고 나서 육체를 태워 남은 뼛조각을 갖다 놓는 거지만, 법신, 불신 이런 의미를 부여해서 탑이라는 것은 곧 부처님이다… 부도라는 게 부처님이란 말이니까 불신이다, 법신이다, 이런 말이거든요. 곧 법이라는 말이죠.

'이곳이 곧 탑임을 알아서' 이 말은 바로 이것이 법이다, 이 경이 바로 법이다, 이 말입니다. 이곳이 탑임을 알아서, 이 경이 곧 법임을 알아서, 모두들 공경하고 절을 하고 주위를 돌고 온갖 꽃과 향을 그곳에 뿌려야 한다… 이게 공양이라는 뜻이에요. 공경해서 절하고 주위를 돌고 온갖 꽃과 향을… 탑돌이를 하고 탑에다 꽃과 향을 바치고 하잖아요. 그렇게 하는 이유는… 돌멩이한테 그렇게 하는 건 아니잖아요. 돌멩이가 무슨 의미가 있습니까? 탑이 그런 이유는 돌멩이나 그 안에 들어 있는 뼛조각 때문에 그렇게 하는 게 아니고, 바로 불법을 나타내 보이는 방편이기 때문에, 그것이 불법이기 때문에 그렇게 하는 것이죠.

경이라 하든 탑이라 하든 사리라 하든, 공양을 하고 그 주위를 돌고 꽃을 뿌리는 것은 바로 진리이기 때문에, 법이기 때문에, 법을 나타내는 방편이기 때문에 그렇게 하는 겁니다. 그 돌멩이나 뼛조각 사물 자체는 아무것도 아니죠. 이것이 우리의 본래면목이고 법이기 때문에 그렇게 하는 겁니다. 그런 방편을 쓰는 거죠. 그런데 사실은 우리 각자에게 다 있는 것이고, 우리 각자에게 탑이 있고 사리가 있고 경이 있는 것이죠.

왜? 다 마음이거든요. 우리 마음이 본성, 불성이고 진여자성이니까, 탑이 따로 있는 게 아니고 우리 각자에게 다 있는 게 탑이고 사리고 경인 겁니다. 그래서 옛날에 그런 말도 있잖아요. 해인사 장경각에 있는 팔만대장경을 한 글자로 줄이면 '마음 심(心)' 자 한 글자다, 그런 이야기도 있잖아요.

방편으로 장엄해 놓은 것, 절에 가면 일주문부터 시작해서 불이문, 천왕문 해서 도량이 있고 대웅전이 있고, 온갖 탑도 있고, 관음전도 있고, 지장전, 그런 게 있는 게 전부 방편이거든요. 법을 나타내 보이는 방편이에요. 그것은 손가락이고, 달은 뭐냐면 바로 우리에게 있는 이것이 바로 달입니다. 이 법. 마음이라고 하는 이것이 달이고, 거기 있는 모든 것은 다 방편이에요. 달을 가리키는 손가락이라는 말입니다. 불상이나 탱화나 전부 마찬가지예요. 달을 가리키는 손가락일 뿐이고, 달은 뭐냐? 이것이 달이에요. 우리 각자에게 있는 이것이 달입니다. 이것을 마음이라 하든 불성이라 하든 관계없는데, 이것이 바로 달이란 말이에요. 이것을 가리키고 있는 겁니다. 이것이 진짜란 말이에요.

(법상을 톡 두드리며) 그래서 이것을 깨달으면 바로 '법등명 자등명'이라고 하듯이 법의 등불이 켜지고 자기의 등불이 켜져서 어둠이 없습니다. 어둠이라는 건 어리석음이죠. 어둠이 없고 항상 밝은 지혜가 있습니다. 이것이 체험되고 이것이 밝아져서 드러나면, 바로 법등명 자등명, 법의 등불이 밝아지고 자기의 등불이 밝아집니다. (법상을 톡톡 두드리며) 이것을 깨닫는 것이 바로 불교입니다. 다른 거 없어요. (법상을 톡톡 두드리며) 바로 이것입니다. 이것 하나. 이 하나가 진실이고 진리고 불법인 거지, 다른 법은 없어요.

이것이 밝아져야 이런 방편의 말도 다 볼 수가 있죠. 그전에는 경전 읽어 봐야 소용없어요. 말만 따라가니까 완전히 엉터리가 됩니다. (법상을 톡톡 두드리며) 말이 아니고 진실이, 실상이 드러나야 해요. 이것이 밝혀져서 분명해져야 생각에 안 속고, 말에 안 속고, 보고 듣는 것에 안 속아요. 항상 진실이, 실상이 딱 드러나 있으니까요. 이것은 항상 여여해요. 언제든 어디서든 이것은 어떻게 되는 게 아니니까요. 걸림이 없고, 머무는 데가 없고, 어떠한 상도 가지고 있지 않고, 아무 문제가 없는 겁니다. 좋아하는 것도 없고, 싫어하는 것도 없고, 취하고 버릴 것도 없고, 아무 문제가 없어요.

이것 하나입니다. (법상을 톡톡 두드리며) 이것 하나. 여기만 통하면 돼요. 다른 건 일절 다 필요 없어요. 오직 진실은 이것 하나뿐이기 때문에 (법상을 톡톡 두드리며) 여기만 통하면 돼요.

## 16. 능정업장분
# 업장을 잘 소멸시킨다

"다시 수보리야, 이 경을 기억하고 소리 내어 읽는 착한 남자와 착한 여인이 만약 사람들에게 천대를 받는다면, 이 사람은 전생의 죄업으로 악도에 떨어져야 하지만, 금생의 사람들에게 천대를 받는 까닭에 전생의 죄업이 소멸하고, 앞으로 위없이 바르고 평등한 깨달음을 얻을 것이다. 수보리야, 내가 생각해 보니, 헤아릴 수 없이 아득한 과거에 연등불 앞에서 8백4천만억의 헤아릴 수 없는 부처님을 만나서 모두에게 공양하고 시중들고 하여 헛되이 지나친 적이 없었다. 만약 다시 어떤 사람이 뒷날 말세에 이 경을 기억하고 소리 내어 읽어서 공덕을 얻는다면, 내가 모든 부처님을 공양한 공덕은 그 100분의 1에도 미치지 못하고, 천만억 분의 1에도 미치지 못하고, 나아가 숫자로 헤아려 비유할 수도 없을 정도이다. 수보리야, 착한 남자와 착한 여인이 뒷날 말세에 이 경을 기억하고 읽어서 얻는 공덕을 내가 모두 말한다면, 누가 듣더라도 마음이 혼란스럽고 의심이 일어나 믿지 못할 것이다. 수보리야, 이 경의 뜻은 헤아릴 수가 없고, 그 과보도 헤아릴 수가 없음을 알아야 한다."

"復次, 須菩提, 善男子善女人, 受持讀誦此經, 若爲人輕賤, 是人先世罪業應墮惡道, 以今世人輕賤故, 先世罪業則爲消滅, 當得阿耨多羅三藐三菩提. 須菩提, 我念, 過去無量阿僧祇劫, 於然燈佛前, 得値八百四千萬億那由他諸佛, 悉皆供養承事無空過者. 若復有人於後末世, 能受持讀誦此經所得功德, 於我所供養諸佛功德, 百分不及一, 千萬億分, 乃至算數譬喩所不能及. 須菩提, 若善男子善女人, 於後末世, 有受持讀誦此經, 所得功德, 我若具說者, 或有人聞, 心則狂亂狐疑不信. 須菩提, 當知是經義不可思議, 果報亦不可思議."

《금강경》제16 능정업장분(能淨業障分)입니다.

능정업장(能淨業障)이란 업장을 깨끗하게 할 수 있다는 말입니다. 업장을 깨끗하게 한다는 것은 없앤다는 거죠. 업장을 깨끗이 없앨 수 있다… 업장은 보통 업이라고 하죠. 업이라는 것이 장애가 되기 때문에 업장(業障)이라고도 합니다. '장(障)'이라는 것은 장애, 막힌다는 뜻이에요. 가로막는다는 말이거든요. 업이라는 건 말 그대로 '농업' 할 때의 그런 '업' 자입니다. 뭔가를 한다는 거예요. 어떤 행동을 한다는 말인데, 보통 불교에서 업을 얘기할 때는 삼업(三業), 세 가지 업이 있다고 해요. 신구의(身口意) 삼업이라고 하죠.

신구의 삼업은 몸으로 짓는 업, 입으로 짓는 업, 생각으로 짓는 업, 세 가지 업을 말합니다. 이게 업장입니다. 그런데 왜 그걸 업이라고 하냐면, 생각을 하면 그 생각이 흘러가도록 놓아두지 않고 그 생각을 붙잡고 있어요. 생각이 생각을 낳고, 자꾸 그 생각이 연속되면서 생각에 매여 있죠. 세속에서 그런 말도 있거든요. '생각하는 대로 된다'는 말도 있고, '생각이 그 사람의 인생을 결정한다'는 말도 있죠. 우리가 생각에서 못 벗어난다는 겁니다. 생각에 계속 매여 있어요. 생각에 매여 있어서 생각이 해탈을 방해하고 있는 거죠. 생각에서 벗어나야 하는데, 못 벗어나고 매여 있기 때문에 그래서 업장이 되는 겁니다.

업보(業報)라는 말도 하는데, 매여 있기 때문에 그 결과가 나온다는 겁니다. 생각이 흘러가 버리면 그만인데, 거기에 매여 있으니까 생각에 따라서 다른 생각도 하게 되고, 다른 말도 하게 되고, 다른 행동도 하게 되는 거죠. 그 생각으로 말미암아 어떤 결과가 나오는 겁니다. '보(報)'라는 것은 결과라는 뜻이에요. 생각이 일으킨 어떤 결과, 그래서 생각이라는 것이 의업(意業)이라고 업이 되는 거죠. 대자유, 해탈을 가로막는 장애고, 어떤 결과를 가져와서 계속 거기에 매여 있도록 만들죠.

구업(口業)이라는 건 말인데, 말도 세속에서는 자기가 한 말을 책임져야 한다고 얘기하잖아요. 그러니까 우리는 말에 매여 살 수밖에 없어요. 말에 매여서 살죠. 자기가 말을 해 놓고, 그 말을 잊어버리지 않고 고집스럽게 그걸 붙잡고 있죠. 말에 매여 있으니까 역시 해탈에 장애가 됩니다. 말에 매여 있으니까, 말한 대로 생각하고 말하고 행동하니까 결과가 나오는 거고, 그러니까 계속 매이게 되는 거죠.

행동도 마찬가지예요. 신업(身業)이라는 게 몸으로 행동한다는 건데, 어떤 행동을 하고 나면 무의식중에 그냥 지나가기도 하지만, 거기에 매여 있기도 하죠. 예를 들어 바늘 도둑이 소 도둑 된다고, 한 번 한 행동은 그다음에 하기가 훨씬 쉬워져요. 그게 매여 있는 거예요.

그러니까 생각을 하거나 말을 하거나 행동을 하는데, 우리가 걸림 없이 사는 게 아니고 많이 매여 산다는 겁니다. 그것이 전부 업이 되고 장애가 됩니다. 장애라는 것은 가로막는다는 건데 뭘 가로막느냐면 우리의 자유를, 해탈을 가로막는 거죠. 매여 있으니까 번뇌가 되는 거고. 번뇌라고 하는 것의 다른 말은 매여 있다는 뜻입니다. 얽매임이라는 뜻이에요.

번뇌의 반대가 해탈일 수 있어요. 해탈은 매인 곳에서 벗어났다는 말이거든요. '해(解)'라는 게 푼다는 뜻이고, '탈(脫)'은 벗어난다는 뜻인데, 매여 있는 걸 풀고 벗어난다는 거예요. 얽매여 있는 번뇌의 반대가 열반이라고도 하는데, 열반이라는 것은 장애가 없어졌다는 뜻입니다. 열반이라는 것은 소멸이라는 뜻이에요. 없어졌다는 말이거든요. 장애가 없어져서 더이상 매이는 일이 없다는 말입니다. 열반과 해탈을 방해하기 때문에 업장이라 하는데, 나름대로 의미가 있죠.

우리가 그렇게 의미를 세워서 삼업이라고 얘기하지만, 어쨌든 실제로 공부하는 사람 입장에서는 꼭 이론적으로 얘기하지 않더라도, 예를 들면 제가 예전에 '나는 왜 내 생각이나 나라고 하는 생각, 이런 데서 못 벗어나고 계속 내 감정, 내 기분, 내 느낌 속에 갇혀 살고 있나' 했는데, 이것을 이겨 내지 못한다는 거예요. 내 생각을 못 이겨 내고, 내 감정이나 기분, 욕망을 이겨 내지 못하고, 거기에 계속 끌려가고 그 속에서 사니까 굉장히 불만족스러웠어요. 그러니까 항상 좀 벗어났으면 좋겠는데, 내 생각이나 내 의식에 매여 사는 건 너무 우물 속 개구리 같은 느낌이었죠. 너무 좁은 세계에 갇혀 사는 느낌이었어요. 정신세계라는 게 더 큰 세계가 있을 것 같기도 하고, 대자유라는 말도 하고 허공 같다는 말도 하니까 그런 게 있을 것 같은데, '나다' '내 것이다' 하는 데서 못 벗어나는 게 항상 답답했거든요.

어떤 사람은 죽음이 두렵다고 하는데, 저는 죽음이 두렵다는 생각은 안 했고, 누구나 다 죽을 수 있다고 생각했죠. 그런데 제일 갑갑했던 게 '나다' 하는 이 의식, '내 것이다' 하는 집착, 이게 왜 안 벗어나지냐는 거예요. 그러니까 항상 우물 속 개구리처럼 자기 테두리 안에만 갇혀 살고 있는 그런 갑갑한 느낌인 거예요. 제가 느끼는 번뇌는 그런 것이었거든요. 딱히 다른 번뇌라고 하는 건 없고, 일반적으로 살다 보면 몸이 아플 수도 있고 여러 가지 그런 건 누구나 다 겪을 수 있는 건데 크게 번뇌라고 여기는 것이 아니고, 나라고 하는 이 의식, 내 것이라고 하는 이 집착, 이거에서 안 벗어나지니까 항상 뭔가 불편한 느낌이었거든요.

그런데 체험을 하니까, 저는 그 당시 체험을 통해서 처음으로 가장 강하게 느낀 건, 어떤 집 안에 갇혀 있다가 문을 열고 마당으로 딱 나온 느낌이었어요. 하늘 땅을 보니까 끝이 없고, 숨이 막혀 있다가 숨을 쉴 수 있는 것 같고, 뭔가 이제 살았다 하는 느낌이 드는 거예요. 숨이 막혀 있다가 이제 내가 살았다… 감옥에, 우리에 갇혀 있던 짐승이 다시 야생으로 돌아가듯이 그런 느낌이 가장 강했거든요. 도(道)가 어떻고 법이 어떻고 이런 생각을 한 게 아니고, 나라는 것에서 빠져나온 게 너무 좋은 거예요. '나다' 하는 생각, '내 것이다' 하는 집착에서 많이 빠져나오고 가벼워진 게 너무 좋은 거예요. 그러니까 그 재미로 공부하는 거죠. 그런 체험을 하고 나니까 그 재미로 공부를 더 열심히 하는 거죠.

시간이 지나니까 빠져나온 이 세상은 정말 끝도 없고, 뭐라고 할 게 아무것도 없으니까 정말 허공과 같은 느낌도 들고, 그래서 공이라고 하는구나… 이제 차차 이것이 익숙해지면서 내면이 자꾸 달라지는 겁니다.

윤회에서 벗어난다는 것도, 결국 윤회라는 건 중생심에서 못 벗어나는 거거든요. 분별심에서 못 벗어나는 거예요. 계속 분별하는 자기의식에서 못 벗어나는 게 윤회예요. 그 속에서는 자기 삶도 있고 죽음도 있는 거예요. 나라는 게 있으니까 '내 인생을 어떻게 살아야지' 하는 삶의 문제가 있고, 또 나라는 게 있으니까 죽음에 대한 두려움을 느낄 수밖에 없죠.

체험을 하고 나서 보니까, 그런 문제들이 한꺼번에 싹 깨끗하게 되는 건 아니고 차차 사라지더란 말이죠. 그러니까 결국 살아 있어도 살아 있는지도 모르겠고, 내 인생을 어떻게 살아야 한다는 생각도 전혀 없고, 미래도 쳐다보지 않고, 과거도 돌아보지 않는 겁니다. 미래를 어떻게 해야 할지 미리 계획하는 것도 없고, 그냥 인연 따라 그때그때 되는 대로 가는 거고, 과거는 일절 안 돌아보는 겁니다. 과거라는 건 애초에 존재하지도 않습니다. 망상이에요. 기억 속에 있는 헛된 망상들이죠. 그럼 현재는 있느냐? 현재라는 것도 없어요. 그냥 이렇게 밝게 깨어 있고 분명할 뿐이지 아무것도 없거든요. 윤회는 생각입니다. 분별 속에 있을 때 윤회라는 것도 있는 겁니다.

그래서 결국 업장 소멸이라는 것은 한 번 벗어나는 해탈의 체험, 깨달음의 체험을 하면 저절로 되는 거예요. 절에서는 업장을 소멸하기 위해서 재를 지내야 한다, 뭘 해야 한다고 하는데, 그건 자기들 먹고살기 위한 방편입니다. 실제로는 해탈의 체험, 깨달음을 얻어서 본래 모습이 허공처럼 아무것도 걸리는 게 없고 한 물건도 아니라는 체험을 하면 저절로 '아, 이게 업장소멸이구나' 하게 됩니다. 왜? 과거도 없고, 현재도 없고, 미래도 없고, 나라고 할 것도 없고, 내 것이라고 할 것도 없는데, 매이는 일이 뭐가 있겠습니까?

결국 우리는 자기 생각에 매이고, 자기 말에 매이고, 자기 행동에 매이는 거예요. 그런데 말과 행동도 생각으로 남아서 거기에 매이는 거예요. 말한 것이 생각으로 기억에 남아 있고, 행동한 것 역시 육체적으로, 의식적으로 기억이 될 거고 그렇게 남아 있는 거죠.

깨달아서 여법해진다는 것은 뭐가 없어요. 생각을 해도 생각하는 게 아니에요. 말을 해도 말하는 게 아니에요. 행동을 해도 행동하는 사람이 없어요. 그렇게 이야기할 수 있는 겁니다. 업장이라는 게 생길 실마리가 없는 거예요. 까닭이 없는 거예요. 이것이 업장 소멸인 겁니다.

깨달음, 해탈, 열반이라고 하는, 이 하나의 경험이고 하나의 사건인데, 이 체험을 통해서 모든 문제가 다 해결되는 거예요. 업장 소멸이라는 게 따로 있는 게 아니고, 번뇌가 극복되는 게 따로 있는 게 아니고, 이 한 개의 체험을 하면 그런 모든 문제가 다 해결되는 겁니다. 업장 소멸이라는 것도 어쨌든 깨달음이 없으면 안 되는 겁니다.

그래서 업장, '업'이라고 하는 장애를 깨끗하게 할 수 있다… 어떻게? 깨달아서, 망상 분별을 벗어나서. 그러면 그런 문제들이 사라지는 겁니다. (법상을 톡 두드리며) 이 자리에 한 번 딱 통하면, 이 자리는 아무것도 없으니까 그야말로 공이에요. 아무것도 없어요. 뭐라고 할 게 아무것도 없는데 또 세상은 그대로 있어요. 그러니까 마음에 양면이 있다고 하는 겁니다. 《반야심경》식으로 얘기하면 색(色)의 면이 있고 공(空)의 면이 있고, 《금강경》식으로 얘기하면 제상(諸相)의 면이 있고 비상(非相)의 면이 있는 거예요. 여러 가지 모습의 면이 있고, 모습 아닌 면이 있는 거죠. 그 두 가지 면이 하나라는 사실을 깨닫는 게 '약견제상비상'이거든요. 그게 바로 깨달음이라는 거예요. 그런 체험을 하는 겁니다. 체험을 해도 처음부터 밝아지는 건 아니고 시간이 좀 많이 흘러야 하지만, 이 체험이 본질적인 거예요.

그런데 이 체험은 불가사의하고, 이해할 수 있는 게 아니에요. 이런 체험이 있습니다. 뭐가 부처냐? (법상을 톡 두드리며) 이것이 부처다. 뭐가 마음이냐? (법상을 톡 두드리며) 이것이 마음이다. 한 번 체험시켜 드리려고 (손가락을 들며) 계속 자극해 드리는 겁니다. 줄탁동시(啐啄同時)라는 말을 하는데, 병아리가 달걀껍데기를 깨려고 안에서 콕콕할 때는 아직 힘이 없거든요. 밖에서 쿡쿡 쪼아 주는 게 법문인 겁니다. 부처가 뭐냐? (법상을 톡 두드리며) 이것이다. 도가 뭐냐? (법상을 톡 두드리며) 이것이다. 마음이 뭐냐? (법상을 톡 두드리며) 이것이다. 법이 뭐냐? (법상을 톡 두드리며) 이것이다. 이렇게 깨어나라고 잠자는 사람을 깨우려는 겁니다.

(법상을 톡톡 두드리며) 이것이다. 이것이다. 이것이다. 하여튼 깨고자 하는 뜻이 있으면 (법상을 톡 두드리며) 이런 소리 하나 듣고 (손가락을 들며) 이런 것 보는 순간에, 탁 말 한마디 듣고 잠을 깰 수 있어요. 잠을 깨는 순간은 자기도 모르게 눈이 번쩍 떠지는 거니까, 아무도 그건 모르는 거죠. 어떻게 해야 하는 건 아니에요. 깨고자 하는 뜻이 있으면 잠이 깨지는 겁니다. (법상을 톡톡 두드리며) 이 일 하나.

그래서 업장 소멸이라는 건 다른 게 있는 게 아닙니다. 절에서는 먹고살기 위해서 여러 가지 방편을 쓰니까 나름대로 우리가 이해해 주면 되는 거고, 본질적으로는 그렇게 하는 건 아니에요. 깨달아야 하는 겁니다.

다시 수보리야, 이 경을 기억하고 소리 내어 읽는 착한 남자와 착한 여인이 만약 사람들에게 천대를 받는다면, 이 사람은 전생의 죄업으로 악도에 떨어져야 하지만, 금생의 사람들에게 천대를 받는 까닭에 전생의 죄업이 소멸하고, 앞으로 위없이 바르고 평등한 깨달음을 얻을 것이다.

이 공부를 하는 사람, 이 불법을 공부해서 법을 깨달을 수 있는 사람, 그러니까 이 법을 공부하는 사람은 비록 현재 사람들에게 천대받고 괄시받고 무시당하고, 불행한 일이 있더라도 다 극복이 된다는 말입니다.
인도에 원래 불교 나오기 전부터 있었던 종교가 브라만교잖아요. 브라만교에 윤회 사상이 있었거든요. 브라만교의 윤회 사상도 《베다》를 보면, 초창기에는 굉장히 유치한 형태로 나타나다가 나중에 육도윤회라는 식으로 세련되게 만들어졌는데, 처음에는 유치한 형태였어요. 인도에서는 사람이 죽으면 화장을 하거든요. 영혼이 화장한 연기와 함께 하늘로 올라간다고 봤어요. 하늘로 올라가서 어디로 가느냐면 달에 가는데, 달은 영혼들이 사는 세계라고 생각해요. 그리고 달과 구름이 같이 있다고 봤어요. 옛날 사람들은 그걸 모르잖아요. 올라가 본 적이 없으니까요. 달과 구름이 함께 있다가, 달에 있던 영혼이 구름으로 옮겨 가서 비 올 때 땅으로 내려온다는 거예요. 땅에 빗물로 내려왔다가 곡식 속에 들어가서, 그걸 남자가 먹으면 정액으로 들어갔다가 나중에 다시 태어난다… 처음에는 그렇게 설명하거든요. 그렇게 유치하게 시작해서 나중에는 재미있게 그럴듯하게 만들어져 가는 겁니다. 만들어진 거죠. 윤회설이라는 게 애초에 있었던 게 아니고 바라문교에서 그런 게 만들어졌어요.

그런데 나중에 거기에 뭘 끼워 넣느냐면, 인도에는 계급이 있잖아요. 지금도 있습니다. 사성계급. 제일 위에 브라만 계급이 있는데 성직자들입니다. 그다음은 크샤트리아 계급인데 왕족들, 귀족들, 무사들입니다. 그다음 계급은 바이샤인데 상인들과 생산 계층이죠. 그 밑은 수드라 계급으로 하층민입니다. 브라만교에는 브라만이라는 신이 있어요. 창조신입니다. 그 신의 머리에서 브라만 족이 나왔고, 신의 어깨에서는 크샤트리아 족이 나왔고, 신의 다리에서는 바이샤 족이 나오고, 신의 발에서는 수드라 족이 나온다고 얘기해요.

그러면 왜 사람들이 높은 계급, 낮은 계급으로 태어나느냐? 이유를 어떻게 설명하냐면, 네가 이 세상에서 착하게 남을 위해서 주어진 대로 잘 살면… 주어진 대로라는 것은 자기 계급에 맞게 할 일 다하고 산다는 뜻이에요. 착하게 잘 살면 죽었다가 다시 태어날 때는 계급이 상승한다고 해요. 한 계급 특진해서 높은 계급으로 태어난다고 설명합니다. 수드라 밑에 불가촉천민이라는 계급이 하나 더 있는데, 지금도 인간 취급을 안 해요. 불가촉이라는 것은 '아예 가까이 갈 수 없는'이라는 뜻이거든요. 동물보다 더 못하다고 여깁니다. 그런데 불가촉천민으로 태어난 사람들은 전생에 죄를 너무 많이 지어서 그렇게 태어났다고 보는 겁니다. 이 사람들은 무조건 괴롭게 살아야 한다, 불행하게 살아야 한다, 이렇게만 생각하는 거예요. 지금 생각하면 굉장히 잘못된 거죠. 윤회설을 설명할 때 그렇게 설명한단 말이죠. 태어날 때부터 사람은 차등이 돼서 태어난다는 거예요. 브라만교에서 그렇게 만들어 놓은 건데, 태어나는 시스템 자체가 착하게 살거나 악하게 산 결과라고, 윤회에다 업보라는 걸 결부시켜 놓은 이론입니다.

사람만 있는 게 아니고, 사람은 불가촉천민까지 5개 계급이 있는데, 더 나쁜 짓을 하면 동물로 태어나고, 더 나쁜 짓을 하면 지옥에 떨어지고, 착한 일을 많이 하고 복을 많이 지으면 하늘나라에 태어난다고 해서 육도윤회까지 만들죠. 하늘, 사람, 짐승, 아귀, 축생, 지옥⋯ 윤회 이론이 처음에는 유치하게 시작해서 나중에는 복잡하게 변했어요. 윤회 이론이 지금까지도 남아서 인도에서는 하층 계급이 굉장히 괄시당하고 힘들게 살고 있습니다. 우리가 보면 정말 불합리한 문제인데, 브라만교에서 그런 생각을 많이 주입했어요. 브라만교가 이어져 내려온 게 힌두교거든요. 지금도 똑같은 생각들을 가지고 있는데, 불교도 그 속에서 생겨났기 때문에 이런 말들을 하는 거예요.

**이 사람은 전생의 죄업으로 악도에 떨어져야 하지만**

지옥의 악도라는 것은 '삼악도'라고 지옥, 아수라, 축생, 이렇게 얘기하거든요. 사람으로 태어나지 못하는 겁니다. 그나마 다행히 사람으로 태어났지만 전생의 죄업 때문에 지금 괴롭게 살고 있다, 힘들게 살게 됐다⋯ 윤회설이 이런 식으로 만들어져서 결국 계급을 정당화하는 거죠. 왜냐하면 '네가 하층 계급으로 태어난 건 전생에 잘못 살아서 그렇다'라고 해 버리니까 할 말이 없는 거예요. 이것이 계급을 정당화해 놓은 거예요. 이게 잘못된 건데 석가모니는 당시에 벌써 불교 교단 안에서 계급을 없앴습니다. 왜 그랬겠습니까? 깨달아 보니까 인간의 본성은 다 똑같아요. 태어날 때 악업을 짊어지고 태어난 게 아니더라 이 말이에요.

깨달아 보니까 인간의 마음은 다 똑같고 원래 깨끗하고 아무 문제가 없어요. 전생에 업장이라고 하는 건 옳지 않다고 해서 석가모니는 자기 교단에 들어오는 출가자에게는 그 당시 벌써 계급을 따지지 않았습니다. 불가촉천민도 출가만 하면 동등하게 대접했어요.

그래서 지금 인도에 20세기 들어와서 다시 불교가 되살아나고 있습니다. 12세기 인도에서 불교가 망했거든요. 되살아나고 있는데, 불교 운동을 시작한 사람이 누구냐? 암베드카르 박사예요. 불가촉천민 출신이죠. 불가촉천민 출신인데 공부해서 박사 학위까지 받고 변호사까지 된 사람이에요. 그러니까 자기는 먹고살 만하죠. 그래도 불가촉천민 출신이다 보니까 어디를 가든지 천대를 받고, 친척들이라든지 이런 사람들이 항상 계급 문제를 일으키니까 힌두교를 탈퇴했어요. 그리고 불교에 입문한 거예요. 보니까 불교는 계급이 없는 거예요. 그래서 인도에서 신불교 운동을 일으켰단 말이죠. 지금 불교 인구가 한 1억 정도 되는데, 대부분 불가촉천민이에요. 왜냐하면 힌두교 안에서는 맨 아래 천민들인데, 불교 안에 들어오면 다 똑같다니까 그렇게 개종한 거죠. 요즘 기독교도 많이 포교를 한다더라고요. 기독교 안에도 그런 계급은 없으니까요.

그러니까 윤회설이라는 게 그 당시 고대의 계급 사회를 유지하기 위한 하나의 이론입니다. 정치적 이론이에요. 내가 이 계급으로 태어난 게 무슨 죄냐? 이렇게 물을 수가 없는 거예요. 왜? '네가 전생에 잘못했으니까 이렇게 태어났지'라고 해 버리니까 계급을 부수는 혁명을 일으킬 수가 없는 거예요. 힌두교 안에서는 그게 힌두교의 가르침이기 때문에 굉장히 문제가 많습니다.

그런데 불교에서는 이런 것을 불교식으로 활용해서, 사람들이 다 이렇게 생각하니까 전생의 죄업 때문에 좋지 못한 하층 계급으로 태어나서 괴롭게 살거나, 상층 계급으로 태어났다 해도 가난하다든지 몸이 허약하다든지 괴롭게 살 수밖에 없는 것이다… 석가모니 당시만 하더라도 윤회설이라는 게 아주 일반화돼서 사람들이 다 그렇게 생각하고 살았으니까 이런 방편을 쓰는 거예요.

이 사람은 전생의 죄업으로 악도에 떨어져야 하지만, 금생의 사람들에게 천대를 받는 까닭에 전생의 죄업이 소멸하고, 앞으로 위없이 바르고 평등한 깨달음을 얻을 것이다.

천대를 받아서 전생의 죄업을, 말하자면 대가를 치르는 거죠. 대가를 치르는 것만 가지고 소멸하는 건 아니고, '이 경을 기억하고 소리 내어 읽는 사람이기 때문에' 그렇다는 말이죠. 이 공부를, 불법을 공부하는 사람이기 때문에 앞으로 위없이 바르고 평등한 깨달음을 얻을 것이다… 현재는 하층 계급으로 태어났거나 불행한 삶을 살고 있다 하더라도, 누구든지 이 경을 기억하고 소리 내어 읽는다면, 이 불법을 공부한다면… 여기에 딱 계급을 타파하는 내용이 들어있는 거예요.

인도는 지금까지도 계급이 다르면 결혼도 안 하고, 같이 밥도 안 먹고, 어울리지도 않아요. 계급이 다르면 같이 어울려 살지 않습니다. 지금도 사는 동네 자체가 아예 달라요. 하층 계급 사람들을 괴롭히는 일이 많이 일어나고, 우리가 보면 정말 어이없는 일들이 굉장히 많습니다. 신문 기사를 가끔 보면 상층 계급 사람들이 하층 계급 사람들이 사는 동네에 불을 질러 버린다든지 그런 행패를 많이 부려요. 조금이라도 눈에 거슬리는 일을 하면 말이죠. 그런데 경찰에 신고하잖아요? 그럼 경찰들이 나와서 조사를 하는데, 그걸로 끝이에요. 왜냐하면 그게 일상적으로 계급이 되어 있으니까 경찰도, 국가도 어떻게 할 수가 없는 거예요. 종교란 게 그렇게 무서운 겁니다. 종교가 사람들 생각을 딱 고정시켜 버리기 때문에 잘못되면 그렇게 무서운 거예요.

불교에서는, 네가 아무리 하층 계급에 태어나고 천대를 받는다 하더라도, 전생의 죄업 때문에 지금 천대를 받고 있다 하더라도 이 경을 공부하면, 불법을 공부하면 전생의 죄업이 다 소멸하고 앞으로 위없이 바르고 평등한 깨달음을 얻을 것이다… 여기에 계급을 부수고 인간의 타고난 본성을 찾게 하는 불교의 가르침이 있는 거죠. 불교에서는 인간은 다 똑같다고 합니다. 왜? 우리 마음의 본질을 보기 때문에 그렇습니다. 윤회를 불교의 핵심적인 내용인 것처럼 이야기하는데, 그렇지 않습니다. 윤회는 불교에서 부수어야 할 대상입니다. 그것은 잘못된 이론이고, 힌두교나 바라문교에서 계급 사회를 유지하기 위한 하나의 틀이에요. 윤회는 불교의 본질이 절대 아닙니다. 여기 나와 있잖아요. 천대받는다는 것은 하층 계급으로 태어났다는 뜻이거든요.

윤회가 마치 불교의 본질인 것처럼 떠드는 사람들이 있는데, 말도 안 되는 소리입니다. 그것은 어리석은 사람들, 말하자면 브라만교에서 계급 사회를 유지하기 위한 하나의 이론으로 만들어 놓은 겁니다. 만들어진 이론이죠. 상층 계급 사람들이 자기 계급을 유지하기 위해서죠. 누가 만들었겠습니까? 브라만 족이 만들었죠. 베다 경전에도 그런 내용이 들어 있거든요.

부처님은 계급이 뭘로 태어났습니까? 두 번째 계급으로 태어났거든요. 왕족이니까 크샤트리아 계급이에요. 자기는 높은 계급인데 다 내버리고 출가해서 방랑하는 수행자가 됐으니까 계급을 벗어난 거죠. 그리고 진실을 알고 싶어서 공부한 것이고, 인간의 진실을 깨닫고 나서 보니까 모든 사람의 마음은 똑같더라는 거예요. 경전에 보면 이렇게 나와 있거든요.

부처님이 처음에 깨닫고 나서 정각산에서 나와 세상을 둘러보면서 한 말이 있잖아요. '정말 놀랍다. 모든 중생이 전부 여래의 지혜를 다 가지고 있구나.' 이런 얘기를 하거든요. '모든 중생이 여래의 지혜를 다 가지고 있구나.' 인간이 계급이 다르고 다 다른 줄 알았는데 그게 아니더라는 거예요. 그 이야기가 경전에 나오거든요. 《열반경》에서는 '모든 중생에게는 불성이 있다' 이런 말로 되는 거고, 그 뒤에는 이 말도 붙어 있어요. '모든 중생에게는 부처님의 지혜가 다 갖추어져 있는데, 다만 생각에 덮여서 그것을 모르고 있구나.' 그 이야기가 뒤에 붙어 있습니다. 그러니까 윤회가 어떻고 계급이 어떻고 하는 건 전부 생각이 만들어 낸 거라는 말입니다. 전부 망상이라는 거예요. 전부 다 똑같고, 다 평등하게 똑같이 텅 빈 허공처럼 아무런 차이가 없는 거예요.

윤회를 벗어난다는 것은 바로 계급적 사고, 생각이 만들어 낸 굉장히 어리석은 제도들, 거기서 다 벗어난다는 겁니다. 그러려면 어쨌든 이 경을 기억하고 소리 내어 읽는 착한 남자, 착한 여인이어야 한다, 불법을 공부해야 한다, 이 공부를 해서 자기의 본래면목을 찾아야 한다, 이거죠. 불교 안에 '남자가 돼야 깨달을 수 있고, 여자는 불교 공부하다가 다음 생에 남자 몸을 받아야 깨닫는다'는 말이 있죠. 그것도 굉장히 잘못된 건데 그런 말이 왜 나오는지 모르겠어요. 실제 경전에서는 착한 남자 착한 여인이라고 했지, 여기서 '남자만 깨닫고, 여자는 아니다' 이런 말은 없잖아요.

《법화경》에 보면 언뜻 그런 내용이 약간 보이는 것 같고, 용녀 설화에 보면 용녀가 순간적으로 남자의 몸을 받아서 깨달았다는 식의 말이 있는데, 어디에서 유래한 건지 모르겠어요. 실제 힌두교 안에서 같은 계급이라 하더라도 남자, 여자의 차별이 엄청나게 심합니다. 인도에서는 남자, 여자의 차별이 엄청나게 심해요. 지금도 그렇습니다. 오늘도 신문에 언뜻 보니까 그런 기사가 있더라고요. 인도에서 어떤 부인이 매를 맞는 사진이 있는데, 남편을 목마 태우고 매를 맞는 거예요. 이유가 뭐냐? 남편이 부인과 결혼해서 잘 살았는데, 어느 날 갑자기 부인이, 자신과 결혼하기 전에 바람피운 거 아니냐고 남편을 의심하게 된 거예요. 그래서 그 이야기를 동네 사람들한테 하니까, 그냥 의심하는 것 자체만으로 이 여자는 처벌을 받아야 한다고 해서 남편을 목마 태우고 동네를 돌아다니는데, 걸어가다가 힘들어서 멈추면 때리는 거예요. 지금도 그 짓을 하고 있어요. 그런데 그 사람들이 무식한 사람이냐? 아니에요. 배울 만큼 배우고 회사까지 다니는 사람들이에요. 인도 사회라는 게 희한한 사회입니다. 전부 종교 때문에 그렇게 된 거예요. 우리나라에서는 그런 건 상상도 못 할 일입니다. 그런 걸 봐서는 아마 여자는 부처가 될 수 없고, 깨달을 수 없고, 남자가 돼야 한다는 이야기도 충분히 나올 수 있겠죠. 전부 참 말도 안 되는 허망한 망상들이에요.

금생의 사람들에게 천대를 받는 까닭에 전생의 죄업이 소멸하고 천대를 받아서 그렇게 죗값을 치러 죄업이 소멸한다기보다는 이 불법 공부를 해서 위없이 바르고 평등한 깨달음을 얻음으로써 이런 망상들에서 벗어나는 겁니다. 이 말만 놓고 보면 이것은 윤회를 그대로 받아들이고 있거든요. 이 사람이 지금 천대를 받고 있는데… '하층 계급으로 태어났는데'라는 말이에요. 그렇다면 이 사람은 전생의 죄업으로 악도에 떨어져야, 지옥으로 떨어져야 하지만, 그래도 지옥까지는 안 가고 인간으로 태어났다는 거예요. 그런데 전생에 지은 죄업 때문에 지금 하층 계급으로 태어나서 괴롭게 사는데, 괴롭게 살면서 계속 선행을 하면 전생의 죄업이 소멸할 것이다… 이것이 원래 힌두교, 브라만교에서 말하는 윤회설이거든요.

근본적으로 공부하는 입장에서 보면, 위없이 바르고 평등한 깨달음을 얻어서 우리 존재의 본질을 깨달아야 업장도 소멸합니다. 결국 윤회설이니 뭐니 하는 게 다 생각이거든요. 생각에 매여 사는 거죠. 그런 생각에서도 벗어나게 되고, '내가 누구다' 하는 생각에서도 벗어나고, 모든 것에서 다 다 벗어나는 겁니다. '내가 누구다' '나는 무슨 계급이다' 이게 다 생각이거든요. 거기서 완전히 벗어날 수 있다는 거예요. 내가 누구고, 사람이 어떻고, 세상이 어떻고, 중생이 어떻고, 부처가 어떻고, 이런 생각에서 다 벗어나서 이 진실에 통한다…

하여튼 종교라는 것이 이론을 만들어서 사람을 얽어맵니다. 종교의 부정적인 측면이 있죠. 종교에도 긍정적인 측면만 있는 게 아니에요. 종교에 부정적인 측면이 많죠. 그래서 종교 때문에 우리가 괴로움을 많이 당합니다. 종교라는 게 우리 사고방식을 얽어매기 때문에 그렇습니다. 기독교인은 기독교식의 사고방식에 물이 들어서 거기 딱 얽매여 버려요. 이슬람교는 이슬람교에서 가르친 대로 그 사고방식에 딱 물이 들어서 얽매여 버리죠. 종교라는 게 그런 면에서는 굉장히 부정적인 겁니다. 사람을 생각으로 얽매 버리니까 굉장히 부정적인 거죠. 불교는 바로 그 생각에서 벗어나라고 하는 겁니다. 물론 이슬람이나 기독교에도 본질적으로 그런 면이 있죠. 그런 가르침이 있으나 불교만큼 확실하게 가르침을 주는 종교는 없어요.

어떤 이론을 가지고 얽매려고 하는 게 불교 안에도 있어요. 예를 들어 윤회설이라든지 이런 것을 불교의 본질이라고 얘기하면 그건 얽매는 거거든요. '중생이 있고 부처가 있는데, 너는 중생이다' 하고 얽매고… 불교도 이론적으로만 공부하면 얽매여요.

그런데 불교의 본질은 이론이 아니고 해탈의 체험이거든요. 이게 본질이라는 말이죠. 결국 불교에서 말하는 본질이 뭐냐? 반야바라밀이라는 겁니다. 반야바라밀은 어떠한 생각도 없는 겁니다. 반야라는 게 지혜, 바라밀이라는 게 피안을 건너간다는 말인데, 피안을 건너간다는 게 뭡니까? 차안이라는 게 이쪽 언덕, 피안은 저쪽 언덕인데, 이쪽 언덕은 곧 중생 세계입니다. 생각의 세계예요. 피안이라는 건 부처의 세계인데, 생각에서 벗어나는 세계입니다. 생각을 벗어나는 지혜, 그게 반야예요. 불교는 언제나 반야를 가리키거든요. 그래서 항상 분별에서 벗어나야 한다, 분별심을 벗어나야 한다고 합니다. 생각을 벗어나라, 의식을 벗어나라, 그게 해탈이다… 이렇게 말하죠. 그러니까 생각에서 벗어나지 못하고, 불교에 대해서, 불법에 대해서 자기가 어떤 견해가 있고 생각이 있다면, 그건 망상입니다. 그런 건 해탈도 아니고 깨달음도 아니에요.

제대로 하면 불교가 가장 뛰어난 종교, 올바른 종교입니다. 어쨌든 불교에서는 생각이나 견해에 매이면 안 된다는 얘기를 계속해 주기 때문에 불교에는 어떤 우상도 없습니다. 이런 불상을 보고 우상이라고 하는데, 말도 안 되는 소리입니다. 불상은 우상이 아니에요. 방편입니다. 모르니까 그런 소리를 하는데, 저렇게 생긴 부처님이 따로 있다고 해서 모시고 있는 겁니까? 아니잖아요. 그렇게 모신다면 우상이 되겠죠. 부처라는 것은 우리 마음이 곧 부처고, 우리 본래면목이 부처입니다. 그 마음이 부처인데, 마음이 부처임을 사람들이 잘 안 믿고, 처음부터 설명해 줘도 믿지도 않아요. 또 보통 사람들은 계속 바깥을 쳐다보고 있으니까, 이게 믿음을 주기 위한 방편들이죠.

마음이 바로 부처란 말이에요. 그래서 저런 방편은 그렇게 썩 좋은 방편은 아니에요. 초창기 석가모니에서 시작해서 몇백 년 동안에는 불상 같은 게 없었습니다. 그리스 알렉산더 대왕이 인도로 들어온 때부터 불상이 시작되었거든요. 그리스 조각의 영향을 받아서…. 그전에는 불상이라는 게 없었어요. 그전에 있는 조각들을 보면 그냥 법륜, 법바퀴가 하나 있든가, 아니면 보리수가 하나 있거나, 빈 의자거나, 이렇게 되어 있지 불상이라는 모습은 없습니다.

그러니까 다 방편으로 후대에 만들어진 거란 말이에요. 오래된 조각을 보면 제자들은 다 모습이 있어요. 제자들이라든지 천신들은 모습이 조각되어 있는데, 부처님 자리만 사람 모습이 없어요. 보리수나무가 조각되어 있거나, 빈 의자나 법륜이 조각되어 있죠. 제자들은 아직 중생들이니까 모습으로 나타나 있는 것이고, 부처님은 분별을 떠난 깨달은 사람이니까 모습이 없는 겁니다. 그것도 물론 방편이죠. 과거 조각들을 보면 그렇게 표현되어 있단 말이죠.

원래 부처님이라는 게 우리 마음의 본질을 이야기하는 거니까 모양이 없어요. 없는데 저런 모습을 나타낸 건 방편이란 말이에요. 아직 공부가 안 된 입문자들은 뭔가 모습을 꾸며 놓아야 믿음을 가지고 들어오니까요. 아주 초보적인 방편들이죠. 믿음을 일으키기 위한 방편이죠. 그러니까 우상이 아니에요. 저런 모습을 한 부처님이 실제로 있다고 여기고 믿는다면, 그 사람한테는 우상이겠죠. 그건 방편이 아니라 우상이 되는 겁니다. 그렇게 믿게끔 만들지 않거든요.

경전에 보면 마음이 바로 불성이고 깨달음이고, 불성을 봐야 깨닫는 것이고, 깨달음이 바로 부처라고 되어 있습니다. 그러면서 방편으로 부처님이 어떻고, 부처님의 모습이 32가지 특징이 있고… 다 방편으로 하는 이야기란 말이에요.

엄밀하게는 바늘 하나도 용납이 안 되지만, 방편을 베풀자면 수레도 통과한다는 거예요. 엄밀하게는 부처님이라고 하는 게 모양도 없고 이름 붙일 수도 없어요. 말할 수도 없고. 그건 깨달아 보면 알 수 있는 우리의 본래면목입니다. 그런데 방편으로는 얼마든지 그림도 그릴 수 있고, 조각도 할 수 있고, 말도 할 수 있고, 다 할 수 있다는 겁니다. 방편은 그냥 달을 가리키는 손가락일 뿐입니다. 깨달아야 할 건 각자 가지고 있는 우리의 마음이에요. 우리 본성이란 말이죠. 본성을 깨닫고 마음을 깨달으라고 이렇게 많은 방편을 시설해 놓은 겁니다.

깨닫고 나서 보면 여기 있는 여러 가지 탱화, 온갖 불상 모습, 또 기둥이나 천장이나 방바닥이나 전부 부처 아닌 게 없어요. 왜? 이것을 벗어나는 일이 세상에 없거든요. 모든 곳에 부처가 나타나 있습니다. 말하자면 그렇게 얘기할 수 있거든요. 모든 곳에 부처가 다 나타나 있단 말이죠. 이것을 벗어나는 일이 세상에 없습니다.

그래서 이것을 깨달아야 해요. (법상을 톡톡 두드리며) 이것을 체험해야 한다고요. 깨달아야 해요. (법상을 톡 두드리며) 이것이 마음이에요. (손가락을 들며) 이것이 부처고, 이것이 불성이고, 이것이 도(道)란 말이에요. (법상을 톡 두드리며) 이것을 깨달아야 해요. 깨달아 버리면 다 통해서 전부 만법이 하나로 돌아오는 겁니다. 절대 생각에 매여 있으면 안 됩니다. 말이고 방편이에요. 진실은 우리 모두에게, 온 세상에 다 있습니다. 이것이 온 세상에 다 드러나 있습니다. (법상을 톡톡 두드리며) 온 세상에 다 드러나 있어요. 이 법 하나란 말이죠. 이 법 하나. 이렇게 드러나 있습니다.

수보리야, 내가 생각해 보니, 헤아릴 수 없이 아득한 과거에 연등불 앞에서 8백4천만억의 헤아릴 수 없는 부처님을 만나서 모두에게 공양하고 시중들고 하여 헛되이 지나친 적이 없었다. 만약 다시 어떤 사람이 뒷날 말세에 이 경을 기억하고 소리 내어 읽어서 공덕을 얻는다면, 내가 모든 부처님을 공양한 공덕은 그 100분의 1에도 미치지 못하고, 천만억 분의 1에도 미치지 못하고, 나아가 숫자로 헤아려 비유할 수도 없을 정도이다.

수보리야, 내가 생각해 보니… 생각 속의 말씀을 하는 것과, 그다음에 '만약 다시 어떤 사람이 뒷날 말세에 이 경을 기억하고 소리 내어 읽어서 공덕을 얻는다' 이것은 생각 속의 일이 아니고 실제죠. 분별 속의 일과 분별을 벗어난 일, 이렇게 나누어 놓고 이야기가 되어 있습니다.

경전의 말씀이 다 방편의 말씀인데, 법으로 이끄는 말씀들은 분별할 수 없는 이 불법과, 분별 속에 있는 중생의 세간법을 얘기해요. 불법을 이야기하고, 그다음에 세간법을 벗어나서 불법으로 이끌고자 하는 의도로 항상 대비시켜서 얘기해요. 의도가 그런 것이기 때문에 우리가 '부처가 뭡니까?' 물었는데 '똥막대기다' 하는 것도 세간법으로 분별로서 받아들이면 한 개 사물에 불과한 것이고 부처가 아니죠. 그냥 망상이 됩니다. 그런데 '똥막대기다' 하는 그 말에 분별을 벗어나 버리면, 그 한마디 말을 듣고 분별을 벗어나면 사물이 아니고 자기 본래면목이 턱 나오니까, 부처가 똥막대기에만 있겠어요? 삼라만상 어디에나 없는 데가 없습니다.

자기가 이것을 실감해 봐야 하는 거니까, 방편의 말은 실감하도록 이끌어 주는 말씀입니다. 똑같이 '도가 뭡니까?' 물으니까 '뜰 앞의 잣나무다.' 분별만 할 줄 아는 사람은 뜰 앞에 서 있는 잣나무와 분별밖에 모르죠. 도(道)에 눈이 열린 사람은 '뜰 앞의 잣나무다'라고 하면, 뜰 앞의 잣나무를 모르는 건 아니죠, 못 보는 것도 아니고. 그렇지만 그것을 분별만 하는 게 아니라 모습, 소리, 보고 듣고 느끼는 모든 곳에 나타나 있는 이 한 개 법을 보는 밝은 안목을 가지고 있는 거죠. 그런 말을 할 수가 있는 겁니다.

도가 잣나무에만 있는 건 아니거든요. 삼라만상 없는 데가 없으니까 뭐든지 가리킬 수가 있어요. 그것을 생각으로 이해할 수는 없고, 눈으로 보거나 귀로 들을 수도 없고, 본인이 직접 체험해서 확인되어야 하는 겁니다. 확인이 돼야 뭘 가지고 부처라 하고, 뭘 가지고 도라 하고, 뭘 가지고 깨달음이라 하고, 뭘 가지고 열반이라고 하는지 스스로 분명하게 실감할 수 있어요. '증득(證得)'이라는 말을 하잖아요. 증득이란 증거를 직접 확인한다는 말입니다. 깨달음이라는 말을 증득이라고도 쓰잖아요. '증'이라는 것은 직접 경험해서 확인해 보는 것이라는 말이에요. 하여튼 이것이 분명해져야 해요.

여기 보면 '8백4천만억의 헤아릴 수 없는 부처님'이라고 했거든요. 삼라만상 어디에나 부처님이 없는 데가 없다는 말입니다. 부처님을 부를 때 '제불(諸佛)'이라고 하는데, '모든 부처님'이라는 말이잖아요. 삼라만상 어디든지 모든 것에 부처님이 있다… 제불은 방편의 말이지만, 이것이 분명해지면 어디에나 다 있고, 없는 데가 없습니다. 법이 없이 나타나 있는 세간의 모습이라는 건 없어요.

그래서 출세간이라는 것은 모를 때는 세간이 있고 출세간이 있고 따로따로 있지만, 제대로 딱 깨달아 보면 세간이 바로 출세간이에요. 세간에서 하는 모든 보고 듣고 느끼고 생각하고 말하고 행동하는 모든 게 전부 출세간입니다. 온갖 일이 다 있는데 아무것도 없다는 얘기를 하는 거예요. 여기에 통해 보면 그런 말들을 알 수 있어요.

수보리야, 내가 생각해 보니

생각을 하면 이것은 망상입니다. 모든 생각은 분별이고 망상이거든요.

헤아릴 수 없이 아득한 과거에 연등불 앞에서 8백4천만억의 헤아릴 수 없는 부처님을 만나서 모두에게 공양하고 시중들고 하여 헛되이 지나친 적이 없었다.

이런 말씀을 여법하게도 볼 수가 있고 분별로서 볼 수도 있어요. 그런데 여기서는 뒤의 말로 봐서는 분별로서 본 겁니다. '헤아릴 수 없이 많은 부처님에게 공양을 올리고 시중을 들고 헛되이 지나친 적이 없다' 하는 걸 여법하게 보면, 이 법이 분명해지면 세상의 모든 일이 불법과 똑같습니다. 불법이 따로 있고 세상 따로 있는 게 아니에요. 세상일 하는 게 바로 부처님께 공양 올리는 것이고, 부처님을 받들어 모시는 것이고, 어긋남이 없는 거예요. 공부라고 해서 특별히 따로 할 거 없습니다.

여기에 한 번 제대로 계합이 되면 일상생활 하루 24시간 행하는 모든 일이 전부 공부예요. 왜? 불법 아닌 게 없으니 따로 시간을 내고 장소를 내서 공부라는 이름으로 행동할 게 따로 없어요. 모를 때는 그렇게 해야죠. 모를 때는 아직 뭐가 뭔지 모르니까 그렇게 해야 하지만, 법이 둘이 아닌 하나의 법으로서 여법해지면, 그냥 하루 24시간 살아가는 것 자체가 다 공부입니다. 법 아닌 게 없어요. 24시간 살아가면서 망상에 안 떨어지고 항상 여법해서, 공도 아니고 색도 아니고, 이쪽도 아니고 저쪽도 아니어서 법이 따로 없고 세상의 모습이 따로 없으면 그게 공부거든요. 언제든지 둘이 아닌 그런 안목이 갖추어져 있으면 그것이 바로 공부예요.

《금강경》에서 '머물지 말고 그 마음을 내라'는 말이 바로 이 말입니다. 세속에 머물러도 안 되고 출세간에 머물러도 안 되고, 부처에 머물러도 안 되고 중생에 머물러도 안 되고, 미혹함에 머물러도 안 되고 깨달음에 머물러도 안 돼요. 머물러 버리면 그게 다 분별이 되고 망상이 됩니다.

머물지 않으려면 부처가 따로 없고 중생이 따로 없고, 세속이 따로 없고 출세간이 따로 없고, 미혹함이 따로 없고 깨달음이 따로 없어서 완전히 하나가 되면, 머물 사람도 없고 머물 장소도 없어요. 머묾이라는 것은 말이 안 되는 거죠. 내가 있고 법이 있으면 내가 법에 머물러야죠. 그러나 그것은 아직 공부가 원만하지 못한 것이고, 설사 법을 깨달았다 하더라도 내가 있고 법이 있는 동안에는 공부가 아직 부족한 겁니다. 자꾸 하다 보면 나도 사라지고 법도 사라지고 일원상으로 돌아간다고 하듯이 완전히 하나가 돼요. 그러면 여기 나온 말을 그런 의미로도 이해할 수 있거든요.

8백4천만억의 헤아릴 수 없는 부처님들을 만나서

삼라만상이 전부 부처님 아닌 게 없다…

부처님들을 만나서 모두에게 공양하고 시중들고 하여 헛되이 지나친 적이 없었다.

'망상에 떨어진 적이 없었다'고 이해하면 이것은 여법한 말이 되는데, 그리되면 뒤의 말과 말이 안 맞아요. '내가 있고 부처님이 따로 있고' 그런 분별이라고 이해해야 뒤의 말과 말이 맞습니다. 그러면 '내가 생각해 보니까 옛날에 수많은 부처님에게 공양을 올리고 시중을 들고 했다' 하는 것은 내가 따로 있고 부처님이 따로 있다는 분별 속에서 행동했다는 뜻으로 봐야 해요.

왜냐하면 뒤에서는 뭐라고 했느냐면, 내가 수많은 부처님께 공양을 올리고 시중을 들고 그렇게 했는데, 다시 만약에 어떤 사람이 뒷날 말세에 이 경을 기억하고 소리 내어 읽어서 공덕을 얻는다면, 이《금강경》을 통해서 깨달음을 얻는다면, 내가 모든 부처님을 공양한 공덕은 그 100분의 1에도 못 미치고, 천만억분의 1도 못 미치고, 나아가 숫자로 헤아려서 비유할 수도 없다고 했거든요. 왜?《금강경》의 가르침을 통해서 깨달음을 얻으면 모든 분별과 상에서 벗어나는데, 완전히 일원상으로 돌아가는데, 이것은 나도 있고 부처님도 있고 이런 분별 속에 있는 것과는 비교도 못 한다는 거죠.

모든 분별을 완전히 벗어나 대자유로 돌아가서 걸림이 없어지면, 세간이 곧 출세간이고 중생이 곧 부처가 돼서 살게 되면, 아무리 온갖 일이 있어도 항상 아무 일이 없고 대자유입니다. 반면에 여전히 내가 있고 부처님이 있고, 나는 중생이고 부처님은 깨달은 분이면, 굉장히 걸려 있고 막혀 있는 세상이고 자유가 없는 거예요. 그런 얘기입니다. 그래서 앞의 이야기는, 과거에 내가 아직 제대로 못 깨달았을 때 부처님에게 공양을 올리고 했는데, 그때는 내가 따로 있고 부처님이 따로 있어서 분별 속의 중생으로서 살았던 세월이다… 그런데 만약 뒷날 말세라 하더라도 사람들이 이 경전을 읽어서 공덕을 얻는다면, 깨달음을 얻는다면, 완전히 분별에서 벗어날 것이다…

그게 구경열반이라고 하는 거거든요.《반야심경》에서 '구경열반'이 뭡니까? 꿈같은 생각을 멀리 벗어나 버리면, 완전히 벗어나 버리면 구경열반, 마지막 열반이다… 아무것도 없다는 말입니다. 열반이라는 말은 적멸이란 말이에요. 다 사라지고 아무것도 걸리는 게 없다… 마음에 걸리는 게 아무것도 없다… 이것이 깨달음이니까요. 그러면 부처가 있고 중생이 있어서 온갖 것에 다 걸리는 사람이 아무것도 걸리는 게 없는 사람과 비교가 되냐는 말이에요. 비교가 안 되는 거죠. 그런 얘기입니다. 앞에서는 그런 얘기도 했잖아요. '삼천대천세계를 칠보로 장식해도 이 경전의 말 한마디와는 비교할 수 없다. 왜냐하면 이 경전의 말 한마디는 바로 깨달음을 가리키는 것이고, 삼천대천세계를 보석으로 장식하는 것은 여전히 분별 세계이기 때문이다. 분별세계는 분별을 벗어나서 '아공 법공' 하듯이 나도 없고 법도 없고 완전히 벗어나서 대자유를 얻는 것과는 비교도 할 수 없습니다. 그래서 대자유를 얻으면, 생로병사 속에서 살고 있지만 생로병사가 없어요.

겉으로는 생로병사 속에서 태어나서 늙고 병들고 죽는 모습을 보이지만, 태어남도 없고, 늙는 것도 없고, 죽는 것도 없고, 병드는 것도 없고, 아무것도 없어요. 그러니까 걸림 없는 대자유라고 하는 겁니다. 비교할 수가 없는 거죠. 실제 공부를 해 보면 자기가 체험을 하고 이 속으로 들어와서 자유를 좀 얻어 보면, 세상에 아무리 좋은 걸 줘도 이것을 포기할 수는 없습니다. 그건 너무 분명합니다. 세상에 아무리 많은 재물과 가치 있는 것들을 가져와도 이것과는 비교할 수 없고 이것을 포기할 수 없는 거예요. 포기할 수가 없습니다. 그런 생각 자체가 일어나질 않아요. 차라리 지금 죽어도 내가 이 속에서 죽는 게 낫지… 그건 자기가 경험해 보면 알 수 있습니다. 그러니까 이 법이 가장 뛰어나고 좋은 것입니다. 그런 말을 할 필요도 없어요. 경험해 보면 알아요. 이것보다 더 좋은 것, 말하자면 우리가 원하는 게 없어요. 이것이 분명해져서 이렇게 걸림 없는 대자유가 되면, 무원삼매(無願三昧)라고 하듯이 원하는 게 없습니다. 아무것도 바라는 게 없어요. 세속 일은 그렇게 돼도 좋고 안 돼도 좋고 상관이 없어요.

아무리 좋은 일이라 하더라도 아무 일이 없는 것보다는 못한 겁니다. 아무리 좋은 일이 있어도 아무 일이 없는 것보다는 못해요. 말하자면 아무 일이 없는 게 제일 좋은 거예요. 깨달음이라 하는 게 무슨 좋은 일이 있는 건 아니에요. 좋은 일이 있고 내가 보물 같은 걸 얻어서 붙잡고 있는 게 아니고, 결국 나도 없고 남도 없고 안팎이 없어져 버리는 거예요. 없어져서 뭐라고 할 게 한 물건도 없어요. 그냥 지금까지 살아온 그대로 아무 장애 없이 사는 거예요. 여기 한 번 통해서 체험해 보면 저절로 변화됩니다. 공부라는 게 체험하고 난 뒤에 자기 내면이 더 여법해지면서 그렇게 가는 게 불교 공부입니다.

체험하기 전에는 말로는 불교 공부한다고 하지만 사실 불교가 뭔지도 모르고 법이 뭔지도 모르고 그냥 헤매고 있는 것이고, 이걸 체험한 뒤에 비로소 이 길로 가는 것이 바로 불법의 길이고, 불이의 길이고, 중도의 길이라는 게 저절로 납득이 돼요. 저절로 이해가 되는 겁니다. 그리고 본인 스스로도 이 자리에 있으면 아무 문제가 없고, 여기서 벗어날 것 같으면 뭔가 문제가 생기니까 '내가 이 길을 끝까지 제대로 가야 하겠구나' 하죠. 이것이 진짜 불교 공부죠.

그래서 분별심을 가지고 부처님께 공양을 올리는 게 나쁜 건 아니지만, 하나의 발심을 돋우고 불법을 구하는 의미에서 그렇게 행동하니까 나쁜 건 아니지만, 법을 모르고 하는 짓은 여전히 중생의 행동일 뿐입니다. 아무리 자비를 베풀고 보시를 하고 계율을 지키고 공양을 올려도 법을 모르고 분별 속에서 하는 것은 여전히 중생의 행동일 뿐이에요. 그건 업장이 되는 것이고, 업장이 된다는 건 거기에 매여서 살 수밖에 없어요. 내가 그런 좋은 행동을 했니 안 했니 하니까 매여 사는 거거든요.

나중에 대자유를 얻으면, 행동을 해도 행동하지 않는 것과 똑같습니다. 말을 해도 말하지 않는 것과 똑같고, 생각을 해도 생각하지 않는 것과 똑같아요. 항상 아무 일이 없거든요. 항상 아무 일이 없으니까 꼭 해야 하는 것도 아니고, 하지 않아야 하는 것도 아니고, 인연 따라 그런 일을 할 인연이라면 하는 거고, 또 하지 않을 인연이라면 안 하는 겁니다. 마치 물 흐르듯이 인연 따라 그냥 흘러가는 것이지, 꼭 그렇게 해야 한다는 건 없습니다. 본인이 한번 이걸 실감해야 해요

이 법이 있단 말이죠. 누구에게나 이 하나의 진실이 있어요. (법상을 톡톡 두드리며) 모든 사람에게 한 개 진실이 있고, 이것이 한번 분명하고 확실해져야 해요. 이것이 분명히 확실해지면 안목이 생기게 되고, 저절로 머물지 않게 됩니다. "이겁니다" 하는 이것은 어떤 고정된 게 아니거든요. 고정된 게 아니고 우리가 뭘 하든지 간에 항상 이것인데, 고정된 어떤 모양이나 장소나 시간이 있는 건 아닙니다.

마치 해가 떠올랐을 때 햇빛이 삼라만상 위에 내리비치면, 모든 것 위에 햇빛이 다 있고 딱 여기가 햇빛이 있는 자리다 하고 정해진 자리는 없는 것과 같습니다. 비유하자면 그런 것처럼, 이 법이 확실해지면 모든 경우에 법 아닌 게 없습니다. 모든 경우에 전부 이 자리에⋯

'수처작주 입처개진'이라는 말을 하죠. '입처개진(立處皆眞)'이라는 것은 발 딛는 곳 그 자리가 바로 진실한 자리라는 말입니다. 어디에 발을 딛든지 간에 모든 게 법 아닌 게 없어요. '수처작주(隨處作主)'라는 것은

어디서든지 뭘 하든지 이런 뜻이거든요. 어디를 가든지 뭘 하든지 간에 주인이 된다… '작주'라는 것은 주인 노릇 한다는 말이에요. 주인 노릇 한다는 것은 자기의 법을 잃어버리지 않고 있다는 뜻입니다. 주인 노릇 못하는 건 뭡니까? '내가 있고 법이 있고' 이러면 내가 법을 따라가야 하잖아요. 그러면 법이 주인이 돼요. 중생들은 내가 있고 사물이 있거든요. 그러면 내가 사물을 따라다녀서 사물이 주인이에요. 내가 주인이 못 되는 거죠. 내가 있고 사물이 있어도 주인이 될 수가 없고, 법을 깨달은 사람이라 하더라도 내가 있고 법이 따로 있으면 여전히 주인이 못 돼요. 그래서 주인이 되려면 내가 없고 상대가 없고 안팎이 없어져야 합니다. 그렇게 되면 따라갈 일이 없으니까 주인이라고 하는 거죠.

옛날 선사가 그랬잖아요. '내가 깨닫기 전에는 항상 바깥으로 사물을 따라다녔는데, 내가 깨닫고 나서 보니까 삼라만상이 전부 나를 따라오는구나.' 이런 말을 했거든요. 방편의 말입니다만, 그런 말을 납득할 수 있게 되는 겁니다. 온 세상일이 전부 하나로 돌아와 버려요. 하나의 일이에요. 세상 모든 게 나를 따라온다… 바로 그 말이에요. 만법이 하나로 딱 돌아간다… 나라는 게 있는 게 아니라, 하나의 법으로 돌아와서 전부 이 자리에서 벗어나는 게 없다…

(법상을 톡톡 두드리며) 이것이 실감이 돼야 합니다. 실감이 되고 한번 이게 와닿아서 이 법을 보는 눈… 사람한테는 사실은 두 가지 눈이 있어요. 육체의 눈과 마음의 눈이 있습니다. 육체의 눈은 색깔을 보고, 또 의식의 눈이 있죠. 6식이라고 해서 6개의 눈이 있습니다. 색깔 보는 눈, 소리 듣는 눈, 냄새 맡는 눈, 맛보는 눈, 감촉을 분별하는 눈, 그다음에 생

각하고 분별하는 눈, 6가지 육식이에요. 분별의 눈이 있다는 말이에요. 분별하는 눈이 있고, 분별할 수 없는 걸 보는 눈이 또 있습니다. 불안(佛眼), 부처의 눈이라고 해요. 또는 법안(法眼), 법을 보는 눈이라고 합니다. 체험이라는 것은 그 눈이 열리는 거거든요. 분별할 수 없는 것이 밝아져요. 분별할 수 없으니까, 보는 자가 있고 보이는 것이 있는 게 아니라 안팎이 없어지는 거죠.

법이라는 것은 '법이 있고, 내가 있고, 내가 법을 본다' 이렇게 되는 게 아니고, 내가 따로 없고, 법이 따로 없고, 그냥 안팎이 없이 하나가 딱 되는 겁니다. 이런 눈이 있다는 말이에요. 이런 능력이 있어요. 우리한테 타고난 능력입니다. 이 눈이 열리는 게 바로 견성이고 깨달음이에요.

견성, 조견… '볼 견(見)' 자를 쓰거든요. 이 눈이 열린다는 의미에서 그런 글자를 쓰는 거예요. 실제 육체의 눈처럼 그런 눈이 있는 것은 아니고, 보는 사람이 있고 보이는 대상이 있는 것도 아닙니다. 그런데 조견, 견성, 이렇게 '견' 자를 쓸 때는 비유적으로 이걸 눈이라는 것에 비유한 겁니다. 눈이 사물을 분명하게 보듯이, 깨달음의 지혜가 열리면 분별할 수 없는 법이 아주 분명하고 뚜렷하게 드러난다고 해서요.

이것 하나입니다. 절대 이것은 생각이 들어오면 안 돼요. 이것은 분별할 수도 없고, 분별하려고 하면 바로 오염되어 엉터리가 되어 버립니다. 그래서 '호리유차면 천지현격이라'고 말하거든요. 털끝만큼이라도 이것을 생각하고 알려고 하고 의식하려고 하면 바로 전부 망상이라는 겁니다. 분별할 수 없는 것은 그냥 분별 없는 눈을 가지고 본다고 할까. 말을 억지로 하자면 이게 이렇게 분명해지는 거예요. 이것이 분명하고 확실해지면, 이걸 벗어나는 일이 아무것도 없어요. 만법이 전부 여기서 이루어지는 일이에요. '일체유심조(一切唯心造)'라는 말을 왜 하냐면, 이걸 마음이라고도 하니까, 모든 게 전부 마음이 만들어 낼 뿐이다… 유심(唯心)이라, 마음 외에 다른 건 없다는 뜻이거든요. (법상을 톡톡 두드리며) 오직 이 하나뿐입니다.

(법상을 톡 두드리며) 이것이 마음입니다. (법상을 톡톡 두드리며) 이게 우리 모두의 마음이에요. (손가락을 들며) 이것 하나가 다 있습니다. 다 있는데 실감이 되어야 합니다. 분별의 눈으로 보니까 이게 안 보여요. 그러니까 분별 없이 이것이 한 번 실감이 탁 돼야 해요. 이걸 묘법(妙法)이라 해요. 분별 안 된다는 말이거든요. 불가사의하다고, 분별 안 된다는 거예요. 분별은 안 되지만 이것이 아주 분명하고 확실합니다. 분별되는 모습은 허망하다고 하거든요. 꿈과 같다고 하고, 분명하지 않아요. 실제 진실하고 가장 명확한 것은 이것 하나, 이 법 하나입니다. 분별이 안 되지만 이것이 가장 분명하고 진실해요.

여기서는 허망함을 전혀 못 느낍니다. 세상일에 관해서는 항상 덧없다, 지나면 땡이다, 흘러가고 지나가 버리니까 인생이 덧없다, 나그네 같은 삶이다… 별별 얘기를 다 하거든요. 사실 그렇잖아요. 지나가면 끝이에요. 그런데 이것은 오지도 않고 가지도 않아요. 항상 불생불멸이라고 했잖아요. 생기는 것도 아니고 없어지는 것도 아니고, 오지도 않고 가지도 않고, 항상 딱 그대로예요. 이것을 진여라고 하죠. 여여하다는 말이에요. 항상 그대로예요. 항상 그대로 여여하거든요. 분별을 벗어나서 이 눈이 밝아지면 세상은 여여한 것이고, 이 눈이 밝아지기 전에는 여전히 분별되는 눈으로 보니까 여여한 게 따로 있고 여여하지 않은 게 따로 있고, 그렇게 자꾸 분별이 되는 거예요. 분별을 벗어나서 이 눈이 밝아지면 여여하지 않은 게 없습니다. 다 전부가 여여해요. 전부 다 항상 변하지 않고…. 물론 모습은 모습으로, 그건 모습을 볼 때의 눈이고, 이것은 법을 보는 눈이지 모습을 보는 눈이 아니거든요.

한번 이것이 밝아지는 게 공부입니다. 다른 건 없어요. 이것이 항상 우리한테 다 있는데 (법상을 톡톡 두드리며) 쉽게 와닿지 않지만, 어쨌든 분명하게 있으니까 끈기 있게 끝까지 하면 반드시 이것은 실감이 됩니다. 이 공부를 실패했다는 사람은 내가 볼 때는 끈기가 없는 사람이에요. 믿음이 분명하지 못하고 확실치 못해요. 불법에 대한 믿음이 있으면 끝까지 해 보는 거죠. 믿음이 없으니까 좀 하다가 안 되면, 그게 맞나? 하고 의심이 생기고, 그러면 안 되는 거거든요. 믿음이 있으면 끝까지 매달리게 되고, 끝까지 파고들다 보면 언젠가는… 왜? 우리한테 항상 본래 있는 거니까 언젠가는 이 눈이 열리게 되고, 금방은 안 되지만 10년이고 20년이고 흐르다 보면 안목이 밝아집니다. 밝아지면 부처님과 조사 스님이 다 이걸 말씀하신 것이고 다른 건 얘기하는 게 없다는 것도 저절로 알 수 있어요. 우리가 사는 세계와 우리 삶의 진실이 이겁니다. 그래서 이것이 밝혀지면 삶에 관해서 뭐가 궁금한 게 없어요. 뻔하거든요. 깨달아서 지혜가 밝아서 모든 게 명백하냐, 아니면 아직 못 깨달아서 망상 속을 헤매고 있느냐? 둘 중 하나입니다.

인생에 딱 두 부류가 있어요. 아직 깨닫지 못해서 망상 속을 헤매면서 계속 번뇌, 괴로움을 받고 있느냐, 아니면 깨달아 지혜가 밝아져서 망상과 헤매는 게 없고 항상 모든 게 밝아져 있느냐? 몸은 아플 수 있죠. 몸은 아플 수도 있고 추울 수도 있고 더울 수도 있지만, 마음의 번뇌는 없습니다. 아무것도 문제 될 게 없어요.

　내가 나이가 몇인지, 몇 년을 살았는지, 앞으로 몇 년을 살 건지, 살았는지 죽었는지, 그런 생각 자체가 없어요. 없어져 버린다고요. 그런데 몸이 자꾸 고장 나고 요구하는 게 많으니까 나이를 생각할 수는 있겠죠. 한 60년 쓰고 70년 썼으니까 고장도 나는구나 하고 그런 생각이 일어날 수는 있지만 그냥 지나가는 생각이고, 실제로 진실은 몸도 아니고 마음도 아니고, 우리가 법이라고 하는 이놈입니다. 마음이라고 하면 '내 마음, 네 마음' 하고 망상을 하는데, '마음이 부처다' 할 때는 망상하는 '네 마음, 내 마음' 그런 마음이 아니에요. '마음이 부처다' 할 때는 그냥 이것을 가리키는 겁니다. 여기에는 '네가 있고 내가 있고' 그런 안팎이 없어요. (법상을 톡톡 두드리며) 이것이 한 번 밝아져야 합니다. 누구한테나 분명하게 이 하나가 있습니다.

　계합이라는 게 여기 딱 와닿고 이것이 딱 들어맞는 순간이에요. 비유하자면 마치 외나무다리 위를 떨어지지 않고 걸어갈 수 있고, 자전거를 넘어지지 않고 타고 갈 수 있는 것처럼, 묘한 능력이 생겨요. 그런 묘한 능력이 생기는 겁니다. 자기가 머리로 이해하는 게 아니라, 무의식적으로 그런 능력이 딱 생겨요. 그 능력을 가지고 공부해 가는 겁니다. 일부러 뭘 하는 게 아니라. 불법 공부는 일부러 계산해서 하는 게 아니에요. 계획해서 하는 것도 아니고 한 번 탁 체험을 하면 무의식적으로 바른 법의 길을 걸어가는 그런 능력이 생겨요. 자기도 모르게 그런 안목이 생깁니다. 그 무의식적인 능력을 가지고 공부를 해 나가는 겁니다. 그래서 잘못된 길을 가지 않고 어긋난 길을 가지 않고, 그 능력으로 자꾸 이렇게 바른 길을 찾아갑니다. 그걸 굳이 말하자면 법의 힘이라고 할 수도 있고, 반야의 지혜라고 할 수도 있어요. 그렇게 해서 쭉 공부해 가면서 10년, 20년 지나 보면, 옛날 경전의 부처님 말씀이나 조사 스님들의 말씀이 기가 막히게 방편을 잘 만들어서 다 이것을 이야기하고 있구나, 하는 것도 다 보여요. 시간이 필요합니다.

수보리야, 착한 남자와 착한 여인이 뒷날 말세에 이 경을 기억하고 읽어서 얻는 공덕을 내가 모두 말한다면, 누가 듣더라도 마음이 혼란스럽고 의심이 일어나 믿지 못할 것이다. 수보리야, 이 경의 뜻은 헤아릴 수가 없고, 그 과보도 헤아릴 수가 없음을 알아야 한다.

수보리야, 착한 남자와 착한 여인… 불법 공부하니까 착하죠. 착한 남자와 착한 여인이 뒷날 말세… 설사 말세라고 하더라도, 이 말입니다. 사람들이 법에 관심이 없고 세간의 망상에만 관심이 있는 그런 세상이 오더라도… 그런데 정법시대, 상법시대, 말법시대라고 말은 그렇게 하지만 사실은 우리가 언제나 말세였어요. 석가모니 시대도 말세고, 중간에 대승 불교가 일어났을 때도 말세고, 지금도 마찬가지고 언제나 말세였죠. 세상에 사는 사람들이 다 불법 공부하고 다 깨닫고 그런 시절이 언제 있었습니까? 대다수 사람이 망상 속에 살고, 극소수의 사람이 깨달아서 법을 보는 눈이 생겨 '법이 뭐다' 이런 소리를 하고 있는 거죠. 항상 말세죠.

수보리야, 착한 남자와 착한 여인이 뒷날 말세에 이 경을 기억하고 읽어서 얻는 공덕을 내가 모두 말한다면 이 경을 기억하고 읽는 것은 초점이 아니고, 이 경을 통해서 얻는 공덕 즉 깨달음, 여기에 초점이 있는 겁니다.

얻는 공덕을 내가 모두 말한다면… 다 말할 수도 없어요. 말할 수 없습니다. 억지로 얘기할 수는 있겠죠. 그게 바로 팔만대장경이에요. 팔만대장경이고 조사들의 어록입니다. 제가 말씀드리는 것도 마찬가지고, 말할 수 없는 걸 억지로 얘기하고 있는 겁니다. 뭐 때문에? 같이 공부하려고. 경전을 봐도 그런 말이 있어요. 석가모니가 처음에 깨달아서 삼칠일 동안인가 말을 안 하려고 했다잖아요. 왜? 보니까 말로 할 수도 없고, 억지로 말한다고 해서 누가 이걸 믿고 공부할까, 그러다가 제석천이 내려와서 혼자서 알고 가시면 안 되고 불쌍한 중생들을 구제해야 한다고 해서 설법을 시작했다는데, 그건 하나의 설화적인 이야기예요. 일부러 방편으로 한 이야기고, 사실은 예전에 함께 공부했던 사람들이 불쌍해서 가서 얘기했잖아요. '너 그렇게 공부하는 게 아니야. 이런 법이 있는데' 하고 얘기한 거잖아요. 그런데 마지막에 뭐라고 했습니까? 내가 49년 동안 한마디도 말한 적이 없다고 했거든요. 왜? 법이라는 것은 다 방편의 헛된 말들이지 진실한 말은 없다, 말할 수 있는 게 아니다, 이 말이에요. 자기 자신이 직접 깨달아서 실제 체험을 하고 경험해 봐야 하는 것이라서 그런 말씀을 하신 거예요. 나는 49년 동안 한마디도 말한 적이 없다… 이 말은 나는 항상 말할 수 없는 법 속에서 살았고 세상 사람들에게 한 말은 그냥 방편의 말이다, 이 말입니다. 나는 49년 동안 말했지만 사실은 한마디도 안 한 것이다…

법이 분명하면 말을 해도 말하는 게 아닙니다. 법이 분명하면 항상 법이 있는 것이고, 말할 수 없는 이 법을 이쪽으로 끌어당겨 주려고 온갖 말을 하는 것이라서 그걸 방편이라고 하는 거예요. 부처님은 도사(導師)라고 하잖아요. 삼계(三界) 도사라고 하죠. 삼계는 중생 세계입니다. 중생 세계에서 중생을 깨달음으로 이끌어 준다고 해서 삼계 도사라고 합니다. 도라는 게 '이끌 도(導)' 자입니다. 이끌어 간다는 뜻이거든요. 이끄는 역할로서 말을 하는 것이지, 실제 부처님은 항상 법의 자리에서 벗어난 적이 없다는 말이에요.

(법상을 톡톡 두드리며) 자기가 툭 체험을 해서 이 자리에 제대로 안착되고 나서 보면, 원래 이 자리에 있었고, 언제나 이 자리에 있는데, 단지 6식이라는 놈이 괜히 망상을 해서 안이 있고 밖이 있고, 중생이 있고 부처가 있고, 왔다 갔다 하는 것처럼 그렇게 망상하는 거예요. 어디까지나 꿈같은 망상일 뿐이고, 본래 항상 처음부터 이 자리에 있는 겁니다. 그리고 꿈도 그렇잖아요. 자기 방에 누워 자면서 꿈속에서는 온갖 곳을 다 왔다 갔다 하는데, 깨 보면 그냥 자기 방에 누워 있어요. 처음부터 왔다 갔다 한 적이 없단 말이에요. 그런 것처럼 우리가 법을 깨닫고 보면 원래부터 이 자리에 있었습니다.

《육조단경》에 보면 육조도 그런 말을 하거든요. 《금강경》 법문을 듣고 깨닫고 나서 '아니, 원래부터 중생의 마음이라는 게 본래 근본 자리에 있고 깨끗하고 변함없을 줄을 누가 기대할 수 있겠습니까?' 그런 말을 하거든요 중생들은 이런 줄은 모른다는 거예요. 원래 이렇게 변함이 없고, 본래 깨달아 있고, 본래 깨끗하고, 본래 한 물건도 없는 줄은 모르고, 괜히 망상 속에서 뭐가 있니 없니, 깨끗하니 더럽니, 그런 망상을 한다는 거예요.

이 자리를 깨끗하다고 하지만, 방편의 말입니다. 분별세계 중생의 망상이 더럽다는 의미에 빗대서 상대적으로 깨끗하다는 말을 했죠. 사실 깨끗하다는 말조차도 하면 안 됩니다. 깨끗한 그런 모습이 있는 게 아니거든요. 분별할 수 있는 어떠한 모습도 없어요. 깨끗하다는 말도 맞지 않아요. 텅 비었다는 말도 마찬가지고, 불생불멸이라는 말도 마찬가지고, 망상 속에서는 온갖 게 생기고 사라지니까 거기에 상대적으로 생기지도 않고 사라지지 않는다는 말을 한 거지, 정말로 생기지도 않고 사라지지도 않는 무슨 법이라는 게 있습니까? 그런 정해진 게 없어요. 그렇게 정해진 법은 없습니다. 그래서 항상 얻을 수 있는 그런 법은 없다는 이야기를 한 거예요. '이것이 법이다' 하고 딱 정해 놓은, 얻을 수 있는 그런 법은 없다는 말이에요. 이것은 자기가 경험해 보면 압니다. (법상을 톡톡 두드리며) 체험해 보면 알고, 체험하기 전에는 알 수 없어요.

**누가 듣더라도 마음이 혼란스럽고 의심이 일어나 믿지 못할 것이다.**

《금강경》만 봐도 그러잖아요. 《금강경》에서 뭐라고 했습니까? '법은 법이 아니다. 이름만 법일 뿐이다. 부처는 부처가 아니고 이름만 부처일 뿐이고, 크다는 것은 크다는 게 아니고 이름만 크다는 것일 뿐이고, 작다는 것은 작다는 게 아니고 이름만 작다는 것일 뿐이다.' 그런 식으로 얘기하잖아요. 뭔 소리야? 알 수가 없는 거예요. 장난치는 것 같고 말장난하는 것처럼. 그러니까 법을 말하는 말은, 자기가 진실로 여기에 깨달아서 부처님과 똑같은 안목을 갖추기 전에는 알 수가 없어요.

자기 멋대로 이해하게 되면 쓸데없는 짓만 하는 겁니다. 경전을 읽어서 그런 사람들이 있어요. 팔만대장경을 내가 죽기 전에 다 읽어 봐야겠다 하고 열심히 읽는 사람들이 있거든요. 바보 같은 짓입니다. 팔만대장경 그 수많은 말씀이 단지 (손가락을 들며) 이것 하나를 말하고 있는 겁니다. 이것 하나를 깨달아 버리면 다 알 수 있어요. 안 읽어 봐도 돼요. 안 읽어 봐도 다 알아요. 왜? 다 이거 얘기하고 있는 건데, '죽기 전에 내가 열심히 읽어야지' 이게 어리석은 짓이에요.

부처님이 '법등명 자등명'이라고 하셨는데, 너 자신의 등불을 밝히면 법의 등불이 밝혀진다는 말이거든요. 법등명, 법의 등불을 밝히고, 자등명, 자신의 등불을 밝혀라… 이 말은 다른 말로 하면 너 자신의 등불이 밝혀지면 법의 등불도 저절로 밝혀져서 법을 보는 안목이 생긴다는 말입니다. 법등이 따로 있고 자등이 따로 있는 게 아니고, 법이라는 게 자기 진여자성이고 자기 본래면목이에요.

(법상을 톡톡 두드리며) 이 일 하나. 이겁니다. 이렇게 다 있어요. 누구한테나 다 드러나 있는데 알 수는 없습니다. 의식할 수는 없어요. 의식이 아니에요. 제가 '법이 분명합니다'라고 하니까 사람들이 '뭔가 분명히 보이나? 분명히 느껴지는 게 있나? 분명히 들리는 게 있나?' 이런 착각을 해요. 법을 깨닫지 못하면, 법을 아는 사람의 말을 자기 식으로 이해한다니까요. 눈에 보이는 게 있어서 뚜렷하다고 하는 게 아니고, 귀에 들리고 몸으로 느끼고 머리로 생각해서 뚜렷하다고 하는 게 절대 아닙니다. 온 천지에 이것이 명백하게 항상 뚜렷하게 나타나 있어요. 그런데 이것은 소리도 아니고, 색깔도 아니고, 냄새도 아니고, 맛도 아니고, 느낌도 아니고, 생각할 수 있는 그런 게 아닌 겁니다. 뚜렷하다니까 '뭐가 뚜렷한 느낌이 있나? 뭐가 뚜렷하게 이해되는 게 있나?' 자꾸 엉뚱한 생각을 하는 거예요. 그런 게 아니에요. 보는 눈이 달라요. 분별의 눈으로

볼 수 있는 게 아닙니다. 그런데 이것만큼 분명하고 뚜렷한 일은 세상에 없습니다. 그러니까 이것을 제1의제라고 하는데, 첫 번째로 진실한 진리라는 뜻이거든요. 이것이 첫 번째예요. 이것이 첫 번째고, 그다음에 분별되는 세상은 두 번째입니다. 두 번째 일이에요. (법상을 톡톡 두드리며) 이것이 첫 번째예요. 이것이 가장 명백하고 가장 뚜렷한 겁니다.

그래서 이것을 법신불(法身佛)이라고 하죠. 뭐가 법신불입니까? 법신불은 곧 우주와 같다고 했거든요. 우주 삼라만상, 온 허공뿐만 아니라 삼라만상이 전부 통째로 법신불이에요. 부처님이 온 천지에 몸을 딱 드러내고 있는 겁니다. 부처님이 어디에서 몸을 드러내고 있느냐? 그런 말을 많이 하잖아요. 이게 분명하면 그냥 이 세상은 부처님의 세계예요. 부처님의 세상이고 온 천지에 부처님이 드러나 있어요. 그렇게 얘기할 수 있거든요.

그런데 우리는 부처님이라고 하면 또 분별심이 생겨서 석가모니 부처님인가, 비로자나불인가, 하고 망상을 해 버려요. 참 부처님은 분별되는 모습이 아니고 분별되는 이름이 아닙니다. 그런 분별되는 이름, 세존, 석가모니, 비로자나불, 무슨 불 하는 건 방편으로 만들어진 이름일 뿐이고, 진짜 부처는 하나뿐입니다. 그래서 《법화경》에서는 일불승(一佛乘)이라는 말을 하잖아요. 불법은 일불승이라고 해요. 왜? 진짜 부처는 하나뿐이에요. 하나인데 수없이 많은 곳에 다 드러나 있단 말이에요.

《화엄경》에 보면 부처님의 이마에 있는 털에서 하얀빛이, 밝은 빛이 쫙 나오는데, 이 빛에는 그림자가 없다고 되어 있거든요. 그림자라는 게 뭡니까? 빛이 도달하지 못하는 어둠이거든요. 부처님 이마에서 나오는 빛은 그림자가 없다… 도달하지 못하는 데가 없다는 말이에요. 온 세상이 전부 한 개 법이라는 말입니다. 문학적으로 이렇게 표현해요.

그런데 실제로 자기가 체험해서 밝아지면 모든 게 이거죠. 법이 어디 따로 있나? 원래부터 다 그냥 이 하나뿐인 건데요. (법상을 톡톡 두드리며) 하여튼 이것이 밝아집니다.

수보리야, 이 경의 뜻은 헤아릴 수가 없고, 그 과보도 헤아릴 수가 없음을 알아야 한다.

분별할 수 없다… 헤아린다는 게 뭡니까? 분별하다, 생각한다는 거죠. 경의 뜻이란 진실한 뜻이죠. 진실한 본래 모습.

이 경의 뜻은 헤아릴 수가 없고, 진실한 본래 모습은 헤아릴 수가 없고, 그 과보도 헤아릴 수가 없음을 알아야 한다… 과보라는 것은 진리를 깨달아서 얻는 대자유니까 헤아릴 수가 없죠.

이것 하나입니다. 우리한테 다 있어요. 모든 사람에게 이 한 개 진실이 항상 이렇게 있습니다. 어디나 다 드러나 있고, 없는 데가 없어요. 이것이 한번 밝아져서 확실하고 분명해지면 어둡지 않아요. 어둡지 않은 걸 지혜라고 하는 겁니다. 지혜는 광명이라 밝습니다. 어둡지 않기 때문에 망상 속에 떨어지질 않아요. 항상 밝아서 망상에 속지 않습니다. (법상을 톡톡 두드리며) 이 법 하나.

## 17. 구경무아분

# 마침내 나는 없다

그때 수보리가 부처님께 아뢰었다.

"세존이시여, 착한 남자와 착한 여인이 위없이 바르고 평등한 깨달음의 마음을 내면, 어떻게 머물고, 어떻게 그 마음을 항복시켜야 합니까?"

부처님께서 수보리에게 말씀하셨다.

"착한 남자와 착한 여인이 위없이 바르고 평등한 깨달음의 마음을 낸다면, 마땅히 이러한 마음을 내야 한다. '나는 모든 중생을 해탈시켜야 하지만, 모든 중생을 해탈시키고 나면 참으로 해탈한 중생은 하나도 없다.' 왜 그런가? 수보리야, 만약 보살에게 나라는 생각, 사람이라는 생각, 중생이라는 생각, 목숨이라는 생각이 있다면 보살이 아니기 때문이다. 까닭이 무엇인가? 수보리야, 위없이 바르고 평등한 깨달음을 낼 법은 진실로 없다. 수보리야, 어떻게 생각하느냐? 여래가 연등불이 계신 곳에서 위없이 바르고 평등한 깨달음이라는 법을 얻었느냐?"

"아닙니다, 세존이시여. 제가 부처님이 말씀하신 뜻을 이해한 바로는, 부처님께서 연등불이 계신 곳에서 위없이 바르고 평등한 깨달음이라는 법을 얻지 않았습니다."

부처님이 말씀하셨다.

"그렇다, 그렇다. 수보리야, 여래가 얻은 위없이 바르고 평등한 깨달음이라는 법은 진실로 없다. 수보리야, 만약 여래가 얻은 위없이 바르고 평등한 깨달음이라는 이름의 법이 있다면, 연등불께선 나에게 '너는 내세에 석가모니라고 불리는 부처가 될 것이다'라고 수기하시지 않았을 것이다. 위없이 바르고 평등한 깨달음이라는 이름으로 얻은 법이 진실로 없었기 때문에, 연등불께서 나에게 '너는 내세에 석가모니라고 불리는 부처가 될 것이다'라고 수기하신 것이다. 무슨 까닭인가? 여래라는 것은 곧 모든 법이 여여하다는 뜻이기 때문이다. 만약 누가 여래는 위없이 바르고 평등한 깨달음을 얻었다고 말하더라도, 수보리야, 부처가 얻은 위없이 바르고 평등한 깨달음이라는 법은 진실로 없다. 수보리야, 여래가 얻은 위없이 바르고 평등한 깨달음에는 참됨도 없고 헛됨도 없다. 이 까닭에 여래는 모든 법이 전부 불법이라고 한다. 수보리야, 모든 법이라는 것은 곧 모든 법이 아니니, 이 까닭에 이름이 모든 법이다. 수보리야, 비유하자면 사람의 몸집이 큰 것과 같다."

수보리가 말했다.

"세존이시여, 여래께서 말씀하시길, 사람의 몸집이 크다는 것은 몸집이 큰 것이 아니라 이름이 '몸집이 크다'라고 하셨습니다."

"수보리야, 보살 역시 이와 같으니 만약 '내가 헤아릴 수 없는 중생을 해탈시키겠다'고 말한다면, 보살이라고 할 수 없다. 무슨 까닭인가? 수보리야, 보살이라고 이름 붙일 법은 진실로 없기 때문이다. 이 까닭에 부처는 모든 법에는 나라고 할 것도 없고, 사람이라고 할 것도 없고, 중생도 없고, 목숨도 없다고 말한다. 수보리야, 만약 보살이 '내가 불국토를 장엄한다'고 말한다면, 보살이라는 이름으로 부르지 않는다. 무슨 까닭인가? 여래가 말하기를, 불국토를 장엄하는 것은 곧 장엄이 아니라 이름이 장엄이라고 했기 때문이다. 수보리야, 만약 보살이 나도 없고 법도 없음에 통달한다면, 여래는 참된 보살이라는 이름으로 부른다."

爾時須菩提白佛言: "世尊, 善男子善女人, 發阿耨多羅三藐三菩提心, 云何應住? 云何降伏其心?"

佛告須菩提: "善男子善女人, 發阿耨多羅三藐三菩提者, 當生如是心. 我應滅度一切衆生, 滅度一切衆生已, 而無有一衆生實滅度者. 何以故? 須菩提, 若菩薩有我相人相衆生相壽者相, 則非菩薩. 所以者何? 須菩提, 實無有法發阿耨多羅三藐三菩提者. 須菩提, 於意云何? 如來於然燈佛所, 有法得阿耨多羅三藐三菩提不?"

"不也, 世尊. 如我解佛所說義, 佛於然燈佛所, 無有法得阿耨多羅三藐三菩提."

佛言: "如是, 如是. 須菩提, 實無有法, 如來得阿耨多羅三藐三菩提. 須菩提, 若有法如來得阿耨多羅三藐三菩提者, 然燈佛則不與我受記, '汝於來世當得作佛號釋迦牟尼.' 以實無有法得阿耨多羅三藐三菩提, 是故然燈佛與我受記作是言, '汝於來世當得作佛號釋迦牟尼.' 何以故? 如來者卽諸法如義. 若有人言如來得阿耨多羅三藐三菩提. 須菩提, 實無有法佛得阿耨多羅三藐三菩提. 須菩提, 如來所得阿耨多羅三藐三菩提, 於是中無實無虛. 是故如來說一切法皆是佛法. 須菩提, 所言一切法者, 卽非一切法, 是故名一切法. 須菩提, 譬如人身長大."

須菩提言: "世尊, 如來說, 人身長大, 則爲非大身, 是名大身."

"須菩提, 菩薩亦如是, 若作是言, 我當滅度無量衆生, 則不名菩薩. 何以故? 須菩提, 實無有法名爲菩薩. 是故佛說一切法無我無人無衆生無壽者. 須菩提, 若菩薩作是言, 我當莊嚴佛土, 是不名菩薩. 何以故? 如來說, 莊嚴佛土者, 卽非莊嚴, 是名莊嚴. 須菩提, 若菩薩通達無我法者, 如來說名眞是菩薩."

《금강경》 제17 구경무아분(究竟無我分)입니다.

'구경(究竟)'이라는 것은 끝내, 마침내, 이런 말입니다. 끝내 '무아(無我)'나라고 할 것이 없다, 그런 말이죠. 내가 있는 게 아니고 뭐가 있느냐? 이것이 있습니다. 그런데 사실 이것은 있다 없다고 말을 하는 게 정확하게는 맞지 않아요. 여기서 내가 어떻고, 남이 어떻고, 사람이 어떻고, 세상이 어떻고, 법이 어떻고, 부처가 어떻고, 중생이 어떻고… 그런 분별을 내는 거예요. 실제로는 그냥 이것이죠. 이것 하나. 이 일 하나일 뿐인 겁니다. 이 일 하나고 여기서 그런 분별을 내서 온갖 이름을 붙이고 말을 하는 거죠. (법상을 톡톡 두드리며) 여기 이것이 한 번. 여기에 툭 통하게 되면 뭐라고 할 건 없고, 그냥 이 일 하나가 항상 이렇게 있을 뿐이죠.

이것은 뭐가 아니에요. 이것은 이름을 여러 가지 붙이기도 하지만, 방편으로 억지로 붙이는 거고 어떤 뭐라고 할 수가 없어요. 그런데 여기서 생각을 내서 이름을 붙이는 거죠. 나라고 하는 이것이 집착이고 망상이라고 할 수 있는데, 나라고 하는 그것 때문에 우리가 번뇌를 경험하게 되죠. 왜냐하면 '나다' '내 것이다' 하는 문제가 없으면 번뇌될 게 없죠. '나다' '내 것이다' 하는 여기에서 번뇌가 일어나는 거니까요. 그런데 여기 턱 통해 보면 그런 생각이 없고, 뭔지는 모르지만 이것이 진실인 겁니다. 이것은 뭐라고 할 수가 없어요. 끝도 없고 한 물건이 아니죠. 옛날에 남악회양 선사도 '한 물건이라고 말하면 맞지 않습니다' 했듯이 이건 뭐라고 할 수가 없어요.

바로 지금 이거예요. 바로 지금 이것. 바로 이 일이 있을 뿐이고, 이것은 뭐라고 할 수가 없고, 여기서 생각을 내는 거예요. 사람이 어떻고 내가 어떻고 이런 식으로. 그건 우리가 만들어 낸 생각입니다. 여기서 만들어진 생각들이고, 이것은 뭐냐? 이것은 그런 게 아니죠. (법상을 톡톡 두드리며) 이것이 밝혀져서 드러나면, 처음에는 잘 몰라도 시간이 쭉 지나면서 익숙해지고 자리가 잡히면, 언제든지 이 일 하나밖에 없습니다. 그리고 이것은 안팎이 없고, 멀고 가까움이 없어요. 틈이 없습니다. 보이는 것마다 들리는 것마다 느끼는 것마다 생각하는 것마다 말하는 것마다 일어나는 모든 게 전부 이것을 벗어나는 일이 없습니다. 다 여기서 일어나고 있어요.

온 천지가 진실 아닌 게 없고 법 아닌 게 없다고 하듯이 말은 방편으로 얘기하는 거고, 그런 생각을 하는 건 아닙니다. 이것이 분명하고, 이것을 법이라고 하면 어디서 확인되느냐면, 매 순간순간 일어나는 모든 일에서 법이 항상 드러나 있습니다. 딴 데 있는 게 아니에요. 그러니까 잡을 것도 없고 놓을 것도 없고, 어떻게 할 일이 없습니다. 아무것도 할 일이 없어요. 그런데 생각을 일으켜서 '뭐가 법이지? 법이 어디 있지?'

이렇게 찾으면 이것과는 상관이 없게 되어 버리고 망상이 되어 버리는 거예요. '찾지 않으면 항상 눈앞에 있는데, 찾으면 어디에도 없다.' 옛날 어떤 선사가 그런 말을 했거든요. 이제 그런 말들을 알 수 있어요.

찾는다는 건 분별망상을 일으킨 거죠. 그러면 어디에도 법이라고 할 게 없어요. 온 천지가 전부 망상밖에 없죠. 실제로 여기에 딱 통하면 '뭐가 법이지?' 하는 그런 생각이 없습니다. 처음에는 이게 명확하지 않아요. 그런 말들 있잖아요. 옛날 이것을 체험한 사람들이 나름으로 한 말들이 많거든요. '은은한 향기가 눈에 보이지는 않지만 방 안에 가득 차 있듯이 이것이 드러나 있다.' 이런 식으로 말하는 사람도 있고, 처음에는 그렇게 얘기하는데, 나중에 시간이 지나면 이것이 제일 확실한 겁니다. 이것이 제일 확실하고 분명하고, 오히려 보고 듣는 게 꿈과 같아요. 허망한 겁니다. 믿을 수 없이 그냥 다 지나가는 일이고, 이것 하나만 늘 변함없이, 이것 하나만 딱 이렇게 드러나 있으니까요. 그러니까 이것이 진여라고, 진실이라고 하는 거죠. 이것 하나가 진실이다… 그런 것도 억지로 얘기하는 겁니다. 이게 사실은 말할 수 있는 게 아니거든요.

바로 지금. (법상을 톡톡 두드리며) 바로 이것 하나입니다. 이 일 하나가 있을 뿐이에요. 이것이 한 번 체험되고 얼마나 확실하고 분명해지느냐 이 문제예요. 공부라는 건 처음부터 밝게 드러나지 않고 은은하게 있는 듯 없는 듯 그렇지만, 시간이 쭉 지나면 이게 더 확실해집니다.

바로 지금 이거예요. (법상을 톡톡 두드리며) 바로 이 일 하나가 있어요. 이 일 하나. 이게 우리의 마음이라는 거고, 본래면목이라고 하는 거고, 진여자성이라고 하는 거예요. 이것이 탁 와닿는 걸 견성이라고 하거든요. 진여자성을 본다고 해서 말을 그렇게 한 거죠. (법상을 톡 두드리며) 바로 지금 이겁니다. 딱 이 일 하나가 있어요. 이 일 하나가.

그냥 아무 생각 없이 볼 거 보고 들을 거 듣고 행동하는데, 늘 이게 탁 드러나 있습니다. 늘 이게 살아 있는 거죠. (법상을 톡톡 두드리며) 이 법이라는 건 이렇게 명확하게 살아 있습니다. 드러나 있어요. 숨겨져 있는 게 아닙니다. 드러나 있는데 단지 눈에 보이는 건 아니죠. 눈에 보이거나 6식으로 알 수 있는 건 아니에요. 색깔, 소리, 냄새, 맛, 그런 게 아니고, 6식은 아니지만 이건 분명하단 말이에요. 명백한 거죠. 그런데 우리는 6식으로 아는 게 너무 익숙해져 있어서 자꾸 그쪽을 쳐다보고 있으니까 이게 보일 리가 없는 거예요. 자꾸 그쪽을 쳐다보고 있으니까 습관화되어 있는 거죠.

그래서 이것이 한 번 체험될 때는 새로운 눈이 생긴다 할까, 못 보던 걸로 보게 되니까 제3의 눈이 생긴다는 말도 하죠. 새로운 눈이 열린다고 말할 수도 있어요. 이게 드러나니까요. 이것은 기존의 6식과는 전혀 다르고, 보고 듣고 느끼고 생각하는 것과 전혀 다릅니다. (법상을 톡톡 두드리며) 이 일 하나. 이것이 변하지 않는 실상이고 변하지 않는 진실입니다.

여기는 삶도 없고 죽음도 없고, 생겨남도 없고 없어짐도 없고, 그런 게 없어요. 그건 다 분별이고 생각이거든요. (법상을 톡 두드리며) 그냥 바로 이겁니다. 오지도 않고 가지도 않고, 생기지도 않고 사라지지도 않아요. 그런 말들이 경전에 있거든요. 불생불멸(不生不滅) 불래불거(不來不去). 이것을 가리키는 겁니다. 바로 지금 이거예요.

사실은 바로 우리 모두에게 이렇게 밝게 드러나 있고, 이것이 살아 있습니다. 그런데 우리가 이것을 깨닫지 못하고 있는 거죠. (법상을 톡 두드리며) 이것을 일러서 부처라고 하기도 하고, 선(禪)이라 하기도 하고, 마음이라 하기도 하고, 삼매라 하기도 하고, 선정이라 하기도 하고, 별 이름을 여기다 다 붙여요. 지혜라고 하기도 하고, 그냥 이름을 붙이는 거죠. 그러니까 바로 지금 이겁니다. (법상을 톡톡 두드리며) 이 일 하나. 그래서 여기에 통하면 이것이 본래면목이고 우리의 참된 자기 모습이에요. 참된 자기에게는 삶도 없고, 죽음도 없고, 어떤 모습도 없고, 오고 감도 없고, 아무 일이 없습니다. 뭐라고 할 게 아무것도 없어요. 이것을 깨닫는 걸 윤회에서 벗어난다고 하는 거죠. 윤회라는 게 살았다 죽었다 하는 거니까요. 여기는 그런 게 없거든요. (법상을 톡톡 두드리며) 이 일 하나. 다 있습니다. 우리 모두에게 항상 이렇게 드러나 있어요.

그때 수보리가 부처님께 아뢰었다.
세존이시여, 착한 남자와 착한 여인이 위없이 바르고 평등한 깨달음의 마음을 내면, 어떻게 머물고, 어떻게 그 마음을 항복시켜야 합니까?
부처님께서 수보리에게 말씀하셨다.
착한 남자와 착한 여인이 위없이 바르고 평등한 깨달음의 마음을 낸다면, 마땅히 이러한 마음을 내야 한다. '나는 모든 중생을 해탈시켜야 하지만, 모든 중생을 해탈시키고 나면 참으로 해탈한 중생은 하나도 없다.' 왜 그런가? 수보리야, 만약 보살에게 나라는 생각, 사람이라는 생각, 중생이라는 생각, 목숨이라는 생각이 있다면 보살이 아니기 때문이다.

앞의 제3 대승정종분에 있는 내용이 그대로 반복되네요. 똑같은 내용입니다.

세존이시여, 착한 남자와 착한 여인이 위없이 바르고 평등한 깨달음의 마음을 내면, 어떻게 머물고, 어떻게 그 마음을 항복시켜야 합니까?

이 말은 어떻게 해야 깨달음을 얻는 거냐? 깨달음이라는 게 어떤 거냐? 이 말이죠. 《금강경》에서 주제는 두 가지예요. 마음을 항복시키는 것, 마음을 머무는 것, 이 두 가지 주제를 묻는 거죠. 마음을 어떻게 항복시키느냐? 항복시키고 난 뒤에는 그 마음을 어떻게 머물러야 하느냐?

그런데 사실 이 두 가지를 굳이 물을 필요도 없고, 항복만 시키면 '마음을 어떻게 머무르냐'는 건 자동으로 따라오는 건데, 방편으로 노파심에서 두 가지를 얘기한 겁니다. (법상을 톡톡 두드리며) 여기에 통하면 모든 생각에서 벗어나 버립니다. 말하자면 자기 마음에서 벗어납니다. 실제 그런 느낌이 드니까 자기에게서 벗어나는 느낌이라고 할 수 있어요. 자기 마음에서 벗어난 것 같고, 자기 자신에서 벗어난 것 같습니다. 마음이라는 게 텅 빈 것 같기도 하고, 밑으로 쫙 가라앉아서 어디 있는지 모습이 보이지 않을 정도로 없는 것 같은 느낌이 들기도 해요. 그러니까 이렇게 살아서 보고 듣고 느끼고 활동하는데, 마음이라는 놈이 어디에 있는지 찾을 수가 없어요. 옛날에는 분명히 내 마음이라는 게 확실치는 않았지만 있는 것 같았거든요. 그전에는 막연하게라도 이게 '내 마음이다' '나다' 하는 뭔가가 있었던 것 같은데, 여기 체험을 하면 그놈이 없어요. 마음이라고 이름 붙일 만한 뭐가 없습니다.

예전에 '내 마음이다' '나다' 하는 게 있을 때는 마음에 올라오는 게 있어서 상처를 입기도 하고, 좋아하기도 하고, 싫어하기도 하고, 그런 일이 있었는데, 여기 툭 하고 체험하면, 처음에는 힘이 없으니까 확실히는 모르지만, 어느 정도 시간이 지나면 마음이라는 게 없는 것 같거든요. 아무것도 올라오는 게 없습니다. 마음속이라는 게 항상 고요하지, 시끄럽지 않거든요. 겉으로는 의식은 활동을 하고 있어요. 보고 듣고 느끼고 생각하고 말도 하고 겉으로는 할 건 다 하는데, 속에서는 아무것도 없습니다. 남이 보면 맨날 그 사람이라 별로 달라진 것이 없는 것 같아요. 그런데 본인에게는 아무것도 없어요.

예전에 있는 것 같던 '나다' '내 마음이다' 하는 그런 물건이 어디 가 버렸는지 안 보입니다. 말을 해도 말하는 게 아니고, 보아도 보는 게 아니고… 이런 말을 할 수가 있는 거예요. 들어도 듣는 게 아니고, 생각해도 생각하는 게 아니고… 그런 말을 할 수 있게 되죠. 체험을 하고 적어도 한 4~5년 지나 보면 그런 말을 자기도 모르게 할 수 있게 되죠.

'무심(無心)이 도(道)다.' 이런 말을 옛날에 누가 했는데 그런 말도 납득이 되는 겁니다. 마음이 없는 게 원래 깨달음이구나 하고… 다 방편으로 하는 말들입니다. 사실은 없다고 할 수도 없고, 있다고 할 수도 없어요. 예전에 '이게 마음이구나' 하고 뭐가 있었을 때와는 너무 다르고, 아무것도 없는 것 같으니까요. 마치 누구한테 무슨 말을 들어도 허공을 쓱 지나가는 것처럼, 자기가 말해 놓고도 거의 기억하지도 않고, 그 순간이 지나 버리면 말을 했는지 안 했는지도 모르고, 누가 말하는 걸 들어도 그 순간에는 반응을 하지만, 조금만 지나 버리면 까마득하게 잊어버려요. 왜냐하면 이 법은 항상 딱 눈앞에 있는 겁니다. 딱 이 순간이지, 과거도 없고 현재, 미래도 없고, 그런 게 없어요. 이게 그냥 딱 이 순간일 뿐이거든요.

그러니까 과거, 미래에 대한 게 별로 없습니다. 사람들은 과거의 기억 때문에 많이 괴로워하고, 거기에 사로잡혀 있고, 미래에 대한 어떤 희망, 두려움, 기대에 시달리는데, (법상을 톡 두드리며) 여기 딱 초점이 맞으면 과거, 현재, 미래가 없어요. 그냥 이것뿐입니다. 하여튼 일이 없어요. 뭐라고 할 게 아무것도 없는 거죠.

마음이 머문다? 머무를 데가 없습니다. 뭐가 있어야 머물죠. 머묾 없이 그 마음을 내라고 하지만 그럴 필요가 없어요. 저절로 머무를 마음도 없고, 머무를 장소도 없고, 그런 게 없어요. 마음이 뭔가에 머무른다는 건 뭡니까? 무슨 생각에 머물거나 기분에 머물거나 기억에 머물거나 그런 거 아니겠어요? 마음에 머문다는 건 집착을 하고 있는 건데, 저절로 그런 게 없어져 버리거든요. 이렇게 잡다하게 이야기할 게 없고 그냥 체험만 있으면 돼요. 제대로 체험을 한 번 하면 원래 아무 뭐라고 할 게 없습니다. 《육조단경》에 보면 이것을 5가지로 말하죠. 무상, 무주, 무념, 무쟁, 무원… '열반의 마음이라는 게 이런 거다' 하고 이렇게 다섯 가지를 얘기하는데, 사실은 이런 말을 굳이 할 필요도 없어요. 저절로 이게 다 되거든요.

무상(無相), 마음속에 있는 모습은 생각이나 기분이나 느낌이나 이런 건데 고정되어 있는 게 전혀 없습니다. 무주(無住), 머무르지 않는다. 머물 마음도 없고 어디 머물 데도 없고 그런 게 없어요. 무념(無念), '념'이라는 게 생각하고 기억한다는 말인데 그럴 게 전혀 없거든요. 무쟁(無

諍), '쟁'은 따진다는 거예요. 따질 게 아무것도 없어요. 무원(無願), 원하는 것이 없습니다. 내가 있어야 무엇을 원하죠. 여기 이 자리에 딱 들어맞아서 이게 밝아지면 아무것도 원하는 게 없습니다. 바라는 것도 없고 원하는 것도 없어요. 육체가 원하는 건 있겠죠. '배가 고프니까 밥 먹고 싶어' 이런 건 있겠지만, 마음에서는 원하는 게 없어요.

우리 본래 마음에 들어맞으면 항상 충족되어 있어서 항상 100% 만족입니다. 항상 여법하기 때문에 아무것도 원하는 게 없고, 불만도 없고, 아무 그런 게 없습니다. 불만, 불안, 그런 게 없어요. (법상을 톡톡 두드리며) 그냥 이것뿐인 거죠. 이것뿐. 위 없는 법이라고 하듯이 이 이상의 법이라는 건 없습니다. 원하는 게 없으면 그것보다 더 좋은 게 없죠. 원하는 게 없는 것보다 더 좋은 건 없어요. 세속에서 아무리 높은 자리에 있는 사람도 원하는 게 없겠어요? 있죠. 불만이 있다는 겁니다. 아무리 돈이 많아도 원하는 게 없겠어요? 있죠. 다 불만이 있습니다. 그런데 이 법에 딱 들어맞으면 여기는 원하는 게 없습니다. 그런 생각도 들어요. 지금 죽어도 별로 미련은 없겠다… 심지어 그런 생각도 듭니다. 이것만 확실하고 분명하면 됩니다. (법상을 톡톡 두드리며) 이 일 하나. 법만 이렇게 분명하면 되는 거예요. 이 일 하나입니다.

부처님께서 수보리에게 말씀하셨다.
착한 남자와 착한 여인이 위없이 바르고 평등한 깨달음의 마음을 낸다면, 마땅히 이러한 마음을 내야 한다. '나는 모든 중생을 해탈시켜야 하지만, 모든 중생을 해탈시키고 나면 참으로 해탈한 중생은 하나도 없다.'

어떤 마음을 내느냐? '나는 모든 중생을 해탈시켜야 하지만', 앞에서는 열반에 들어가게 한다고 했는데, 여기서는 해탈시킨다고 했습니다. 한자는 멸도(滅度)인데 번역을 해탈이라고 했어요. '멸도'라는 것은 다 제도해서 저 언덕으로 건너가게 한다, 열반에 들어가게 한다, 소멸시킨다, 이 말입니다. '나는 모든 중생을 사라지게, 열반에 들어가게 하지만, 모든 중생을 열반에 들어가게 하고 나면 참으로 열반한 중생은 하나도 없다.'

그러니까 중생을 다 없앴는데, 없어진 중생은 하나도 없다는 말입니다. 이 말은 우리가 일반적으로는 이해가 안 되는 말이죠. 중생을 열반시켰으면 열반한 중생들이 있어야 하잖아요. 그런데 열반한 중생은 하나도 없다… 체험을 해 보면 알 수 있어요.

이 말을 억지로 이치로 풀이하자면 이렇게 풀이는 되겠죠. 모든 중생을 열반시킨다는 건, 마음속에 있는 중생입니다. 바깥에 있는 사람을 대상으로 하는 건 아니에요. 어디까지나 깨달음은 자기 마음이 깨닫는 것이지 다른 게 깨닫는 게 아니거든요. 그러니까 불교는 마음공부입니다. 마음공부를 해서 마음이 깨달음을 얻고 마음이 해탈하는 것이고, 마음이 열반에 들어가는 거죠. 중생이라 하더라도 마음속 중생입니다.

《반야심경》식으로 얘기하자면 색수상행식이라는 말이에요. 색수상행식을 열반에 들어가게 하면 어떻게 돼요? 다 없어지죠. 그러면 그건 뭡니까? 《반야심경》식으로 이야기하면 '공(空)'이란 말이에요. 색수상행식을 공이 되게 하면 이렇게 되죠. 공이라는 건 아무것도 없단 말이니까요. 우리 마음속의 '색'은 육체나 물질세계, 그런 생각들이 있잖아요. 그 다음에 '수'는 느낌, '상'은 생각, '행'은 의지나 욕망, '식'은 의식, 이게 다 마음속에 나타나고 있는 우리 의식 세계 속의 일이죠. 내 몸이다, 내 육체다, 물질 세상이다, 또는 느낌이다, 생각이다, 자기가 뭘 하고 싶은 의지를 '행'이라고 합니다. 그게 전부 의식 세계인데 전부 모습을 가지고 있고 우리가 알 수 있어요. 분별이 되니까요. 그런데 그게 싹 사라져서 공이다, 없어져 버렸다, 이거예요. 그러면 모든 중생을 열반에 들어가게 하고 나니까 열반한 중생은 없다… 왜 없겠어요? 중생이 이미 다 사라졌으니까, 사라진 중생이라는 게 따로 남아 있는 게 아무것도 없죠. 그렇게 우리가 해석할 수도 있어요.

생각으로는 중생을 이미 다 멸도시켰고, 마음속에 있는 생각을 다 없앴으니까 없어진 생각도 없는 거죠. 그렇게 생각할 수 있는데, 사실은 그 뜻은 아니고, 그건 생각으로 이치적으로 풀이한 것이고, 실제 체험에서는 생각에서 다 풀려나는데 여전히 생각은 그대로 있다는 말입니다. '오온이 공이다'라는 말은 무슨 뜻입니까? 오온이 다 사라지고 공만 남았다는 뜻이 아니에요. '오온이 공이고, 공이 오온이다.' 오온도 있고 공도 있다는 말입니다. 그래서 '색즉시공 공즉시색, 색불이공 공불이색, 수상행식 역부여시'라. 색이 다 사라지고 공이 됐다는 뜻이 아니고, 색이 다 사라져서 공이 됐는데 색은 그대로 다 있다, 이거예요. 그러니까 색즉시공 공즉시색 한 거죠. 색이 사라졌는데 사라진 색이 하나도 없이 그대로 다 있어요. 이게 바로 그 말이거든요. 이것은 체험을 해 봐야 납득이 되는 겁니다. 그전에는 봐도 모릅니다.

실제로 깨달음이라는 것은 색수상행식의 분별 세계가 다 사라졌는데 그것을 공이라고 할 수 있어요. 텅 비었어요. 그런데 색수상행식이 그대로 있어요. 그게 바로 《반야심경》에서 이야기하는 '색즉시공 공즉시색

색불이공 공불이색'이라고 하는 거예요. 색도 있고 공도 그대로 있는데, 색이 공이고, 색이 그대로 있는데 또 공이에요. 아무것도 없어요. 아무것도 없는데, 또 색은 그대로 있으니까요.

그러니까 이 말도 보면, 모든 중생을 다 멸도시켜서 다 사라졌어요. 그런데 멸도한 중생은 하나도 없다… 이 말은 뭡니까? 색즉시공 했는데 보니까 또 공즉시색이더라, 이 말이거든요. 공이 된 줄 알았는데, 보니까 색이 그냥 그대로 있어요. 그 말이죠. 이게 법계의 실상입니다. 모든 경전이 이 얘기를 다 하고 있습니다. 왜냐하면 해탈을, 열반을 체험해 보면 '아무것도 없네' 했는데 그대로 다 있거든요. 그대로 다 있는데 또 아무것도 없어요. 그게 법계의 실상인 겁니다. 그래서 '생사 즉 열반'이라는 말이 나오는 거예요. 생로병사를 겪고 있는데 열반이에요. 다 사라지고 아무것도 없어요. '생사즉열반 번뇌즉보리' 생사가 있으니까 번뇌가 있는 건데 그런데 보리예요. 깨달음이에요. 그런 말 있죠. '생사즉열반 번뇌즉보리 망상즉실상'이라는 말이 있잖아요. 그게 '색즉시공 공즉시색' 바로 그 말이거든요. 말은 그런 말을 듣지만 이것을 체험하기 전에는 실감할 수가 없어요. 과연 그 말이 진실인지 실감할 수가 없는 겁니다. 체험을 해야 이 말이 맞는구나, 이렇게 말할 수밖에 없구나, 하고 실감을 하는 거죠.

머리가 있으니까 이치적으로 책을 열심히 읽다 보면 대충 비슷하게 말할 수도 있지만, 실감이 오지 않는 거죠. 말은 하는데 그 말을 자기가 알 수가 없는 거죠. 그런 식이 되는 겁니다. 반드시 (법상을 톡톡 두드리며) 체험이 있어야 합니다. 체험을 해서 이게 실제로 분명해져야 하는 거예요. 반드시 체험을 해야 하고 실제 이것이 실감이 돼야 합니다.

그러니까 이 말은 아주 맹백한 거죠. '나는 모든 중생을 멸도시킨다. 다 열반에 들게 해서 사라지게 한다. 그렇지만 모든 중생이 열반에 들고 나면 사실 열반에 들어간 중생은 하나도 없다.' 그냥 그대로 다 있다는 거예요. 원래 있던 그대로…. 선(禪)에서도 그런 말이 있죠. '내가 불교를 공부하기 전에는 산은 산이고 물은 물인 줄 알았다. 그런데 불교 공부를 해서 뭔가를 깨닫고 보니까 산은 산이 아니고 물은 물이 아니더라. 그런데 공부를 자꾸 더 깊이 해 보니까 역시 산은 산이고 물은 물이더라.' 그렇게 얘기했잖아요. 이게 똑같은 말이죠. 색을 공부해서 갑자기 툭 하고 분별망상에서 벗어나 보니까 텅 비고 아무것도 없는 것 같아요. 그런데 조금 더 공부하고 시간이 지나면, 없는 게 있는 거고, 있는 게 없는 거다… 다 없어진 게 아니거든요.

하여튼 공부라는 것이 그런 면에서 보면, 단기간에 되는 건 아니고 꾸준하게 해야 해요. 시간도 제법 많이 걸리고, 어려울 건 없지만 끈기가 필요합니다.

왜 그런가? 수보리야, 만약 보살에게 나라는 생각, 사람이라는 생각, 중생이라는 생각, 목숨이라는 생각이 있다면 보살이 아니기 때문이다.

이것은 생각이 없다, 생각을 안 한다는 뜻이 아닙니다. 생각을 하는데 생각이 없다는 말입니다. 생각을 하는데 생각이 없다는 거예요. 깨달았다고 해서 나라는 생각을 안 하고 사람이라는 생각을 안 합니까? 하죠. 하는데 그 생각이 없어요. 그러니까 도저히 생각으로는 이해되지 않는 말입니다. 생각을 하는데 생각 없이 사는 게 열반입니다. 그것이 해탈이고, 말을 하는데 말이 없고, 생로병사 속에 살아가는데 생로병사가 없어요. 이것이 열반이고 이것이 해탈인 겁니다.

그런데 이런 걸 경험하기 전에는, 생로병사에서 벗어난다, 해탈한다니까 어디 생로병사 속에 살던 사람이 갑자기 생로병사가 없는 저 다른 세계로 가는 줄로 오해하겠죠. 전혀 그런 게 아닙니다. 그냥 지금까지 살아온 세상을 그대로 사는데, 아무것도 없어요. 그런 게 진정한 열반이고 해탈이고 깨달음인 겁니다. 모든 경전에서 똑같이 얘기하고 있습니다. 모든 경전, 모든 조사의 말씀이 똑같아요. 이것은 본인이 직접 겪어 보지 않으면 도대체 무슨 말인지 알 수가 없는 말이에요.

그런데 분별심이 계속 남아서 작동하니까 '아무것도 없다'고 하면, 자꾸 아무것도 없는 걸 추구해요. 그냥 텅 비어서 아무것도 없이 깨끗한 것만 자꾸 추구합니다. 분별심이 남아 있어서, 비록 체험을 하더라도 아무것도 없는 그것이 너무 홀가분하고 좋으니까, 없는 그것을 자꾸 추구해요. '없는 게 좋아. 나는 뭐가 있는 건 싫어.' 이런 식으로요.

그런데 어느 정도 시간이 지나 보면 그것이 몹시 부자연스럽고 뭔지 모르지만 좀 불안정하다는 걸 알 수 있어요. 뭔가 있는 세상이 있고, 온갖 생각 망상이 저쪽에 있는데, 나는 망상을 외면하고 아무것도 없는 이것만 쳐다보고 있어요. 이런 상황은 뭔지 안정되어 있지 않은 상황입니다. 뭔가 이렇게 불안정하고 이게 다가 아닌 것 같아요. 체험한 뒤에 상당한 기간에는 대부분 그런 상황이 되거든요.

내가 좋아서 쳐다보고 있는 건 아무것도 없는 공의 세계고, 보기 싫어서 안 보는데 뒤에 색의 세계가 있어요. 그런데 보는 게 겁이 나요. 왜냐하면 그걸 보면 또 옛날처럼 끄달려 갈까 봐서. 그래서 분별 세계는 보기가 싫어요. 그때 사람들이 뭘 느끼느냐면, 세상에서 모든 걸 다 버리고 산속에 혼자 들어가서 공부했으면 좋겠다… 이런 욕구를 그때 제일 많이 느껴요. 왜냐? 뭘 보면 옛날식의 그런 게 발동돼서 끄달려 갈 것 같으니까 겁이 나고 싫은 거죠. 그러니까 모든 걸 훌훌 털어 버리고 아무도 없는 데 가서 혼자서 살고 싶은 욕구가 그때 제일 많이 일어납니다. 그런데 어느 정도 시간이 지나면 뭔가 아닌 것 같은 느낌이 든단 말이죠.

그래서 계속 공부를 하다 보면 한순간에 어떤 일이 일어나느냐면, 내가 그렇게 열심히 쳐다보고 좋아했던 공(空)이란 놈이 마치 비눗방울이 사라지듯이 없어져 버려요. 깜짝 놀랍니다. 공이 없어지고 나니까 남은 건 분별 세계인 색(色)밖에 없어요. 예전에 살았던 세계. 내 공부가 다시 예전으로 돌아갔나? 공부가 사라지고 내가 다시 예전 중생으로 돌아갔나? 처음에는 깜짝 놀라요. 그런데 시간이 지나면서 살아 보면, 그게 아니라 온갖 분별되는 색 이 자체가 바로 공이에요. 공이 앞에 있고 색이 뒤에 있는 게 아니고, 분별 세계 자체가 그냥 그대로 공이에요. 그때 비로소, 이제 할 일이 없구나… 이제는 좋아할 것도 없고, 싫어할 것도 없고, 내가 법이라고 그렇게 추구할 게 없어져 버려요. 이것이 중도가 성취되는 거예요. 취하고 버리는 게 없어져 버리는 거예요. 이것이 불법인 겁니다. 불이중도라고 공과 색이 딱 하나가 되어 버리는 거예요.

그러면 더이상 할 게 없어요. 옛날 중생으로 살았던 그대로 똑같이 살아요. 이제는 공이라는 게 없으니까 그냥 분별만 하고 살아요. 그런데 아무리 분별해도 아무것도 없어요. 아무리 분별을 해도 옛날로 돌아가는 게 아니라, 여전히 아무것도 없어요. 이게 바로 색즉시공 공즉시색, 그 말이 비로소 실현되는 겁니다. 색을 버리고 공을 따르는 게 아니고, 세간을 버리고 출세간으로 나가는 게 아닌, 세간이 바로 출세간이고, 중생이 바로 부처고, 색이 바로 공이고, 생사가 바로 열반이고, 번뇌가 바로 보리고… 이런 말들이 그대로 쫙 실현되는 거예요.

이것이 원래 우리의 모습이에요. 이것이 바로 부처님이 가리킨 불법인 겁니다. 그러니까 아무것도 할 게 없고 할 일이 없어요. 색이 공이고 공이 색인데, 뭘 좋아하고 싫어하겠습니까? 취하고 버리고 할 게 아무것도 없는 거죠. 이런 식으로 공부가 결국, 이걸 중도라고 하는데 중도에 딱 안착되는 거예요.

〈법성게〉에 보면 맨 마지막 구절이 뭡니까? '구래부동명위불(舊來不動名爲佛)'인데 그 앞에 '중도의 자리에 딱 머문다'는 말이 있죠. 중도의 자리에 있으면 '구래' 원래부터 '부동' 변하는 게 없는 '명위불' 그게 바로 부처다, 이 말이에요. 바로 불이중도가 원래 우리의 본래면목이라는 말입니다. 본래부터 변하지 않았던 우리의 본래 모습이라는 말이에요.

(법상을 톡톡 두드리며) 어쨌든 일단 한 번은 공을 체험해 봐야 해요. 공을 체험하고 공에 충분히 익숙해지다 보면, 공이 없어지고 색이 바로 공이라는 사실이 밝혀져요. 그래야 공부가 한 바퀴 뺑 돌아 제자리에 오면서 끝이 나는 겁니다. 공부는 어차피 평생 하는 거니까 끝이 있는 건 아니지만, 그래도 더이상 찾아서 헤맬 필요가 없는 자기 집으로 돌아온 거죠. 자기 집에서 편안하게 살면 되는 거죠.

그 이야기를 지금 하고 있는 겁니다. (법상을 톡톡 두드리며) 이 일 하나.

여기서 한번 생각이 탁 쉬어져 버리고 아무것도 없구나… 이것이 공부 시작이에요. 여기서 한 바퀴 삥 돌아가서 공이라는 것이 사라지고 원래 색이 공이라는 사실이 밝혀지면, 자기 집으로, 제자리로 돌아와서 더이상 갈 데가 없는 거죠. 색도 아니고 공도 아닌, 색이기도 하고 공이기도 한 중도 자리에 딱 자리가 잡히는 겁니다. (법상을 톡톡 두드리며) 이 일 하나.

일단 공을 모르니까, 우리는 색만 알고 살고 있으니까, 일단 공을 먼저 체험해 봐야 해요. 그런데 체험은 불가사의하니까 (손가락을 들며) 제가 계속 가리켜드리는 건 이 중도의 자리입니다. (손가락을 들며) 이름하여 중도라고 하고 하여튼 이거예요. 이것 하나. 이름하여 중도라는 건데, 방편의 말이죠. 이것을 가리켜드리는 거죠. 이것 하나를.

중도 자리에 안착되면 그다음에는 눈이 확 밝아져요. 지혜가 확 밝아진다고요. 그다음부터 경전을 보면 모르는 게 없고, 싹 다 통해 버립니다. 전부 이 이야기를 하고 있거든요. 그런데 그렇게 되기 전에는 눈이 밝지 못해요. 말하자면 지혜가 밝지 못하다는 말이죠. (법상을 톡톡 두드리며) 이 일 하나. 여기 이 일 하나가 있습니다. 이것에 통해야 해요.

이것에 통한 것을 풀어서 이야기하면 이렇게 되는 거예요. 나는 모든 중생을 다 사라지게 하는데, 열반에 들게 하는데, 모든 중생을 다 열반에 들게 하고 나면 사실은 열반에 든 중생은 없더라, 중생이 원래 그대로 있더라, 이 말이죠. 그래서 왜 그러냐? 수보리야, 만약 보살에게 나라는 생각, 사람이라는 생각… 나라는 생각, 사람이라는 생각만이 아니고 수도 없이 많은 온갖 생각을 하는데 생각이 없어요. 여기 나라는 생각, 사람이라는 생각, 중생이라는 생각, 목숨이라는 생각이 있다면 보살이 아니다. 이 말은 생각이 없다는 뜻인데 생각을 안 한다는 말은 아니에요. 생각을 하는데 생각이 없더라.

하여튼 (법상을 톡 두드리며) 이것입니다. 바로 이것인데 여기 확 통하면 '아무것도 없구나' 하는데 나중에 보면, 없고 있는 게 둘이 아니고, 있는 게 없는 거고, 없는 게 있는, 있음과 없음이 완전히 하나가 돼서 둘이 따로 없어요. 그리되면 부처님의 진정한 반야바라밀, 부처님의 지혜가 밝아져요.

바로 이겁니다. (법상을 톡톡 두드리며) 이 일 하나. 제가 말씀드리는 게 무슨 말이구나 이해가 돼도 그게 중요한 게 아니고, 문제는 자기 일이 돼야 해요. 자기 체험이 되고, 자기 살림살이가 되고, 자기가 직접 겪어서 정말 그렇게 말할 만하다고 본인이 그렇게 돼야 하는 거죠. 그 체험을 하시라는 거예요. (손가락을 들며) 이거예요. 이것. 생각할 수 없고 알 수 없지만 이게 우리 본래면목입니다. 자성이 곧 불이중도입니다. 이런 것도 아니고 저런 것도 아니죠. 그런데 이것이 우리 진여자성이거든요. (손가락을 들며) 이거란 말이에요. 이것 하나. 이것도 아니고 저것도 아니에요. 있는 것도 아니고 없는 것도 아니에요. 이게 우리의 진여자성이에요. 이게 실감이 돼야 해요.

이것이 우리의 진여자성이라고 하는 것이고, 모든 사람이 이렇게 살아 있습니다. 누구에게나 바로 지금 이 하나 일이 있는 거예요. (법상을 톡톡 두드리며) 이 하나 일이 있는 거예요. 이 하나. 이것이 다 살아 있어요. 이 하나 일이 있는 겁니다.

까닭이 무엇인가? 수보리야, 위없이 바르고 평등한 깨달음을 낼 법은 진실로 없다.

그냥 여기는 뭐라고 할 게 아무것도 없죠. 위없이 바르고 평등한 깨달음이라는 것은 방편으로 이름을 그렇게 붙이는 것이고, 실제로 여기에 통하면 뭐라고 할 게 아무것도 없고, 어떤 걸릴 것도 없고, 어떤 얽매일 것도 없고, 늘 이 살림살이가 드러나 있으니까 아무 일이 없는 거죠. 그런데 위없이 바르고 평등한 깨달음이라는 이름을 붙일 만한 법이 없다고 이야기하는 이유는, 세속에서는 '뭐다' 하고 이름이 있으면, 그 이름에 해당하는 뭐가 있잖아요. '밝다' 하면 밝음이 있고, '어둡다' 하면 어둠이 있고, '깨달음이다' 하면 깨달음이라는 게 있고, '미혹하다' 하면 미혹함이 있고… 이것이 세속이죠. 그러니까 세속은 분별 세계입니다. 이름이 있으면 그 이름에 해당하는 뭔가 분별이 되는 게 세속이에요.

그런데 깨달음의 세계는 분별에서 벗어난 세계거든요. 여기는 분별할 게 아무것도 없습니다. 말로는 '깨달음'이라 하지만, 사실 깨달음이라고 이름 붙일 게 없고, 말로는 '위가 없다, 최고다, 평등하다' 이런 말을 하지만, 이름 붙일 만한 어떤 뭐가 없습니다. 아무것도 없어요. 아무 뭐라고 할 게 없고, 그야말로 생각할 것도 없고 말할 것도 없는 거죠. 그냥 깔끔하죠. 깨끗하고 아무 뭐가 없는 거죠. 결국 깨달음을 얻기 전에는 깨달아야 한다고, 깨달음이라는 게 있다고 말하지만, 실제 깨달음을 얻어 보면 그렇게 말할 게 아무것도 없어요. 그런 방편입니다.

깨달음을 얻기 전의 사람한테 '깨달음이 없다'고 하면 공부할 필요가 없잖아요. 깨달음도 없는데 무슨 깨달음이라 하느냐고 하겠죠. 깨달음을 얻기 전의 사람한테는 깨달음이라는 게 있으니까 깨달아야 한다고 말해 줘야 하죠. 그럼 '내가 공부해서 깨달아야지' 발심하고 공부를 하거든요. 실제 깨달아 보면 아무것도 뭐라고 할 게 없는데, 저절로 그렇게 알게 되죠. 그런데도 옛날에 배웠던 말이 있으니까 '위없이 바르고 평등한 깨달음이라는 그런 말을 했을 때는 뭐가 있으니까 그런 말을 했겠지' 이렇게 또 망상을 할까 봐 얘기해 주는 거죠.

방편의 말은 중생 들으라고 하는 말이 있고, 체험을 한 사람에게 필요한 방편이 있는 겁니다. 아직 분별에서 벗어나지 못한 사람한테 쓰는 방편이 있고, 분별에서 벗어난 사람한테 쓰는 방편이 있는 거예요. 분별에서 벗어나지 못한 사람한테 '애초에 깨달음이라는 거 없어' 이렇게 이야기하면, 그 사람이 공부할 이유가 없잖아요. 그러면 안 되는 거거든요. 방편도 그때그때 필요한 사람들이 있는 거죠.

그래서 실제 체험을 해도 생각하는 버릇이 하루아침에 없어지느냐? 그렇게 안 돼요. 여전히 계속 생각을 하게 되고, '그래 뭐지?' 하고 자꾸 알고 싶어 하는 욕구가 있거든요. 습관화되어 있기 때문에 그렇습니다. '깨달음이라는 게 뭘까? 결국 이게 깨달음이구나' 하고 자기 나름으로 어떤 결론을 내고 싶어 해요. 그래야 안심이 될 것 같으니까요. 그런데 그렇게 결론이 나오면 망상인 겁니다. 그건 아니거든요. 그래서 그런 사람한테 가르침이 필요한 겁니다. 생각을 하면 안 된다… 생각으로 결론이 나오는 게 아니라는 거예요. 불이중도니 구경열반이니 그런 말을 하는 것은 '이게 바로 불이중도구나' 이렇게 생각으로 결론이 나는 게 아니에요. 비유하자면 외나무다리 위를 걸어가는 것이나 자전거를 타고 가는 것과 같다고 하듯이 아무 생각 없이 저절로 그런 능력이 생기고 안목이 생기는 겁니다.

그런 능력이 생기고 안목이 생기고, 무슨 말을 하는 것을 들어 보면 '저건 분별 속에서 하는 말이구나' 그런 게 보이죠. 저절로 그렇게 되는 겁니다. 그런 말도 결국에는 방편의 말들이거든요. 불이중도, 구경열반, 하는 것도 말로 설명하고 이해할 수 있는 무엇이 있는 게 아니고, 자기가 직접 겪어 보고 체험해서 '아, 이러니까 저렇게 말할 수 있겠구나' 납득이 되는 거죠. 그렇게 돼야 정상적인 겁니다. 그런데 그렇게 되기 전에 벌써 욕구가 있고 욕망이 있어서, 자꾸 불법을 확실하게 '결과적으로 이거구나' 하는 것을 얻으려 해요. 어떤 결론이 나와야 비로소 안심될 것 같으니까, 자꾸 결론을 내고 결과를 얻으려는 심리, 욕망이 안 없어져요.

자기 나름대로 '아, 이것이 깨달음인가?' 하고 생각해 보면 그게 아니거든요. '생각이지, 이건 아니지.' '깨달음이라는 게 뭐다'라는 걸 한 번 시도해 봤는데, 그게 아니에요. 그럼 그만둬요. 그런데 좀 이따 또 시도해요. 보면 또 아니에요. 그런 식으로 자꾸 분별심이 자기가 결과를 얻으려고 하는데, 끝내 생각에서는 결과가 안 나옵니다.

외나무다리 위에서 안 떨어지고 잘 걸어갈 수 있고, 자전거를 안 넘어지고 잘 탈 수 있는 그런 힘이 생겨서 지혜가 나오면 저절로 모든 게 밝아집니다. 그때는 비로소 어떤 결과를, 결론을, '이게 깨달음이다' 하는 생각을 안 하게 되는 겁니다. 그전에 혹시라도 그런 생각을 할까 봐 이런 이야기를 하는 거예요.

결국 법상(法相)이라고 하는 거거든요. 한마디로 말하면 '불법은 이런 거다'라고 하는 어떤 상이 있으면 안 된다고 계속 얘기해 주는 겁니다. 그런 상이 있으면 깨달음이 아니라 그냥 생각일 뿐입니다. '소지장(所知

障)'을 극복해야 하는 건데, 소지장이란 아는 것이 장애라는 말입니다. '알겠다' 하는 그 장애를 벗어나야 한다는 거예요.

그런데 세속에 살 때는 '뭔지 알겠다' 해야 더이상 거기에 신경을 안 쓰게 됩니다. 세속 일이 그렇잖아요. 모를 때는 계속 신경이 쓰이죠. '알겠다' 하면 잊어버리게 돼요. 습관이 돼서 깨달음도, 이 불법이라는 것도, '불법이 뭔지 알겠다' 해야 끝이 날 것 같아서 그런 욕구가 자기도 모르게 자꾸 발동되는 거예요.

그런데 불법은 그렇게 결론이 나지 않습니다. 그런 생각이 안 일어나게 되는 거예요. 그런 욕구가 안 일어나게 되고, 저절로 힘이 생겨서 안목이 밝아지죠. 많은 시간이 필요합니다. 금방 그렇게 안 돼요. 체험을 한 뒤에도 많은 시간이 필요해요.

시간이 지나 보면 저절로 그런 안목이 생기는데, 그렇게 해야 생각을 가지고 '불법은 이런 거지, 깨달음은 이런 거지' 이렇게 안 하게 되는 겁니다. 그게 '반야바라밀'이라고 하는 것입니다. 그전에는 자꾸 생각을 가지고 '공부는 이렇게 하는 거야. 불법은 이런 거야. 깨달음이란 이런 거야.' 자기도 모르게 그렇게 하려고 하죠. 망상하는 버릇이죠. 망상하는 버릇이 확실히 사라져야 합니다. 시간이 필요한 겁니다. 여기서 얘기하는 게 그런 법상, 위없이 바르고 평등한 깨달음이 뭐라는 그런 건 없다는 거예요. 그렇게 생각, 법상을 만들면 안 된다는 겁니다.

수보리야, 어떻게 생각하느냐? 여래가 연등불이 계신 곳에서 위없이 바르고 평등한 깨달음이라는 법을 얻었느냐?

연등불은 석가모니의 과거 전생 이야기에 등장하는 부처인데, 연등불 밑에서 석가모니가 공부했거든요. 그래서 수기를 받았죠. '너는 미래에 석가모니불이 될 것이다' 하고 수기를 받았는데, 방편으로 만들어 놓은 경전입니다. 그때 위없이 바르고 평등한 깨달음이라는 법을 얻었기 때문에 그런 수기를 받았느냐? 그건 아니라는 말이에요. 오히려 그런 상이 없었기 때문에, 위없이 바르고 평등한 깨달음이 뭐다 하는 생각이 없었기 때문에 받은 것이다…

아닙니다. 세존이시여, 제가 부처님이 말씀하신 뜻을 이해한 바로는, 부처님께서 연등불이 계신 곳에서 위없이 바르고 평등한 깨달음이라는 법을 얻지 않았습니다.

깨달음을 얻지 않았다, 못 깨달았다는 뜻이 아니라, 깨달았지만 깨달음이 없다, 깨달음이라는 그런 상이 없다, 그런 말입니다. 깨달았지만 깨달음이 뭐다 하는 그 생각, 그 분별에서 벗어났다는 말이거든요. 그게 깨달음이니까요. 깨달음이 없는 건 아니죠. 깨달았지만, 깨달은 사람에게는 이게 깨달음이다 하는 그런 생각은 없다, 어떤 말할 건 없다, 이 말이죠.

《금강경》은 끊임없이 '상'을 없애는 이야기를 했잖아요. '상'이라는 게 뭐냐면 생각이에요. '생각할 상(想)' 자거든요. 마음속에서 마음을 가로막는 건 생각이거든요. 물질이 마음을 가로막지는 않잖아요. 마음은 산에 막히지도 않고 벽에 막히지도 않습니다. 그런데 마음은 생각에 막혀 버립니다. 생각을 하면 거기에 막혀 버리는 거죠. 생각이라는 게 꼭 생각뿐만 아니라 어떤 기분이나 느낌도 포함됩니다. 어떤 기분, 어떤 느낌, 그런 것도 다 포함해서 '뭐가 어떻다'고 아는 것이 마음에서 장애가 됩니다. 알고 있다는 건 거기에 매여 있다는 거니까 집착하고 있는 거거든요.

그런 생각으로부터의 자유. 해탈을 이야기할 때 번뇌장으로부터의 해탈, 소지장으로부터의 해탈, 그 두 가지를 얘기합니다. 번뇌로부터 해탈. 마음이 굉장히 힘들었는데, 이제 힘든 건 없고 편안해졌다는 체험이 있거든요. 번뇌로부터 해탈이죠. 그전에는 마음이 힘들었고, 항상 불만이 있었고, 뭔가 불안하고 걱정스럽고, 마음이 제멋대로 혼란스럽게 움직이니까 그게 항상 불편했다면, 그런 불편이 사라지는 체험이 있거든요. 번뇌장으로부터 해탈이라고 할 수 있죠. 그런데 그것은 쉬워요.

오히려 뭐가 어렵냐면, 생각에서 벗어나는 게 어렵다는 거예요. 그래서 번뇌장으로부터의 해탈은 그냥 해탈이지, 그것을 깨달음이라고 하지 않습니다. 보리라고 하지 않아요. 소지장으로부터 해탈, 생각에서 벗어나야 비로소 보리, 깨달음이라 하는 거예요. 생각에서 벗어나서 '이것도 아니고, 저것도 아니다' 이런 걸 불이중도라고 하는 겁니다. 보리는 불이중도입니다. 생각에서 벗어나는 게 바로 불이중도거든요. 괴로움에서 벗어난 것을 중도라고 하지는 않아요.

중도의 안목이 갖춰져야 세계의 실상을 보게 됩니다. 왜냐하면 괴로움에서 벗어났다면 괴롭지 않다니까 괴로움과 괴롭지 않음, 두 경계가 있잖아요. 이건 불이가 아닌 겁니다. 괴로운 건 싫은 거고, 괴롭지 않은 건 좋은 거고, 좋고 싫은 게 있거든요. 그래서 번뇌장에서 벗어났다는 것은 제대로 된 깨달음이 아니예요. 두 개가 양쪽에 있으니까 불이가 아니거든요.

생각으로부터 완전히 벗어나야, 소지장에서 벗어나야, 좋은 것도 없고 싫은 것도 없고, 나쁜 것도 없고 옳은 것도 없고, 양쪽이 없어요. 그냥 온 세상일이 있는 그대로 아무 일이 없습니다. 이것이 이 법계의 실상인데, 이런 안목이 그때 비로소 갖춰지는 것이고, 불이중도라고 하는 겁니다.

이 세상이라는 게 온갖 일이 있는데 아무 일이 없어요. 텅텅 비어 있는데 또 온갖 일이 다 있어요. 그게 바로 불이법인 겁니다. 그런데 쉽지 않습니다. 계속 공부를 하면 그렇게 되는데, 번뇌에서 벗어나서 마음이 참 편해져서 요즘 고요하고 흔들림이 없고 아주 좋다고 하면 번뇌장에서 벗어난 것이지, 아직 생각에서 벗어났다고는 할 수 없어요. 그러니까 공부를 계속해서 그런 안목을 얻어야 하는 겁니다.

아닙니다. 세존이시여, 제가 부처님이 말씀하신 뜻을 이해한 바로는, 부처님께서 연등불이 계신 곳에서 위없이 바르고 평등한 깨달음이라는 법을 얻지 않았습니다.

깨닫지 않았다는 게 아니라, 깨달았는데 깨달음이라고 하는 어떤 무엇을 얻은 건 아니다, 가지고 있는 건 없다, 이 말입니다. '이것이 바로 깨달음이다'라고 가지고 있는 건 없다… 그러니까 불이중도죠.

공이라는 것은 색이 아니라 공이라고 해야, 색을 싹 없애 버리고 공만 나와야 '이게 공이다' 할 거 아닙니까? 그런데 그런 공은 없어요. 색이 바로 공인 겁니다. 그런데 이렇게 되기 전에는 항상 세상은 없고 그냥 아무엇도 없어요. 이것은 색이 따로 있고 공이 따로 있기 때문에 아직 불이라고 할 수 없어요. 그런데 불이가 되면 공이라는 게 따로 없어요. 색이 공이에요. 있는 게 없는 거지, 따로 없는 건 없습니다. 그러니까 깨달음과 깨닫지 못함이라는 게 따로 있지 않아요. 깨닫지 못한 게 바로 깨달음이고 깨달음이 깨닫지 못한 것이다, 이렇게 이야기할 수 있는 거예요.

'부처가 중생이고, 중생이 부처다' 그렇게 말하기도 하고, '망상이 실상이고, 실상이 망상이다' 그렇게 말하기도 하고, '생사가 열반이고, 열반이 생사다' 그렇게 말하기도 하는데, 그게 전부 그런 거거든요. 이렇게 돼야 비로소 제대로 된 공부고, 그전에는 항상 중생 세계가 있고, 부처 세계가 있고, 세간이 있고 출세간이 있고, 따로따로 되거든요. 출세간을 비록 얻었다 하더라도, 출세간으로 들어갔다 하더라도, 옛날에 비하면 편안하고 자유롭고 좋다 하더라도, 법계의 진실한 모습을 보는 지혜는 없는 겁니다. 세간이 바로 출세간이 돼야 합니다.

세간이 곧 출세간이어서, 세간 속에서 아무렇지도 않고 중생하고 똑같이 사는데, 걸림이 없고 항상 밝은 지혜가 갖추어져서 헤매거나 속지 않게 된단 말이죠. 부처가 따로 있지 않고 중생이 따로 있지 않은 공부예요. 일원상으로 얘기하자면, 출발해서 180도 가면 정반대 쪽에 있는데, 완전히 한 바퀴 돌아서 360도에 와서 일원상이 완성되면, 원래 처음 출발했던 그 자리에 다시 오는 겁니다. 그게 바로 '초발심시변정각(初發心時便正覺)'이라고 하는 거예요. 처음에 발심할 그때가 바로 정등각을 얻을 때다… 이 말은 발심하자마자 깨닫는다는 뜻이 아니라, 첫 출발점이 마지막 깨달은 지점이라는 말입니다.

중생이 공부해서 부처가 됐어요. 더 공부하니까 다시 중생이 된 거예요. 그런데 이제는 중생과 부처가 따로 없어요, 이렇게 되는 거죠. 공부가 그런 식으로 가야 비로소 위없이 바르고 평등한 깨달음이라고 말할 수 있는 겁니다. 그렇게 되기 전에는 항상 중생은 중생이고, 부처는 부처고, 번뇌 속에 사는 사람은 번뇌 속에 살고, 번뇌 없이 사는 사람은 번뇌 없이 살고, 마치 따로 사는 것처럼 자꾸 분리되겠죠. 두 개의 세계가 분리되면 아직 원만한 깨달음은 아니에요. 그것도 몰랐을 때보다는 공부가 대단한 거지만, 원만한 깨달음이라고 할 수는 없죠.

이게 참 불법이 미묘한 겁니다. 아주 미묘한 거예요. 딱 잘라서 이것은 중생 세계야, 이것은 부처 세계야, 이렇게 따로 있으면 미묘할 것도 없어요. 명백하니까요. 쉽게 알 수 있는데, 전혀 따로 있지 않습니다. 완전히 하나예요. 임제 선사가 하는 말이 있잖아요. '우유와 물을 섞어 놓으면 우유만 마실 수 있어야 한다'는 게 우유와 물이 섞여 있으면 우유라고 하죠. 물이 따로 있고 우유가 따로 있지 않으니까요. 우유와 물이 섞여 있지만 우유만 마신다는 얘기를 하는 거죠. 하여튼 공부라는 게 쉬운 건 아니에요. 꾸준히 해서 360도를 완전히 돌아서 원래 처음 출발했던 자리로 돌아와야 완성이 되는 겁니다.

부처님이 말씀하셨다.
그렇다, 그렇다. 수보리야, 여래가 얻은 위없이 바르고 평등한 깨달음이라는 법은 진실로 없다.

따로 있으면 여래가 따로 있고 중생이 따로 있겠죠. 여래가 얻은 위없이 바르고 평등한 법이라는 게 있다면, 그걸 얻은 사람은 여래, 얻지 못한 사람은 중생. 그럼 따로따로 해야 해요. 그러면 불이법이 아니고 이법이 되어 버리죠. 그건 아직 원만한 깨달음은 아닙니다. 원만한 깨달음은 언제나 불이법입니다. 그래서 미묘 법문입니다. '산은 산이요, 물은 물이요' 하는 것도 바로 그런 뜻이거든요. '불교를 몰랐을 때는 산은 산이었고 물은 물이었다. 산을 산인 줄 알고, 물을 물로 알았다. 그런데 불교를 공부해 보니까 산이 산이 아니고 물이 물이 아니더라.' 이건 색이 공인 줄 알았다는 거예요. 산이 산이 아니고, 색이 아니라 공이더라는 거죠. '산이 산이 아니고 물이 물이 아니더라. 그런데 더 공부를 깊이 해 보니 산이 산이고 여전히 물이 물이더라.' 이렇게 얘기하거든요. 색이 공인 줄 알았는데, 다시 공이 색인 줄 깨달은 거죠.

그래서 공과 색이 둘이 아닌 방편들, 일원상도 그런 방편입니다. 한 바퀴 삥 돌았는데 원래 자리로 돌아온다는 말이거든요. 그런 방편들을 쓰는 거예요.

머리로 생각해서 알 수는 없고, 실제 겪어 가는 공부입니다. 겪어 가면 처음에는 갑갑하고 막혀 있다가, 어느 순간에 다 사라지고 아무것도 없이 텅 빈 허공만 있는 것 같아요. 그래서 허공이 너무 좋아요. 왜? 복잡한 게 있을 때는 시달렸으니까요. 허공 속에서는 시달릴 건 아무것도 없으니까 너무 좋아서 허공 속에서만 살고 싶어 하죠. 그런데 제법 시간이 지나서 '나는 항상 허공 속에서 산다' 이렇게 느낄 때쯤 되면 갑자기 허공이 없어져 버려요. 허공이 어디 갔지? 허공이 사라져 버리니까 다시 옛날 중생으로 되돌아간 것 같아요. 내 공부가 다시 원점으로 되돌아갔나? 처음에는 좀 놀랍니다.

그런데 조금 지내 보니까 세속의 중생 세계가 그대로 공이에요. 그대로 청정불국토라는 말이죠. 공이 따로 있는 게 아니고, 할 게 없습니다. 할 일이 없어요. 왜냐하면 그전에 공이 있고 색이 있을 때는 항상 공이라는 걸 쳐다보고 공부를 해야 하니까 공부할 방향이, 할 일이 있죠. 그런데 색이 바로 공이 되어 버리면 취하고 버릴 게 없습니다. 공부라는 이름으로 할 일이 없어져 버리는 거예요. 비로소 한 바퀴 돌아온 겁니다. 그래야 안목이 생기고, 정말로 부처님 법이 이런 거구나, 미묘법에 대한 안목이 생겨요.

그전에는 공을 깨달아서 공에 충분히 익숙해져야 합니다. 왜냐하면 공을 모르고 색만 알고 살아온 세월이 너무 길기 때문에 공에 다시 익숙해지려면 시간이 꽤 걸리거든요. 길드는 면이 있습니다. 익숙해진다는 겁니다. 색에 길들어서 맨날 '이런 게 있고 저런 게 있고' 거기에 익숙해져 살아왔어요. 습관화되어 있으니까요. 이제 그런 게 저런 게 아무것도 없는 여기에 길들어야 하거든요. 이것이 습관화되어야 하는 겁니다. 그러니까 시간이 필요한 거예요. 그건 억지로 할 수 없습니다.

옛날 선사들이 아이가 태어나고 자라서 어른이 되는 것과 같다고 비유하죠. 아이가 태어나서 어른이 되려면 자라야 하거든요. 갓 태어난 어린애나 어른이나 사람으로서 갖추고 있는 건 다 똑같이 갖추고 있습니다. 그렇지만 아이는 아이, 어른은 어른이란 말이에요. 그래서 옛날 선사들이 비유적으로 금방 체험한 사람이나, 체험하고 나서 공부가 충분히 된 사람이나 사실상 다른 세계는 없다는 거예요.

알고 있는 세계는 같은 세계인데, 어른이 되기 전에는 아무래도 옛날 습관이 남아서 불이중도가 완성되지 않는 거죠. 어른이 되어야 비로소 제대로 인간이 되는 겁니다. 어린애도 사람이긴 하지만 제대로 된 인간으로 취급해 주지는 않잖아요. 스무살이 넘어 성인이 되어야 제대로 된 인간이라고 하듯이 공부도 마찬가지라는 예요.

수보리야, 만약 여래가 얻은 위없이 바르고 평등한 깨달음이라는 이름의 법이 있다면, 연등불께선 나에게 '너는 내세에 석가모니라고 불리는 부처가 될 것이다'라고 수기하시지 않았을 것이다. 위없이 바르고 평등한 깨달음이라는 이름으로 얻은 법이 진실로 없었기 때문에, 연등불께선 나에게 '너는 내세에 석가모니라고 불리는 부처가 될 것이다'라고 수기하신 것이다. 무슨 까닭인가? 여래라는 것은 곧 모든 법이 여여하다는 뜻이기 때문이다.

석가모니의 전생에 연등불이, 석가모니가 깨달았을 때 '너는 다음 생에 석가모니라고 하는 부처가 될 것이다' 이렇게 예언했는데, 그때 '깨달음이 이거다'라는 깨달음에 대한 상을 가지고 있었다면, '이런 게 깨달음이다'라고 이름 붙일 만한 뭔가를 가지고 있었다면, 그렇게 예언하지 않았을 것이라는 겁니다. 왜냐하면 그건 바른 깨달음이 아니기 때문입니다. 그러니까 바른 깨달음은, 깨달았지만 깨달음이 없는 거예요. 다른 데서 이런 말도 하거든요. '깨달음, 부처 자체가 없다.' '내가 깨달은 사람이다'라는 그런 상이 없단 말이죠. 그런데 깨달음이라는 게 있을 수 있느냐? 왜냐하면 '누가 무엇을' 이렇게 되는 게 정상인데, '누가'라는 게 없는데 '무엇'이 되냐 이 말이죠. '내가 깨달았다' 이렇게 되어야 할 거 아니에요. 그런데 '내가'라는 게 없는데 깨달음이란 게 어디 있느냐? 그런 식의 이야기를 합니다. 나라는 상도 없고, 깨달음이란 상도 없다는 거예요. 그런 생각이 없는 게 진짜 깨달음이라는 겁니다. 실제로 처음부터 그런 걸 느낍니다.

제가 예전을 돌이켜보면, 공을 체험했을 때 (법상을 톡 치며) 방바닥 치는 소리를 듣고 턱 하고 체험했는데, 금방은 모르지만 한 1~2년 지나 보니까 정말 아무것도 없어요. '이래서 공이라고 하는구나. 여기는 뭐라고 할 게 아무것도 없네.' 이렇게 경험된단 말이에요. 체험이 되니까 법계를 보는 안목이 과거와는 많이 다르죠. 그렇지만 아직 불이법문(不二法門)의 중도(中道)에 이르지는 못했고, 아직 공에 치우쳐서 공에 익숙해지는 시기이기 때문이기는 하지만, 불교에서 공을 말하는 까닭을 납득은 하지요. 그래서 공 속에서는 생겨나는 것도 없고, 사라지는 것도 없고, 한 물건도 없다고 하는 말들이 다 이해가 되는 거예요.

출세간이라고 하는 공의 세계와 세간이라고 하는 분별의 세계, 말하자면 마음에는 양면이, 두 개의 세계가 있구나, 이렇게 여겨져요. 그렇게 아직 중도의 안목은 없더라도, 깨달음에 관한 헛소리들에 대한 판단력은 생깁니다. 깨달았다고 하는 사람들 가운데에는 자기에게 깨달음의 신통력이 생겨서 세간의 일들을 자기가 마음대로 바꾸고 조절할 수 있다고 주장하는 경우가 있어요. 예컨대 환자를 치료하기도 하고, 싸우는 두 마리 호랑이를 떼놓기도 하고, 비가 안 오는데 비를 내리기도 하고… 이런 이야기들이 나오거든요. 그다음에 과거 전생을 알기도 하고, 미래의 후생을 알기도 하고… 이런 이야기가 나온다고요. 그 말이 헛소리라는 것을 바로 알 수 있습니다. 절대 그렇게 될 수 없습니다. 그런 신통력을 발휘한다면 그건 아직 깨달음이 아니고 외도입니다. 신통력을 공부해서 신통력을 얻은 외도지 깨달음이 아니에요. 해탈한 사람이 아니라는 이 말입니다.

왜 그러냐? 신통력이라는 것은 다 분별 세계잖아요. 병이 들었다, 치료한다, 분별 세계거든요. 과거 전생에 뭘 했다, 미래 앞으로 무슨 일이 있을 것이다, 분별이잖아요. 하늘에서 비가 오지 않는다, 비를 오게 한다, 분별이죠. 이것은 그냥 분별 세계이지 깨달음과는 아무 상관이 없다는 말입니다. 깨달음은 공이에요. 아무것도 없는데 무슨 과거가 있고, 현재가 있고, 미래가 있고, 병이 있고, 건강이 있고, 비가 내리고, 안 내리는 게 있겠어요? 그런 게 없다니까요. 여기는 아무것도 없어요. 본래 아무것도 없어요. 여기는 아무것도 없는데, 어떻게 그런 일이 벌어집니까?

전부 분별 세계에서 보통 사람들이 못하는 신통력을 얻어서 그런 걸 하는 거겠죠. 그 사람은 공을 깨달은 건 아닌 거예요. 분별 세계에서 어떤 신통한 능력을 얻은 것이죠. 이것은 공을 깨달아야 비로소 해탈이고 열반이고 깨달음인 겁니다. 신통력을 얻은 것이 깨달음은 아닙니다. 왜냐하면 그건 해탈이 아니에요. 여전히 분별에 묶여 있잖아요. 분별 세계에 묶여 있는 거거든요. 과거가 어떻고 미래가 어떻고, 비가 내리니 안 내리니, 이런 식으로 분별 세계에 묶여 있는 거니까 해탈이 아닙니다. 열반도 아니고…. 모든 게 다 사라진 게 열반인데, 안 사라졌잖아요. 뭐가 있잖아요.

깨달은 사람에게는 특별한 신통한 능력이 있어서 중생 세계를 제도하는 능력이 있다… 이런 건 허망한 헛소리라는 말입니다. 맞지 않는 소리예요. 깨달은 사람에게는 중생도 없고 부처도 없고, 세간도 없고 출세간도 없고, 공이라니까요, 아무것도 없는데 뭘 제도합니까? 제도할 중생이 없는데…. 이것을 진짜로 체험해 보지 못하면 그런 망상을 하는 거예요.

뭐가 진짜 있다거나 진짜 없다거나 이런 소리 하는 사람은 세간의 분별이지 반야바라밀의 지혜가 아닙니다. 불법에서는 그런 말을 안 합니다. 불이중도란 말이에요. 정해진 생각을 가지고 있지 않습니다. 뭐가 진짜 있다고 하면 정해진 생각을 가지고 있는 거잖아요. 그것은 망상이에요. 상을 가지고 있는 거죠. 깨달은 사람에게는 상이 없습니다. 그러니까 외나무다리 위를 걸어가는 것과 같다고 하듯이 외나무다리 위에 서서 이쪽과 저쪽을 분별하면 오른쪽이 있고 왼쪽이 있지만, 외나무다리 위에서 떨어지지 않고 걸어갈 때는 오른쪽도 없고 왼쪽도 없어요. 떨어지면 오른쪽으로 떨어지거나 왼쪽으로 떨어지겠죠. 그건 분별 세계입니다. 그래서 외도나 중생들은 '뭐가 있다는 데' 떨어져 있고, 소승이나 외도 중에 공에 떨어진 외도들은 '없는 데' 떨어져 있다고 보통 그렇게 얘기하거든요. 그것을 단상이변(斷常二邊)이라고 합니다. 단상이변에 떨어져 있다고 하거든요.

'단(斷)'이라는 것은 딱 끊어져서 아무것도 없다는 뜻이고, '상(常)'이라는 것은 늘 뭐가 있다는 겁니다. 뭐가 있다거나 뭐가 없다거나 양변에 떨어지면 단상이변에 떨어진다고 하는데 그것은 불제자가 아니라고, 육조 스님이 《육조단경》에서 호되게 얘기하잖아요. 제자 중에 한 사람이 그런 질문을 하니까 '네가 불제자냐? 왜 그렇게 있니 없니라는 생각에 떨어져 있느냐?' 하고…. 불이중도의 안목이 없다는 말입니다. 그렇게 되면 윤회가 진짜 있다, 환생이 진짜 있다, 다 헛소리예요. 불제자가 할 소리가 아닙니다. 뭘 모르니까 온갖 헛소리를 하는 겁니다. 불제자라면 반야바라밀의, 불이중도의, 반야의 지혜가 갖춰지고 불이의 안목이 있어서 그런 헛소리를 안 해야 하는 겁니다.

이게 탁 하고 체험해 보면 금방 알 수 있어요. 그래도 한 1~2년 지나서 공이라는 게 확실하게 와닿아야 해요. 아무것도 없는 공의 세계가 있고, 뭔가 분별하고 헤아리는 세계가 있는데, 사실 한 개 마음이거든요. 둘이 따로 있는 게 아니에요. 그래도 아직 완전히 360도 제자리로 오기 전에는 공이 따로 있고 색이 따로 있는 것 같고 이런 착각이 좀 있죠.

안목이 없으면 뭐가 뭔지를 몰라서 어리석게 되는 겁니다. 그런데 반야바라밀이라는 게 지혜잖아요. 깨달음은 곧 지혜가 갖춰지는 겁니다. 미묘한 이 세상의 실상에 대한 지혜가 갖춰지는 겁니다. 하여튼 해 보시면 알고, 그전에 말로는 도저히 이해할 수 있는 게 아니고, 억지로 '공이 색이고 색이 공이다' 그렇게 이야기할 수밖에 없어요. '공이 색이고 색이 공이다.' 이 말을 《금강경》에서는 뭐라고 했습니까? 제상(諸相)이 곧 비상(非相)이고, 비상이 곧 제상이다, 이렇게 표현했죠. 모든 모습이 모습이 아니라고 얘기했지만, 모습 아닌 것이 곧 모든 모습이라는 말과 같은 말이에요.

'색이 공이고, 공은 색이다' 할 때 색은 모습이고 공은 모습이 아니니까요. 《법화경》에서는 법과 세간상이라고 표현합니다. '법은 법의 자리에서 변함없이 있고, 세간의 모습은 세간의 모습으로서 항상 변화하지 않는다.' 똑같은 말입니다. 법이라는 건 공을 가리키고 세간의 모습은 색을 가리키는데, 따로 있다는 거냐? 따로 있는 게 아니에요. 하나예요. 하나인데도 역시 공은 공이고 색은 색입니다. 겪어 보면 알아요.

만약 공과 색이 둘이 아니라 하나로 완전히 같다면, 번뇌 속에 있는 중생이나 번뇌에서 벗어난 해탈이나 다를 게 없죠. 그렇지 않다는 겁니다. 중생은 여전히 번뇌 속에서 괴로워하고 있고, 부처는 번뇌가 없어요. 왜? 공을 깨달았으니까요. 그런데 똑같은 세상을 살고 있어요. 똑같은 세상을 똑같은 사람으로 살고 있어요. 자기가 깨달아서 부처가 됐다고 해서 갑자기 마음이 없어졌습니까? 머리에서 두뇌가 빠져 없어진 게 아니거든요. 다 있어요. 똑같은 사람인데 번뇌가 없고, 어디에도 끄달리지 않고, 막히지 않고 대자유가 있어요. 밝은 지혜가 있으니까 다르죠. 중생과 부처가 겉으로 보면 똑같은데, 각자의 내면을 보면 번뇌라는 측면에서는 다르죠. 번뇌라든지 지혜와 어리석음 측면에서는 다른 겁니다. 그런데 보고 듣고 느끼고 생각하고 말하는 건 똑같아요. 날이 추우면 중생도 춥다고 하고 부처도 춥다고 합니다. 더우면 똑같이 덥다고 하고, 배고프면 둘 다 똑같이 배고프다고 해요. 1 더하기 1은 2다. 똑같이 얘기하는 거고 똑같아요.

그런데 번뇌 속에서 어리석게 헤매고 있느냐, 번뇌에서 벗어나 밝은 지혜를 가지고 자유롭게 사느냐? 이 차이가 있는 겁니다. 똑같이 밥 먹고, 똑같이 잠자고, 똑같이 일하고, 똑같이 사는데, 한 사람은 항상 스트레스 속에 살고, 한 사람은 스트레스가 하나도 없어요. 그냥 살고 있고 그게 다른 거죠. 겉으로 보면 똑같아요. 겉으로 봐서 그 사람이 부처인지 중생인지 전혀 구별할 수 없습니다. 똑같거든요. 그것은 본인이 겪고 실현해야 하는 겁니다. 부처의 세계가 따로 있는 게 아니에요.

위없이 바르고 평등한 깨달음이라는 이름으로 얻은 법이 진실로 없었기 때문에, 연등불께서 나에게 '너는 내세에 석가모니라고 불리는 부처가 될 것이다'라고 수기하신 것이다. 무슨 까닭인가?

다시 한 번 더 얘기합니다. 여래라는 것은 곧 모든 법이 여여하다는 뜻이니까요. 여여하다는 게 뭐예요? 항상 똑같다는 말이에요. 여래에게는 모든 법이 항상 똑같다는 겁니다. 분별하는 사람들한테는 삼라만상이 다 다르잖아요. 같을 수가 없어요. 분별하고 있는데, 어떻게 같습니까? 다 다르죠. '여여' 늘 똑같다는 건 분별에서 벗어났다는 뜻이거든요. 공을 가리키는 거예요. 여여한 것은 공밖에 없습니다. 뭐가 있어야 다르다고 하죠.

사실, 같다는 말도 정확하게는 안 맞죠. 아무것도 없으니까요. 상대적으로 같다고 이야기하는 거죠. 사실은 같다는 말도 할 수가 없어요. 항상 똑같다고 하면 똑같은 뭐가 있어야 하는데, 그런 뭐가 있는 게 아니란 말이죠. 아무것도 없어요. 뭐가 있으면 같을 수가 없습니다. 다이아몬드가 영원하다고 하지만, 사실 엄격하게 보면 매 순간 변하고 있습니다. 과학이 발달했으니까 알잖아요. 원자가 계속 활동하고 있고 가만히 있는 게 아니에요. 이 세상에 가만히 있는, 똑같은 건 없습니다. 뭐가 있다고 하면 여여할 수가 없어요. 여여가 뭐냐면 공, 아무것도 없으니까 달라질 게 뭐가 없단 말이죠. 그러니까 같다고 이야기하는 거죠. 여래는 공을 깨달은 사람입니다.

《반야심경》에서도 '시제법공상 불생불멸 불구부정 부증불감'이라고 했거든요. '불생불멸(不生不滅)' 생겨나는 것도 아니고 없어지는 것도 아니다. 같다는 겁니다. '불구부정(不垢不淨)' 더러운 것도 아니고 깨끗한 것도 아니다. 항상 똑같다는 거에요. '부증불감(不增不減)' 늘어나는 것도 아니고 줄어드는 것도 아니다. 똑같다는 거거든요. 왜? 모든 법은 '시제법공상(是諸法空相)' 공인데 모습으로 나타나기 때문에 그 모습인 측면에서는 생기고 없어지고 늘어나고 줄어들고 더럽고 깨끗하고 다르지만, 공이기 때문에 그런 게 없다, 똑같다는 말이에요.

마음이라는 게 살아 있거든요. 마음은 허공이지만 텅 빈 우주 허공과는 다릅니다. 살아 있어요. 우주 허공은 죽어서 아무것도 없는 거지만 마음이라는 허공은 살아 있어요. 살아 있어서 여기서 모든 걸 다 하거든요. 분별도 여기서 하고, 모든 걸 다 해요. 그런데 이것 자체는 뭐라고 할 수가 없어요. 분별되는 게 아니니까 이것을 공이라고 하는 건데 이것은 여여한 거죠. 마음은 여여한 거죠.

그래서 진여자성이라고 하거든요. 자성은 진여라. 진실하고 여여한 것입니다. 이것을 가리키는 거예요. 자성은 공입니다. 공이란 분별할 수 없다는 말이에요. 텅 빈 우주 허공과 같다는 뜻은 아닙니다. 우주 허공은 죽어 있는 거잖아요. 살아 있는 게 아니잖아요. 우리 마음은 살아 있는 거예요. 그러니까 텅 빈 마음, 허공 같은 마음이 온 세상을 다 비추어 보고 분별하고 느끼고 생각하는 거예요. 그런데 이것 자체는 항상 텅 빈 허공이죠.

이것이 온 우주의 밑바탕 근원입니다. '일체유심조'라는 말이 거기서 나온 거예요. 이 우주의 모든 것이 마음이라는 근본 바탕에서 나오고 있습니다. 여기서 부처도 나오고, 하느님도 나오고, 예수도 나오고, 창조주도 나오고, 모든 게 다 나오는 겁니다. 왜? 여기서 다 그렇게 만들어 내고 있는 거니까요. (법상을 톡톡 두드리며) 이것이 한번 와닿아야 해요. 그러면 뭘 가지고 여여하다 하는지도 알 수 있습니다. (법상을 톡톡 두드리며) 이겁니다. 이것을 마음이라 하기도 하고, 자성이라 하기도 하는데, 이것 하나. 이것이 와닿아야 해요.

만약 누가 여래는 위없이 바르고 평등한 깨달음을 얻었다고 말하더라도, 수보리야, 부처가 얻은 위없이 바르고 평등한 깨달음이라는 법은 진실로 없다.

말은 할 수 있다, 말로는 위없이 바르고 평등한 깨달음이라고 할 수 있지만, 그런 분별이 되면 안 된다… 이것을 체험해서 '텅 비었구나', 이렇게 말할 수는 있어요. 그런데 텅 비었다는 뭐가 있으면 안 되죠. 텅 비었다 말은 하지만, 텅 비었다는 뭐가 있어서 '텅 비었다' 이런 말을 하면 안 되는 겁니다. 그냥 분별할 게 아무것도 없구나, 이런 생각이 들어서 그런 말을 하는 거고, 정말로 분별할 게 아무것도 없어서 텅 비었다면, 사실 그런 말 자체가 나오면 안 되는 거죠. 방편으로 말은 할 수 있다는 거예요. 방편으로 말은 할 수 있지만, 실제로는 텅 비었다는 것조차도 있으면 안 되는 거예요. 왜냐하면 있으면 또 그게 텅 비었다는 하나의 분별이 되어서 경계가 되어 버리거든요. 이것이 굉장히 중요한 거예요. 속으면 안 되는 겁니다. 말은 할 수 있지만, 말은 방편이고, 실제로는 그런 분별, 생각, 어떤 무엇이 마음속에 있는 건 아니죠. 말은 할 수 있어요. 말은 얼마든지 할 수 있죠. 이런 걸 조심해야 해요.

세속에서는 뭔가 말을 하면 말하는 것이 있어야 하거든요. 그렇게 말할 만한 이유가 있어야 해요. 시계 같으면 시계가 있어야 하고, 컵 같으면 컵이 있어야 하고, 춥다 하면 자기가 춥다는 걸 느껴야 하고, 덥다 하면 더운 걸 느껴야 하고, 슬프다 하면 어떤 슬픈 감정을 느껴야 하는 거잖아요. 뭐가 있어야 하는데 '텅 비었다'는 말은 뭔가 있는 게 없다는 말이에요. 있다고 말할 게 아무것도 없다는 말이거든요. 이것은 세속적인 말과는 좀 다르죠.

세속과 비슷한 말이 있겠네요. 세속에서 조용하다는 말이 있잖아요. 진짜 조용하면 조용하다는 말도 있으면 안 되잖아요. 조용하다고 말하면 그 말 때문에 시끄러운 거잖아요. 조용하면 말없이 그냥 가만히 있어야 하죠. 조용하다고 말은 할 수 있지만, 말을 해 버리면 조용한 게 아니라 시끄러운 거죠. 선생님이 학생들한테 '조용히 해라' 하니까 학생들이 '조용히 하자'고 자꾸 얘기하면 조용히 하는 게 아니잖아요. 그런 것과 같단 말이에요. 말은 할 수 있지만 실제로는 말을 하는 게 아니죠. 말은 텅 비어서 분별할 게 없지만, 사실은 그런 생각 자체는 없어요. 깨달았다는 말은 할 수 있어요. 그런데 실제 깨달음이라는 뭐가 있느냐? 그런 건 없어요. 그런 게 있으면 깨달은 게 아니죠.

여래는 위없이 바르고 평등한 깨달음을 얻었다고 말하더라도

말을 할 수는 있다.

수보리야, 부처가 얻은 위없이 바르고 평등한 깨달음이라는 법은 진짜로는 없다.

완전히 생각을 벗어났다는 거예요. 그렇게 생각할 게 전혀 없다, 그런 생각이 전혀 없다… 마음에 장애될 게 없다고 말하는데, 마음속의 장애라는 건 생각이나 어떤 느낌이나 기분이나 이런 게 마음속의 장애죠. 남은 모르고 자기만 아는 거죠. 자기 마음속에 어떤 생각이 있으면 생각에 막히죠. 어떤 기분이나 느낌이 생기면 거기에 막혀요. 거기에 사로잡혀 있으면 그게 막혀 있는 거거든요. 이게 장애죠. 그런 게 없다는 거예요.

오온이 공이라는 말이 바로 이거죠. 위없이 바르고 평등한 깨달음을 얻은 사람이라면 오온이 공이다… 색수상행식이 공이다, 육체, 느낌, 생각, 의지, 의식이 없다는 말인데, 못 깨달은 사람한테는 그런 게 다 있어요. 그래서 마음속에 내 몸이라는 생각이 있는 거죠. 내 느낌, 생각, 어떤 자기 욕망이나 의지 같은 것도 있고, 의식이라는 게 뭘 알고 있다는 거니까 아는 것들이 가득 차 있으면 거기에 막히는 건데, 그런 게 없다는 겁니다.

마음속에는 그런 게 없는데, 그런 게 안 나타나느냐? 나타나요. 그런 게 묘법입니다. 나타나는데, 없어요. 모습이 나타나긴 나타나는데 모습이 아니에요, 없어요. 모든 모습이 나타나긴 나는데 모습이 아니에요. 그 사실을 보게 되는 것을 깨닫는다고 하는 거죠. 그런 사실이 깨달아지면 즉견여래라. 바로 부처가 되는 거다, 여래를 본다, 부처다 이거죠. 묘한 경험이죠.

세속이라면 모습이 있으면 있는 거죠. 없으면 없는 거고, 있으면 있는 게 세속이죠. 세속 입장에서는 없으면 없고 있으면 있지, 있는데 없다고 하면 '사람 놀리나?' 이렇게 되거든요. 그건 세속에서는 말이 안 되니까요. 그런데 이것을 한 번 체험하면, 있는데 없어요. 말이 안 되는 현상이 벌어지는 겁니다. 그걸 묘법이라고 하는 거예요. 깨달은 사람도 못 보는 게 아니고, 못 듣는 게 아니고, 못 느끼는 게 아니고, 생각 못하는 게 아니고, 몸이 없는 게 아니고, 의식이 없는 것도 아니고 다 있어요. 똑같습니다. 그런데 이상하게도 아무것도 없어요. 이게 묘법이죠. 세속적으로는 전혀 이해할 수 없는 겁니다. 오로지 이것은 체험을 통해서만 확인되고 그렇게 살 수 있는 것이지, 생각으로는 도저히 이해가 안 되는 겁니다.

수보리야, 여래가 얻은 위없이 바르고 평등한 깨달음에는 참됨도 없고 헛됨도 없다.

분별할 게 없다. 참되다, 헛되다, 진짜다, 가짜다, 이런 분별 자체가 없다. 세속에는 '진짜다, 가짜다'라는 게 있잖아요. 다이아몬드라고 줬는데 검사해 보니까 유리 조각이라고 하면, 처음에는 진짜인 줄 알았지만 나중에는 가짜라는 걸 알게 되는 거죠. 세속에서는 그런 게 있죠. 세속은 분별 세계니까요. 당연히 분별 속에는 진짜도 있고, 가짜도 있고, 맞는 것도 있고 틀린 것도 있고, 좋은 것도 있고 나쁜 것도 있고, 다 있죠. 그런데 여기 체험이 돼서 이 속으로 (법상을 톡 두드리며) 들어오면, 아무것도 없으니까 그런 게 생길 수가 없어요. 뭐가 분별이 돼야 맞니 틀리니, 옳으니 그르니, 진짜니 가짜니 얘기할 텐데, 티끌만큼도 아무 분별이 없으니 그런 말 자체가 있을 수 없는 거죠.

여래가 얻은 위없이 바르고 평등한 깨달음 속에는 참됨도 없고 헛됨도 없다… 이 말은 아무런 분별이 없다는 말입니다. 분별할 게 아무것도 없다. 티끌만큼도 뭐라고 할 게 없다. 아무 뭐라고 할 게 없고 아무것도 없다. 그래서 텅 비었다, 깨끗하다고 하는 거죠. 참됨도 없고 헛됨도 없다. 이 말은 분별할 게 없다는 말입니다.

**이 까닭에 여래는 모든 법이 전부 불법이라고 한다.**

분별이 되면, '이것은 불법, 옆에 있는 건 불법 아닌 다른 법', 분별이라면 이렇게 될 거 아닙니까? 그런데 분별을 벗어나서 분별이 없으면, '이것은 불법이고, 저것은 아니고' 이렇게 안 된단 말이죠. 모든 게 다 불법인 거예요. 모든 게 차별 없이 다 똑같아요. 분별을 벗어나 버리면 저절로 온 세상이 하나가 되는 겁니다. 다 통해서 허공처럼… 따로 '이것이 불법이다'라고 분별되는 게 없으니까 이런 이야기를 하는 거예요.

이 까닭에 여래는 모든 법이 전부 불법이라고 한다… 왜? 분별이 안 되니까요. 분별이 되면 '이것은 불법, 옆에 있는 건 다른 것' 하겠죠. 그건 분별이죠. 그런데 분별을 벗어났기 때문에 말할 수가 없어요.

불법이라고 한다면 뭐든지 간에 전부 다죠. 그래서 세계는 하나라는 겁니다. 분별이 안 되니까 뭐든지, 불법이라고 하든, 부처라 하든, 마음이라 하든, 도라 하든, 이름을 붙이면 전부 다예요. 분별이 없으니까, 이거다 저거다 할 게 없으니까 말을 그렇게 한다는 거예요. 실제로 본인한테는 그런 뭐가 없어요. 텅 비고 아무것도 없다는 게 아주 확실하게 체험되고 와닿으면, '끝없는 우주, 무한한 우주라는 것이 바로 인간의 근본 본질이구나' 그런 생각이 들어요. 보통 사람들은 내 몸속, 머릿속, 심장 속에 내 마음이 들어 있다고 생각하는데, 그게 얼마나 어리석은 건지….

그렇게 우물 속 개구리처럼 중생들은 갇혀 있어요. 내 몸속에 내 마음이 있는 것처럼 착각하는 거예요.

그런데 실제 공을 깨달아서 오랫동안 충분히 공에 익숙해지면, 공이라는 게 끝이 없거든요. '우주가 공이라는 하나의 본질로서 살아 있구나.' 내가 있는 게 아니고 그냥 우주 자체가 바로 나라면, 나와 우주가 전혀 구별이 안 되는 거예요. 옛날 사람들이 '창조주와 내가 하나 된다', 또는 '무한한 우주와 내가 하나 된다' 그런 말들을 했잖아요. 힌두교에도 그런 말이 있고…. '그렇게 말할 수도 있겠네'라는 생각이 들죠.

공이라는 게 텅 비어서 아무것도 없다는 게 아니고 살아 있는 거거든요. 공 자체가, 허공이 본질이에요. 허공이라는 게, 분별할 수 없는 이놈이 진짜배기라는 겁니다. 이것이 살아 있는 생명의 근원이고 진짜라는 거예요. 겉으로 나타나는 모습은 그 위에 현상적으로 나타났다가 사라지는 순간순간의 일이고, 텅 비어서 아무것도 없는 이놈이 진짜배기라니까요. 항상 우주 자체는 변함이 없습니다. 똑같아요.

겉으로 드러나는 모습은 매 순간순간 변해 가는데, 그건 모습이고 헛되고 허망한 거죠. 우주 자체에, 허공에 확실히 통해서 무한함 속에서 사는 게 충분히 익숙해지면, 그것도 생각이지만, '우주와 하나 되는, 우주라는 게 바로 우리의 본질이구나, 우주라는 게 텅 비어서 아무것도 없는 이놈이 진짜배기 살아 있는 우주구나, 우주는 애초에 변하는 게 아니구나, 늘 똑같구나' 이런 생각이 들어요. 그러니까 직접 체험해 봐야 하는 겁니다.

이 까닭에 여래는 모든 법이 전부 불법이라고 한다. 수보리야, 그런데 모든 법이라는 것은 곧 모든 법이 아니니 이 까닭에 이름이 모든 법이다.

모든 법이 불법이다, 모든 법이라는 것은 말할 수 있지만 그냥 말이다… 만약 모든 법이라는 게 말할 수 있고 분별되는 거라면, 그것은 분별이지 모든 법이 아니죠. 허공이 아니란 말이죠. '수보리야, 모든 법이라는 것은 곧 모든 법이 아니다'라는 말은 모든 법이라고 했지만, 사실은 허공이다, 분별될 수 있는 게 아니다, 이 까닭에 이름이 모든 법이다, 이름만 모든 법이라고 얘기하는 것이다… 이름만 얘기하는 것이지 허공이죠. 본질은 이 공이죠. 모든 법이라는 건 곧 모든 법이 아니다, 말은 그렇게 하지만 말이 아니라 공이다, 이 까닭에 이름만, 말만 그렇게 하는 것이다…

수보리야, 비유하자면 사람의 몸집이 크다는 것과 같다.
수보리가 말했다.
세존이시여, 여래께서 말씀하시길, 사람의 몸집이 크다는 것은 몸집이 크다는 것이 아니라, 이름이 '몸집이 크다'라고 하셨습니다.

말을 그렇게 한다는 거예요. 키가 크면 당연히 몸집이 크죠. '저 사람 키가 크네'라고 말하는데, 그런 게 없어요. 텅 비었어요. 아무 그런 게 없는데 자꾸 그렇게 얘기하는 거예요. 이게 바로 뭡니까? 오온이 전부 공이라는 거죠. 없는데 온갖 생각도 하고, 말도 하고, 다 보고 듣고 하는 겁니다. 분별 다 하는데 아무것도 없어요. 분별하면 이름을 말하게 되는 거죠.

이것이 바로 '오온이 전부 공이고, 공이 바로 오온이다'라는 말이기도 하고, '약견제상비상, 온갖 모습을 보는데 모습이 아니다'라는 말과 같은 말이에요. 뭐든지 다 하는데, 분별도 하고, 보고 듣고 느끼고 생각하고 말하고 다 하는데, 항상 아무것도 없어요. 아무것도 없는 데서 온갖 분별을 다 하고, 온갖 걸 다 한다는 거예요. 없어서 없는 게 아니고, 있어서 있는 게 아니에요. 참 묘한 법인데, 체험해 보지 않으면 무슨 말인지 알 수가 없어요. 말장난하는 것 같고 그렇게밖에 안 되는 거예요. 체험을 해 보면 당연히 이렇게 이야기할 수 있어요. '맞아' 하고 공감이 가죠.

'도(道)가 뭡니까?' '하늘은 푸르고 흰구름은 흘러간다' 그러거든요. 하늘은 푸르고 흰구름은 흘러간다는 말은 분명히 분별을 얘기했는데, 도를 물었으니까 사실 도를 이야기한 겁니다. 하늘이 푸르다는 말을 한 것도 아니고, 흰구름은 흘러간다는 말을 한 것도 아니고, 아무것도 없는 이것을 보여 주고 있는 거예요. 하늘은 푸르고 흰구름은 흘러가는데, 아무것도 없어요. 그 이야기를 하는 건데, 하늘을 쳐다보면서 '하늘은 푸르고 흰구름은 흘러가'라고 하면, '누구든지 다 아는 건데, 그거 뭐 하러 말해?' 이러면 도를 모르는 사람이죠.

도라는 것이, 공이 따로 있는 게 아니에요. 공이 '이게 공이다' 하고 따로 떨어져 있는 게 있으면 공만 내보일 수가 있는데, 그렇지 않다는 말입니다. 공이라는 게 '텅 비었다. 아무것도 분별할 게 없다.' 이것이 따로 떨어져 있으면 이것만 보여 줄 수 있고 확인하면 되잖아요. 그런데 그렇지 않아요. 있는데 없는 거예요. '색 말고 공만 나한테 보여 주시오.' 그렇게 누가 말할 수 있잖아요. 그런 건 없어요. 색이 공이라니까요.

색이 바로 공이에요. 색이 없으면 공도 없습니다. 색이 바로 공이니까, 색이 없으면 당연히 공도 없죠. '공이 뭡니까?' 하고 물어보면 '색이지' 이렇게밖에는 답할 수 없는 거예요. 왜? 색이 바로 공이라고요. 분명히 나와 있다시피 딱 그렇거든요. 도가 뭡니까? '하늘은 푸른데 흰구름은 흘러간다' 하기도 하고, '뜰 앞에 잣나무다' 하기도 하고, '차 한잔 해라' 하기도 해요. 세속적인 분별을 말하는 것 같은데, 그게 바로 공이라니까요. 그것이 바로 도예요. 《반야심경》 말대로, '공이 뭡니까?' 물으면 '색이다.' 그렇게 얘기해요. 왜? '공즉시색'이라고 했잖아요. 딱 그대로거든요. 그렇게 답하는 거죠. '이것이 공이다. 색과 관계없다' 이렇게 말할 수 없다는 말입니다. 그런 공은 없어요.

제가 늘 거울 비유를 들잖아요. 텅 빈 거울이 어디에 나타납니까? 온갖 모습이 있는 거기에 텅 빈 거울이 있지 따로 어디 있습니까? 모습이 없는데 텅 빈 거울이 어디 있어요? 없어요. 텅 빈 거울을 볼 때는 항상 온갖 모습을 보는데, 거기에 텅 빈 거울이 있는 거죠. 그런 것처럼 여기에 통하면 말은 어렵게 해 놓았는데, 실제 통해 보면 저절로 금방 밝혀져요. 세상 온갖 일이 다 있는데 이상하게 아무것도 없어요. 자기한테는 아무 일도 없고 아무것도 없습니다. 그런데 여전히 세상일은 그대로 다 있습니다. 여전히 그냥 그대로. 어제 일, 오늘 일, 내일 일, 그대로 돌아가고 있습니다. 그런데 자기한테는 아무것도 없어요.

이것은 오로지 직접 체험이 되면 저절로 그렇게 되는 것이고, 이런 체험을 못 해 보면 무슨 말인지 몰라 고민이 되는 거죠. 아무리 고민해도 말만 가지고는 절대로 알 수 없습니다. 그래서 공부가 제대로 된 사람이라면 《반야심경》에 나와 있는 그대로예요. 온갖 일이 있는데 아무것도 없는 겁니다. 그러니까 세상 살면서 무슨 일이든지 다 해요. '나는 공을 깨달았으니까, 세상일에서 벗어났으니까, 나는 세상일은 아무것도 안 해.' 그건 공부를 잘못한 거예요. 공부를 아주 잘못한 겁니다. 공이 따로 있는 것처럼 착각한 거거든요.

여전히 생활은 똑같습니다. 할 거 다 해야 하고, 지금까지 해 왔던 일 그대로 다 해야 하는데, 이상한 게 아무것도 없어요. 아무 번뇌도 없고, 아무 문제 될 게 없어요. 우주와 하나 된 것 같고, 완전히 좁은 감옥에서 벗어나 구원을 얻은 것 같고, 자유를 얻은 것 같거든요. 아무 일이 없어요. 그냥 아무것도 없어요.

사람들이 처음에 착각한 부분이 그런 거예요. 세간을 벗어난다니까 '나는 이제 세간을 벗어났어. 세간은 꼴도 보기 싫고, 아무도 없는 데 가서 혼자 조용히 지내고 싶어.' 그런 느낌이, 욕구가 일어납니다. 그동안 세상일에 시달려왔으니까 그런 거죠. 그런데 그것은 순간의 일시적인 욕망이고, 실제 공부를 쭉 해 보면 결국 온갖 세상이 그대로 있고 아무것도 없는 게 진짜배기인 겁니다. 경전을 보면 전부 그렇게 얘기해 놓고 있거든요.

〈법성게〉에 보면, '진성심심극미묘 불수자성수연성' 이렇게 돼 있죠. 진성심심극미묘(眞性甚深極微妙), 진짜배기 자성은 매우 깊어서 대단히 미묘하다. 이 말은 생각으로 이해할 수 없다는 말입니다. 불수자성수연성(不守自性隨緣成), 자성은 혼자 자성만 지키고 있는 게 아니고 인연 따라서 자성은 이루어지는 것이다. 온갖 인연이라는 것은 분별 세계 속에 자성이 들어 있는 것이지, 분별 세계를 벗어나서 따로 자성은 없다는 말이에요. 여기 딱 나와 있잖아요.

자기가 한번 체험해 보면, 세상일 전부 그대로 있어요. 깨달았다고 해서 무엇이 갑자기 없어지고 생기는 거 없습니다. 똑같아요. 세상일이라는 게 항상 있는 그대로 있죠. 그런데 이상한 게 아무것도 없어요. 공을 깨달은 거예요. 범부 중생들은 색수상행식은 이미 잘 알고 있는데 그게 공인 줄은 몰랐던 것이고, 깨달음이라는 것은 공이라는 사실을 깨닫는 거죠. 그것이 '조견오온개공'이 되는 것이고, '도일체고액' 모든 번뇌에서 벗어나는 겁니다.

이것이 불법인 거죠. 그런데 공을 깨달았다고 해서 공밖에 없고, 색수상행식은 다 사라지고 없느냐? 그게 아니죠. 색이 바로 공이고 공이 색이고, 똑같습니다. 수상행식이 공이고 공이 수상행식입니다. 수상행식도 그대로 있고 거기에 공이 있는 겁니다.

이것을 체험해 보면 세상일은 그대로 있고, 세상은 변한 게 없는데 아무것도 없어요. 자기한테 아무것도 없고, 그동안 사로잡혀 있고 얽매여 있었던 데서 싹 벗어나죠. 무한한 우주와 하나가 돼서 아무 데도 걸림이 없는 거예요. 마음에서 그렇게 체험이 되는 거죠. 다 그 이야기예요.

경전 얘기가 다른 이야기가 아니에요. 체험이 되고 경전을 보면 너무 쉬운 거예요. 그냥 당연한 이야기를 이렇게 하고 저렇게 해 놓은 거예요. 어려운 내용이 하나도 없습니다. 어떤 경전을 보더라도 말을 요리조리 방편으로, 결국 말은 사람들이 복잡하게 해 놓은 것도 있고, 간단하게 해 놓은 것도 있는데, 복잡한 건 말을 잘 못하니까 복잡하게 해 놓은 거고, 말을 잘하는 사람은 복잡하게 얘기 안 해요. 아주 간단하고 단순하게 요점만 딱 얘기하죠. 그러니까 우리가 《반야심경》, 〈법성게〉 같은 걸 좋아하죠. 복잡하게 이야기 안 하고, 단순하고 간단하게 요점만 딱 이야기하니까요.

수보리야, 보살 역시 이와 같으니

사람의 몸집이 크다는 것은 몸집이 큰 게 아니다… 몸집이 크다고 분별할 수 있어요. 온갖 분별을 다 할 수 있는데, 아무것도 없다는 말입니다. 분별도 하고 말도 하고 생각도 하는데, 아무것도 없다는 얘기입니다. 사람의 몸집이 크다는 것은 몸집이 크다는 게 아니라, 그런 게 없는데 그렇게 생각하고 말을 하는 것이다… 그런데 그런 건 없어요. 해탈이라는 것은 세간 속에 살면서 세간이 없는 겁니다. 그렇게 해탈하는 거예요. 세간 밖으로 나가는 게 아니에요.

불국정토, 극락정토라는 것이 지금 우리가 살고 있고 늘 살아왔던 세상 속에 살면서… 극락이라는 건 지극한 즐거움이라는 뜻인데, 말하자면 번뇌가 없다는 겁니다. 정토는 깨끗한 땅인데, 깨끗하다는 건 아무것도 없다는 거예요. 지금까지 살아왔고 지금도 살고 있는 세상 속에 그대로 살면서 아무런 번뇌가 없고 깨끗하다, 아무것도 없다… 이게 극락정토예요. 서방 극락정토, 동방 예토는 방편으로 동쪽, 서쪽 나누어 얘기한 것이고, 동쪽이 있고 서쪽이 있는 건 아닙니다.

그래서 깨달음은 항상 우리가 지금 살고 있는 이 순간, 이 세계 속에서 이루어져 있는 것이지, 과거에 있는 것도 아니고 미래에 오는 것도 아니고, 항상 지금 우리가 살고 있는 이 순간에 여기에서 항상 이루어져 있는 거예요. 그런데 본인 스스로가 실감이 돼야 하고 체험이 돼야 하는 거죠. 원래 이렇게 이루어져 있다는 사실이 실감되고 체험되지 못하면 망상 속을 헤맬 수밖에 없어요. 실상을 확인하지 못하니까 망상 속을 헤매는 거죠.

수보리야, 보살 역시 이와 같으니 만약 '내가 헤아릴 수 없는 중생을 해탈시키겠다'고 말한다면 보살이라고 할 수 없다. 무슨 까닭인가? 수보리야, 보살이라고 이름 붙일 법은 진실로 없기 때문이다. 이 까닭에 부처는 모든 법에는 나라고 할 것도 없고, 사람이라고 할 것도 없고, 중생도 없고, 목숨도 없다고 말한다.

같은 얘기를 반복하고 있습니다. 수보리야, 보살 역시 이와 같다… 여래와 같다는 말이에요. 세존과 같다. 보살도 깨달은 사람이니까요. '만약 내가 헤아릴 수 없는 중생을 해탈시키겠다고 말한다면 보살이라고 할 수 없다.' 왜냐하면 내가 있고, 중생이 있고, 해탈이 있고, 다 분별일 뿐이니까 그건 보살이 아니라는 겁니다. 깨달은 사람에게는 나도 없고, 중생도 없고, 해탈도 없어요. 그런 이름 붙일 만한 게 아무것도 없는데, '내가 헤아릴 수 없는 중생을 해탈시키겠다'고, 마치 그런 게 있는 것처럼 말한다면 그건 보살이 아니다… 그래서 이유를 얘기합니다. '무슨 까닭인가? 수보리야, 보살이라고 이름 붙일 만한 그런 법은 진짜로는 없기 때문이다.' 말은 그렇게 하지만 진짜로는 그런 건 없다. 보살, 중생, 깨달음, 해탈… 말은 그렇게 하지만 진짜로는, 해탈한 입장에서는 그런 건 없다. 진실에 통해 보면 아무것도 없는데, 부처가 있고, 중생이 있고, 보살이 있고, 해탈이 있고, 그런 게 아니거든요. 말은 할 수 있지만, 그 말은 그냥 말일 뿐이고, 말을 한다고 해서 그렇게 말하는 게 실제로 자기 마음속에 그런 말하는 게 있는 건 아니다. 그러면 자기가 망상을 못 벗어난 것이다, 그 말이죠.

수보리야, 보살 역시 이와 같으니 만약 내가 헤아릴 수 없는 중생을 해탈시키겠다고 말한다면 그건 보살이라고 할 수가 없다… 그런 뭐가 자기 마음속에 있으면, 나라는 게 있고 중생이 있고 해탈이 있으면… 왜 이 이야기를 하느냐면, 앞에서 그랬잖아요.

'착한 남자, 착한 여인이 위없이 바르고 평등한 깨달음의 마음을 낸다면 마땅히 이러한 마음을 내야 한다' 해 놓고 '나는 모든 중생을 해탈시켜야 하지만, 모든 중생을 해탈시키고 나면 참으로 해탈한 중생은 하나도 없다' 이런 이야기를 했거든요. 나는 모든 중생을 사라지게 하지만 모든 중생을 사라지게 하고 나면 참으로 사라진 중생은 하나도 없다… 그것을 다르게 이야기해요. '나는 모든 중생을 열반에 들게 하지만 모든 중생을 열반에 들게 하고 나면, 참으로 열반에 든 중생은 하나도 없다.' 이 말을 다시 여기서 얘기하는 겁니다.

앞에 대승정종분에도 이런 말이 있었잖아요. 수보리가 '아뇩다라삼먁삼보리' '위없는 바르고 평등한 깨달음을 얻으려면 그 마음을 어떻게 항복시키고 어떻게 머물러야 합니까' 하니까 거기에 대한 부처님 답변이 그렇잖아요. '육도사생에 있는 헤아릴 수 없이 많은 모든 중생을 남김없이 다 사라지게 해라.' 이렇게 되어 있어요. 육도사생으로 윤회하는 모든 중생을 하나도 남김없이 싹 다 사라지게 하는데, 사라진 중생이 사실은 없다고 얘기했거든요.

그것을 오해해서 '그러면 내가 모든 중생을 남김없이 싹 다 사라지게 해야 하는구나, 열반에 들게 해야 하는구나.' 이렇게 생각한다면 그건 맞지 않다는 겁니다. 그런 뜻으로 한 말이 아니에요. 그러면 그 사람에게는 나도 있고, 중생도 있고, 열반도 있고, 전부 다 분별밖에 안 되는 거니까 그런 뜻으로 한 말이 아니죠.

모든 중생을 없애는 방법은 제일 쉽게 이야기하면 그런 거잖아요. 내 앞에 있는 모든 것을 다 없애고 싶을 때 아주 어려운 방법은 하나하나 내가 버리는 겁니다. 결국에는 방이라든지 방바닥이라든지 이런 건 어떻게 할 수 없겠죠. 그것조차도 다 버리고 싶다, 다 보기 싫다면 간단한 방법이 딱 하나가 있죠. 뭡니까? 자기 눈을 감으면 돼요. 간단하게 끝나 버리는 거잖아요. 지금 안 보면 되는 거죠.

깨달음이라는 게 바로 그런 거라는 말입니다. 모든 중생을 열반에 들게 한다는 게 바로 그거예요. 자기가 분별에서 벗어나 버리면 돼요. 중생 세계를 분별하는 그 분별심을 자기가 벗어나 버리면 중생은 다 없어요. 그러지 않고 '밖에 중생도 있고 내가 있는데 내가 저 중생을 하나씩 없애야 하겠다'고 하면 어느 세월에 다 없앱니까? 자꾸 새로 태어나는데 불가능한 거라고요. 그 이야기가 아니라는 말입니다. 헤아릴 수 없이 많은 중생을 남김없이 싹 다 열반에 들게 하는, 없애는 방법은 간단한 거예요. 중생이니 뭐니 하는 분별에서 자기 마음이 싹 벗어나 버리면, 아무것도 없어요. 분별에서 벗어났으니까, 분별할 게 티끌만큼도 없으니까 당연히 모든 중생이 없어진 거죠. 없어진 중생은 없다는 말이 뭡니까? 여전히 다 있어요. 눈앞에는 다 있는데 자기한테는 없어요. 바로 그 말이거든요. 모든 중생 세계가 눈앞에 그대로 다 있는데, 자기한테는 없어요. 그래서 못 알아들을까 봐 밑에 한 번 더 얘기했잖아요.

마음속에 나라는 생각, 사람이라는 생각, 중생이라는 생각, 목숨이라는 생각, 그런 생각이 있으면 보살이 못 된다고 했거든요. 그러면 결국 뭡니까? 그런 모습이 밖에는 다 있는데 자기 마음속에는 없다는 말입니다. 그게 바로 무상정등각, 최고의 깨달음이라는 거예요.

비유하자면 내 눈앞에 있는 모든 세상을 없애는 가장 간단한 방법은 눈을 감으면 끝이잖아요. 아무것도 없으니까 그와 똑같다는 말입니다. 스스로 자기가 분별에서 벗어나 버리면 아무것도 없어요. 눈 감았다고 해서 눈앞의 세상이 없어졌습니까? 그대로 다 있어요. 그와 똑같은 것입니다. 비유하자면 깨달음이라는 것은 스스로 마음의 눈을 감는다… 눈을 감는다는 표현이 정확하지는 않은데 비유하자면 그와 같다는 거예요. 분별에서 싹 벗어나 버리는, 분별의 눈을 감아 버리는 거죠. 마음속에는 분별이 아무것도 없으니까 텅 비어 있어요. 그런데 바깥에 보이는 세상은 그대로 다 있습니다. 수많은 중생을 다 해탈시키고 없앴는데, 없앤 중생이 없다고 얘기했잖아요. 그대로 있거든요.

색수상행식을 보다가 공을 깨달았다고 해서 색수상행식이 없어지느냐? 아니죠. 그대로 있어요. 그렇지만 다 공이에요. 아무것도 없어요. 그게 바로 무상정등각이라는 거예요. 그 체험이에요. (법상을 톡 두드리며) 한마디 말끝에 툭 체험하는 게 바로 그 체험이라고요. 자기 마음속에서 분별망상을 벗어나기 때문에 남과는 아무 상관이 없어요.

이런 오해를 많이 하거든요. 도를 깨달았으면 도의 힘을 가지고 중생세계를 불국토로, 도의 세계로 만들어야 될 거 아니냐. 그렇게 얼토당토 않은 소리를 하는 사람들이 있어요. 그 사람들의 생각은 뭐냐면 '네가 공을 깨달았으면 색수상행식을 없애고 다 공으로 만들어야 할 거 아니냐?' 이 말과 똑같은 말입니다.

그 말이 이치에 안 맞죠. 색수상행식이 있는 그대로가 공이지, 그걸 없애서 공이 되는 게 아닙니다. '네가 도를 깨달았으면 도의 힘을 가지고 중생 세계를 다 없애고, 부처의 세계를 만들어야 할 거 아니냐?' 중생 세계가 바로 부처의 세계인데, 중생 세계를 없애면 부처의 세계도 없어요. 못 깨달았으니까 그런 어리석은 생각을 하는 거죠. 자기 생각에는 그게 맞거든요. 깨달았으면 깨달음의 힘을 가지고 이 세계를 불국토처럼 만들어야지, 라는 생각이 그럴듯하잖아요. 얼토당토않은 말을 하고 주장을 해요. 모르니까 그렇게 하는 거죠. 그런 말이 많습니다. 바른 깨달음이 없으면 어리석은 소리를 부끄러운 줄도 모르고 하는 거예요.

깨달았다고 해서 세상이 달라지는 거 하나도 없습니다. 그대로 있는데 자기 마음속에서는 전혀 아무것도 없습니다. 그것을 오해하면 큰일 납니다. 그런 잘못된 생각을 하니까 체험을 해서 1~2년 지난 사람조차도 와서 그런 소리를 하는 사람들이 있어요. '내가 체험도 하고 뭔가 불법도 알 것 같은데, 왜 가정생활이라든지 사회생활이 변하지 않고 그대로입니까?' 그런 소리 하거든요. 그게 왜 변합니까? 자기 마음이 변해서 자유를 얻은 것이지, 자기가 깨달았다고 해서 갑자기 세상이 달라집니까?

세상은 세상의 원리에 따라서 달라지는 거죠. 세상을 달라지게 하려면 세상의 원리에 따라서 달라지게 하려고 노력해야 하는 것이고, 이 마음공부는 뭡니까? 출세간이에요. 세상 밖의 일을 말하는 거예요. '마음공부를 해서 깨달음을 얻었으면 세상도 좀더 아름답고 예쁘게 변해야 하지 않을까?' 이건 잘못된 생각입니다.

깨달은 사람은 더러운 세상 그대로가 깨끗한 세상이고, 추한 세상 그대로가 아름다운 세상입니다. 더러운 세상을 깨끗하게 만드는 것도 아니고, 추한 걸 아름답게 만드는 게 아니에요. 색 그대로가 공이고 공 그대로가 색이지, 색을 공으로 만드는 게 아닌 겁니다.

밑에 이야기했잖아요. 시제법공상(是諸法空相)이라고. 정확하게 딱 나와 있거든요. '모든 법이라는 건, 삼라만상의 온갖 일이라는 것은 공상(空相)이다. 공이면서도 모습으로 나타나 있는 것이다. 그게 본질이다.' 공이면서도 모습으로 나타나 있어요. 모습만 보면 생기고 사라지고, 더럽고 깨끗하고, 크고 작고가 있지만, 공이기 때문에 생긴 것도 없고 사라지는 것도 없고, 더러운 것도 없고 깨끗한 것도 없고, 큰 것도 없고 작은 것도 없다… 거기 나와 있잖아요. 공을 깨달았느냐, 공은 모르고 모습만 쳐다보고 있느냐? 그 차이가 있을 뿐이에요. 모습만 쳐다보고 있으면, 분명히 생기고 사라지고, 더럽고 깨끗하고, 크고 작고가 다 있죠. 그런데 공을 깨달으면 그런 게 없고 아무것도 없어요.

비록 모습에서는 생멸이 있고, 생기고 사라지는 게 있고, 더럽고 깨끗한 게 있고, 크고 작은 게 있지만, 공이기 때문에 그런 게 없다는 겁니다. 모습을 생기지도 않고 사라지지도 않게 만들 수는 없어요. 모습이 있는 걸 '더럽다 깨끗하다'는 차별 없이 만들 수는 없어요. 모습이 있는 걸 '크다 작다' 없이 만들 수는 없어요. 모습이 있는 건 반드시 차별이 있죠. 그런데 공을 깨달았기 때문에, 공이기 때문에 그런 게 없다는 말이에요. 이 이치를, 이런 도리를 제대로 깨닫지 못하면, 공을 깨달았으니까 모습도 더러운 걸 깨끗하게 만들고 작은 걸 크게 만들라는 건데, 말도 안 되는 겁니다. 모르니까 그러는 거죠.

공부를 제대로 해서 자기가 실상을 보는 안목이 생기지 않으면, 부끄러운 줄도 모르고 그런 헛소리를 하는 겁니다. 사회를 불국토처럼 만들고 부처님 말씀대로 살아야겠다고 하는데, 이 사회가 불국토입니다. 본래 자기가 깨달으면 전쟁터도 불국토예요. 깨닫지 못하면 아무리 평화로운 세상이라도 중생 세계입니다.

인도의 유명 경전 중에 《바가바드 기타》라는 경전이 있는데, 불교 경전과 별 차이가 없습니다. 배경이 전쟁터예요. 지금 죽이고 살리는 전쟁터인데도 거기서 바로 법을 이야기하는 거예요. '네가 죽여도 죽이는 게 없다'. 그런 이야기를 한다고요. 거기서 '나는 못 죽여요' 이러니까 신이 '네가 언제 죽이냐? 뭐가 있다고 죽여?' 물론 설정을 극단적으로 했지만요.

세속을 평화롭게 만들고 전쟁을 없애야 한다… 이건 세속적인 지혜로 살아도 돼요. 그건 세속 일인데, 불법은 세속 일이 아니란 말이에요. 출세간 일이에요. 세속을 벗어나는 겁니다. 위없이 바르고 평등한 깨달음이라는 것이고, 세속을 벗어나는 체험을 해 보면 세속에 관해서 별 미련이 없어요. 왜냐하면 세속이 유토피아 불국토인 적이 있습니까? 석가모니 시절은 불국토였어요? 이 세상이 우리가 원하는 대로 그렇게 아름다운 세상인 적이 있냐고요. 없습니다. 그런 건 과거에도 없었고, 앞으로도 있을 수가 없어요. 왜? 그게 세속이거든요. 생로병사, 온갖 갈등과 전쟁이 있는 게 세속이란 말이에요.

그래도 좀더 살기 좋게 만들자는 노력은 하죠. 세속적인 노력이지만 항상 노력한 대로 됩니까? 원하는 대로 됩니까? 안 돼요. 그게 세속이란 말이에요. 이번에는 훌륭한 지도자를 뽑아서 우리가 원하는 좋은 세상을 만들어 보자, 누구나 그런 기대를 가지고 뽑는데 언제 그런 적이 있습니까? 나중에 다 실망해요. 아이고 저럴 줄 몰랐는데, 하죠. 그게 세상이란 말이죠. 원래 세속이 그런 거라는 말이에요. 이 공을, 출세간 법을 깨달아서 우주가 정말 하나 되어 대자유를 얻어 보면 세속에 대해 아무 미련이 없습니다. 원래 그런 거예요. 세속은 이렇게 가든 저렇게 가든 미련이 없어요. 원래 세속이라는 게 저런 건데, 세속 일에 집착하거나 끄달리는 거 없이, 본질을 바르게 보고 걸림 없이, 번뇌 없이 사는 거죠

수보리야, 보살 역시 이와 같으니 만약 '내가 헤아릴 수 없는 중생을 해탈시키겠다'고 말한다면, 보살이라고 할 수 없다.

그런 생각을 가지고 있으면 안 된다, 그건 방편의 말을 네가 오해한 것이다, 잘못 알아들은 것이다, 이 말입니다. 어디까지나 방편의 말이었는데, 방편의 말을 잘못 알아듣고 실제로 그런 게 있는 것처럼 생각하고 그렇게 하겠다고 한다면 그건 보살이 아니다…

무슨 까닭인가? 수보리야, 보살이라고 이름 붙일 만한 그런 법은 진짜로는 없기 때문이다.

말은 그렇게 하지만 진짜로는 그런 건 없다. 못 깨달은 사람이라면 말에 집착해서 있다고 여기겠지만, 깨달은 사람이라면 비록 그렇게 말하고 보고 듣고 하지만, 아무것도 없다. 진짜로는 그런 건 없다. 방편의 말을 사실처럼 여겨서… 흔히 하는 말이 있거든요. 부처님 말씀대로 살자

고 하는데, 부처님 말씀은 다 방편의 말입니다. 사실이 아니에요. 그걸 사실대로 여겨서 부처님이 이렇게 하라 했으니까 나도 이렇게 해야지 한다면, 어리석은 사람입니다. 부처님 말씀은 다 방편의 말이에요. 자기가 깨달아서 바른 안목을 갖추고, 이런 면에서 저런 면에서 방편을 말했구나, 하고 소화가 돼야 하는 것이지, 나는 부처님 말씀하신 대로 살아야지 하면 말만 따라다니는 강아지 꼴이 되는 겁니다. 흙덩이만 쫓아다니는 강아지 꼴을 면할 수가 없어요. 절대 그렇게 공부하면 안 됩니다. 부처님 말씀대로 사는 게 아니고, 각자 자기의 생각, 망상을 벗어나서 본래면목을 깨달아 부처가 돼서, 부처와 똑같은 안목을 얻어서 걸림 없이 살아야 하는 거죠. 부처가 시킨 대로 산다? 말도 안 되는 소리를 하고 있어요.

부처가 진짜로 한 이야기는 뭐냐? 깨달으라는 거죠. 무슨 말을 했습니까? 깨달아서 나하고 똑같이 되어라, 그 이야기를 한 거죠. 엉터리 말이 많습니다. 하여튼 자기가 직접 깨닫고 체험을 해서 안목을 갖춰야 해요.

**이 까닭에 부처는 모든 법에는 나도 없고, 사람도 없고, 중생도 없고, 목숨도 없다고 말한다.**

이 까닭에 부처는 모든 법에는 나라고 할 것도 없고, 사람이라 할 것도 없고, 중생이라 할 것도 없고, 목숨이라고 할 것도 없다고 말한다. 나다, 사람이다, 중생이다, 목숨이다… 이것이 분별이고 생각이죠. 분별과 생각은 세간입니다. 세속이고 망상 세계인데, 여기에 통달이 되면 여기는 뭐라고 할 게 없어요. 왜냐하면 여기는 일절 모든 분별이 끊어졌기 때문에 뭐라고 할 게 아무것도 없고, 생각도 없고, 아는 것도 없고, 그런 게 없습니다.

(법상을 톡 두드리며) 이 법이 이렇게 드러나면 법은 진실한 거지만, 이게 뭐다 하고 말할 수가 없다는 거예요. 아무 생각, 아무 뭐라고 할 게 없습니다. 이 체험입니다. 《금강경》이 복잡하게 얘기하지만, 이 체험 하나를 얘기하는 거예요. 뭐라고 할 게 없는… 모든 생각이 다 끊어져 버리고 아는 것도 없어요. 여기에 통하면 아무 생각도, 견해도, 아는 것도 없어요. 도를 알고 법을 아는 게 아닙니다. 다 방편의 말이에요.

나도 없고, 사람도 없고, 중생도 없고, 목숨도 없을 뿐만 아니라 법도 없고, 부처도 없고, 깨달음도 없고, 그런 게 없어요. 다 방편의 이름입니다. 이름 붙일 만한 게 있는 게 아니에요. 그냥 이것인데 이것은 뭐가 아니란 말이에요. 이것이라는 것은 분명하지만, 뭐가 아니니까 뭐라고 할 수 없어요. 지금까지 계속 뭐다, 뭐다, 뭐다 하고 그렇게 살아왔잖아요. 이런 거다, 저런 거다. 그것이 생각일 수도 있고, 느낌일 수도 있고, 기분일 수도 있고, 눈으로 보고 귀로 듣는 것일 수도 있는데, 하여튼 뭐가 있어요. 이런 게 있구나, 저런 게 있구나 이렇게 살아왔다면, 그것이 전부 망상 세계라고요. 여기에 툭 통하면 뭐라고 할 게 아무것도 없어요.

눈앞의 세상은 그대로 있는데 아무것도 없는 것 같아요. 그러니까 이것은 무조건 자기가 직접 바르게 한번 체험해 봐야 해요. 제가 항상 말씀드리지만, 경전에 있는 부처님 말이든, 조사의 말이든, 누구의 말이든, 말은 전부 망상이에요. 그런 법이 있어서 그렇게 얘기하는 게 아니란 말이에요. 법이 이렇게 되는구나, 하고 이해하시면 절대 안 된다는 거예요. 그건 망상이라고요. 방편에 속아서 그런 건데, 방편의 말에 속는 경우가 가끔 있습니다. 수행하는 사람들이 그런 경우가 많아요.

염불이나 기도, 관법이나 이런 걸 하는 사람들은 무슨 체험 같은 걸 하면, 지금까지 자기가 보고 들었던 불교 관련된 이야기들이 나름 정리가 된단 말이죠. 이것이 이렇게 되는구나 하고. 생각이 정리된 것이 망상인 줄 모르고, 자기가 깨달았다고 찾아와서 얘기해요. 뭘 알겠다 하면 다 망상이에요. 아는 건 다 생각이거든요. '불법이 뭔지 알겠다.' 그건 망상입니다. '부처님이 왜 그렇게 말씀하셨는지 알겠다.' 망상입니다. 다 생각이에요. 실제 생각이 뚝 끊어져서 생각에서 벗어나면, 알 게 아무것도 없습니다. 한 물건도 없다고 하잖아요.

뭐다, 어떻다, 알겠다, 이런 게 아무것도 없어요. 뭘 아는 게 아니에요. 그리고 안목이라는 말을 하니까 안목이 금방 생기는 줄 아는데 절대 그렇지 않습니다. 안목은 바르게 깨닫고 적어도 십몇 년은 흘러야 해요. 그래야 저절로 안목이 생기는 거죠. 체험했다고 바로 안목이 몇 년 만에 생기는 사람 없습니다. 그럴 수가 없어요. 내가 사실 그런 말을 안 해야 할지도 몰라요. 왜냐하면 굉장히 어려운 말들이거든요. 그런데 사람들이 제 말에 자꾸 속아요. 안목이라는 게 생기나 보다, 그러면 법이 뭔지 아나 보다, 하고 자꾸 착각하는 거예요. 절대 그런 게 아닙니다.

안목이라는 건 제대로 생각이 끊어지고, 처음에는 뭐가 뭔지 모르게 있다가 시간이 쭉 지나면서 생각이 끊어진 자리에 익숙해지다 보면, 한 10년이고 15년이고 20년이고 익숙해지면서 생기는 게 안목이거든요. 금방 몇 년 만에 그럴 수는 없습니다. 그게 전부 생각이 장난을 치는 거예요. 보고 들은 걸 자기 나름대로 정리해서, 이거다 저거다 하고 이놈이 자꾸 얘기해 주거든요. 다 속는 겁니다.

결국 생각에 속지 않는 것이 깨달음인데, 미세하게 자꾸 생각을 정리해서 '알겠다, 이렇게 되는 거구나' 하니까 그것이 지혜인 줄로 착각하는 겁니다. 알 수 있는 건 전혀 없어요. 아는 건 아무것도 없습니다. 비유를 했잖아요. 거울이 세상을 비출 때는 자기가 뭘 판단하지 않습니다. 있는 그대로 딱 비출 뿐이에요. 그것을 지혜라고 하는 겁니다. '알겠다, 이렇게 되는 거구나.' 그것은 지혜가 아니에요. 그냥 생각이에요. 자기 생각이라고요. 거울이 세상을 비출 때는 원래 있는 그대로 비추지, 이상한 경험 없습니다. 신비로운 경험 없어요. 그런 게 어디 있습니까? 다 자기 망상이죠. 거울이 세상을 비추면 《반야심경》에 나온 그대로예요. 육체, 느낌, 생각, 자기의식, 평소에 경험하는 그대로 이것을 비추는 겁니다. 신비롭고 이상한 걸 비추는 게 아니에요.

눈으로 보고, 귀로 듣고, 몸으로 느끼고, 머리로 생각하는 그대로가 나타나는 거죠. 그것을 나라는 사람이 있어서 판단하는 게 아닙니다. 내가 있어서 '뭔지 알겠다, 이렇게 되는 거구나' 판단하면 100% 망상입니다. 나라는 게 있으면 안 돼요. 다 망상이에요. '내가 보고 있다.' 100% 망상입니다. 그래서 제가 항상 소승에서 얘기하는 관법, 그것은 깨달음의 길이 아니라고 얘기하는 겁니다. 그건 항상 내가 뭘 보고 있는 거예요. 아무리 봐도 그건 망상에서 못 벗어나요. 나라는 게 없어져야 해요. 항상 얘기하잖아요. 나라는 게 없다고요. 불교에서 늘 얘기하거든요. '뭘 보고 알고 판단하는 나라는 건 없다.' 다 망상이거든요. '나도 없고 사람도 없다.' 많이 얘기하지만 쉬운 말이 아니에요. 진짜로 생각이 한 번 뚝 끊어져서 쉬어져 버려야 아무것도 없어요. 나라고 할 것도 없고, 세상이라 할 것도 없고, 부처라 할 것도 없고, 법이라 할 것도 없고, 아무 그런 게 없습니다. 뭐라고 할 게 아무것도 없어요. 처음에는 아무것도 없는 것 같은데, 의식이 있으니까 그냥 깜깜하고 뭐라 할까 의심이 생기죠. 그런데 조금 지나 보면 뭔가 중심이 딱 잡힙니다. 나라고 할 게 있는 게 아니라, 그 중심이 잡히면서 차차 자리가 잡히는 겁니다.

그게 쉽게 되는 건 아니에요. 바른 공부라는 건 생각에 속지 말아야 하고, 자기가 뭘 안다고 판단하면 안 됩니다. 보고 들은 말은 전부 다 배운 겁니다. 전부 다 보고 배운 거지, 내 속에 원래부터 있었던 게 아니에요. 그건 가짜란 말이에요. 누구한테 듣고 배운 건 다 가짜예요. 진짜는 날 때부터 원래부터 있었던 것이고, 이름 붙일 수도 없고, '알겠다 모르겠다' 이런 문제와는 전혀 상관이 없습니다. 아는 것도 아니고 모르는 것도 아니에요. 그런 것과 아무 상관이 없어요. 진짜가 나와야 모든 망상이 쉬어져 버리고, 아무것도 없고, 아무 일도 없고, 할 것도 없고, 알고 모르는 것도 아니고, 만족 불만족도 아닙니다. '이것이 법이구나.' 그런 거 없습니다. 법이라는 이름을 붙일 만한 뭐가 있다면 무조건 망상입니다. 그런 거 없습니다. 진짜로 분별이 쉬어지면 저절로 명백해집니다.

**이 까닭에 부처는 모든 법에는 나도 없고, 사람도 없고, 중생도 없고, 목숨도 없다고 말한다.**

나, 사람, 중생이라고 분별할 게 없다는 말입니다. 법이라 할 것도 없고 뭐라고 할 게 없어요. 나라고 할 게 있으면 생각이고 분별이고 망상이거든요. (법상을 톡톡 두드리며) 여기에 다른 것은 없어요. 여기서 한 번 자기도 모르게 턱 하고 와닿아서 밝아지면 저절로 망상들이 쉬어져요. 뭐라고 할 게 아무것도 없는, 완전히 생각을 벗어나서, 생각에 속지 않을 수 있는 그런 힘이 생겨요. 그리해야 비로소 생각을 조복시키고, 부처님이 말씀하신 법에 통할 수 있는 겁니다. 생각이 조복되지 않고 계속 '이런 게 있구나, 저런 게 있구나' 해서는 이 법에 통할 수 없습니다. (법상을 톡톡 두드리며) 이 일 하나. 여기에 한 번 탁 통하면 문득 생각이 쉬어지면서 그런 힘이 생겨요.

《금강경》에서 이 이야기가 수십 번 반복되거든요. 나라고 할 게 없고, 사람이라고 할 게 없고, 중생이라고 할 게 없고, 이것은 생각이다… 내가 법을 안다고 하면 100% 생각이고 망상이라는 거예요. 나라고 할 게 있으면 안 되고, 법이라고 할 게 있으면 안 돼요. 내가 '저게 법이구나' 하고 안다면, 무조건 생각이고 망상입니다. 그렇게 되는 게 아니에요.

실제로 체험이 되면, 생각이 굉장히 당황하는 거예요. 뭘 어떻게 할 수 없고 아무런 판단이 서지 않기 때문에 당황하는데, 마음은 딱 뭔가 새로운 세계가 나타났다는 걸 저절로 알아요. 마음이 스스로 알아서 한다고요. 그런데 생각이라는 놈은 당황해요. 뭐가 어떻게 되지? 판단이 안 서는 겁니다. 이 생각이 조복된다는 것은 분별심이 판단이 안 서는 거예요. 작동이 안 되는 겁니다. 그것이 분별심이 조복되는 거죠. 생각이 안 되니까 뭐가 어떻다고 말할 수가 없는 거죠. 여기서 생각이 아니라 이것! 이것이 드러나는 겁니다. 이게 뭔데? 몰라요. 그런데 생각이 아니라 이것, 이렇게 되는 거예요. 이것을 진여자성이라고 억지로 말하는 건데, 내 생각으로, 내가 이걸 아는 게 아니라, 아무 그런 게 없어요. 생각이 한 번 확실히 쉬어져야 합니다.

수보리야, 만약 보살이 '내가 불국토를 장엄한다'고 말한다면, 보살이라는 이름으로 부르지 않는다. 무슨 까닭인가? 여래가 말하기를, 불국토를 장엄하는 것은 곧 장엄이 아니라 이름이 장엄이라고 했기 때문이다. 수보리야, 만약 보살이 나도 없고 법도 없음에 통달한다면, 여래는 참된 보살이라는 이름으로 부른다.

똑같은 이야기인데

수보리야, 만약 보살이 '내가 불국토를 장엄한다'고 말한다면 보살이라고 부를 수 없다… 장엄은 장식이라는 말입니다. 꾸민다는 말이에요. 내가 이 불국토를 꾸민다고 하면, 벌써 보세요. 나라는 게 있고, 불국토라는 게 있고, 꾸미는 게 있죠. 전부 분별이고 망상입니다.

예를 들어 진리가 있고, 깨달음이 있고, 부처가 있고, 법이 있다면, 거기에 내가 매인단 말이에요. 가로막히고 짊어지고, 그것 때문에 매여서 해탈이 안 돼요. 마음속에서 이게 법이구나, 이게 마음이구나, 이게 깨달음이구나… 절대로 이런 게 있으면 안 되는 겁니다. 그냥 아무것도 없습니다. 진짜로 분별에서 벗어났다면 뭐라고 이름 붙일 게 아무것도 없어요. 그런데 이게 법이구나, 이게 마음이구나, 이게 자성이구나, 이게 깨달음이구나, 하고 말할 만한 뭔가가 느껴지거나 생각이 된다면 망상입니다.

방 거사가 그런 말을 했잖아요. '모든 있는 것을 없앨 뿐, 없는 걸 있다고 착각하지 않으면 공부가 끝나는 것이다.' 유명한 말이거든요. 중생들은 있는 것도 있다고 여기고, 없는 것까지 있다고 여긴단 말이에요. 있는 건 뭡니까? 6식이 있는 거예요. 눈에 보이는 것, 귀에 들리는 것, 코로 냄새 맡는 것, 혀로 맛보는 것, 몸으로 느끼는 것, 머리로 생각하는 것… 이것은 있는 거죠. 그런데 없는 것까지 만들어 내요. 어떤 겁니까? 온갖 환상을 만들어 냅니다. 없는 것까지 만들어 내서 있다고 착각하는 겁니다. 그래서 뭘 봤다는 둥 이상한 소리를 한단 말이죠. 그게 중생이란 말이에요. 기도를 하다가 무슨 체험을 했고, 염불을 하다가 무슨 체험을 했다고 해요. 전부 그런 사람들이 마음에 없는 걸 만들어 내서, 자기한테 그게 있는 것처럼 착각하는 겁니다. 없는 걸 있다고 착각하는 거죠. 이상한 체험들. 그게 중생이에요.

실제로 분별에서 턱 벗어나면 뭐라고 할 게 아무것도 없어요. '있다 없다'는 생각조차도 없어요. 그런 분별조차도 없어요. 무슨 기도니 염불, 특히 주문, 진언, 그런 종류의 수행을 하는 사람들은 이상한 체험 얘기 많이 하죠. 그런 걸 경계 체험이라는데, 망상입니다. 전부 다 의식이 만들어 낸 환상들이에요. 수행하는 사람들이 다 그런 환상을 봅니다. 이야기 들어 보면 사람마다 별의별 이상한 환상을 다 보거든요. 특히 수행 단체들에서 자기 체험 얘기하는 거 들어 보면 만화 영화보다 더 화려한 환상 이야기를 한다고요. 이상한 말을 하고, 없는 것까지 만들어서 망상을 하는 겁니다.

그런데 (법상을 톡 두드리며) 여기 통하면 원래 아무것도 없어요. 공이라고 하잖아요. 아무 뭐라고 할 게 없어요. 없는 걸 만들어 낸 환상은 당연히 없고, 눈으로 보고, 귀로 듣고, 몸으로 느끼고, 머리로 생각하는 것조차도 여기서는 실체처럼 느껴지질 않아요. 없는 건 아니지만 그런 건 나타나니까요. 그렇지만 더이상 그것이 우리를 쥐고 흔들지 못해요. 상관없는 일처럼 되어 버려요. 거기에 더이상 매이지 않는다는 겁니다. 그래서 '오온이 전부 공이다'라는 《반야심경》의 말은 오온이 없는 게 아니라, 나타나 있지만 더이상 없는 공인 것처럼, 공이 진실이라는 말이에요. 없는 것처럼 여겨지거든요. 그래서 오온이 전부 공이라고 한 겁니다.

특히 억지로 수행하는 단체 사람들이 체험담 얘기하는 거 들어 보면 별의별 이상한 말을 다 하거든요. 하늘을 날아다니는 사람도 있고, 별 이상한 말을 다 합니다. 전생을 봤다는 둥 후생을 봤다는 둥, 전부 환상입니다. 망상이에요. 그런 데 머물러 있으면 공부 못하는 겁니다.

(법상을 톡톡 두드리며) 진실은 이거예요. 여기서 한 번 분별망상이 (법상을 톡 두드리며) 툭 끊어져 버리면, 뭐라고 할 게 아무것도 없어요. 아무것도 없다는 것도 억지로 얘기하는 거고, 본인 스스로는 있니 없니 그런 생각 자체도 없어요. 가벼워지고 편해지고, 아무것도 몰라요.

옛날 선사들이 한 소식 했다고 하면 불러서 '뭘 알았냐?'고 자꾸 아는 걸 물어보는데, 그건 좋지 않습니다. 아는 게 없는데 '모르겠습니다' 하면, '너는 아직 멀었다, 뭘 해라' 이렇게 해 버리니까 잘못된 거죠. 아는 게 없는 게 좋은 건데, 처음에는 아는 게 없어서 뭐가 뭔지 몰라요. 분별에서 벗어나서 아는 것 없는 불가사의한, 그러나 진짜 살아 있는 마음이기 때문에 익숙해지다 보면, 시간이 10년, 20년 지나다 보면 안목이라는 게 생긴단 말이죠. 안목이라는 게 뭐냐면, 세속의 일도 그렇죠. 10년, 20년 일한 사람이 보는 것과, 1~2년 일한 사람이 보는 게 다르잖아요. 그런 걸 안목이라고 하는 겁니다. 1~2년 만에 안목이 생길 수는 없어요. 10년, 20년 해야 보는 눈이 달라지는 거죠. 그렇게 공부가 되는 겁니다. 도라고 할 게 있고 법이라 할 게 있다면, 그건 아닙니다.

수보리야, 만약 보살이 '내가 불국토를 장엄한다'고 말한다면, 보살이라는 이름으로 부르지 않는다.

보살이 내가 불국토를 장엄한다고 말한다면, 전부 망상이에요. 내가 있고, 불국토가 있고, 아름답게 꾸미고… 전부 분별이고 망상입니다. 그러면 이건 보살이 아니에요. 보살이라는 사람은 깨달은 중생이라는 뜻이거든요. 깨달은 사람이란 말이에요. 문수보살, 보현보살, 다 깨달은 사람이에요. 그런데 이런 분별망상을 하고 있는데 뭐 깨달은 사람이에요. 깨달은 사람이라고 할 수 없다는 말입니다.

무슨 까닭인가? 여래가 말하기를, 불국토를 장엄하는 것은 곧 장엄이 아니라 이름이 장엄이라고 했기 때문이다.

이런 말도 앞에 계속 나왔죠. 이름으로 모든 걸 다 해요. 이름은 곧 생각이거든요. 머리로 생각해서 입으로 말하면 이름이 말이 되잖아요. 이름이라는 것은 말이란 말이에요. 머리로 생각한 것을 입으로 말하면 말이 되니까, 생각으로는 뭐든지 다 할 수 있어요. 온갖 망상을 다 하니까요. 생각으로 그렇게 하는 것인데, 진실을 보면 생각은 망상인 거고, 진실에 통하면 원래 그런 게 없어요. 뭐라고 할 게 아무것도 없어요. 뭐다, 어떻다 할 게 없고, 아무것도 없어요. 그런데 생각은 온갖 생각을 다 하고, 생각한 대로 말을 하니까, 이름이라는 게 말이잖아요. 말은 이름을 연결해서 이루어지잖아요? 여기도 내가 불국토를 장엄한다고 하면, 나라는 것과 불국토, 장엄이라는 이름이 연결돼서 말이 되니까요.

하여튼 이것입니다. 여기 한 번. 진짜로 분별망상이 쉬어져 버리고, 아무 뭐라고 할 게 없어야 합니다. 공이라고도 하고, 중도라고도 하고, 불이라고도 하는데, 방편의 말입니다. 이런 체험을 해 봐야 비로소 세상은 있는데 없는 거다… 세상이 있지만 세상이 없어요. 온갖 일이 다 있는데 아무것도 없어요. 이것이 부처님 가르침이거든요. 한마디로 간단하게 얘기하면, 이 사실이 자기한테 확실해지는 겁니다.

부처님 가르침은 말 그대로 색즉시공… 이 말은 뭡니까? 색은 뭐가 있는 거고, 공은 아무것도 없는 거거든요. 부처님의 가르침을 한마디로 딱 얘기하면, 세상이 있는데 아무것도 없다는 말이에요. 세상은 없다는 게 자기한테 실감이 됩니다. 있는 세상은 더이상 나한테 방해가 되지 않아요. '아무것도 없는 이것이 나한테는 진실이야' 이렇게 되거든요. 이러면 불법이 이런 거구나 하고 조금의 안목은 생기죠. 불법을 보는 안목이 그런 게 아니라면 전부 생각이에요.

늘 말씀드리지만, 종교라는 것은 중생을 구제하는 거거든요. 어떻게 구제하느냐? 극락으로 데리고 간다는데, 서방 극락정토라고 하죠. 방편으로 그렇게 얘기한 것이고, 실제 마음을 깨달으면 세상이 있는데 원래 아무것도 없는 겁니다. 뭐가 있으면 좋기도 하고, 싫기도 하고, 옳기도 하고, 그르기도 하고, 하여튼 뭐가 있으면 항상 문제가 돼요. 좋은 것이 좋은 게 아니에요. 좋은 게 있으면 나쁜 것도 있으니까 반드시 문제가 생깁니다. 바른 게 있으면 그른 것도 있기 때문에 문제가 생겨요. 아무리 좋은 것이 있어도 아무것도 없는 것보다는 못한 겁니다. 그게 번뇌가 되기 때문에. 중생을 제도한다는 것은 모든 게 없어지는 거예요.

아무것도 없어요. 아무 일도 없는 것이고, 좋은 것도 없고, 나쁜 것도 없고, 옳은 것도 없고, 그른 것도 없고, 아무 일이 없는 거거든요. 그래서 출세간이라고 합니다. 세간에는 온갖 일이 있지만 출세간은 아무것도 없어요. 그러니까 억지로 공이란 말로 표현하는 거예요. 아무것도 없으니까 공이 있다고 하면 안 돼요. 공이 있다고 하면 공이라는 게 있으니까 거기에 매인단 말이죠. 공이란 말은 그냥 아무것도 없다는 뜻이에요. 공이 있는 게 아니라, 공이라는 말은 뭐라고 할 게 아무것도 없다…

《반야심경》에도 나와 있죠. '그러므로 공에는'이라고 해 놓고 뭐라 했습니까? 없다. 없다. 끝까지 없다고 했잖아요. 공은 그냥 없다는 말이에요. 아무것도 없다는 말인 겁니다. '그러므로 공에는 육체도 없고 느낌 생각 감정 욕망 의식도 없으며, 눈 귀 코 혀 몸 의식도 없으며, 색깔 소리 냄새 맛 촉감 법도 없으며' 없다는 얘기를 했잖아요. '무명도 없고 무명이 끝남도 없으며, 나아가 늙어 죽음도 없고 늙어 죽음이 끝남도 없으며, 고집멸도도 없고, 지혜도 없고, 깨달음을 얻음도 없으니' 아무것도 없다는 거죠. 아무것도 없으니까 문제 될 게 아무것도 없어요. 좋을 것도 없고 나쁠 것도 없는 거예요. 아무 문제가 없습니다. 아무것도 없다는 공을 깨닫지 못하면 그건 깨달음이 아니에요. 공을 체험해서 '아무것도 없구나'라는 사실이 명확해지면 나라고 할 것도 없고, 법이라고 할 것도 없고, 아무것도 없어요. 부처도 없고, 중생도 없고, 깨달음도 없고, 미혹함도 없고, 아무것도 없어요. '내가 깨달았다. 나한테 깨달음이 있다.' 이러면 망상입니다. 깨달음이 있잖아요. 없는 게 아니거든요. 그러면 망상이에요.

그래야 제도입니다. 세상에서 건져내는 거죠. 사바세계는 온갖 좋고 나쁜 일이 다 있는데, 사바세계에서 건져내니까 아무것도 없어요. 좋은 것도 없고, 나쁜 것도 없고, 아무 뭐라고 할 게 없습니다. 이런 해탈, 이런 구제, 이런 제도를 직접 체험해야 '부처님이 이런 법을 가르치셨구나' 실감하고, 비로소 인생에 관해서 더이상 어떤 고민도 하지 않게 됩니다. 아무 문제가 없습니다. 아무 문제가 없고, 좋을 것도 없고, 싫을 것도 없고, 아무 문제가 없어요. 도가 어떻고 법이 어떻고 그런 것도 없고, 아무 것도 없습니다. 이런 체험을 해 봐야 엉터리 공부와 바른 공부도 알 수 있어요.

'이런 깨달음이 있다. 깨달음은 이런 거다'라고 얘기하는 사람들은 다 엉터리입니다. 이런 깨달음이 있다는 건 엉터리예요. 깨달음이라는 것도 없습니다. 깨달음이라고 이름 붙이는 뭐가 따로 있는 게 아니에요. 결국 뭐냐면 모든 생각과 분별에서 벗어난다는 것인데, 말을 그렇게 하는 것이고 실제 체험을 해 봐야 하는 거예요. 말만 가지고는 알 수 없어요.

무슨 까닭인가? 여래가 말하기를, 불국토를 장엄하는 것은 곧 장엄이 아니라 이름이 장엄이라고 했기 때문이다.

말이 그렇다는 말이에요. 생각이 그렇다는 말이에요. 생각으로야 못 할 게 없죠. 뭐든지 다 생각할 수 있고 말할 수 있죠. 생각이나 말은 못 할 게 뭐가 있습니까? 뭐든지 다 할 수 있는 거죠. 흔히 드는 예 중에 그런 게 있잖아요. 둥근 세모. 말은 분명히 둥근 세모라고 했습니다. 그런데 둥근 세모라는 게 머릿속에 생각이 됩니까? 어떤 게 세모인지 정확하게 알 수 있냐고요. 말은 할 수 있고, 생각도 할 수 있어요. 그런데 사실 이 세상에 그런 건 없습니다. 둥근 세모가 어디 있습니까? 세모면 세모고 둥글면 둥글지, 둥근 세모라는 게 어디 있어요? 그리고 결혼한 총각. 결혼했으면 아저씨지 무슨 총각입니까? 말은 그렇게 할 수 있거든요. 애 낳은 처녀. 말은 할 수 있는데 애 낳았으면 처녀가 아니죠. 그런데 말은 그렇게 할 수 있고, 생각도 할 수 있어요. 말과 생각은 얼마든지 헛것을 만들어 낼 수 있어요.

그러니까 말에 속으면 안 됩니다. 생각에 속아도 안 돼요. 말로야 뭘 못해요. 뭐든지 다 말하고 생각하고 할 수 있죠. 그런데 다 망상인 거예요. (법상을 톡톡 두드리며) 말과 생각이 한 번 쉬어져서, 뭐가 어떻게 되는지 전혀 의식으로는 모릅니다. 모르는데 뭔가 감은 있거든요. 이 자리, 하는 감은 있단 말이에요. 의식은 전혀 몰라요. 의식으로는 뭐가 뭔지 전혀 깜깜해요. 그런데 이 자리, 하는 게 마음이 깨어나기 때문에 뭔가 감이 어슴푸레하지만 있거든요. 처음부터 밝게는 안 되고 어슴푸레하게 나온단 말이죠. '이 자리' 하는 게, 이것이, 마음이 깨어나기 때문에 어슴푸레하게 나오거든요. 그런데 의식으로 생각을 하면 안 됩니다. 하도 의식이 장난을 치니까 조심해야 해요. 의식의 장난이 아주 심한 사람이 있기도 해요.

의식으로는 무조건 '나는 이게 뭔지 모르겠다' 이게 맞습니다. 알 수가 없어요. 아는 건 다 망상이니까요. '아무것도 알 만한 게 없네.' 이게 좋은 거죠. 알겠다고 하면 망상이에요. 또 말씀드리지만, 불교를 공부하면서 보고 듣고 배운 건 다 망상입니다. 다 버려야 해요. 배우지 못한 것, 본래 있어서 내가 어떻게 할 수 없는 것, 어떻게 할 수 없는 것의 특징은 뭐냐? 변하지 않아요. '자기가 뭔가를 체험했는데 조금 있으니까 어떻게 변하더라.' 그건 전부 망상입니다. 내가 가지고 타고난 것은 변하지 않습니다. 손댈 수가 없어요. 어떻게 할 수가 없습니다. 이것은 변하지 않아요. 그런데 느낌, 기분, 생각은 계속 변하거든요. 어떨 때는 분명한 것 같은데 어떨 때는 또 아닌 것 같고, 그건 전부 망상이에요. 타고난 진실은 내가 어떻게 할 수가 없고, 이것은 늘 이 자리에 있습니다. 늘 변하지 않아요.

이 법은 언제나 여여(如如)한데, 생각이라는 놈이 자꾸 망상을 하면서 이러니 저러니 왜곡하고 엉뚱한 짓을 하는 겁니다. 그래서 여여라는 말을 하거든요. 진여, 여여는 타고난 이것인데, 딱 알 수 있어요. 실제 이것이 와닿으면 '이건 어떻게 할 수가 없네. 내가 딴생각을 하고, 다르게 느끼고, 다르게 생각할 수 있지만, 이건 어떻게 할 수 없는 거구나.' 확실하게 확인이 됩니다. 이것은 어떻게 할 수 없는 거예요. 이것만이 진실인 겁니다. 왔다 갔다, 이랬다 저랬다, 변하는 건 하나도 믿을 게 없습니다. 전부 망상이에요. 진여자성이라는 것은 이것이 탁 나오면 자기가 알 수 있어요. '이것은 어떻게도 할 수가 없구나. 이것은 어떻게 변할 수도 없고, 손댈 수 있는 게 아니다.' 이게 확실해집니다.

미국의 히피족들도 나름대로 마음공부 한다고 했는데, 그 사람들은 어떤 희열, 쾌감을 깨달음이라고 착각해서 마약 같은 걸 먹고, 그러면 순간적으로 생각을 벗어난 느낌이 들거든요. 즐거움만 있고 아무 생각이 없으니까요. 술을 먹는 이유도 거기 있잖아요. 술에 취하면 복잡한 생각 다 잊어버리고 아무 생각 없이 멍하게 되잖아요. 그게 즐겁거든요. 생각하면 골치 아프니까 술을 마시는데, 마약은 술보다도 훨씬 더 강력하죠. 마약을 먹고 단지 즐거운 느낌만 있고 아무 생각이 없는 걸 깨달음이라고 착각한 사람들이 있었거든요. 그건 깨달음이 아니고 즐거움이라는 경계에 빠져 있는 사람들이죠. 쾌락주의자들이죠. 깨달음은 절대로 그런 게 아닙니다.

마음공부를 일종의 정신적 쾌락 추구로 착각하는 사람들이, 특히 서양인 중에 그런 사람이 많아요. 그런 식으로 얘기하는 사람이 많거든요. 깨달음과는 전혀 관계없습니다. 그것은 어떤 즐거움 추구가 아닙니다. 만족하는 것도 아니에요. 마음의 실상이 있는 그대로 드러나서 헛된 망상을 안 하게 되는 거예요. 그래서 깨달음이 늘 실상이라는 말을 하는 거예요. 마음의 실상이 드러나서 허망한 망상에 안 따라다니는 겁니다. 그러니까 진리라고 하는 거예요. 거울 비유도 있는 그대로 비추어 볼 뿐, 좋아하고 싫어하고 이런 게 없단 말이에요.

이 공부가 어떤 자기만족… 물론 깨달음이라는 게 불만족은 아니죠. 즐거움 추구, 자기만족, 이런 건 아니에요. 즐거움도 아니고 괴로움도 아니고, 그런 경계에서 다 벗어나 버리는 겁니다. 세상이 있는데 전혀 아무것도 없는 것 같은 거예요. 마음이라는 것이 우리 눈에 안 보이기 때문에 미묘하거든요. 그래서 까딱 잘못하면 속습니다. 속아서 엉터리 망상을 하게 돼요. 그러니까 삿된 스승이 수도 없이 많아요. 왜냐하면 그 사람도 자기도 모르게 속아서 얘기하고 있단 말이죠.

이게 분별망상에서 완전히 벗어나는 겁니다. 참 쉽고도 어려워요. 너무 미묘하기 때문에 의식의 장난에, '내가 안다'는 것에 속기 쉬운 겁니다. 한마디로 얘기하면 '뭐가 어떻게 됐는지 내가 알겠다' 이런 일이 없어져야 해요. 나라는 게 없어지고, 자기 판단이라는 게 없어져야 합니다. 전부 망상이에요.

유식학에서 제7식이라고 하는 건데, 제7식, 말라식은 분별 의식이라고 하거든요. '내가 무엇을 알겠다.' 분별이거든요. 이게 없어져야 해요. 이것이 없어지지 않으면 깨달음은 없어요. 제7식에서 벗어나는 겁니다. 제7식에서 벗어나면 6식은 더이상 문제가 되질 않아요. 제7식이 항상 망상을 일으키는 분별 의식이죠. 뭔지 알겠다고 하는 거예요. 누가? 내가 알겠다는 거죠. 그렇게 하면 100% 망상입니다.

(법상을 톡톡 두드리며) 여기에 통하면 그런 일이 없어요. 나라고 할 게 없고, 뭐라고 할 게 없습니다. 그러니까 아는 게 없다고 말하는 거죠. 나라고 할 게 없고, 무엇이라고 할 게 없으면, 뭐가 없어요. 아는 게 없어요. (법상을 톡톡 두드리며) 제대로 한 번 분별이 확 쉬어져 버리고, 아무 뭐라고 할 게 없어져야 합니다.

**수보리야, 만약 보살이 나도 없고 법도 없음에 통달한다면, 여래는 참된 보살이라는 이름으로 부른다.**

나도 없고 법도 없다는 사실에 통달한다면 여래는 그를 참된 보살이라고 부른다… 그러니까 나라고 할 것도 없고 뭐라고 할 것도 없다는 거예요. 분별에서 완전히 벗어난 거죠. 분별에서 완전히 벗어난 걸 보통 '아공(我空) 법공(法空)'이라고 얘기합니다. 여기서는 '무아(無我) 무법(無法)'이라고 했는데, 나라고 할 것도 없고 법이라고 할 것도 없어요. 분별이 없는 겁니다. 내가 있고 법이 있으면 '내가 법이 뭔지 알겠다' 이렇게 되거든요. 그것은 망상입니다. 그런 게 없어요.

사실 없다는 건 '있다 없다' 이런 의미라기보다, 참 미묘한 건데, 그런 생각은 다 하는데 이상하게 아무것도 없어요. 생각을 안 하는 게 아닙니다. '내가 무엇을' 하는데 아무것도 없어요. 생각을 안 하는 건 아니에요. 보고 듣고 느끼고 생각하는데, 아무 뭐라고 할 게 없어요. 뭐라고 할 게 아무것도 없어요. 걸리는 게 없고, 정말 허공처럼 텅 비어 있는 것 같이 되어 버리거든요. 감이 딱 한 번 와닿아야 해요. 그것을 나도 없고 법도 없다고 하는 거예요. 없어서 없다는 게 아닙니다. 보이는 게 있고, 들리는 게 있고, 느끼는 게 있고, 생각하는 게 있어요. 그런데 아무것도 없어요. 그런 말이 본인에게 실감이 돼야 합니다.

금방 되지는 않아요. 공부하는 사람이 욕심을 내면 안 되고, 저절로 될 때가 있어요. 중요한 겁니다. 저절로 돼야 합니다. 공부는 저절로 눈이 밝아지고, 체험되어 드러나고, 저절로 되어야 합니다. 내가 이야기를 듣고 '아, 그렇구나, 내가 그렇게 해야지.' 이러면 전부 망상이 돼요. 법문을 들을 때 제일 조심해야 할 게 바로 이겁니다. 법문을 들으면서 '그런 말을 들었는데 나는 아직 그렇게 안 되네.' 그러면 저절로 그렇게 될 때까지 기다려야 하는 건데, '나도 그렇게 해 봐야지' 이렇게 하면 안 돼요. 그건 전부 망상이 되는 거예요. 저절로 되도록 손발을 묶어 놓아야 합니다. 억지로 '그런 게 법이구나. 그럼 그렇게 해 봐야지.' 이렇게 의도적으로 욕심을 내면 그때부터는 망상으로 들어가는 겁니다. 절대 그렇게 하면 안 돼요.

법문을 들었을 때 자기한테 소화가 되면 소화가 되고, 소화가 안 되면 소화가 안 된 채로 막혀 있어야지, 자기가 들어 보고 '저렇게 되는구나, 해 봐야지' 이러면 절대 안 됩니다. 그때부터는 조작이 돼서 전부 엉터리가 돼요. 공부가 완전히 엉터리가 되어 버립니다. 모든 공부는 무위(無

爲), 하는 일 없이 되어야 해요. 공부는 무위법입니다. 일부러 하는 것 없이 저절로 되어야 하는 겁니다.

 (법상을 톡톡 두드리며) 여법하고자 하는 소원이 있으면 저절로 돼요. 그런 때가 있습니다. 다 때가 있어요. 여법하고자 하는 소원이 있으면 때가 되면 저절로 됩니다. 그런데 자기가 일부러 들은 말을 가지고, '저렇게 돼야 하는구나. 나도 저렇게 돼야지' 그렇게 되고자 원한다면 안 됩니다.

 예를 들어 '하나가 되어야 합니다'라는 말을 들으면, '그래야 한다는 말은 들었는데 나는 하나가 아닌 것 같아.' 그러면 거기서 딱 막히는 거예요. '하나가 뭔지를 나는 몰라. 나는 하나가 되어 본 적이 없으니까.' 그러면 거기서 막혀야 하는데, 생각을 가지고 '하나라면 바깥과 안이 하나가 되어야 하는 거구나. 그럼 바깥에 있는 저 세상과 내가 하나가 되어야 하네.' 이런 식으로 자기 나름대로 하나가 되려고 애쓴다면 공부하는 게 아니에요. 그냥 망상하는 거예요. 절대 그렇게 하면 안 됩니다. 욕심 때문에 일으킨 망상이에요. 욕심이 개입하면 공부를 못하는 겁니다. 욕심이 발동하면 안 됩니다. 그냥 저절로 되게 돼 있어요. 믿음이 있고 뜻이 있으면 저절로 됩니다. 그러면 자기한테 소화가 되는 건 되고, 안 되는 건 막혀 있는 거죠. 억지로 어떻게 할 수는 없어요.

 그러니까 '하나가 되어야 합니다. 둘이 되면 안 됩니다. 안팎이 따로 없습니다.' 이런 이야기도 자기가 실제 경험해 보지 못하면 무슨 말인지 모르거든요. 모르니까 거기서 멈춰 있고 막혀 있는 거죠. 어떻게 할 수가 없습니다. 그런데 막혀 있고 멈춰 있다 보면 저절로 해결되는 때가 있어요. 항상 이야기하잖아요. '시절 인연이 있다. 공부에는 시절 인연이 있는 것이다. 억지로 한다고 되는 게 아니다.' 항상 말씀드리잖아요. 다 때가 있는 거죠. 때가 되면 저절로 다 돼요.

공부하는 사람은 사실 손발이 묶인 채로 하는 겁니다. 자기가 어떻게 할 수 없어요. 손발이 묶인 채로 발심만, 뜻만 있는 거죠. 공부하고자 하는 뜻만 있는 거고, 손도 발도 움직일 수 없는 입장이 정상적으로 공부하는 사람의 입장이죠. 그러지 않고 '이렇게 해 볼까 저렇게 해 볼까' 한다면 망상만 하는 사람이에요. 손발이 묶여 있다는 말은 망상을 못 하게 되었다는 말이에요. 망상을 할 수 없게 되면 진실이 드러나게 되어 있습니다. 그래서 무위법이라는 거예요. 하는 일 없이 저절로 됩니다.

들은 말을 이해해서 공부하면 안 됩니다. 법문이 나한테 소화되고 공감되는 건 그대로 통과시키고, 소화가 안 되고 공감이 안 되는 건 그대로 막혀 있으면 끝이에요. 억지로 이해하려고 하면 안 되고, 어쨌든 조금이라도 자기가 애를 쓰거나 억지를 부리면 안 돼요. 욕심을 내면 안 된다는 겁니다. 늘 얘기하잖아요. 옛날 선사들이 '깨달음을 기다리는 사람에게는 깨달음이 절대 오지 않는다'고 얘기하잖아요. 욕심부리기 때문에 안 되는 겁니다.

그런데 깨닫고 싶은 뜻은 간절한데 손발은 꼼짝 못 하겠고, 갑갑하기만 하고, 그런 사람한테는 변화가 일어납니다. 저절로 그런 때가 있어요. 이 공부가 힘든 건 없는데 그런 면이 있어요. 미묘하죠. 억지를 어떻게 할 수도 없고, 무조건 아무것도 안 해야 한다고 퍼져 있을 수도 없고, 법문도 듣고 나름으로 공부한다고 하지만, 자기가 어떻게 할 수 있는 게 없고, 할 수 있는 방법이 없거든요. 그런 식으로 시간을 보내다 보면 희한하게도 저절로 해결이 됩니다. 저절로 해결될 때 안목이 생기기 시작하는 거예요. 저절로 되기 때문에 자기가 일부러 만들어 낸 게 아니거든요. 저절로 밝아지는 거니까 안목이라고 하는 겁니다.

자기가 일부러 이해하고 짜맞춘 게 아니고, 저절로 밝아지는 거죠. 그런 걸 안목이라고 하는 거예요. 자기가 노력해서 짜맞추는 식으로 '이건 이렇게 되고, 저건 저렇게 되고' 그건 안목이 아니에요. 망상이죠. (법상을 톡톡 두드리며) 하여튼 뜻이 있는 곳에 길이 있다고, 저절로 됩니다. '뜻이 있는 곳에 길이 있다.' 이 말 한마디가 사실은 이 공부에 필요한 말이에요. 뜻이 있는 곳에 길이 있습니다. 원하는 대로 결국은 이루어집니다. (법상을 톡톡 두드리며) 이 일 하나.

**금강경** 직지설법 2

초판 1쇄 발행 2025년 11월 24일

지은이 김태완

펴낸이 김윤
펴낸곳 침묵의향기
출판등록 2000년 8월 30일, 제1-2836호
주소 10401 경기도 고양시 일산동구 무궁화로 8-28,
　　　삼성메르헨하우스 913호
전화 031) 905-9425
팩스 031) 629-5429
전자우편 chimmukbooks@naver.com
블로그 http://blog.naver.com/chimmukbooks

ISBN 979-11-990765-9-4　03220

\*책값은 뒤표지에 있습니다